미군부대에서 글로벌 리더십을 배우다

카투사 슬기로운 군대생활

"사랑하는 가족과 전우들에게 이 책을 바칩니다."

미군부대에서 글로벌 리더십을 배우다

카투사 슬기로운 군대생활

박찬준 지음

청년
정신

프롤로그

"과거로 돌아가 병역을 면제받을 수 있게 된다고 하더라도 다시 카투사로 입대할 거야."

전역을 한 뒤에 지인들과 이야기를 나누다가 이런 말을 하면 그들은 믿을 수 없다는 표정이었다. 사실 누가 다시 군대를 가고 싶을까. 하지만 내 말은 진심에서 나온 것이었다. 카투사로 복무했던 2년이라는 시간이 삶을 대하는 나의 태도를 완전히 바꾸어 주었기 때문이다. 그 시간은 내가 보다 더 성숙한 사람으로 성장할 수 있었던 아주 소중한 기회였다.

카투사로 근무하는 동안 부대 도서관에서 『웨스트포인트처럼 하라』라는 책을 빌려 읽어 보았던 적이 있다. 미 육군사관학교(웨스트포인트) 생도들이 육사 생활을 통해 배우는 리더십에 관한 내용을 다루고 있는 책이었다. 책에 담긴 내용 중 많은 부분이 카투사 훈련소 생활, 미군부대에 배치받은 뒤의 생활들과 많은 점에서 닮아 있어 공감하며 읽었던 기억이 있다.

나는 책을 모두 읽은 뒤 저자인 '프레스턴 피시'에게 메일을 한 통 보냈다. 저자가 책에 자신에게 연락을 취해도 좋다는 내용을 적어놓았기 때문이었다. 여러 방송에 출연한 베스트셀러 작가이기도 한 저자는 육사를 졸업한 뒤 주한미군의 일원으로 공격헬기 소대장, 대대 부관, 작전 보좌관을 역임한 경력을 가지고 있었다.

나는 주한미군에서 복무하는 시니어 카투사로 나 자신을 소개한 뒤 좋은 책을 써 준 데 대한 감사와 함께 어떻게 하면 훌륭한 리더가 될 수 있을지 조언을 구했다. 4일 뒤 저자로부터 답장이 왔다.

"정말로 친절한 메일 감사합니다! 제가 당신께 드릴 수 있는 최고의 조언은 자신이 열정을 가지고 있는 것을 추구하라는 거예요. 당신이 사랑하는 것을 할 때, 당신은 반드시 그 분야에서 성공하게 될 겁니다. 이것이 꽤 일반적인 말처럼 들릴 수 있다는 걸 알지만, 사람들이 자연적으로 재능을 가지고 있는 분야, 자신이 깊이 관심 있는 분야에서 일할 때 얼마나 생산적이 되는지를 보면 정말 놀라워요. 저는 이러한 접근 방식을 물결을 타고 헤엄을 치듯 삶에 적용시키며 산답니다. 다시 한번 친절한 이메일 정말 고마워요!

프레스턴 올림"

프레스턴 피시는 내게 비단 리더십뿐 아니라 삶에서 성공할 수 있는 자신만의 철학까지 알려 주었다. 그리고 나는 프레스턴 피시가 조언했던 것처럼 내가 진정으로 '사랑하는 일'에 몰입하고자 결심했다. 그 첫 번째 일은 바로 내가 경험한 카투사 생활에 대해 글을 쓰는 것이었다. 내가 겪었던 소중한 경험을 통해 배운 교훈을 카투사를 지원하는 이들은 물론이고 나와 마찬가지로 미래를 준비하는 다른 누군가와 나누고 싶었다. 나는 카투사 생활을 통해 소심함과 미리 걱정만 하면서 미래를 향해 씩씩하게 나가지 못했던 과거의 나와 결별하고 보다 낙관적이고 용기를 가지고 미래를 향해 전진할 수 있게 되었고, 그들 또한 긍정적으로 성장할 수 있는 기회를 가졌으면 했기 때문이다.

상대적으로 최근에 전역한 예비역 카투사로서 나는 단순 정보를 담는 것을 넘어 생생한 에피소드들을 통해 재미있는 책을 쓰고 싶었다. 물론 보안문제 등으로 인해 쓸 수 없었던 내용들도 있고 필요한 경우 가명을 사용하기도 했지만, 이 책을 읽는 예비 카투사들과 카투사에 관심이 있는 사람들에게 유용한 정보들은 최대한 충실히 담았다고 생각한다.

내가 경험했던 카투사 생활에 대한 소소한 팁과 경험담을 통해 이 글을 읽는 여러분들도 내가 발견했던 삶에 대한 희망과 용기를 찾을 수 있기를 진정으로 바란다.

차례

▲ Champions Ball(미군 무도회) 컬러가드(의장대)

▼미군부대 푸드코트

▲ 컬러가드(의장대) 여단장 이취임식

▼ 미군부대(자대) 식당(디팩)

▲ 부대재편행사 미2사단장 마틴 소장(2성 장군)과 함께

▲ 부대재편행사 PT 미8군 사령관(안전 요원 바로 뒤에 있는 세 명 중 가장 왼쪽이 전 미8군 사령관인 버나드 S. 샴포 중장이다)

▲ Dragons Ball(실호스트 대대 주임원사와 함께)

▼ 미군부대 체육관(GYM)

▲ ▼ 미군부대 신막사(배럭)(훗날 직접 방문해 보니 기본적으로 1인실이지만 화장
   실과 부엌을 함께 쓰는 새 배럭의 방에는 각종 옷과 장비들을 놓아둘 수 있는
   드레스 룸까지 있었다)

▲ 군 생활 동안 수여 받았던 8개의 코인들

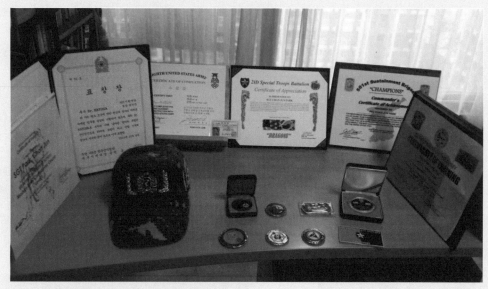

▲ 군 생활 동안 수여 받았던 수료증, 감사장들과 코인, 전역모

"카투사(KATUSA)의 지원 자격"

구분	TOEIC	TEPS (NEW TEPS)	TOEFL		G-TELP Level2	FLEX	OPIc	TOEIC Speaking	TEPS Speaking
			PBT	IBT					
성적	780점 이상	690점 이상 (380점 이상)	561점 이상	83점 이상	73점 이상	690점 이상	IM2 이상	140점 이상	61점 이상

* G-TELP와 OPIc는 국내 시험만 인정
* 접수일 기준, 2년 이내의 성적만 인정되며, 접수 시점에서 해당 어학성적을 취득한 상태여야 함.
  (예 - '18.9.13. 접수자의 경우 '16.9.14. 이후 응시하고, 접수일 발표된 어학성적만 인정)
* 현역병(징집병) 입영기일이 결정된 사람은 그 입영기일 30일 전까지 지원한 사람.
* 접수 시점에서 각 군 현역병 모집에 지원 중이거나 지원하여 합격한 사람 또는 학군사관후보생(ROTC) 및 군장학생으로 선발된 사람은 지원을 제한. 다만, 선발이 취소되거나 지원입영 후 귀가한 사람 등 지원에 의한 입영의무가 해소된 사람은 지원 가능.
* 선발방법 : 입영희망월별, 어학점수대별 지원자 분포비율을 적용, 전산 무작위 추첨.
* 선발입영시기 : 선발되어 합격한 사람은 지원 시 작성한 입영희망월('XX년 1월 ~12월)에 입영하게 됨.
* 카투사 지원은 1회에 한함.

출처 : 병무청(http://www.mma.go.kr/contents.do?mc=mma0000525)
Photo courtesy of Sgt. 1st Class Norman Llamas, 2ID Sustainment Brigade, Public Affairs
Photo courtesy of Sgt. Ferdinand Detres, 2ID Sustainment Brigade, Public Affairs
Photo courtesy of CPT. Stephen F. Smith, 501st SBDE

무성한 소문 속의 KTA

기차는 북쪽을 향해 달려가고 있었다. 동기들은 객실 내 호송원(호송의 임무를 맡은 병사. 객실 내 군기를 유지하고 인원을 통제한다.)의 눈을 피해, 카투사 훈련소(KATUSA Training Academy. 카투사 후반기 교육대라고도 불린다. 본래 의정부에 위치해 있었으나 2018년 평택으로 이전했다.)에 관해 저마다 한마디씩 했다.

"이제 짬밥 대신 칼질 좀 할 수 있겠는데?"

"미군 문화교육이 주가 될 거라 그리 힘들지는 않을 거래."

행복한 훈련소 생활에 대한 이야기가 대부분이었다. 힘들었던 논산훈련소 교육을 수료한 뒤에 이어지는 후반기 교육을 받기 위한 훈련소로 가는 시점인지라 열차에서 KTA 생활이 힘들 것이라는 불길한 말은 일종의 금기처럼 여겨졌다.

나는 생각에 잠겼다. 아버지와 논산훈련소로 가는 길에 천안휴게소에서 먹었던 마지막 식사, 지독히도 맛없던 칼국수와 늘 군복 주머니에 넣어두고 있던 가족들의 편지를 떠올렸다. 동기들의 말과는 상관없이 다시 훈련을 받으러 떠난다는 것이 막연히 불안하면서도 부대를 벗어나 창문 밖으로 보이는 화창한 하늘과 햇빛에 비치는 색색의 건물들을 보고 있으니 기분이 좋아졌다.

기차가 서울을 지나갈 무렵 우리들의 기분은 최고조에 달했다. 햇빛을 받아 반짝반짝 빛나는 한강과 잡힐 듯이 가깝게 느껴지는 63빌딩 등 익숙한 풍경들은 집에 한층 더 가까워졌다는 느낌을 주었고 동기들은 다시 말이 많아졌다.

"지금 앞쪽에 보이는 건물이 우리 집이야. 얼마 전까지 저 집에서 살았다고!" 내 옆에 앉아 있던 동기도 거들었다.

"방금 지나간 건물이 내가 대학 다닐 때 자취했던 곳이야."

서울을 벗어나고 얼마 뒤 기차는 역 플랫폼에 서서히 멈춰 섰다. 분위기가 이상했다. 객실 문이 열리자마자 커다란 고함소리가 들려오기 시작했던 것이다. 희망고문을 하고 있던 동기들의 얼굴에도 당황한 기색이 떠올랐다. 한국어가 아닌 욕설이 섞인 영어는 매우 공격적인 어조를 띠고 있었다.

객차 문 앞에서 선글라스를 쓰고 미군 군복을 입은 조교들이 병사들의 등을 두드리며 빨리 뛰라며 소리를 질렀다. 그들이 입고 있는 미군 군복이 우리들이 입고 있는 한국군 군복과 대조를 이뤄 이질감이 느껴졌다.

"HURRY UP IDIOT! RUN, RUN, RUN!"(서둘러 멍청아! 뛰어, 뛰어, 뛰어!)

열차에서 내려 역 밖으로 뛰어가는 동안 눈에 들어온 풍경은 가관이었다. 미리 계획이 잡혀 있었던 것인지 역에는 사람들이 아무도 없었고, 우리가 뛰어 지나가는 통로마다 선글라스를 쓰고 팔짱을 낀 채 대기하고 있던 미군들과 미군 군복을 입은 한국인들이 소리를 지르며 우리를 역 밖으로 몰았다. 우리들 중 일부는 훈련소에서 가져온 군용 가방을 메고 달리다 넘어질 뻔 하기도 하는 등 혼비백산한 모습이었다.

역 밖으로 몰려나온 우리들이 교관의 지시에 따라 역 광장 바닥에 줄을 맞춰 쪼그리고 앉아 대기하고 있을 때, 갑자기 한 흑인 미군이 우리들 중 한 동기에게 다가왔다. 그리곤 코가 부딪힐 정도로 얼굴을 들이밀며 말했다. 그건 마치 말을 하는 게 아니라 포식자가 사냥감을 앞에 두고 으르렁대는 것처럼 보였다.

"WHAT ARE YOU LOOKING AT, LOOK STRAIGHT! GET DOWN!"(뭘 보는 거야, 앞만 보라고! 엎드려!)

고작 시선을 정면으로 향하지 않고 다른 곳을 보았다는 게 그 이유였다. 지적을 받은 동기는 얼차려로 횟수를 외쳐가며 푸시업을 하기 시작했고, 우리가 조교의 눈을 피해 힐끔거리자 곧장 건장한 체구의 다른 미군 교관이 우리 중 하나에게 다가와 귀에 대고 앞을 보라며 소리를 질렀다.

때마침 논산에서 함께 출발해 같은 역에서 하차했던 일반 육군 동기들이 역 앞을 지나가며 우리를 향해 웃었다. 아마 "카투사가 편하다고 하더니 꼭 그렇지도 않은가 보네." 정도의 의미였을 것이다. 그리고 그때 그렇게 생각한 것은 꼭 그들만이 아니었다.

험악한 분위기 속에서 결국 모두 집결하자, 우리는 영어 성적에 따라 4개의 그룹으로 나뉘었다. 그리고 계속 함께 해왔던 논산 동기들과도 대부분 헤어지게 되었다. 그렇게 나뉜 인원들은 역 앞에 미리 세워져 있던 4대의 서로 다른 버스에 탑승했고(KTA가 평택으로 옮긴 뒤에는 아예 처음부터 KTA 교관들이 직접 버스를 타고 논산훈련소로 훈련병들을 데리러 오기 때문에 더 이상 기차를 이용하지 않는다고 한다.) 이렇게 함께 버스에 오른 동기들이 후에 한 소대를 이루게 되었다. 카투사 훈련소는 4개의 소대로 나눠진다.

버스에는 4개의 서로 다른 영어 성적을 가진 인원들의 모임을 세로로 세워놓고 왼쪽부터 한 줄씩 탔던 것으로 기억한다.(KTA가 평택으로 옮긴 뒤 소대는 어학 성적과 상관없이 이름 순으로, 분대는 무작위로 정해진다고 한다.) 그렇게 함으로써 한 소대에 영어 성적이 높은 사람과 그렇지 않은 사람이 고르게 들어갈 수 있도록 했다.

버스에서는 미군 군복을 입고 영어로 말하는 동양인 조교 하나와 족히 100kg은 넘어 보이는 거구의 흑인 조교 하나가 탑승해 우리를 통제했다. 카투사 훈련소로 이동하는 10분 남짓의 짧은 시간, 조교들은 긴장해서 말도 잘 하지 못하는 우리들 중 영어실력과 체격이 그나마 나은 몇 명을 골라 말을 시켜보고 그중 하나를 소대장 훈련병(소대장 훈련병(PG)과 분대장 훈련병(SL)은 어깨에 각각 미군 중사, 하사 계급장 패치를 붙인다.)에 임명했다. 긴장은 했지만 우리는 이동하는 동안 미군에게 얄보이지 않기 위해 질문을 던질 때마다 젖 먹던 힘까지 끌어올려 목이 터져라 대답했다.

드디어 버스가 카투사 훈련소가 있는 미군부대에 도착했고, 우리는 무거운 짐들을 메고 든 채로 소대별로 지정된 아스팔트 공터에 집결했다. 카투사 훈련소는 논산훈련소와 달리 흙으로 된 연병장이 없었고 잔디밭을 제외하면 모든 길과 공터가 아스팔트로 되어 있었다. 대부분의 건물들은 단층으로 길을 따라 드문드문 있었는데, 빨간 지붕에 베이지색으로 단조로운 모습이었다. 평소 생각했던 미군부대보다는 훨씬 작았지만, 소형 구장과 이발소, 사진관 등 있어야 할 것들은 다 있는 것 같았다.(실제로 당시 카투사 훈련소는 한국 내 가장 작은 미군부대 중 하나였다.)

이젠 조금 여유를 찾을 수 있겠다고 생각하던 그 순간, 교관들이 우리에게 "가지고 있는 모든 짐을 바닥에 쏟으라."고 소리쳤다. 머뭇거릴 새도 없이 모든 개인 물건들과 한국군에서 지급한 보급품들을 모조리 바닥에 쏟아 놓은 우리는, 곧바로 교관이 들고 있는 커다란 봉투에 군복을 제외한 모든 물품을 버리라는 지시를 받았다. 머뭇거리는 우리를 향해 곧바로 호통과 함께 얼차려가 부과되었고, 우리는 그제야 물건들을 버리기 시작했다.

몇몇 동기들은 버리기가 아까웠던지, 교관에게 비싼 화장품이나 약품 등도 버려야 하는지 물어보았으나 결과는 달라지지 않았다. 나는 다른 것들은 모두 빠짐없이 버렸지만, 가족들과 친구들이 보내준 편지만은 군복 주머니마다 쑤셔 넣었다. (훗날 자대로 가는 버스를 타기 직전, 교관에게 말하면 물품들을 다시 회수해 갈 수 있다고 들었지만 당시에는 이를 알기도 힘들었고 회수할 시간도 부족해, 되찾지 못한 내 물건들의 행방은 아직도 오리무중이다.)

'물건 버리기'가 끝나자 우리는 창고 같은 건물에서 미군 군복(ACU Universal Camouflage Pattern Army Combat Uniform)과 군화 등 보급품들을 수령하기 시작했다. 카투사처럼 보이는 군인들이 보급품들을 나눠주었고 정신없이 치수를 말하며 옷을 받는데, 직접 신어봐야 하는 군화에는 끈이 묶여 있지 않고 따로 분리되어 있었다. 나는 급박한 상황 속에서 겨우겨우 군화 끈 묶기에 성공할 수 있었는데, 군화의 끈조차 제대로 묶을 줄 모르는 내가 약간은 한심하게 느껴졌다.

이때 보급품을 나누어 주었던 사람들은 우리와 같은 카투사처럼 보였다. 모두 한국어를 사용했지만 한국군 군복을 입고 있던 우리와는 달리 이미 미군 군복을 입고 있었기 때문이다. 특이했던 것은 하나같이 불친절하고 퉁명스러웠다는 점이었다. 나는 나중에 훈련소를 마친 뒤에야 이들이 왜 그렇게 불친절한 모습이었는지 알 수 있게 되었다.

우리는 모든 물품을 수령한 뒤, 다시 공터에 모여 교관이 불러주는 품목들을 머리 위로 들어 올려 확인 받는 과정을 거쳤다. 그리고 버스에서부터 함께 한 두 교관들이 우리 소대 소대장이라는 사실도 알게 되었다. 소대별로 한국군 소대장 한 명과 미군 소대장 한 명이 배치되었는데, 한국군 측 소대장을 배치한 것은 우리들의 의사소통을 돕기 위함인 것 같았다. 또 이때부터 모두에게 교번이 부여돼 나는 94번 훈련병으로 불리기 시작했다.

보급품에 대한 확인이 끝나고, 미군 군복으로 갈아입은 우리는 줄을 지어 한 건물로 이동했다. 교관들이 시계를 보지 못하도록 해 정확한 시간은 알 수 없었지만 날은 벌써 캄캄해졌고, 저녁을 먹을 시간이 한참 지났다는 것만은 알 수 있었다.

우리가 들어간 곳은 무대와 의자들이 있는 실내의 강당이었는데 그다지 크지 않아 아담한 분위기였다. 강당 안으로 들어가 자리를 잡자, 교관들이 Jimmy Dean(meal kit)이라고 불리는 먹을 것이 담긴 간편식을 하나씩 나눠주기 시작했다. 손을 대지 말라는 명령에 자세히 보지는 못했지만 투명한 비닐로 포장된 작은 종이상자에는 통조림과 젤리 등 미국산 음식들이 들어 있는 것 같았다. Jimmy Dean이 모두 분배되자 버스에서부터 함께 했던 한국계 소대장이 무대 위로 올라가 시계를 보며 말했다.

"지금부터 정확히 7분을 주겠다. 그 시간 내에 못 먹는 음식들은 모두 버린다. 실시!"

눈치가 빠른 우리들은 비록 이곳에 온 지 하루도 되지 않았지만, 그동안의 일들로 보아 소대장의 말이 거짓이 아님을 확신할 수 있었다. 처음 보는 음식들이 대부분이라 포장을 뜯는 것부터가 난제였다. 나는 토르티야(얇은 팬 케이크처럼 생긴 맥시코산 빵)처럼 생긴 밀가루 반죽에 땅콩버터를 발라 최대한 빨리 먹는다고는 했지만 두 개를 채 먹기도 전에 시간이 다 지나가 버렸다.

그러자 정말 교관들은 남은 음식을 전부 빼앗아 쓰레기통에 버렸다. 기차에서 점심으로 전투식량을 먹은 뒤 몇 시간 만에 처음 하는 식사가 이렇게 허무하게 끝났고, 모두가 황당한 표정이었다. 적어도 논산에서는 밥을 먹는 데 시간제한은 두지 않았기 때문이다.

방 배정은 앞서 영어 성적으로 나누었던 인원들을 고루 섞어 3명이 함께 썼다. 방은 세면대와 샤워커튼이 걸린 욕조가 있는 화장실은 물론이고 침대까지 비치되어 있어 논산과 비교해 시설은 매우 좋은 편이었다. 소대장들이 시키는 방식대로 침대 위에 모포를 깔고 베개도 놓아두었는데 그제야 긴장이 조금 풀리는 듯 했다.

그러나 미군 소대장이 숙소를 떠나기 전 마지막으로 했던 말은 우리를 아연실색하게 했다.

"내일 기상시간은 새벽 4시다. 4시 반까지 집합장소에 모일 수 있도록! 그리고 복도에 있는 칠판에 불침번 리스트를 적어놓았으니 시간에 맞게 일어나 불침번을 설 수 있도록 한다. 만일 늦잠을 자 불침번이 제시간에 나오지 않은 것이 발각된다면 새벽에 모두를 깨워 얼차려를 주겠다!"

아무리 취침시간이 9시라지만(그때는 이미 9시가 넘었던 것으로 기억한다.) 4시 기상은 너무 가혹했다. 게다가 논산처럼 또 새벽에 1시간씩 불침번을 서야 한다니, 끔찍하기 짝이 없었다.

물론 군인으로서 조국의 밤을 지키기 위해 잠을 조금 희생할 수 있었지만 불과 몇 달 전까지 민간인이었던 나는 아직 이런 상황에 쉽게 적응이 되지 않았다.

방에 들어와 씻은 뒤, 침대에 엎드려 보급 받은 수첩에 오늘 하루 동안 있었던 일들을 기록했다. 그리고 논산훈련소 생활을 버틸 수 있게 해 주었던 마법의 말로 마지막 마무리를 했다.

"이 또한 지나가리라!"

나는 시간이 지나가면서 이곳 생활에도 여유가 생기고 즐거움을 느낄 수 있게 되리라고 무작정 믿었다.

"삐비비빅, 삐비비빅…" 잠이 들었나 하는 찰나, 내 손목시계의 알람이 울렸다. 불 꺼진 시계의 라이트 기능을 켜 시간을 보니 정확히 새벽 네 시였다. 조명 스위치 바로 아래 침대에 있었던 나는 방의 불을 켜고 룸메이트들을 깨운 뒤 옷을 갈아입었다. 아직 새벽은 쌀쌀했다. 차가운 새벽공기와 함께 카투사 훈련소에서의 생활이 시작된 것이다.

일과시작 후 소대장들과 다른 교관들은 우리가 무엇을 하든 사사건건 군기를 잡기 위해 소리를 질러댔는데, 나는 이제껏 살면서 그런 식의 고함을, 이렇게 많이 들어본 적이 없었다. 심지어 논산에서도 우리에게 이렇게까지 혹독하게 대하는 조교는 없었다.

논산에서의 조교들은 대부분 앞에서는 화를 내더라도 뒤에서는 챙겨주는 엄한 형과 같은 느낌이었기 때문이다. 그들의 호통은 주로 이런 식이었다.

"이런 태도로 훈련 받아서 고향에 있는 여러분 가족들을 지킬 수 있겠습니까?"

"분대장이 이렇게 화를 내는 이유는 여러분이 잠깐 방심하면 곧바로 사고로 이어지기 때문입니다. 정신 똑바로 차릴 수 있도록 합니다!"

반면 카투사 훈련소의 미군 조교들은 때에 따라 멱살을 잡는 경우도 있었고, 자신들이 우위에 있다는 것을 보여주기 위해 인신공격성 발언도 서슴지 않았다 . 돌이켜 생각해보면 미군들은 모두 직접 자원한 직업군인들이기에 교관들이 훈련소에서 이 정도로 강하게 군기를 잡았던 것 같지만 당시로서는 이를 이해하기가 힘들었다.

이러한 미군의 '군기 잡기'는 식당인 DFAC(디팩) (Dining Facility. 다양한 코너로 구성되어 있는 미군부대의 뷔페식 식당이다.)에서도 똑같이 이어졌다. 디팩은 먼저 줄을 서서 주 요리를 받는 두 개의 라인과, 중앙의 아담한 뷔페식 코너, 많은 식탁들이 늘어서 있는 주변부의 넓은 장소들로 구성되어 있었다.

이 좋은 식당에서도 교관들은 우리가 편하게 식사를 하도록 내버려두지 않았다. 배식을 받기 위해 줄을 설 때에는 앞을 보지 않고 시선을 돌리면 곧바로 호통이 이어졌다. 뷔페라고는 하지만 주 요리를 제외한 샐러드 등의 다른 음식들은 오직 한 번만 떠 갈 수 있었으며(디저트와 음료수는 물론 금지였다.) 오른손으로 수저를 제대로 잡지 않는 것과 같은 사소한 규칙을 어겨도 곧바로 얼차려가 부과되었다.

이런 호통과 얼차려에 당황한 훈련병이 배식을 기다리며 들고 있던 유리컵을 떨어뜨려 깨뜨리는 등 디팩의 식사시간은 그야말로 아수라장이었다. 그중에서도 하이라이트는 자리에 앉아 밥을 먹기 시작한 후에 있었는데, 식사시간이 겨우 2분 30초였기 때문이다.

'2분 30초.' 20분 30초도 아닌 2분 30초였다. 생색을 내듯 30초를 덧붙인 식사시간에 대한 이야기를 들으며 나는 속으로 헛웃음을 삼켰다.(어느 시점부터 이 규칙은 훈련소에서 폐지되었다. 당시 후임들의 말에 따르면 요즈음은 특별한 시간제한 없이 식사를 할 수 있게 되었다고 한다.) 교관들이 식사시작을 외쳤고 우리들은 허겁지겁 음식을 입속으로 밀어넣기 시작했다. 그러나 포크와 칼을 사용해 음식을 잘라 몇 입이나 먹었을까, 곧바로 10초 카운트다운이 시작되었다.

"Ten!, Nine!, Eight! ...." 우리 모두는 결국 음식을 반 넘게 남긴 채 식사를 마무리해야 했다. 하지만 이런 상황에서도 음식들은 하나같이 정말 맛있었고 나는 이것이 참 아이러니하다는 생각을 했다.

카운트다운이 끝나자 교관들은 자리에서 일어나라고 소리를 지르기 시작했다. 이 와중에도 두 컵의 물은 반드시 마셔야 한다고 지시했으므로 우리들은 강제로 물과 함께 음식을 삼키며 쫓기듯 식당 밖으로 나왔다. 물을 마시게 했던 것은 혹독한 오전, 오후 체력단련 시간에 탈수와 근육경련을 방지하기 위함이었고 우리는 평소에도 항상 수통(canteen, 현재는 KTA에서도 내가 자대에서 사용했던 어깨에 메는 빨대 달린 수통인 캐멀백(CamelBak)을 사용한다.)에 물을 담아 들고 다녀야 했다.

그렇게 긴장된 분위기와는 어울리지 않게 맛있었던 첫 식사가 끝났다. 식당 밖으로 나온 동기들은 서로 이 황당한 상황이 웃기다는 듯 눈빛을 교환했다.

훈련소 생활에서 가장 중요한 것들 중 하나였던 식사는 대개 이런 식이었다. 여기에는 한 가지 룰이 더 있었다. 일명 '남의 식판 정리해 주기'로 식탁에 마주보고 앉은 두 사람 중 누가 더 밥을 빨리 먹는가를 놓고 경쟁을 벌이는 방식이었다.

두 사람 중 먼저 식사를 마치는 사람이 자신의 수통과 마주앉은 사람의 수통만 들고 식당 밖으로 나간다. 그러면 늦게 식사를 마친 사람이 상대 식판과 자신의 식판을 겹쳐 쌓은 후 두 사람의 그릇, 수저를 정리해 반납하는 것이다.(줄을 서서 식판과 그릇 등을 퇴식구에 반납해야 하니 그만큼 시간이 더 오래 걸린다). 늦게 식사를 마친 사람이 식당 밖으로 나오면 수통을 들고 갔던 사람은 그제야 수통에 붙어 있는 교번을 불러 주인을 찾아준다.

나는 이와 같은 '식사시간 제한규칙들' 때문에 훈련소 생활 초반 상당히 곤욕을 치렀다. 나는 '천천히 먹기' 대회가 있다면 우승을 노려볼 수 있을지 몰라도 빨리 먹는 데는 매우 취약했기 때문이다.

대학에 다니던 시절, 나는 대부분 혼자서 느긋하게 식사를 하는 편이었다. 학생 식당에서, 기분이 내키면 교내 패스트푸드점 같은 곳에서, 천천히 음식을 먹으면서 생각을 정리하고 휴식을 취하는 것이 일상의 작은 행복이었고 당연한 권리라고 생각했다. 그러나 이곳은 내게 이런 여유를 허락하지 않았다.

긴장의 연속이었던 디팩을 빠져나온 뒤에도 완전히 안심할 수는 없었다. 실수로 군모를 벗거나 주변 잔디를 밟을 경우, 소대장들에게 엄청난 질책을 들어야 했기 때문이다.

"Hey you! get off the fucking grass and put your PC on!" (어이 너! 그 망할 잔디밭에서 나와서 군모 착용해!)

이것은 이후 자대에서도 동일하게 적용되었던 규칙이었다.

그렇게 첫 PT 테스트(정식 명칭은 APFT(Army Physical Fitness Test)로 팔굽혀펴기, 윗몸 일으키기, 2마일(3.2km) 달리기로 구성되어 있었다.)를 보는 일요일 아침까지는 식사시간을 제외하고는 크게 새로울 것 없이 무난히 지나갔다. 이때 긴장한 채로 'ALCPT(American Language Course Placement Test의 약자이며 입소 초와 말에 총 두 번 시험을 본다.)'라는 영어시험도 보았었는데 문제가 그다지 어렵지 않아 생각보다 무난하게 시험을 치를 수 있었다.

논산훈련소에서는 대부분의 경우 카투사들은 카투사들끼리 같은 소대에 배치를 받는다. 그렇기에 같은 소대, 혹은 분대에 배치받은 카투사 훈련병들은 논산에서부터 입대 전 알아온 정보들을 서로 공유하며 각자가 무사히 자대에 전입할 수 있게 되기를 기원한다. 이때 우리가 입을 모아 인정했던 '무사 자대배치'

의 가장 큰 위협은 바로 'PT 테스트 불합격'이었다. 누구든 PT 테스트에서 떨어질 경우 유급이 되어 혹독한 카투사 훈련소 생활을 처음부터 한 번 더 해야 했기 때문이었다.(계속해서 떨어지면 한국군으로 원복될 수도 있다고는 하나 그런 경우는 상당히 드물다.)

훈련병들은 카투사 훈련소에서 총 세 번 PT 테스트를 보았다. 이 중 첫 번째로 보는 PT 테스트는 연습용으로 이 시험에서의 합격과 불합격은 유급에 영향을 미치지 않았다.

이렇게 우리들은 미래에 있을 두 번의 PT 테스트에서 단 한 번이라도 합격하지 못하면 유급을 해야 한다는 막연한 불안감 속에서, 논산훈련소 때부터 고된 훈련에도 시간을 내 스스로 운동을 했다. 밤낮을 가릴 것 없이 시간이 날 때마다 팔굽혀펴기와 윗몸 일으키기를 연습하는 것은 우리들 모두의 당연한 일상이 되었다.

혼을 쏙 빼놓은 첫 번째 PT

그리고 마침내 첫 번째 PT 테스트를 보는 일요일 새벽이 밝았다. 새벽 4시 반, 배럭(Barracks. 미군부대의 생활관(막사). 층별로 복도와 방들, 세탁실 등으로 구성 돼 있다.) 밖으로 나오자 차가운 새벽 공기가 먼저 얼굴에 느껴졌다. 더구나 아직 해가 뜨기도 전이었기에 가로등조차 몇 개 없는 훈련소는 더욱 어두워 한 치 앞을 분간하기도 힘들었다. 가뜩이나 긴장하고 있는 훈련병들을 더욱 불안하게 만들기에 충분한 분위기였다.

어리둥절한 상태로 우리는 거대한 돔 형 비닐하우스처럼 생긴 체육관(이를 Bubble Gym이라고 불렀다.)으로 이동했다. 그곳에서 우리는 앞사람의 머리만 바라보라는 교관들의 불호령을 들으며(이때부터 나는 교관들이 모두 각 소대의 소대장들이었다는 것을 알게 되었다.) 몇 개의 대형을 갖춰 줄지어 앉았다. 곧 한 명씩 호명되어 대형 뒤로 불려 나갔는데, 그곳에는 소대장들이 PT 테스트를 평가하기 위해 자리를 잡고 앉아 있었다.

논산훈련소에서 미리 팔굽혀펴기 등을 연습해온 우리들은 대부분 2분 동안 불가능해 보이지 않는 통과기준인 팔굽혀펴기 42개를 무난히 해낼 수 있을 것이라고 생각했다. 그런데 생각지도 못한 일이 일어나기 시작했다. 소대장들이 자세가 올바르지 않다는 이유로 5개, 10개, 많이는 20개씩 카운트하지 않았던 것이다.

실제로는 팔굽혀펴기를 한 개수가 42개를 넘겼지만 카운트된 숫자가 통과기준을 채우지 못해 탈락하는 훈련병들이 연이어 생기기 시작했다. 이때 팔굽혀펴기에서 통과하지 못해 PT 테스트에서 불합격하게 된 대부분의 사람들은 다음 종목인 윗몸 일으키기와 2마일(3.2km) 달리기를 해보기도 전에 의욕을 잃은 탓에 좋은 결과를 얻지 못했다.

상대적으로 무난했던 윗몸 일으키기가 끝나고 모든 사람들이 한데 모여 출발선에 선 뒤, 훈련소의 정해진 코스를 몇 바퀴 도는 2마일 달리기를 시작했는데 여기서도 많은 사람들이 탈락의 고배를 마셔야 했다. 단순히 지쳐서 통과하지 못한 것 외에도 훈련소를 도는 바퀴 수를 잊어버리거나 코스를 제대로 알지 못해 탈락한 경우도 많았기 때문에 이와 같은 정보들은 이후 PT 시험을 치르기 전에 소대장에게 물어보고 확실히 알아두는 것이 좋을 것 같았다.

1차 PT 테스트가 끝나자 모든 훈련병들의 얼굴에 어두운 기색이 역력했다. 1차 PT 테스트 통과자는 겨우 8명, 4개 소대를 통틀어 8명을 제외하고 나머지는 전부 탈락한 것이다. 비록 유급과는 관련 없는 1차 시험이긴 했지만 훈련병들은 이 결과가 2주 뒤에 있을 본 시험, 즉 2차 시험과, 3차 시험에서도 되풀이되지 않을까 걱정하기 시작했다. 그리고 모든 이들은 유급에 대한 막연한 불안감을 가지게 되었다.

나는 운이 좋게도 1차 PT 테스트 통과자들 중 한 사람이 될 수 있었는데, 이는 내가 단지 사람들이 가장 많이 탈락하는 팔굽혀펴기에서 자세의 중요성을 간과하지 않았기 때문이었다. 사실, 논산에서부터 이미 많은 카투사들은 PT 테스트 때 팔굽혀펴기에서 자세가 좋지 않을 경우 카운트가 되지 않는다는 것을 알고 있었다.

그러나 대부분의 사람들은 개수에 집중한 나머지 자세의 중요성을 간과했고 이것이 1차 PT 테스트에서 아쉬운 결과를 가져오게 되었던 것이다. 그러나 후일 돌이켜 생각할 때 1차 PT 테스트를 통과한 것은 결코 내게 호재만은 아니었다.

1차 PT 테스트가 끝난 뒤, 훈련소의 분위기는 무거웠다. 우선 1차 PT 테스트가 끝난 다음 날부터 오전과 오후 체력단련(PT) (PRT(Physical Readiness Training), 줄

여서 PT라고 부르기도 한다.)이 시작되었다. 소대장들은 일주일 중 월요일, 수요일, 금요일은 달리기 위주의 유산소운동, 화요일, 목요일, 토요일은 푸시업 위주의 근력운동이 될 것이라고 했다. 그리고 이 PT 시간에 대해 제대로 알지 못한 체 나갔던 첫 PT는 우리들의 혼을 빼놓았다.

우리는 새벽 네시 반까지 소대장들이 정해준 PT 복장(PT uniform은 계절별로 다르게 입어야 하는데 겨울의 경우는 모자에 자켓과 장갑은 물론 상하의 모두 긴소매, 긴바지를 입는데 모두 안에 반팔, 반바지를 먼저 입고 긴팔을 입어야 한다.)대로 PT용 자켓은 물론 모자에 장갑까지 착용하고 수통을 챙겨 아스팔트 공터에 집결했다. 공터 주변은 온통 캄캄했고 입김이 나올 정도로 추운 날씨 때문에 분위기가 스산하기 짝이 없었다. 안 그래도 긴장하고 있던 차에 이런 분위기는 우리들의 불안함을 더욱 증폭시켰다.

곧 준비 운동이 시작됐고 꽤 오랫동안 목부터 시작해 발목까지 몸의 각 부위를 돌려주며 스트레칭을 했다. 소대장들이 시키는 대로 왼쪽으로 한 번, 오른쪽으로 한 번씩 스트레칭을 하다 보니 생각보다 많은 시간이 흐른 것 같았다.

1시간 남짓의 PT 시간 중 스트레칭만으로 이 정도의 시간을 할애한다면 긴장했던 것보다 PT가 힘들지 않을 수도 있겠다는 생각이 들었다. 그리고 소대장들의 불호령과 함께 본격적인 PT가 시작됐다.

달리기 위주일 것으로 예상했던 것과 달리 첫 PT는 여러 가지가 뒤섞인 형태였던 것으로 기억한다. 소대장들은 쉴 틈을 주지 않고 구령을 붙여가며 우리를 몰아쳤는데, 가령 힘이 빠져 구령에 맞춰 푸시업을 하지 못하거나 포기하고 땅에 주저앉는 사람이 생기면 곧바로 다른 소대장이 소리를 질러대며 끝까지 그 운동을 해 내도록 만들었다. 그러다가 우리들이 도저히 운동을 해내지 못할 정도로 힘이 빠졌다 싶으면 가운데 서 있던 한 소대장이 "GO!"라고 외치며 손가락으로 한 방향을 가리켰고, 이는 그쪽 방향으로 정해진 코스를 한 바퀴 뛰어갔다 와야 함을 의미했다. 땀을 뻘뻘 흘리며 뛰어갔다 오는 것이 고역일 수도 있겠지만 끊임없이 운동을 해야 하는 상황에서 나는 이 시간을 쉬는 시간이라고 생각했다.

지금 생각해보면, 이때 차라리 모두가 함께 천천히 뛰었으면 전부에게 부담이 덜 되었을 것을 서로가 조금 더 편하기 위해 빨리 뛰는 바람에 누군가는 먼저 뛰어가 더 많은 시간을 쉬고, 반대로 달리기를 힘들어하는 누군가는 빨라진 모두의 페이스에 적응하지 못하고 뒤처졌던 것 같다. 그리고 나는 당시 소대장들이 이런 사실을 잘 알면서 충분히 이용했다고 어느 정도는 확신한다.

이렇게 "GO!" 타임이 반복될수록 앞서 달리는 사람들은 뒤처지는 사람들에게 빨리 뛰라고 다그쳤고, 뒤에서 뛰는 사람들은 오히려 다른 사람들이 너무 빨리 뛰는 것 아니냐며 쏘아붙였다. 나는 이런 모습을 보며 사람들이 처음 겪어보는 극한 상황에 놓여 여유가 없어지면 서로 격려를 하기보다는 불평과 비난으로 더 쉽게 움직인다는 걸 체험할 수 있었다.

PT를 하는 동안에는 시간을 알 수 없었다. 시계를 가지고 나오는 것이 금지되어 있었기 때문이다. 이는 체감 PT 시간을 끝없이 늘려주는 효과를 톡톡히 발휘했다.

이 와중에도 탈수방지를 위해 소대장들은 PT 도중 종종 "Drink water!"(물 마셔!)를 외쳤는데 훈련병들은 이를 들으면 얼토당토않게 즉시 "Damn it's hot!"(젠장 너무 뜨겁습니다!)이라고 소리치며 아침에 가져온 수통에 담아 놓은 물을 마셔야 했다. 이 잠깐 동안의 시간이 유일하게 쉬는 시간이었던 셈이다.

마침내 나도 지칠 대로 지쳐 "푸시업을 할 때 고개를 숙이지 말라."던 소대장의 말을 무시하고 바닥을 보게 되는 상황이 생겼다. 아스팔트 바닥에는 얼굴을 타고 흘러내린 땀방울들이 수없이 보였고 입에서는 짠맛이 느껴졌다. 내가 이렇게 많은 땀을 흘린 적이 있었나 하는 생각이 들 때쯤 소대장이 "Rest!"(쉬어!)를 외쳤고, 우리는 "Never!"(절대 안 됩니다!)라고 대답하며 길고도 길었던 첫 PT가 마침내 끝이 났다.

PT가 끝나고 나서야 나는 PT를 시작하기 전 우리가 왜 그렇게 오랫동안 준비운동을 해야 했는지 깨닫게 되었다. 긴 시간의 준비운동이 필요할 만큼 높은 강도의 PT가 우리를 기다리고 있었던 것이다. 상당수 인원이 1차 PT 테스트에서 불합격한 상황에서 불과 2주 내에 훈련병들이 미군 기준의 PT 테스트를 통과하게 만들어야 하는 소대장들의 입장에서는 강한 강도의 체력단련을 요구하는 게 어쩌면 당연한 것이었는지도 모른다.

생각보다 훨씬 힘들었던 PT에 당황한 우리가 미처 정신을 차리기도 전에, 한 소대장이 카투사 기간병(KTA에 배치받아 일하는 카투사 병사들을 일컫는 말이다.) 둘을 앞으로 불러 세웠다. 기간병들을 앞으로 불러낸 소대장은 이름의 첫 글자를 따서 'Sergeant(Sergeant은 병장, 하사, 중사를 부르거나 이들이 한 말에 대답할 때 쓰는 호칭이다. 주로 "Sergeant Park"과 같이 쓰이며 이들이 하는 지시에는 "Yes sergeant!"이라고 내답하는 것이 원칙이다.) V'로 불렸는데 V 소대장은 U 소대장과 함께 훈련소에서 가장 악명이 높은 소대장들 중 하나였다.

V 소대장이 기간병들에게 물었다.

"너희들이 이 훈련소의 메딕(Medic. 의무병)들인가?"

기간병들은 곧바로 그렇다고 답했다. 그러자 V 소대장이 다시 물었다.

"이 훈련소에 엑스레이 장비가 구비되어 있나?"

기간병들은 그렇지 않다고 말했다.

"그럼 여기 의약품들은 다양하게 준비되어 있나?"

기간병들은 기어들어가는 목소리로 또다시 그렇지 않다고 답했다.

그러자 V 소대장이 2초 정도 뜸을 들이더니 정렬해 있는 훈련병들에게 큰소리로 말을 하기 시작했다.

"다들 들었다시피 이 훈련소에는 엑스레이 장비도, 제대로 된 약들도 없다. 너희들이 다쳤을 때 우리가 줄 수 있는 건 이 진통제 하나뿐이다."

그리고 V 소대장은 연고처럼 생긴, 손가락 두 개만한 진통제를 손으로 집어 들어 보였다.

"매일 아침 PT가 끝나면 몸 상태가 좋지 않은 인원을 조사해 의무실에 갈 수 있도록 할 것이다. 그러나 우리가 해 줄 수 있는 건 어차피 이 진통제를 주는 것뿐이다. 자신의 몸은 결국 자기가 지켜야 하는 것이다. 그러니 잘 들어라." V 소대장은 마지막으로 한마디를 덧붙였다.

"이렇게까지 말했는데도 의무실에 갈 생각이 있는 나약한 훈련병이 있다면 PT가 끝나고 남든지 말든지 알아서 해라!"

내 기억에 따르면 그날 PT가 끝난 뒤 의무실에 가기 위해 자리에 남은 사람은 아무도 없었다. 물론 그렇다고 우리가 PT가 끝난 뒤에도 모두 멀쩡했던 것은 아니다. PT가 끝나고 숙소로 돌아가자마자 우리는 매일 아침 이어질 이 PT의 강도가 말도 안 된다는 이야기를 했고 대부분 극심한 근육통을 호소했다.

PT가 끝난 뒤 서둘러 샤워를 하고 PT복을 군복으로 갈아입기가 무섭게 복도에서 소대장 훈련병이 외치는 소리가 들렸다.

"집합 시간입니다! 서둘러서 나갑시다! 빨리빨리!"

벌써 소대장이 지시한 집합시간이 되었던 것이다. 소대원들은 너무 서두르는 것 아니냐며 불평을 하면서도 서둘러 강당 앞으로 뛰어 나갔다. 배럭 밖에서는 뛰어서 이동해야 한다는 KTA의 '더블 타임(Double time)' 원칙 때문에 우리들은 더욱 정신을 차리기 힘들었다.

아직 훈련소에 완전히 적응하지 못한 탓에 일부 훈련병들은 집합을 할 때 방 밖으로 차고 나오는 것이 금지되어 있는 시계를 차고 나오거나, 군화 끈을 군화 안에 제대로 넣지 않아 끈이 군화 밖으로 나오게 하는 등 실수들을 하곤 했다. 그리고 그때마다 우리 모두는 소대장들에게 실컷 얼차려를 받으며 잔소리를 들었다.

식사시간은 여전히 경직된 분위기였지만, 이 시간도 몇 번을 겪고 나니 차츰 여유가 생겨서 배식을 받는 동안 몰래 주위를 둘러볼 수 있을 정도가 되었다. 그러면서 새롭게 발견하게 된 것이 있었는데, 바로 그동안 미처 제대로 보지 못하고 지나쳐왔던 '유급병'들이었다.

'홀드오버(Holdover)'로 불리는 유급병들은 조리사들에게 받는 주 요리를 제외한 샐러드 바의 다른 음식들을 우리에게 배식하고, 우리를 무사히 자리에 앉힌 뒤 제때 식당 밖으로 내보내 디팩 안팎의 원활한 흐름을 이끌어내는 것과 같은 다양한 역할을 맡고 있었다.

이들은 각각 샐러드 바 코너에서 "One scoop and go!(한 숟갈만 뜨고 가!)"(KTA 에서는 곧 유행어가 되었다.)를 외치는 인원, 훈련병들이 빨리 집어갈 수 있도록 식탁 앞 테이블에 물컵 두 잔을 미리 떠 놓는 인원, 식탁마다 배치되어 식사시간을 재고 카운트다운을 하는 인원 등으로 나뉘어 각자가 맡은 임무를 수행했다.

당시 이 홀드오버들의 엄격함은 소대장들 못지않아 유급병들은 훈련병들 사이에서 괜한 미움을 사기도 했지만 이들의 활약은 훈련소 생활의 후반부에도 계속 이어졌다. 그리고 그제야 알게 된 사실이지만 이들이 바로 입소 첫날 미군 보급품들을 나누어 주던 불친절한 사람들이었다. 유급이 된 지 얼마 지나지 않아 새로 들어온 훈련병들을 위해 일을 해야 만하는 상황이었으니 이들이 당시 다른 사람에게 친절을 베풀 만큼 기분이 좋을 수 없었던 것은 어쩌면 당연한 일이었다.

식사를 한 뒤 소대장은 앞으로 네 개의 소대가 두 소대씩 두 그룹으로 나뉘어 일주일마다 번갈아가며 한 그룹은 '병 기본과목 수업'을, 나머지 다른 한 그룹은 '영어수업'을 듣게 될 것이라고 했다.

내가 속한 3소대는 '병 기본과목 수업(WTT Warrior Task Training)'을 먼저 듣게 되었다. 식사를 마친 후 곧바로 한 건물로 이동해 수업을 듣게 되었는데, 거구의 흑인인 C 소대장이 교육을 하고 한국군 측 김 소대장이 부연 설명을 하며 우리의 이해를 돕는 식이었다.

본격적으로 소대원들과 많은 시간을 보내게 된 3소대의 김 소대장과 C 소대장은 다른 소대장들에 비해 상당히 부드럽다는 평을 받고 있었다. 살인지 근육인지 쉽게 분간이 되지 않는 거대한 체구에 장난기 넘치는 얼굴을 가진 C 소대장은 수업시간과 같은 공식적인 자리가 아니라면 김 소대장과 함께 재미있는 모습을 자주 보여주곤 했다. 김 소대장과 C 소대장은 둘 모두 30대 정도의 나이로 보였고 찰떡궁합을 자랑했다. 서로 때리며 장난을 치는 것은 물론, 달리기가 빠른 김 소대장이 갑자기 C 소대장이 먹던 음식을 훔쳐 달아나거나 특별한 이유 없이 운동 대결을 펼치기도 했다.(물론 승리는 거의 김 소대장의 차지였다.)

병 기본과목 수업의 내용은 주로 구급법, 독도법 등 기본적인 것들로, 배우는 데 큰 어려움은 없었다. 하지만 때로는 익숙하지 않은 영어로 된 군사용어들 때문에 내용을 완전히 이해하지 못하는 경우가 생기기도 했는데, 그럴 때는 쉬는 시간이나 수업이 끝난 뒤 서로 모르는 부분을 물어보거나 C 소대장에게 보충설명을 듣기도 했다. 일주일 뒤에 있을 필기시험을 통과해야 공포의 대상인 '유급'을 면할 수 있었기에 공부를 게을리 할 수 없었다.

항상 과자나 젤리 같은 간식거리를 손에서 놓지 않고 수업을 진행했던 C 소대장은 각종 질문에도 자신이 아는 한에서는 잘 답변해 주는 편이었다. 그러나 수업시간에 조는 훈련병에게는 즉시 강의실에서 푸시업을 명령했기에 우리는 수업시간 내내 긴장의 끈을 완전히 놓을 수는 없었다.

하루는 C 소대장 대신 김 소대장이 수업을 진행한 적이 있었다. 김 소대장은 우리가 수업 도중 졸기 시작하자 푸시업을 시키는 대신 잠을 깨우기 위한 새로운 방법을 사용했다. 김 소대장은 자신이 과거 특전사였고 중동 지역으로 몇 차례 파병도 다녀왔다며 우리에게 동영상 하나를 보여주었다.

영상은 시끄러운 비행기 안에서 들리는 카운트다운 소리로 시작되었다. 카운트다운이 끝나자 김 소대장을 비롯한 여러 특전사들이 비행기 밖으로 하나둘 몸을 던졌고 카메라는 하늘에서 사막을 배경으로 낙하하는 사람들을 비추었다.

특전사들은 낙하하며 뒤로 눕는 동작을 해 보이는 등 모두 즐거운 모습이었다. 그렇게 태양빛을 받아 반짝이는 사막을 배경으로 비행기에서 시원하게 뛰어내리는 특전사들을 보고 있다 보니 기분 전환도 되고 졸음도 조금씩 달아나는 듯했다. 그리고 그제야 비로소 왜 C 소대장이 지금까지 김 소대장을 항상 "Special force(특수 부대) Kim"이라고 불렀는지, 김 소대장이 어떻게 그토록 뛰어난 체력을 갖고 있었는지 이해되었다.

지루한 강의 중간 쉬는 시간에는 대부분의 훈련병들이 교실 밖으로 나와 바람을 쐬었다. 교실 밖은 잔디밭이었는데, 화창한 햇살을 받고 있는 잔디들을 보고 있자니 겨울이 가고 어느새 봄이 다가왔음을 느낄 수 있었다.

10분 남짓의 짧은 휴식 시간이었지만 일부 훈련병들은 교실을 나오자마자 잔디밭에서 푸시업, 싯업 등 PT 테스트를 대비한 운동을 했다. 그러자 이에 자극받은 다른 훈련병들도 덩달아 경쟁적으로 운동을 시작했고 쉬는 시간은 더욱 빨리 지나갔다.

1차 PT 테스트 후 첫 번째 점심식사는 아직까지도 잊을 수가 없다. 수업이 끝나갈 무렵 소대장이 갑자기 책자 하나를 꺼내더니 1차 PT에 통과한 사람들은 모두 손을 들라고 했다. 나를 포함해 몇 명이 손을 들었고 다른 소대원들의 눈은 일제히 우리를 향했다.

"이 인원들은 오늘 점심부터 KSB(카투사 스낵바)를 이용할 수 있다. 여기 이 책자에 메뉴가 있으니 잘 골라보도록!"

말이 끝나기 무섭게 우리를 바라보던 다른 소대원들의 눈빛은 부러움과 질투로 가득찼고, 1차 PT 통과자들은 갑작스러운 차별대우의 수혜자가 되어 당황스러움을 감출 수 없었다.

책자에는 말도 안 되는 것들이 쓰여 있었다. 그 놀라운 글자들은 눈으로 읽고도 쉽게 믿어지지 않았다. '김치볶음밥', '불고기덮밥', '닭강정', '라면'…. 당시 나머지 소대원들을 의식해 내색은 할 수 없었지만 기쁨의 환호성이라도 지르고 싶은 심정이었다.

나는 고심 끝에 불고기덮밥을 택했고 통과자 대다수는 이번이 훈련소에서 한국 음식을 먹을 수 있는 유일한 기회라고 생각해 여러 메뉴를 동시에 예약했다.

우리는 수업이 끝나고 여느 때처럼 교실을 출발해 Cadence(군가)를 부르며 네 줄로 열을 맞추어 디팩을 향해 걸어갔다. 한 가지 평소와 달랐던 점은 소대별로 구호를 외치며 디팩으로 뛰어 들어가기 전(우리 소대의 경우 "Spartans! Prepare for glory!"가 구호였다. "스파르타인들이여 승리를 위해 준비하라!"는 뜻으로 모든 훈련병들은 각자 자기 소대의 구호를 외친 뒤 pivot(오른쪽, 왼쪽으로 선회하는 발 동작)을 하며 디팩으로 뛰어들어가야 했다.) 소대장이 1차 PT 통과자들을 따로 열외시켰다는 것이다.

"KSB(카투사 스낵바)를 이용할 1차 PT 통과자들은 C 소대장 앞으로 모인다!"

지시에 따라 우리가 C 소대장 앞으로 따로 정렬하자 디팩 앞에 서 있던 훈련병들은 티는 내지 않으려고 노력하면서도 질투 어린 눈빛으로 우리를 계속 흘겨보았다. 우리는 C 소대장의 인솔에 따라 나머지 훈련병들을 뒤로 하고 디팩 뒤쪽 언덕 위에 있는 깨끗한 외관을 가진 건물로 이동했다.

건물 입구에 들어서자마자 우리의 얼굴에는 자동적으로 미소가 지어졌고 서로를 바라보며 기쁨에 찬 눈빛을 교환했다. 카투사 스낵바 내부의 오른편은 일종의 바(bar)처럼 꾸며져 있었고 앞쪽에는 온갖 과자들과 음료수, 아이스크림이 가지런히 진열돼 있었다. 왼쪽에는 한국인 아주머니가 주문을 기다리고 있었는데 심지어 의자에 앉아 TV도 볼 수 있었다.

우리는 미리 골라둔 음식을 주문하고 의자에 앉아 TV에 나오는 한국 예능프로그램을 보았다. 천국이 있다면 바로 이런 곳일 것 같다는 생각이 들었다. 긴장이 풀리자 우리들은 서로 이야기를 주고받기 시작했다. 그런데 이상했던 것은 소대장이 이야기를 나누는 우리를 제지하지 않았다는 것이다. 소대장은 우리에게 전혀 관심이 없어 보였다.

더욱 신기한 일은 음식이 나온 뒤에 일어났다. 소대장이 우리가 밥을 먹는 동안 시간을 재지 않았던 것이다! 덕분에 우리는 오랜만에 맛있는 밥을 여유롭게 먹은 뒤 기분 좋게 식당을 빠져나올 수 있었다. 그런데 식당 밖에서는 믿을 수 없는 광경이 펼쳐져 있었다.

나는 당연히 우리가 카투사 스낵바에서 시간의 제약 없이 자유롭게 식사를 하는 동안 다른 훈련병들은 모두 밥을 먹은 뒤 다른 곳으로 이동했을 것이라고 생각했다. 그런데 우리가 식당을 나오며 본 것은 모든 훈련병들이 식사 후 디팩 앞에 그대로 도열해 있는 모습이었다.

얼마나 오랫동안 우리를 기다렸을까. 훈련병들은 당황한 얼굴로 디팩으로 뛰어내려오는 우리를 원망어린 눈초리로 쏘아보았다. 아무도 직접 말은 하지 않았지만 우리는 모두 미안한 마음에 얼굴을 들 수 없었다.

소대장들의 규칙은 이러했다. PT 통과자들의 KSB 이용시간에 제한이 없지만 디팩을 이용하는 나머지 훈련병들에게는 2분 30초의 식사시간이 그대로 적용된다. 또 식사를 마친 후에는 디팩 앞에 서서 KSB 이용자들이 돌아올 때까지 기다려야 한다는 것이었다.

소대장들은 이처럼 눈에 보이는 '차별대우'를 통해 훈련병들에게 동기를 부여하는 잔인한 전략을 취했고, 이는 우리들에게 그대로 먹혀들었다. 훈련병들의 운동 열기는 그들이 받는 스트레스에 비례해 날로 증가했다.

그렇게 행복함과 미안한 마음이 공존했던 점심시간이 끝나고 오후 수업이 재개되었다. 오후수업 때부터는 점차 이상한 분위기가 우리 사이에 퍼지기 시작했는데 그것은 예민한 감정들로부터 비롯된 것으로 곧잘 불화와 반목으로 이어졌다. 가령 졸다가 소대장에게 지적을 받는 훈련병이 있으면 일부 훈련병들이 "단체로 얼차려를 받을 수 있으니 앞으로는 제대로 좀 하라."는 식의 말로 다시 한번 주의를 주었고, 이에 반발하는 훈련병과 다툼이 생기는 것이었다.

이렇듯 우리는 잦은 얼차려로 인한 예민함에 앞으로 있을 PT 테스트에 대한 불안감이 더해지면서 다른 사람의 작은 실수도 쉽게 넘어가지 못하고 서로를 비난하는 일이 잦아졌다.

나는 그렇지 않아도 모두들 힘든 상황에서 반목과 불화가 더해지는 모습이 좋게 보이지 않았고 이런 분위기에 휩쓸리지 않기 위해 계속 스스로를 점검했다. 그날 잠자리에 들기 전 나는 이런 메모를 남겼다.

"군기 잡힌 부대에 있으니 사람들이 점점 이상한 군인 문화에 물들어간다. 잘 알지도 못하는 사람에게 자신이 상관에게 들었던 것처럼 소리를 지르고, 자신들이 싫어하는 그들을 똑같이 닮아간다. 앞으로 어떤 조직에 들어갈 때에는 그 조직의 안 좋은 습성을 닮지 않도록 주의해야겠다. 또 이것은 금방 퍼지기에 조심, 또 조심해야 한다."

오후수업이 끝날 무렵 통과자들은 또다시 다른 훈련병들의 눈치를 보며 KSB 메뉴판을 받아 들었다. 그러나 저녁을 먹기 전 우리들은 먼저 오전 PT에 이은 오후 PT를 준비해야 했다.

배럭에 돌아와 군복에서 PT복으로 옷을 갈아입으며 우리들은 KTA(카투사 훈련소)로 오는 동안 기차에서 그랬던 것처럼 긴장을 달래기 위해 희망적인 이야기들을 하기 시작했다.

"내가 아는 카투사 선배한테 들었는데 오후 PT가 오전 PT보다는 훨씬 편하대. 걱정들 붙들어 매."

"오전 PT 때문에 아직도 근육통이 가시질 않았는데 부상을 방지하기 위해서라도 오후에는 심하게 못할 거야. 그러다 사람 잡는다니까!"

그러나 소대장들은 기어이 우리를 잡고야 말았다.

오후 PT는 간단했다. PT 테스트와 같은 3.2km 구간 오래달리기였다. 평소라면 몰라도 오전 PT로 몸 상태가 엉망이 된 지금은 이조차 무리였다. 하지만 우리는 옆에서 뛰는 서로를 의식하면서 여유를 부리지 않고 경쟁적으로 최선을 다해 달렸다.

처음 한두 바퀴는 옆의 친구들을 보며 응원할 수 있을 정도로 여유를 가지고 달릴 수 있었다. 그러나 세 바퀴가 넘어가자 숨이 차오르며 들이쉬는 공기가 따가워지기 시작했고 네 바퀴째에는 땀과 눈물이 뒤섞여 시야까지 흐려졌다. 오로지 정신력만으로 속도를 내고 있는데 다섯 바퀴째 나는 엄청난 착각을 하고 말았다.

시간을 재기 위해 서 있던 소대장을 다섯 번 보고 3.2km를 모두 달렸다고 착각해 제자리에 멈춰 선 것이다. 소대장은 연신 계속 달리라는 사인을 보냈고 당황한 나는 호흡이 끊긴 채 다시 달려야 했다. 한번 페이스가 무너진 상태에서 달려야 했던 마지막 바퀴는 오로지 오기로 뛰었던 것 같다.

일부는 소대장들이 늘 강조하는 '충분히 물 마셔두기' 규칙을 지키지 않았거나 운동 전 스트레칭을 제대로 하지 않았는지 도중에 쥐가 나 다리를 붙잡고 쓰러지기도 했다.

그래도 첫날 오후 PT는 오전 PT보다는 체감상 덜 힘들었다. 저녁에도 1차 PT 통과자들은 카투사 스낵바에서 맛있는 한국식 밥을 먹을 수 있었다. 다만 이번에는 우리들 스스로 밖에서 기다릴 동료들을 위해 최대한 빨리 밥을 먹기로 했다는 점만 달랐다. 그러나 곧바로 배식을 받는 디팩과 달리 주문하고 기다리는 시간이 있는 KSB에서의 식사는 상대적으로 더 느릴 수밖에 없었고, 우리는 식사 후 또다시 무안한 얼굴로 훈련병들이 기다리고 있는 디팩 앞으로 뛰어 내려가야 했다.

주로 저녁시간에는 강당에 모여 훈련소 생활과 관련된 주의사항을 듣거나 교육을 받았다. 강당에서는 자리에 앉을 때 반드시 두 발을 붙이고 두 손은 허벅지

위에 가지런히 올려놓아야 한다. 그렇게 하지 않으면 언제든 소대장들의 불호령이 떨어지기 때문이다.

잠자리에 들기 전 배럭에 들어와 간단히 씻은 뒤 잠깐의 평화를 맞았다. 훈련소 생활에 적응이 되어가면서 이제는 이런 평화로운 시간이 비정상적인 것처럼 느껴지기도 했다. 오히려 누군가 소리를 지르거나 얼차려를 받는 상황이 더 정상적인 것 같았다. 이 시간에는 룸메이트들과도 대화를 나눌 수 있었는데, 훈련소 생활에 관해서는 대부분 나와 비슷한 느낌을 받고 있는 것 같았다. 우리들의 최대 관심은 PT 테스트, 최대 걱정은 다음날 있을 PT 시간이었다.

훈련소의 밤은 고독했다. 생각이 꼬리에 꼬리를 물고 계속 이어졌다. '나는 그동안 정말 편하게 살았었구나.' '그런데도 왜 지금껏 감사할 줄 몰랐을까?' '과연 2차 PT 테스트는 통과할 수 있을까….' 게다가 나는 불과 몇 시간 뒤인 새벽 두 시에 불침번('Fire Guard'라고 한다.)이 예정되어 있었다.

"저기… 일어나세요. 불침번입니다". 내 전번초(자신의 바로 전 불침번) 불침번이었다.

"네. 수고하셨습니다." 겨우 인사를 건넨 나는 피곤함에 눈도 제대로 뜰 수 없었다. 나와 근무를 설 후번초 불침번과 함께 밖으로 나가 맞이한 텅 빈 복도는 무서울 정도로 조용했다. 왠지 이 모습이 할리우드 공포영화에서 보았던 장면과도 같다는 생각이 들었다. 폭이 1미터 정도인 어두운 베이지색 복도 양 끝에는 각각 'EXIT' 표시와 창문 하나가 있었고, 바닥은 쓰레기 하나 없이 깨끗했다. 특히 EXIT 표시에서 나오는 빨간색 불빛이 주변 분위기를 더욱 음산하게 만들었다. 우리는 혼자서 불침번을 섰다면 꽤나 무서웠을 뻔 했다는 이야기를 나누며 각자 정한 위치로 걸어갔다.(두 불침번의 위치는 복도의 양 끝으로 정해져 있었다.)

나는 창문이 있는 한쪽 끝에, 동기는 반대편 음산한 EXIT 표시 밑에 자리를 잡았다. EXIT 표시 옆에는 다른 층으로 올라가거나 내려갈 수 있는 계단이 있었는데 불이 모두 꺼져 있어 오싹한 분위기를 풍겼다.

동기와도 멀리 떨어져 누군가와 말을 할 수도 없는 상황에서 복도에는 침묵만이 흘렀고 우리는 멀리서 서로의 얼굴을 멍하니 바라보고 있을 뿐이었다. 불침번을 서는 동안 계단 쪽에 있는 사람이 한 번 정도 세탁실에서 빨래를 돌려야 했던 것으로 기억하지만 나는 항상 창문 쪽에 자리를 잡았기 때문인지 훈련소 기간 동안 한 번도 세탁을 하지 않았다.

소대장들이 복도에 있는 CCTV로 불침번들을 밤새 지켜보다 근무를 제대로 서지 않으면 모두를 깨워 얼차려를 준다고 엄포를 놓았기 때문에 우리는 계속 경직된 자세로 서 있어야 했다.

시간이 얼마나 지났을까. 결국 건너편에 있던 동기는 PT 테스트를 위한 야밤의 푸시업을 시작했다. 1시간은 생각보다 훨씬 길었다. 나는 이를 예상하고 방에서 나올 때 메모장과 펜을 가지고 나왔는데 간단히 일기라도 쓰며 시간을 보낼 참이었다. 메모 내용은 전날과 비슷했다. 당시에는 서로 지적하기를 멈추지 않는 사람들을 보며, 어떻게 하면 상대의 기분이 덜 나쁠 수 있을지를 주로 생각했던 것 같다.

"이미 일어난 일에 대해서는 지적하지 말자. 정말 필요하다면 사전에 이야기하자. 객관적인 상황에 관해서만 이야기하고 절대 짜증 섞인 감정을 드러내지 말자. 듣는 이의 기분이 상하지 않도록 상대가 아니라 발생한 문제에 대해 지적하는 것임을 명확히 하자."

메모를 쓴 뒤 창문턱에 펜과 메모장을 두고 뒤로 돌아서 창문 밖의 풍경을 바라보았다. 창문 밖에는 담벼락 너머로 민간세상의 풍경이 보였다. 주황색 가로등 불빛에 비친 보도, 도로 위를 지나가는 차들, 그리고 얼마 전까지 내가 살던 것과 비슷한 아파트가 보였다. '과연 저기 있는 사람들은 이런 곳에 갇혀 있는 내 마음을 조금이라도 이해할 수 있을까?'

새벽 4시에 기상하지 않아도 되고, 강도 높은 PT를 할 필요도, 하루 종일 교관들의 고함소리를 들으며 긴장해 있을 필요도 없는 저런 천국 같은 곳으로 돌아갈 수 있다면 매일 신께 감사하는 마음으로 얼굴에 천사의 미소를 띠고 살아갈 수 있을 것 같았다.(심지어 가끔은 치킨도 시켜 먹을 수 있지 않은가!)

창밖을 보며 이런저런 생각을 하다 보니 1시간도 어느새 지나갔고 조심스럽게 다음 불침번들을 깨운 뒤 겨우 잠자리에 들었다. 그날 나는 최악의 시간대였던 2시 불침번을 서야 했던 덕분으로 3시에 취침한 후 불과 1시간 뒤인 4시에 다시 기상해야 했다.

그렇게 다시 매일 아침 저녁으로 PT를 하고, 수업을 듣고 가족을 생각하며 잠자리에 드는 훈련소 생활이 이어졌다. 한번은 소대장들이 우리가 쓴 편지를 걷어 집으로 보내주기도 했다. 정신없이 바쁜 일정 탓에 대부분의 훈련병들은 밤에 편지를 쓸 새도 없이 곯아떨어져 편지를 쓸 수 없었지만 말이다.

그러나 나처럼 짬을 내서 편지를 썼던 동기들은 후에 답장을 받기도 했는데, 이곳에서 받는 답장은 논산과 달리 인터넷 편지가 아니라 손으로 쓰인 편지였다. 정신적으로 힘든 상황에서 받는 가족들의 편지는 마치 사막에서 발견한 생명수와도 같았다. 나는 이렇게 받은 모든 편지들을 서랍 깊숙한 곳에 넣어두고 잠자리에 들기 전에 종종 꺼내보곤 했다.(심지어 부모님은 편지에 내가 좋아하는 여배우의 사진도 동봉해 주셨다!)

처음 PT를 하던 날, 나는 이 정도 강도의 PT에 적응하는 것은 불가능하다고 생각했었다. 그러나 놀랍게도 시간이 지날수록 PT에도 내성이 생기기 시작했다. 분명 같은 강도의 PT였음에도 몸이 적응을 한 것인지 심리적으로 편해진 느낌을 받았던 것이다.

군대에서 힘들었던 모든 일은 '불확실성' 때문이었다고 해도 과언이 아니다. 해본 적이 없었기에 그 일이 얼마나 어려운 일일지 생각하며 불안해했고 힘듦은 배가되었다. 그러나 반복적인 경험은 이 일이 어느 정도로 힘들 것인지 예측할 수 있게 해 주었고 반드시 끝이 있다는 사실을 알게 해 주었다. 즉 PT 시간이 힘든 것은 똑같았지만, 나는 소대장들이 결코 우리를 기절시키지는 않는다는 것과 약 1시간 뒤에는 반드시 PT가 끝난다는 불변의 진리를 알게 된 것이다. 이것은 내게 큰 위안이었다. 게다가 우리 모두가 함께 이런 고통을 나누고 있다는 생각을 하면서 나라고 못할 것은 없다는 생각을 했다. 그리고 시간이 지나갈수록 힘들다는 것 외에 다른 생각은 할 수 없었던 나도 아침 PT 시간이 되면 '이쯤 되었으니 PT가 곧 끝나겠지.'와 같은 여유로운 생각을 할 정도가 되었다.

내 생각에 KTA를 버티는 가장 좋은 방법은 '이 또한 지나가리라.'라는 말을 가슴에 새기는 것 같다. 시간이 지나면 극한환경에도 이유 없이 저절로 적응하게 될 것이라는 사실을 명심하자. 이를 믿고 기다리면 어느덧 환경에 적응해 이전보다 더 편해진 마음을 가지게 된 자신을 발견하게 될 것이다.

1주차의 하이라이트는 '사격(BRM(Basic Rifle Marksmanship)'이었다. 흔치는 않았지만 사격에서 불합격하면 유급을 해야 했기에 우리는 또 한 번 긴장감에 싸였다.

김 소대장은 유독 사격에서만큼은 우리 소대가 잘 해내기를 바라는 눈치였는데, 특전사 출신이라는 자부심 때문인 것 같았다. 1주차 마지막 날 예정된 사격시험을 앞두고 김 소대장은 병 기본과목 수업시간에 호흡법과 조준법, 방아쇠를 당기는 법 등의 팁들을 우리에게 알려주었다.

직접 과녁판을 들고 어떤 전략으로 사격을 해야 하는지 상세하게 알려주는 김 소대장의 설명을 열심히 받아 적으며 우리는 사격에 대한 자신감을 키웠다. 사격시험에는 소대별로 차지할 수 있는 스트리머가 걸려 있었고 김 소대장은 우리들을 보며 이를 은근히 기대하고 있는 것 같았다.

'스트리머Streamer'란 소대 깃발에 걸 수 있는 휘장으로 사격, 영어시험, PT 테스트, DNC(제식 경연) 등에 각각 하나씩 걸려 있었다. 모두가 볼 수 있도록 가이던(Guidon. 소대의 행진 시 가장 앞에서 깃발을 들고 이동하며 식사 전 소대 구호를 외치고 디팩 앞에 깃발을 꽂는 일을 담당하던 기수 훈련병. 소대별로 한 명씩 총 네 명이 선발된다.)이 어디에 가든 소대 깃발이 걸린 커다란 깃대를 가지고 다녔기에 소대들 사이에서는 자연스럽게 경쟁심이 유발되었다.

소대장은 가장 많은 스트리머를 얻은 소대(platoon)가 'Honor Platoon'이 되고 그 소대의 소대장 훈련병(PG, 훈련소에서는 소대장 훈련병을 'PG'(Platoon Guide)라고 불렸다.)은 수료식 날 상을 받게 될 것이라고 말했다.

그러나 소대장들의 의도와는 달리 사실상 소대끼리의 경쟁심은 그다지 크지 않았다. 'Honor Platoon'이 되어도 훈련병들이 얻는 것은 오직 명예뿐이었기 때문이다. 게다가 PG와 사이가 좋지 않았던 소대의 훈련병들은 오히려 소대장 훈련병이 후에 상을 받는 걸 방해하기 위해 일부러 일을 열심히 하지 않기도 했다. 오로지 일부 소대장 훈련병들만 상을 받기 위해 소대원들을 다그쳤고 이는 훈련병들과의 사이를 더욱 악화시키곤 했다.

다행히 우리 소대의 PG는 소대원들과 갈등을 빚는 일이 거의 없었고 상장에 그다지 욕심도 내지 않는 듯 보였다. 따라서 나를 비롯한 소대원들 역시 모든 일에 가능한 한 열심히 임하려고 노력했고 이것이 좋은 결과로 이어지지 않았나 싶다.

사격시험에 앞서 소대장들은 총을 다루는 것이 얼마나 위험한지를 우리에게 각인시켜 주고자 노력했다. 당시 우리들은 소대장들이 폭력을 써도 사격장(Range)에서만큼은 용인된다는 무서운 소문마저 당연하게 받아들이고 있었다.

사격은 유급이 걸려 있었기에 우리를 조금은 불안하게 만들었다. 나는 논산에서도 아슬아슬하게 사격에 불합격한 전례가 있었는데, 이 때문에 나는 다른 훈련병들이 쉬는 동안 사격을 몇 차례 더 반복해야 했다. 그러나 역설적이게도 이때의 추가 사격은 내가 총을 쏘는 데 필요한 노하우들을 터득할 수 있게 해 주었다.

논산과는 달리 KTA에서는 고정된 과녁에, 이전과는 다른 총을 사용해 사격을 해야 했다. 그래도 좋았던 점은 이곳에서는 시간 제약 없이 사격을 할 수 있었다는 것이다. 이 덕분에 긴장을 조금 덜고 사격에 임할 수 있었다.

사격을 하는 소대를 제외한 나머지는 대기 장소로 보내졌고 몇 사람씩 돌아가며 총을 메고 사격장 문 앞을 지켜야 했다.

대기 장소는 꼭 미국 서부영화에 나오는 오두막처럼 생겼다. 나무로 만들어진 긴 원통형 건물 안에는 목재 테이블이 몇 개 있었기 때문에 우리는 귀마개(Earplug)를 받고 이곳에 앉아 간만에 이야기꽃을 피울 수 있었다.

아직도 특히, 기억에 남는 것은 화장실이었다. 볼 일을 보기 위해 나는 소대장이 알려준 방향대로 원통형 건물 뒤에 있는 화장실로 향했는데, 그곳에는 초록색 공중전화 부스 같은 것이 있었다. 이 플라스틱 부스 안에는 멀쩡하게 생긴 좌식 변기가 있었지만 밑으로 구멍만이 뚫려 있던 '푸세식'이었다.(훈련지에서도 이 간이 화장실 부스를 이용하게 된다.)

군 생활 내내 두고두고 신기했던 것은 문을 닫고 있어도 안에서 악취가 거의 나지 않았다는 것이다. 여기에는 구조적으로 어떤 공학적 법칙이 숨어 있다는 말 을 어디에선가 들은 것도 같지만 어쩌면 이것은 그저 우리의 코가 야전에서 둔 감해졌기 때문인지도 모른다.

시간이 지체되며 어느덧 점심시간이 되었고 우리는 KTA에서의 첫날 이후 처 음으로 디팩에서 식사를 하지 못하게 되었다. 소대장들은 대신 미군 전투식량 인 'MRE(Meal, Ready to Eat)'를 나누어 주었는데 우리는 그렇게 처음으로 신기한 MRE를 맛보게 되었다.

놀랍게도 MRE 포장지 안에는 단일 메뉴에 가까웠던 논산의 전투식량과는 달 리 에피타이저부터 메인 메뉴, 디저트까지 완전한 식사가 들어 있었다. 심지어 는 물에 타 음료수로 만들어 먹을 수 있도록 이온음료 가루도 들어 있었다.(물론 소대장들이 물이 담겨 있던 수통이 오염된다며 캔틴에 가루를 타 먹을 수 없게 했기에 그림의 떡 이었지만 말이다.)

나는 우선 부드러운 초코칩 쿠키를 한 입 베어 물었다. 간만에 달콤한 음식을 먹으니 몸속에 당과 에너지가 돌기 시작하는 것이 느껴졌다. 그리곤 미숙했지만 발열봉투 등에 적혀 있는 매뉴얼을 따라 최소한의 물만을 이용해 메인 메뉴를 데 워 먹었는데, 내가 선택한 고기 패티 요리는 꽤 맛있는 편이었다.

그러나 MRE를 늦게 선택한 일부 동기들은 '채식주의자용' 요리를 먹어야 했 고 취향이 아니었는지 대부분 디저트와 에피타이저만으로 배를 채웠다. 고기를 싫어하더라도 채식주의자가 아니라면 메뉴 11, 12, 13, 14번에 해당하는 채식 주의자용 MRE는 되도록 선택하지 않는 것이 좋을 것이다. 채식주의자용 MRE 의 맛은 결코 보장할 수 없기 때문이다.

소대장들이 사격장에 관심을 쏟는 사이 우리들은 서로 긴장을 풀기 위해 수다 를 떨었다. 한 주가 마무리 되었으니 곧 이 고생도 끝나고 자대에 배치받아 외박 때 집으로 돌아갈 수도 있지 않겠느냐는 희망적인 내용이 주를 이루었다.

얼마 지나지 않아 우리 소대가 사격을 할 차례가 되었고 나와 동기들은 긴장된 표정을 한 채 사격장으로 향했다. 나는 기본적인 네 가지 사항(견착, 조준, 호흡, 격발)과 김 소대장이 알려준 사격 팁을 머릿속으로 계속 숙지하며 사격장에 도착했다.

논산에서와 마찬가지로 우리는 우선 영점사격을 실시했다. 일정하게 작은 탄착군이 만들어지도록 몇 차례 가늠자와 가늠쇠(조준장치들)를 수정한 뒤, 마침내 기록 사격이 시작되었다. 소대장들은 여전히 엄격했지만 우리들 사이에 퍼졌던 소문과 달리 폭행이 있거나 하지는 않았다. 오히려 긴장한 훈련병들을 배려해주는 소대장들의 모습이 보이기도 했다.

마침내 사격이 모두 끝나고 사격지(타겟이 그려져 있는 종이)를 확인한 내 얼굴에는 미소가 떠올랐다. 40발 중 36발, 매우 만족스러운 점수였다. 군 생활 내내 사격에서는 이렇게 기본적인 사항들만 명심하면 좋은 성적을 거둘 수 있었는데, 내 생각에 이는 역설적이게도 논산에서 불합격한 뒤 연습하며 내공을 쌓은 덕분인 것 같다.

시간제한이 없었다는 것 외에 KTA 사격의 또 한 가지 특이했던 점은 떨어지는 탄피를 전혀 상관하지 않았다는 것이었다. 논산에서 화기에 부착해 사용하던 탄피 수거함은 미군부대에서는 찾아볼 수 없었다. 대신 사격장에 탄피들이 수없이 쌓여 있는 놀라운 광경을 목격하게 되었는데 이는 신기한 경험이었다.

논산에서 나는 일반적인 한국 육군이라면 치를 떨 만한 끔찍한 광경을 목격한 적이 있다. 당시 나는 부사수를 맡아 사격을 하는 훈련병들 뒤에서 탄피를 세며 문제가 없는지 확인하는 일을 하고 있었다. 문제는 내 앞에서 사격을 하던 훈련병이 분대장(교관)들이 그렇게도 강조하던 한 가지 핵심적인 사항을 실시하지 않았기 때문에 발생했는데, 바로 '총기 청소'였다.

그 훈련병이 총을 발사하자 갑자기 "퍽" 하는 소리와 함께 가스조절기(화기에 달린 엄지손가락 만한 부품이다.)와 탄피가 앞쪽의 풀밭으로 천천히 포물선을 그리며 날아갔고(다행히 그 훈련병은 전혀 다치지 않았다.), 당황한 나는 문제가 있음을 알리기 위해 빨간색 신호기를 들었다. 그리고 곧 이곳으로 다가온 분대장들은 탄피가 없어졌다는 충격적인 사실을 알게 되었다.

중대장의 지시로 모든 사격은 일시 중지되었고 분대장들이 즉각 풀밭에 투입돼 탄피를 찾기 시작했다. 나는 이런 갑작스런 상황에 그저 황망한 표정으로 탄피를 찾는 분대장들을 바라보고 있을 따름이었다.

시간이 얼마나 지났을까, 막내였던 이등병 분대장이 세상을 다 가진 것 같은 환한 미소와 함께 탄피를 찾았음을 외쳤고, 중대장은 그 자리에서 해당 분대장에게 '칭찬 카드'를 수여했다. 아마 이러한 광경을 미군들이 보았다면 참으로 신기해했을 것이다.

무사히 사격이 끝났다. 우리 모두는 큰 문제없이 병 기본과목 수업(WTT)을 수료할 수 있었다. 그동안 수첩에 빼곡히 메모를 한 내용으로 시험도 보았지만 불합격자는 없었다. 사격시험을 통과하고 모든 수업을 충실히 들었다면 1주차에 유급이 결정되는 일은 없을 것이다. 그리고 얼마 뒤 김 소대장은 만면에 미소를 띤 채 우리 소대가 KTA 사상 가장 높은 사격 점수를 기록했음을 알려줬다. 무려 소대 평균 서른 발이 넘는 기록으로 우리 소대는 처음으로 '스트리머'를 획득할 수 있었다.

토요일은 대체로 모든 일정이 여유로웠다. 심지어 '카투사 선배와의 만남' 시간도 있었다. 우리는 강당에 모여 카투사 전우회라는 곳에서 나온 선배님들의 강연을 들었다. 한 분은 전투부대 출신이었는데, 자신은 전투병이었기에 많은 경험을 해볼 수 있었다며 전투병과나 헌병을 기피하지 말고 오히려 지원해볼 것을 권유했다.

다른 한 분은 행정병 출신으로, 군 복무시절 다양한 대회에 나가 우승도 하고 미군에게 인정받는 군 생활을 했다며 평화로운 자대 생활에 안주하지 말 것을 강조했다. 당시는 힘들었던 상황이라 그 말들이 귀에 잘 들어오지는 않았지만 참고해볼 만한 내용들은 있었다.

강연이 모두 끝나자 카투사 전우회는 훈련병들에게 보여줄 것이 있다며 갑자기 영상(아쉽게도 현재 KTA에서는 더 이상 영상편지 신청을 받지 않는다고 한다.) 하나를 틀어주었다. 빔 프로젝터로 화면에 영상이 나오기 시작하자 곧 한 훈련병의 얼굴이 빨개졌다. 영상 속에는 여자친구로 추정되는 사람이 그 훈련병의 이름을 부르며 보고 싶다는 말을 했고 이를 보던 다른 훈련병들은 일제히 환호를 하거나 박수를 치며 해당 훈련병을 놀리느라 여념이 없었다. 그럼에도 불구하고 영상이 하나하나 나올 때마다 화면 속 주인공을 알아본 훈련병들은 다른 동기들의 놀림에도 불구하고 흐뭇한 미소와 함께 행복한 표정이었다.

카투사 전우회에 영상을 만들어 보낸 사람은 주로 남자친구를 군대에 보낸 고무신(여자친구)들이었는데 간혹 부모님들도 있었다. 영상 속 여자친구들의 애정 표현에 한껏 들뜬 우리들은 모든 시간이 끝나자 일제히 화장실로 향했다. 모두 몇 시간이나 되는 강연을 듣는 동안 한 번도 화장실을 갈 수 없었기 때문이다.

화장실 앞에는 긴 줄이 생겼고 나도 자연스럽게 줄을 서서 내 차례를 기다렸다. 마침내 내가 화장실을 이용하고 나왔을 때, 왠지 밖에서 이상한 소리가 들리는 것 같은 느낌이 들었다. 줄을 서고 있던 다른 사람들은 듣지 못한 것 같았기 때문에 나는 무슨 영문인지 알아보기 위해 문 쪽으로 가서 강당 밖의 상황을 보았다. 강당 밖에서는 전혀 예상치 못했던 충격적인 장면이 펼쳐져 있었다.

미리 밖으로 나온 동기들은 모두 엎드려뻗쳐 있었고 무섭기로 소문난 박 소대장이 이들에게 다른 동기들이 모두 나올 때까지는 일어날 생각을 하지 말라며 소리를 지르고 있었다. 나는 즉시 이 상황을 화장실 앞에 줄을 서 있던 많은 동기들에게 알린 뒤 곧바로 뛰어 나가 맨 뒷줄에 엎드려뻗쳤다. 그때 나는 얼마나 무안했던지 엎드려뻗쳐 있던 다른 동기들의 얼굴을 제대로 쳐다볼 수도 없었다. 그러나 소대장에 대한 분노인지 화장실에 간 동기들에 대한 분노인지 정확한 대상은 알 수 없었지만 그들이 누군가에게 많이 화가 나 있다는 것은 느낄 수 있었다.

소대장은 화장실을 가지 말라는 말을 한 적이 없었고, 만약 그것이 잘못되었다고 한들 소대장은 강당 안에 있는 우리들에게 이 사실을 전혀 알리지 않았다. 그저 밖에서 미리 나온 동기들에게 얼차려만을 주고 있었던 것이다. 이는 자연스럽게 화장실을 갔든, 가지 않았든 미리 나와 얼차려를 받고 있는 동기들이 다른 동기들에게 원망의 마음을 갖도록 했다.

엎드려뻗친 뒤 시간이 얼마나 지났을까 모두가 강당 밖으로 나오자 소대장은 "누가 화장실을 가라고 했느냐?"며 이런 식으로 해서 앞으로 미군들에게 얕보이지 않을 수 있겠냐고 우리들에게 호통을 쳤다. 도무지 이해가 되지 않는 상황이었지만 엎드려뻗친 자세를 유지하는 것만으로도 힘이 들었던 나는 그런 생각을 할 겨를이 없었다.

그때는 해가 내리 쬐던 한낮이었고 우리는 모두 PT복이 아닌 군복을 입고 보급 받은 가방까지 메고 있었다. 등에 메고 있는 가방이 계속 얼굴로 흘러내렸기 때문에 자세를 유지하기가 정말 쉽지 않았다. 얼마 지나지 않아 우리들이 엎드려 있던 아스팔트 위는 땀으로 물들기 시작했는데, 나는 아직까지도 그때만큼 땀을 많이 흘려 본 적이 없는 것 같다. 얼굴에서 시작해 땀이 바닥으로 떨어지고 있는 모습을 보고 있으니 어떤 이유에서인지 울컥하는 마음이 들었다.

곧 소대장은 모두 일어나 부대를 한 바퀴 뛰어오라고 지시했고 우리는 수통과 덜컹거리는 가방을 둘러메고 열심히 달려 제자리로 돌아왔다. 그러나 무슨 일인지 소대장은 계속 똑같은 지시를 내렸다. 그리고 왜 이것이 반복되는지 모르겠느냐며 우리에게 호통을 쳤다.

알고 보니 이는 일부 훈련병들이 수통을 놔둔 채 뛰었다는 다소 사소한 이유 때문이었다. 이유를 알고 나서도 이미 정신을 차리기 힘든 상태에 있던 동기들은 계속 수통을 두고 뛰었기 때문에 우리는 이후에도 모두 함께 몇 차례 부대를 더 돌아야 했다.

자대에 가서도 이 일은 두고두고 내 기억에 남았는데, 그 이유는 이때 강연이 끝난 뒤 화장실을 갔다거나 수통을 자리에 두고 뛰었다는 이유로 소대장이 이 정도의 얼차려를 줄 상황은 아니었던 것 같았기 때문이다.

훗날 후임들을 통해 알게 된 놀라운 사실은 당시 KTA를 거쳐 갔던 모든 훈련병들이 '선배와의 만남'을 가졌던 이날 마찬가지로 격한 얼차려를 받았다는 것이었다. 물론 한참 뒤 들어온 후임들은 그렇지 않은 경우도 있었던 것 같다. 아마 이날의 얼차려는 선배들에게 군기가 바짝 든 훈련병들의 모습을 보여주고, 주말에 풀어질 수 있던 우리들의 긴장감도 다시 잡으려는 의도가 배경에 깔려 있었을 것이다.

그렇게 당근과 채찍의 시간을 보낸 뒤 토요일은 지나갔고 마침내 내가 고대하던 일요일이 밝았다.

나는 훈련소에서의 지난 한 주 동안 내심 일요일을 기대하고 있었는데 바로 '종교행사' 때문이었다. 종교행사는 내가 논산훈련소 생활을 버틸 수 있게 해 주었던 가장 큰 원동력 중 하나였다. 주말 논산의 교회는 마치 거대한 콘서트장과도 같았고 초청된 밴드의 연주에 맞춰 자리를 꽉 채운 훈련병들과 함께 신나게 찬양을 하고 나면 한 주간의 스트레스가 풀리곤 했다.(주로 아름다운 여성 멤버들로 구성된 팀들이 많았던 점도 한몫 했을 것이다.)

또한 교회를 비롯해 종교행사가 이루어졌던 장소들에서는 유일하게 분대장들의 제재에서 벗어나 자유로운 시간을 보낼 수 있었으므로 종교행사는 가장 기다려지는 시간이었다. 게다가 일단 참여만 하면 당시로서는 무엇보다 귀했던 '초코파이'와 '사이다'를 받을 수 있었으니 이보다 더 좋을 수는 없었다.

그렇게 KTA에도 일요일은 찾아왔고 혹사당한 근육을 회복시키기 위함인지 이날은 PT를 하지 않았던 것으로 기억한다.

KTA는 논산훈련소와 달리 별도의 교회나 절 등 종교시설을 위한 장소를 보유하고 있지 않았기에 나는 같은 종교를 선택했던 동기들과 함께 또다시 익숙한 강당으로 향해야 했다. 이때 한 가지 유의해야 할 점은 매주 어떤 종교행사에 참여할지 선택할 수 있었던 논산과 달리 이곳에서는 처음 선택한 종교를 3주 내내 변경할 수 없다는 것이다. 그러니 처음 선택할 때 제대로 선택하는 것이 좋다.

강당에 모두 자리를 잡고 앉자 무대 앞으로 한 기간병이 굳은 얼굴을 한 채 올라왔다. 그는 당시 갓 일병을 달았던 '군종병'으로 까칠한 선임들에게 이리저리 치이는 모습이 안타까웠던 사람이었다. 그 군종병은 누가 보아도 하기 싫은 일을 억지로 하고 있는 사람처럼 보였는데, 우리에게 찬송가를 프린트한 종이를 하나씩 나누어주더니 곧 컴퓨터로 해당 곡을 틀었다.

세련되고 신나는 찬양들 위주였던 논산의 교회와 달리 이 기간병이 틀어줬던 찬양들은 대부분 느리고 오래된 찬송가였다. 그렇게 몇 곡을 들은 뒤(함께 따라 부르는 사람은 거의 없었다.), 시간이 남자 기간병은 여전히 긴장한 채로 앉아 있는 우리들에게 낮고 작은 목소리로 질문을 해도 좋다고 말했다.

큰 의미는 없었던 질문과 답변이 이어진 뒤 목사님께서 나와 설교를 하셨다. 기대와는 조금 달랐던 종교행사가 끝나갈 무렵 아주머니들과 아저씨 몇 분이 강당으로 들어오셨고 우리에게 손수 준비해 오신 떡과 주스를 웃으며 나누어 주셨다. 이분들은 KTA와 연계된 한 교회에서 자원봉사를 나오신 분들로 모두 인상이 좋아 보이셨다.

비록 초코파이와 사이다, 신나는 찬양팀은 없었지만 그래도 나는 그날 어머니, 아버지 같은 분들께서 준비해 주신 술떡과 오렌지주스를 맛있게 먹으며 토요일의 열차려는 잊고 다시 한번 위로를 받을 수 있었다.

그래도 시간은 흘러간다

"다들 PT복 제대로 입으시고 캔틴, PT 매트(PT 시간 아스팔트 위에 깔아 윗몸 일으키기 등을 할 수 있도록 하는데 필요한 매트) 잊지 말고 챙겨서 나갑시다. 어서!"

2주차의 새벽은 언제나처럼 소대장 훈련병의 외침소리로 시작되었다.

이 주의 새벽 PT를 떠올리면 기억나는 강렬한 에피소드가 하나 있다.

단순히 일정한 공인 어학성적만을 취득하면 랜덤으로 선발되는 카투사의 특성상 카투사들 사이에서도 영어실력은 천차만별이었다. 영어를 모국어 수준으로 사용하는 미국 시민권자들도 있었던 반면 아직은 영어로 대화하는 것이 익숙하지 않았던 동기들도 적지 않았다. 그중 김 훈련병은 후자에 해당했고, 유독 영어로 듣고 말하는 것을 힘들어했다. 게다가 누구든 긴장을 하게 되면 영어 사용이 더욱 어려워지기 마련인데, 하필 그날은 김 훈련병이 가장 긴장할 수밖에 없는 상황이 조성되었다.

우리는 매일 PT에 어떤 복장을 입고 무엇을 챙겨 나갈지 소대장 훈련병을 통해 전달받았다. 그날은 언제나처럼 속에 반팔 상의와 반바지를 입은 후 긴팔과 긴바지를 덧입는 완전한 겨울 복장에 수통과 PT 매트를 챙겨 PT에 나갔어야 했다. 그러나 김 훈련병은 무슨 이유에서인지 그중 한 가지를 어겼던 것이다.(아마 PT 매트를 가지고 나오지 않았던 것으로 기억한다)

도열해 있던 훈련병들은 소대장의 고함소리가 커지자 정신을 차리고 그 쪽을 바라보기 시작했는데, 김 훈련병은 이미 패닉 상태에 빠져 있었다. 화가 난 소대장은 김 훈련병을 제외한 모두에게 푸시업 자세로 바닥에 엎드려뻗칠 것을 지시했고, 이때부터 나는 매우 불안한 느낌이 들었다.

김 훈련병은 자리에 서서 소대장에게 계속 지적을 당했지만 무엇 때문에 혼이 나는지 알아듣지 못하는 것 같았다. 그리고 우리는 그동안 준비운동조차 하지 못한 상태로 엎드려뻗친 채로 땀을 빼고 있어야 했다. 시간이 지나자 자세가 흔들리는 훈련병들이 늘어갔고 그때마다 다른 소대장들은 즉시 이들을 지적하며 제대로 하라고 호통을 쳤다.

소대장은 김 훈련병이 PT 매트를 가지고 나오지 않은 것을 지적하다 복장과 관련된 다른 사항들도 함께 확인하기 시작했다. 이에 소대장은 김 훈련병이 안에 반바지를 제대로 입었는지 확인하고자 겉에 입고 있던 긴바지를 벗을 것을 지시했지만 김 훈련병은 이 역시 이해하지 못해 절망적인 표정으로 소대장을 가만히 바라보고만 있었다. 그러자 소대장은 김 훈련병이 자신을 무시한다고 생각했는지 가지고 있던 PT 매트를 그쪽으로 던져버리고 다시 같은 내용을 지시했다.

우리의 팔도 버틸 수 있는 한계를 넘어서고 있었던 바로 그때, 뒤쪽에서 한 훈련병이 분노에 찬 '한국어'로 이렇게 외쳤다.

"긴바지를 벗으라고 이 XX야!"

그제야 그 소리를 들은 김 훈련병은 바지를 벗었지만 문제는 더 심각해지기 시작했다. 누군가 욕설을 내뱉을 걸 알아들은 한 한국군 측 소대장이 그 훈련병을 색출하기 시작한 것이다. 욕을 한 인원이 결국 자진납세했고 김 훈련병은 제자리로 돌아갔지만 그때부터 지금까지와는 비교도 할 수 없었던 '지옥의 PT'가 시작되었다.

준비운동조차 생략했던 그날의 PT는 우리에게 잠시 자세를 교정할 틈도 주지 않았다. 어떤 동기들은 운동을 하며 소대장들에게 들리지 않을 정도로 욕을 연발하기도 했고, 일부는 반포기 상태에 이르기도 했다. 심지어는 '선착순 달리기' 등을 하다 일부 훈련병이 다칠 정도로 이날은 격한 운동들이 계속해서 이어졌다. 이제 겨우 PT 시간에 소대장들이 지시하는 운동들을 거의 다 따라갈 수 있게 되었다고 생각했던 나도 다시 KTA에 입소한 첫날로 돌아간 기분이었다.

몸이 어떻게 움직이고 있는지 의문이 들어갈 때 즈음 PT는 마침내 끝이 났다. 배럭에 들어갈 때까지 김 훈련병에게 직접 불평을 하거나 지적하는 사람은 보지 못했다. 그러나 말은 하지 않았지만 많은 동기들이 원망의 눈초리를 보내고 있었기 때문에 아마 김 훈련병은 그날 내내 미안한 마음에 풀이 죽어 있었을 것이다.

나는 그런 상황에 처한 김 훈련병이 안타까웠다. 영어가 미숙한 것은 당장 어떻게 할 수 없는 일이었기 때문이다. 그러나 만약 김 훈련병이 이전 상황에서 조금 다르게 대처했다면 결과가 조금 더 괜찮았을 수도 있었겠다는 생각이 들었다.

상당수의 카투사들이 미군 상관의 말을 알아듣지 못해도 그걸 창피하다고 생각해 그 사실을 숨기고 이해한 척을 하는 경우가 많다. 이때 그 말이 중요하지 않거나 일상적인 것이라면 상관없지만 만약 그 내용이 업무상의 것이거나 앞으로 반복해서는 안 될 일이라면 그 자리에서 다시 묻고 확인하는 것이 좋다.

나의 경험상 'Can (could) you say that again?'이나 간단하게 '(I'm) Sorry?', 'Pardon (me)?' 등을 이용해 솔직하게 제대로 이해하지 못했음을 알리고, 이해하고자 하는 모습을 보이는 것이 미군에게 좋은 인상을 주고 업무 수행에도 도움이 되는 경우가 많았다.

이전 같은 상황에서 김 훈련병이 "죄송하지만 그 말을 이해하지 못했습니다." 라고 솔직하게 말했다면 어땠을까 하는 생각이 든다. 만일 그랬다면 미군 상관은 오해하는 일 없이 더 쉬운 영어로 다시 지시했을 것이고, 이 또한 힘들었다면 한국군 측 소대장이 이해할 수 있도록 도움을 주었을 것이다.

2주차부터 병 기본과목 수업을 끝내고 다른 건물에서 미군 용어와 문화를 배우는 ELT 수업을 듣게 되었다. 한 소대가 같이 수업을 들었던 WTT와는 달리 ELT(English Language Teaching)는 소대 내의 인원을 네 개로 나누어 각각 다른 반에서 수업을 진행했다.

나는 더 아담해진 강의실과 소규모 인원이 마음에 들었다. 어쩐지 아늑한 느낌이 들었기 때문이다. 게다가 병 기본과목 수업보다는 영어 및 문화교육이 훨씬 재미있을 것 같았다. 강의실에 도착해 잠시 기다리자 곧 미군 군복을 입고 머리를 깔끔하게 뒤로 묶은 한 젊은 한국인 여자 선생님이 들어왔다.

처음 보았지만 군복을 입고 있었기에 우리는 또다시 긴장했다. 또각 또각 군화소리를 내며 걸어 들어온 그분은 군모를 벗어 책상에 내려놓더니 우리에게 영어로 말을 건넸다. 아직 그 사람이 군인인지 민간인인지 구분이 되지 않았기에 우리는 어물쩍 대답을 넘겨 버릴 수밖에 없었다.(소대장들에게처럼 대답 끝에 Sergeant을 붙여야 할지, 한국어를 사용해도 될지 등의 문제가 있었다.)

나는 사실 처음에 이분이 군인일 것이라고 생각했는데 그 이유는 자신을 소개하는 PPT 자료에 군복을 입고 화생방훈련을 하는 사진이 있었기 때문이다. 게다가 그분은 평소 운동을 꾸준히 해 왔는지 군살이 전혀 없어 보였고, 군복까지 입고 있으니 영락없는 군인처럼 보였다.

그러나 사실 이분은 군인이 아닌, 훗날 자대에서 나와 함께 일했던 분들과 같은 '군무원'이었다.(군무원 분들은 지급받은 군복을 입고 훈련에 참여하는 등 군인 같은 모습을 보여주실 때도 많았다.) 그리고 사실 이 경우 내가 계급장을 먼저 보았다면 금방 이런 사실을 알 수 있었을 것이다.

다른 반들의 ELT 선생님들도 대부분 여자분들이었지만 한 반의 경우는 군 간부로 전역하신 남자분이 선생님이었다. 들리는 말에 의하면 이 분은 가벼운 얼차려를 포함해서 군인 출신다운 모습을 보여줬다고 한다.

이후로 우리 반 선생님은 군복 대신 사복을 착용하고 수업에 들어오셨다. 그리고 내 생각에 첫날 군복을 입었던 것은 어느 정도 훈련병들에게 기선제압을 하기 위함이었던 것 같다. 실제로 그 의도는 성공해서 우리의 무의식 중에는 선생님에게 예의를 갖춰야 한다는 생각이 자연스럽게 자리 잡게 되었다.

그러나 선생님께서는 우리가 품고 있는 근심 어린 마음을 읽으셨는지 시간이 지남에 따라 편하고 친근하게 대해 주셨다. 가령 수업시간 동안은 모두 영어만을 사용해야 했는데 우리가 잘 이해하지 못하는 때에는 언제든 한국어로 다시 설명해 주시기도 했다.

나는 이제야 KTA에 적응이 되며 한숨 돌릴 수 있는 여유가 생기는 것 같았다.

확실히 미군 소대장에게 들었던 WTT보다는 같은 한국인 여자 선생님께 듣는 ELT가 편한 것은 사실이었다. 수업시간에는 미군의 계급이나 문화(예절)는 물론이고 카투사들의 생활에 관한 내용도 들을 수 있었다.

그리고 그중에는 자대에 배치받은 후 아무리 선임들이 편하게 대해 주더라도 기본적인 예의를 갖추지 않으면 미움을 받기 십상이라는 이야기도 있었다. 이 말은 나와 동기들에게 꽤 큰 영향을 미쳐서 우리는 이를 믿고 누구보다 긴장한 채로 자대에 갔다. 다행히 이런 덕분인지 우리는 자대에서의 군 생활을 큰 문제 없이 시작할 수 있었다.

ELT 수업은 힘든 훈련소 생활에 내리는 단비와도 같은 것이었다. 선생님은 수업이 지루해지면 종종 앞으로 배치받게 될 일부 미군 캠프들을 소개하는 영상을 보여주시기도 했는데, 나는 영상 속 환상적인 시설들을 보며 기대감으로 마음이 벅차오르곤 했다.

그렇게 한결 편해진 마음으로 ELT 수업을 듣던 나는 얼마 뒤 전혀 예상치 못한 상황에서 KTA 입소 후 처음으로 집에 전화를 할 수 있는 기회를 얻게 되었다.

그날도 우리는 평소와 같이 수업을 듣고 있었다. 그런데 어느 순간 갑자기 강의실 문이 열리더니 경직된 표정으로 김 소대장이 급하게 교실 안으로 들어왔다. 선생님에게 먼저 양해를 구한 김 소대장은 지금부터 자신이 하는 이야기를 잘 듣고 그대로 행동하라며 우리에게 지시를 하기 시작했다.

"지금부터 여기 있는 인원들은 모두 배럭 1층 공중전화가 있는 장소로 이동한다! 그리고 부모님께 전화로 너희 주변에 안산에 있는 고등학교에 다니는 학생이 있는지, 만일 그렇다면 지금 제주도로 수학여행을 간 사실이 있는지 여쭤보도록."

"다른 질문은 일체 하지 말고 그 한 가지만 물어보고 다음 사람에게 차례를 넘겨준다. 알겠나? 지금 제주도로 가는 여객선 하나가 침몰하고 있다고 한다."

김 소대장의 표정이 정말 심각했으므로 우리는 모두들 당황했고 곧 술렁거리기 시작했다. 나는 이것이 갑자기 무슨 상황인지는 알지 못했지만 적어도 전화를 할 수 있게 되었다고 기뻐할 일은 아닌 것 같다고 생각했다.

방에는 공중전화가 세 대 정도 있었고, 소대장은 전화를 하는 훈련병들 옆에서서 질문에 대한 답을 듣고 나면 바로 전화를 끊도록 무언의 압박을 주었다. 동기들도 조금이나마 빨리 통화를 하기 위해 앞사람의 통화시간이 길어진다 싶으면 뒤에서 크게 한숨을 쉬거나 기침을 하며 전화기를 내려놓도록 재촉했다.

대부분은 간단한 안부인사 한마디와 주변에 안산에서 제주도로 수학여행을 간 사람이 있는지만 물어보았지만, 간혹 일부 동기들은 모두의 따가운 시선을 무시한 채 통화를 이어가기도 했다. 그러나 이들은 곧바로 소대장에게 제재를 당했으므로 계속 전화기를 붙잡고 있을 수는 없었다.

나도 마침내 떨리는 손으로 어머니께 전화를 걸었다. 갑작스럽게 전화를 받은 어머니는 내 목소리가 어찌나 반가웠던지 높은 톤의 목소리로 불과 몇 초 만에 내게 두세 개의 질문들을 연달아 던졌다.

"훈련은 할 만하니? 밥은 어떻고, 잠자리는 좀 괜찮아?"

소대장이 곧바로 내게 눈치를 줬기에 나는 찢어지는 마음을 붙잡고 짧게 "모두 괜찮다."고 답한 뒤 중요한 그 질문을 했다.

"그런데 혹시 우리 주변에 안산에서 제주도로 가는 배에 탄 사람 있어?"

"없는데, 무슨 일이니?"

그때가 사건이 발생한 직후였는지 어머니도 잘 알지 못하는 눈치였다.

"미안한데 통화를 길게 할 수가 없어, 내가 기회 되면 또 편지 쓸게. 걱정 말고, 끊어야 돼."

나는 통화가 시작된 지 불과 1분도 되지 않아 전화를 끊었다. 짧은 통화가 끝나자 일단은 아쉬운 마음이 컸다. 어머니께 너무 퉁명스럽게 대답한 것 같아 미안한 마음이 드는 동시에 차라리 나도 눈치를 무시하고 조금이라도 길게 통화를 할 걸 그랬나 하는 약간의 후회가 생기기도 했다.

때로는 어떤 사람과 가까이 있기 때문에 그 소중함을 알지 못하고 마음속 관계가 멀어지는 경우가 있다. 그렇기에 오히려 멀리 떨어져 있을 때 비로소 소중함을 깨닫고 더 가까운 관계를 갖게 되기도 한다. 늘 부모님과 함께 살았던 나는 KTA에 와서야 부모님께 진심으로 감사함을 느끼고 마음으로부터 효자가 될 수 있었다.

훈련소에서 손편지 답장을 받게 된 것도 이 통화 이후에 가능했던 일이었다. 소대장이 알려준 훈련소 주소를 이때 어머니께 알려드릴 수 있었기 때문이다. 어떤 이유에서인지 우리가 앞서 보냈던 편지들은 집에 '매우 늦게' 도착했다.

이날 우리가 부모님과 통화를 할 수 있었던 것은 '세월호 참사 사건' 때문이었다. 그리고 내 기억에 우리들 중 지인이 사고를 당한 경우는 없었다.

나를 포함한 우리 동기는 한참 뒤 외박을 나오기 전까지 이 사건에 대해 거의 아무것도 알지 못했다. 그러나 나는 대부분의 동기들과는 달리 이 사건을 KSB 에서 뉴스로 잠깐이나마 볼 기회가 있었다.

통화를 하고 얼마 뒤 나는 오랜만에 KSB를 이용했다. 그곳에 있는 TV에서는 늘 예능 방송이나 운동 경기가 나왔지만, 그날은 내내 뉴스 프로그램에서 배가 침몰하는 영상과 구조작업이 진행되고 있다는 자막이 나왔다. KSB에 있던 동기들과 나는 식당을 나올 때까지 평소와 달리 심각한 표정으로 조용히 뉴스를 시청했지만, 심란한 마음을 지울 수가 없었다. 그리고 이후 얼마 동안 김 소대장은 아무것도 모르는 우리들 앞에서 자주 혼잣말로 "이게 말이 되는 일이냐?"와 같은 푸념을 늘어놓곤 했다.

Here we go again. (또다시 시작이네.)

Same old stuff again. (매일 똑같은 짓이네.)

Marching down the avenue (길을 행진해 내려가며)

Two more weeks and we'll be through. (2주만 지나면 우리도 끝이네.)

I won't have to look at you. (난 널 다시 안 봐도 되겠지.)

Ugly ugly ugly you. (못생긴 못생긴 못생긴 널)

You won't have to look at me. (너도 날 다시 안 봐도 되겠지.)

Handsome handsome handsome me. (잘생긴 잘생긴 잘생긴 날.)

Am I right or wrong. (내 말이 맞아 틀려) you're right! (맞지!)

Are we weak or strong. (우리가 약해 강해) we're strong! (강하지!)

KTA에서 보냈던 힘든 하루 일과 중에서도 내가 가장 많이 웃었던 시간은 이렇게 미군 군가인 케이던스Cadence를 부르며 동기들과 이동을 할 때였다. 가령 나는 위에 소개한 군가를 부르며 매번 업데이트 되는 가사를 통해 KTA 생활이 얼마나 남았는지를 가늠해볼 수 있었다.

미군의 군가는 '전우여 들리는가, 그 성난 목소리'로 대표되는 진지하고 엄숙한 분위기의 한국군 군가와 달리 매우 가볍고 재미있는 가사로 이루어져 있었다.

소대의 PG가 선창을 하면 소대원들이 따라 후창을 했는데 PG가 갑자기 가사를 바꾸어 부르거나(PG는 종종 위 군가의 'Handsome me'를 'Handsome Kim'으로 바꿔 김 소대장의 기분을 좋게 하곤 했다.) 음이 틀리기라도 하면 소대원들은 기다렸다는 듯이 한바탕 실컷 웃기도 했다.

우리는 힘든 일과 가운데서도 이렇게 웃음거리를 찾아내고 있었다. 그러나 여전히 아무도 말은 하지 않았지만 2차 PT 테스트에서 불합격해 유급을 하지는 않을까 걱정하고 있었고, PT 시간 전에는 긴장을 늦추지 못했다 .

시간이 갈수록 근육통으로 진통제 연고를 바르는 사람들이 많아졌지만 그래도 PT 덕분에 우리들의 몸은 계속 좋아지고 있었다. 동기들은 2년을 KTA에서 보낸다면 모두가 특전사와 같은 몸을 가질 수 있게 될 것이라고 이야기하곤 했다.

여전히 지옥 같은 PT였지만 이제는 나도 아침에 자발적으로 배럭에서 스트레칭을 하고 나갈 정도로 초반보다는 PT 시간에 많이 익숙해진 것이 사실이었다.

그렇다고 아직 KTA 생활에서 여유를 찾기는 힘들었는데, 우리는 바쁜 일정에도 매일 불침번을 서는 동안, 그리고 밤 시간을 이용해 ELT 숙제를 하고 2차 PT 테스트를 대비해야 했기 때문이다.

ELT 숙제는 주로 '군사 용어 및 약어 암기'와 '에세이 준비'였다. 지금껏 본 적 없는 군사용어들과 약어들을 매일 암기하는 것은 결코 쉬운 일이 아니었다. 그렇지만 3분 스피치를 위한 에세이 준비만큼은 전날 즐거운 마음으로 어렵지 않게 할 수 있었다.

왜냐하면 적어도 그 시간만큼은 내가 하고 싶은 이야기를 눈치 보지 않고 마음껏 할 수 있었기 때문이다. 용어 및 약어 암기 또한 이것들이 자대에서 곧바로 사용될 것이라는 생각을 한다면 조금이라도 더 의지를 가지고 외울 수 있을 것이다.

그리고 이때쯤 누군가 불침번을 제대로 서지 않았다는 이유로 다른 층에 살고 있던 소대원들이 한밤중에 모두 일어나 얼차려를 받았다는 말을 듣기도 했다. 간접적으로 듣기만 해도 정말 몸서리가 쳐지는 일이다.

시간이 지나면서 내 수첩에 적힌 '수료 후 꼭 먹어야 할 음식, 가봐야 할 곳' 리스트도 늘어만 갔다. 비록 치킨과 같이 리스트에 적힌 맛있는 음식들을 실제로 먹어볼 수는 없었지만 그래도 다행이었던 것은 내가 디팩 식사에 적응하기 시작했다는 사실이었다. 나는 이제 받은 음식을 모두 먹고 기분 좋게 식당 밖으로 나올 수 있게 되었고 '남의 식판 정리해 주기' 게임에서도 이기는 날이 많아졌다.

이는 물 한 잔을 먼저 마신 뒤 식사 후반 다른 물 한 잔과 함께 남은 음식들을 모두 뱃속으로 집어넣고, 그래도 다 먹지 못한 음식이 있으면 카운트다운이 시작될 때쯤 입에 넣은 채로 자리에서 일어난다는 식의 노하우가 생겼기 때문이었다.

참고로 카투사들 사이에서 매우 유명한 잭슨 버거(KTA의 디팩에서 맛 볼 수 있는 부대 이름을 딴 햄버거)도 먹어볼 기회가 있었는데 힘들 때 먹는 KTA의 햄버거는 시중의 그것과 비교할 수 없을 정도로 맛있었다. 논산훈련소에 입소한 이래 건강식만을 먹어 온 덕분에 내 혀는 이제 음식에 자극적인 맛이 조금만 있어도 이를 훨씬 크게 느낄 수 있는 능력을 가지게 되었다.

디팩에서는 크게 두 가지 종류의 식사를 할 수 있었고 '메인 라인'과 '쇼트 라인'이 바로 그것이었다. 이 중 메인 라인에서는 주로 구운 고기 요리들을, 쇼트 라인에서는 햄버거와 치킨 같은 패스트푸드 음식들을 받을 수 있었고, 우리들은 소대별로 하루는 메인 라인, 하루는 쇼트 라인을 번갈아가며 이용했다.

일부 동기들은 쇼트 라인의 음식을 먹다 살이 쪄 PT 테스트에서 떨어지게 될까봐 걱정하기도 했지만, 마른 체격 탓에 오히려 몸무게가 줄 것을 염려했던 나는 이런 걱정 없이 항상 쇼트 라인 음식을 먹고 싶었다. 쇼트 라인 메뉴 중에서도 잭슨 버거는 자주 먹을 수 없는 음식이었는데, 가끔 잭슨 버거를 먹게 되면 그날은 오후 내내 기분이 좋을 정도였다.

잭슨 버거를 먹을 때면 나는 마치 그동안 내 혀에서 잠들어 있던 모든 미각세포들이 활성화되어 고기 패티와 빵 그리고 소스의 모든 맛을 세세하게 느낄 수 있게 되는 것 같은 황홀한 경험을 했다.

이제 와서 한 가지 궁금한 것은 그때 이 잭슨 버거가 실제로 그만큼 맛이 있었던 것인지 아니면 내가 힘든 상황에 있었기 때문에 그러한 맛을 느낄 수 있었던 것인지 하는 것이다. 돌이켜 생각해 볼 때, 아마 둘 모두가 아니었을까 싶다.

내가 밥을 빨리 먹을 수 있게 되었다는 것 외에 식사시간에 생긴 또 다른 변화는 모두가 KSB를 이용할 수 있게 되었다는 것이었다. 1차 PT 통과자 8명은 이미 한국 음식을 충분히 맛보기도 했거니와 매 식사시간마다 다른 동기들을 디팩 앞에서 기다리게 하는 것이 마음에 걸렸기에 어느 시점부터는 아무도 KSB를 가겠다고 지원하지 않았다.

그러자 곧 KSB를 운영하는 주인아주머니가 소대장들을 찾아가 카투사 스낵바를 망하게 할 작정이냐며 항의를 했고, 소대장들은 1차 PT를 통과하지 못한 사람들을 포함해 모두를 대상으로 KSB 지원자들을 받게 되었다.

ELT 시간에는 1교시가 끝난 뒤 두 번째 시간에 2차 세계대전 당시 연합군 중대 대원들의 활약상을 담은 미국 드라마 '밴드 오브 브라더스'를 볼 수 있었다. 비록 사회에 있을 때 내가 좋아했던 종류의 드라마는 아니었지만, 드라마의 내용에 몰입할 때만큼은 다른 모든 염려를 잊고 쉴 수 있었으므로 나는 매일 이 시간을 가장 고대했다.

강의실의 불이 꺼지고 '밴드 오브 브라더스'가 시작되면 나는 비로소 마음을 놓고 편하게 숨을 한번 내쉰 뒤 드라마를 시청했다. 사실, 그 시간의 반은 드라마를 보는 데, 그리고 나머지 반은 사회에 있을 때를 회상하며 다양한 생각을 하는 데 썼던 것 같다.

"야 털렸어, 털렸다니까!"
한 훈련병이 절망적인 표정으로 달려와 배럭으로 들어가던 우리들에게 말했다.

"뭐? 설마 3층은 아니겠지?"

"몰라, 빨리 올라가서 봐봐."

소대장들은 이전부터 누누이 룸 인스펙션(Room Inspection: 방 검사)에 대해 경고를 했었다. 그 내용인즉, 우리들이 수업을 듣는 동안 소대장들이 불시에 방 검사를 실시할 것이고, 만일 이때 방이 '올바르게' 정리되어 있지 않다면 그 방의 주인은 '끔찍한 광경'을 보게 된다는 것이었다.

여기서 '올바르게'의 한 예는 다음과 같다.

KTA에 입소한 지 얼마 되지 않아 C 소대장은 모포를 침대 위에 깔아 모서리의 네 끝 면이 세모 모양으로 각이 지도록 접는 신기한 '침대 정리법'을 알려주었다. 침대 위는 항상 구김이 없이 평평해야 했고 만약 세모 각이 흐트러지면 '끔찍한 광경'을 보아야만 했다.

'끔찍한 광경'이란 소대장이 방을 완전히 뒤엎어 다시 청소를 하게 만드는 것을 의미했다. 나는 당시 이를 직접 겪어보지 않고서도 뒤집어진 방을 본 적이 있었던 아래 층 동기들을 통해 이것이 얼마나 끔찍한 일인지 전해들을 수 있었다.

그래서 실제로 대다수의 동기들은 침대보를 팽팽하게 유지하기 위해 침대가 아닌 바닥에서 PT 매트를 깔고 잠을 자기도 했고 이는 나를 제외한 우리 방의 두 동기도 마찬가지였다.

게다가 두 방의 사람들이 함께 썼던 화장실 욕조에는 '물기가 하나도 없어야' 방 검사를 무사히 넘길 수 있었기에 혹시 샤워라도 하게 되면 이후 수건으로 물기를 닦아내느라 시간이 지체되곤 했다. 샤워를 하더라도 최대한 낮은 수압으로 물이 튀지 않도록 조심스럽게 몸을 씻어야 했음은 물론이다.

나는 방 검사 교육을 받았던 첫날 차가운 바닥에서 잠을 잔 뒤, 이것은 도저히 사람다운 삶이 아닌 것 같아 이후로는 침대 위에서 최대한 몸을 움직이지 않고 조심스러운 자세로 잠을 청했다. 아침에 일어나서 PT를 나가기 전 모두가 제일 먼저 했던 것도 흐트러진 침대보를 정리하는 일이었다.

이 외에도 세면대 선반을 깔끔히 정리하고 거울에 물기가 없도록 하는 등 방

검사에는 수많은 규칙들이 적용되었다. 나와 룸메이트들은 방이 조금만 더러워졌다 싶으면 청결을 중요시 하던 요리사 출신 동기의 주도 아래 방을 쓸고 닦기도 했다.

그러나 지금까지 방 검사를 무사히 넘겼던 우리도 이날은 '끔찍한 광경'을 보아야 만했다. 허겁지겁 방으로 뛰어올라간 나는 우리 방을 채 보기도 전에 이미 대략적인 상황을 파악할 수 있었다. 복도에 이미 수많은 동기들이 나와 절망적인 표정으로 문을 통해 자기 방에서 벌어진 충격적인 상황을 보고 있었기 때문이다. 일부는 어이가 없다는 듯이 허탈한 웃음을 짓기도 했다.

마침내 우리 방 안을 보았을 때, 나는 이것이 마치 하나의 현대미술 작품 같다는 생각이 들었다. 세면대 거울에는 면도 크림으로 'Make It Clean(깨끗하게 만들어)'이라는 문구와 함께 거대한 스마일 표시가 그려져 있었고 방바닥에는 쓰레기통이 엎어져 쓰레기들이 잔뜩 흩어져 있었다. 침대의 매트리스들은 마치 지진이라도 난 것처럼 대각선으로 벽에 기대 세워져 있었고, 교육받은 대로 침대 앞 지정된 자리에 두었던 군화와 운동화들도 바닥 중간에 무참히 내동댕이쳐져 있었다.

어디서부터 손을 대야 할지 알 수 없어서 나는 방에서 나온 뒤 다른 방 동기들의 상황을 한번 살펴보았다. 이들에 비하면 차라리 우리 방은 신사적인 것이었다. 심지어 한 방의 경우 어떻게 한 것인지 군화가 천장에 모빌 같은 모습으로 걸려 있기도 했다.

이것들을 실행에 옮긴 것은 앞서 디팩에서 활약했던 홀드오버(유급병)들이었다. 20명 남짓 되었던 이 유급병들은 KTA에서 생활하며 받았던 스트레스를 룸 인스펙션을 통해 모두 풀어낸 것처럼 보였다. 이런 일들을 겪으며 훈련병들 사이에서는 유급병들에 대한 반감이 더욱 커지기도 했지만 어떤 의미에서 그들은 누구보다 자신이 맡은 임무를 '성실히' 수행했던 사람들이기도 했다.

그나마 청소를 했던 방의 상황이 조금 더 양호했던 것 같지만 어떤 기준으로 방이 뒤엎어지는지는 지금까지도 의문이다. 왜냐하면 '어차피 혼날 것 대충하자.'는 인생관에 따라 소대장 훈련병과 마찰을 빚었던 분대장 훈련병은 자신의 신념대로 정말 방을 치우지 않았지만, 결국 훈련소를 수료할 때까지 단 한 번도 방 검사에서 걸리지 않았기 때문이다.

어쩌면 이것은 복불복이었는지도 모른다. 경험상 계단으로 올라왔을 때 가장 먼저 보이는, 가까운 방일수록 이와 같은 '끔찍한 광경'을 보게 될 확률이 높았다.

돌이켜 생각해보았을 때 이는 방 검사를 한 뒤 모두를 불러놓고 무조건 얼차려를 주는 등의 방법보다는 훨씬 재미있고 효과도 좋았던 조치였다. 창의적으로 뒤엎어진 방을 보면 짜증이 나기에 앞서 먼저 웃음부터 나왔기 때문이었다.

그리고 3소대에는 좋은 소식이 하나 더 늘었는데, 바로 우리 소대가 이 '룸 인스펙션' 부문에서 '스트리머'를 획득했기 때문이었다. 아마 다른 소대에 비해 우리의 방 청소 상태가 조금이나마 양호했던 것 같다. 이로써 3소대는 '사격'과 '룸 인스펙션'에서 각각 스트리머를 따내 'ALCPT(영어)'와 'APFT(PT)'에서 2개의 스트리머를 가지고 있던 다른 한 소대와 공동 1위를 달리게 되었다.

이 무렵 어떤 이유로 중대장 훈련병이 다른 사람으로 교체되었다.

"Academy, attention!" 중대장 훈련병의 구령에 맞춰 훈련병들은 강당 앞에 차려 자세로 도열했다. 우리는 대부분 이동을 하기 전 이곳에 먼저 모였고, 5시가 되면 모두 강당 옆 국기게양대에 걸려 있던 성조기와 태극기를 바라보며 전투 중 전사한 군인들을 기리는 경례를 했다. 이 시간 어디에선가 흘러나오는 구슬픈 나팔 소리를 들으며 태극기를 바라보고 있자면 때로는 저절로 애국심이 생겨나기도 했고 때로는 왠지 내 신세가 처량하게 느껴지기도 했다.

'Wightman Hall'이라고 불렸던 이 강당에서는 정말 많은 일들이 이루어졌다. 하루는 강당에 모인 우리에게 소대장들이 영화를 틀어주었던 적도 있다. 이전까지의 상황으로 미루어 볼 때 이는 절대로 있을 수 없는 일이었기에 나는 소대장들이 영화를 보여주며 우리의 시선을 돌린 뒤, 곧 어떤 구실을 찾아내 모두에게 전례 없이 혹독한 얼차려를 줄 것이라고 생각했다.

그러나 다행히도 이는 사실이 아니었다. 우리는 이날 앞으로 자대에서 사용할

ID카드를 만들어야 했고, 한 명씩 ID카드를 만들러 다른 건물로 불려나가는 동안 나머지는 강당에서 대기하며 영화를 보았던 것이다.

ID카드를 만들어주었던 기간병은 지난번 종교행사에서 보았던 군종병이었다. 그는 여전히 도무지 하기 싫은 일을 하는 것처럼 보였다. ID카드를 만드는 내내 그 군종병은 나와 동기들에게 짜증 섞인 목소리로 여러 가지를 성의 없이 지시했기 때문이다. 그래도 끝내 ID카드를 손에 받아 들고나자 자대 배치가 정말 얼마 남지 않았다는 생각에 기쁜 마음이 들었다. 동시에 무사히 2차 PT 테스트를 통과할 수 있을지 잠시 걱정이 되기도 했다.

이러한 마음은 '보직 선발'을 준비하며 더욱 커졌는데, 우리는 집에서 가져왔거나 후에 소포로 받은 자격증들을 강당에서 소대장들에게 제출하기도 했다. 나도 입대하기 전 따 놓았던 MOS Master(마이크로 소프트 엑셀, 워드, 파워포인트, 아웃룩(엑세스) 네 개 분야의 자격을 취득하면 얻을 수 있다. 행정병의 경우 엑세스보다 아웃룩을 공부하는 것이 업무에 더 많은 도움이 된다.) 자격증 원본(후에 돌려받을 수 있다.)과 운전면허증 사본을 제출했다.

이날은 소대장들의 대표격이었던 Sergeant V가 우리들에게 자신의 솔직한 마음을 털어놓았던 날이기도 했다. 근육질의 큰 몸에 까무잡잡한 피부, 언뜻 보기에 고릴라를 닮았던 V 소대장은 우리들이 가장 무서워했던 소대장들 중 하나였다. 그러나 이날 V 소대장이 강당의 무대 위에 걸터앉아 우리들에게 했던 이야기는 정말 의외였다.

시간을 때워야 했는지 이런저런 이야기를 하던 V 소대장은 과거 이라크에서도 우리처럼 외국인이었던 이라크 군인들을 교육하는 임무를 맡았었다고 했다. 그리고 그 일에 진절머리가 나서 이후로는 그저 평범하게 군인다운 일을 하고 싶었다고 말했다. 말은 안 했지만 그 후 또다시 외국인들을 교육하는 KTA에 배치되었을 때 V 소대장의 기분은 분명 좋지 않았을 것이다.

그러나 V 소대장은 이곳에 와 카투사들을 교육하며 이러한 마음이 사라졌다고 말했다. 오히려 카투사 훈련병들로부터 정말 많은 것을 배웠다고 했다. 돈을 벌기 위해서도 아니고 단순히 징집되어 KTA에 온 카투사들이 매사에 열심히 참여하는 것을 보고 느낀 바가 많았다고 했다. 그러면서 솔직히 말하면, 케이던스만 해도 미국의 훈련병들은 카투사들과 달리 힘차게 부르지 않고 기어들어가는 목소리로 불러 애를 먹은 적이 많았다고 덧붙였다. 그리고 마지막으로 지금처럼 열심히 해 PT 테스트에서 모두가 통과하기를 바란다는 말로 이야기를 끝맺었다.

평소와 달리 편안한 표정으로 진정성 있게 말하는 V 소대장의 모습에 우리 모두는 적잖이 충격을 받았다. 사실, 우리는 그동안 V 소대장이 태생적으로 악마 같은 사람이 아닐까 생각했었기 때문이었다. 나는 지난 ELT 시간 우리 반을 찾아와 웃음 띤 얼굴로 발표자들의 이야기를 듣고 있던 V 소대장을 떠올리며 역시 사람 속은 제대로 알기 어렵다는 생각을 다시 한번 했다.

이후로는 우리들 사이에서도 V 소대장만큼은 교관이라는 직위 때문에 훈련소에서 엄격한 모습을 보이는 것이지 실제로는 착한 사람임이 분명하다는 여론이 주류를 이루게 되었고, KTA를 마치고 나서는 모두가 V 소대장이 참 좋은 사람이었다고 회상했다.

이때 강당에서 있었던 또 하나의 중요한 사건은 바로 '보직 선발'이었다. 이날은 용산을 비롯한 전국 각지의 부대에서 시니어 카투사(Senior KATUSA. 카투사들의 대표로서 '선임병장'으로 불리기도 하며 일반 육군의 분대장과 비슷한 개념이다.)와 선임병 두세 명이 지원병을 선발하기 위해 KTA를 직접 방문했고, 주로 전투병과 운전병, 통역병이 그 대상이었다.

나는 전투병의 경우 특별히 지원하고 싶은 마음이 크지 않았기에 편안한 마음으로 시니어 카투사와 선임병들의 설명을 듣기 시작했다. 우리들이 강당에 자리를 잡고 앉자 곧 언뜻 보기에도 매우 다부진 체격을 가지고 있던 세 명의 카투사가 무대 위로 올라왔다.

세 명의 카투사는 각각 무대 왼쪽과 가운데 그리고 오른쪽에 자리를 잡고 섰고, 손을 허리춤에 얹은 채 모두 로봇처럼 조금도 움직이지 않았다. 그리고 자신을 시니어 카투사(선임병장)라고 소개했던 중앙의 카투사가 이왕 미군부대에서 군 생활을 할 것이라면 전투부대에 지원해 많은 경험을 해보는 것이 좋다는 이야기를 하기 시작했다. 미군들과 붙어 있는 시간이 많으니 영어실력도 당연히 상승하게 될 것이라는 솔깃한 말도 덧붙였다.

그 말은 나름대로 꽤 설득력 있게 느껴져서 전투병에 큰 관심이 없던 나도 선임병장의 말을 듣고 전투병에 한번 지원해볼까 하는 생각이 들 정도였다.

그 다음에 신병을 선발하러 무대에 올랐던 전차부대 팀도 이전 부대와 거의 비슷한 이야기를 했는데, 다른 동기들도 나와 비슷하게 느꼈던지 우리들 중 무려 20명 정도가 이들 전투병과에 지원했다. 나중에 들어보니 이는 다른 때에 비해 굉장히 높은 숫자였다고 한다.

그 후에 무대에 올랐던 것은 운전병을 선발하러 KTA를 방문했던 사람들이었다. 설명을 들어보니 운전병도 '경력'을 요구하는 것 같아 내가 지원할 곳은 못 되는 것 같았다. 나는 입대 전 취득했던 운전면허증(1종 보통)을 가지고 있었을 뿐 실제로 운전을 해본 경험은 전무했기 때문이었다.

마지막으로 남은 보직은 용산 미군부대의 '통역병'이었고, 해당 부대의 카투사 병장이 통역병 선발을 위해 무대에 오르자 나는 깜짝 놀라고 말았다.

고등학교 시절 나는 미국 대학 진학을 준비했던 적이 있다. 고3 때 생각을 바꿔 수능을 준비하긴 했지만 고등학교 2학년 때까지도 나는 미국 대학에 대한 미련을 버리지 못하고 있었다. 하지만 당시 큰 문제가 하나 있었으니 그것은 바로 내가 외고가 아닌 일반고에 다니고 있었다는 것이었다. 학교에서 지원은커녕 미국 대학 입시에 대한 정보도 얻을 수 없었던 상황에서 나는 인터넷을 통해 한 책을 발견하게 되었다. 나처럼 일반고 출신이었던 저자가 미국의 명문대에 진학하기까지의 과정을 담은 책이었다. 나는 이 책을 읽은 뒤 글쓴이에게 직접 메일을 보내 조언을 구하기도 하고 블로그를 통해 소통도 하는 등 한동안 이야기를 주고받았는데, 내가 한국 대학에 진학하기로 마음을 굳혔을 때쯤, 돌연 저자의 블로그에도 갑자기 더 이상 새로운 글이 올라오지 않았고 자연스럽게 그분과의 인연도 끝을 맺게 되었다.

그날 내가 무대 위에서 보았던 사람이 바로 그 책의 저자였다! 직접 만나본 적은 없지만 책의 사진과 블로그를 통해 얼굴은 익히 알고 있었기에 나는 반신

반의 하면서도 다시 한번 확인을 위해 군복에 달린 명찰을 보았다. 그리고 놀랍게도 성과 이니셜도 내가 알고 있던 것과 일치했다. 아마 블로그 글이 끊긴 시점도 입대 시기와 겹쳤던 것같다. 그분에게 다가가 무엇이라도 말을 건네 보고 싶었지만 기회는 오지 않았고, 유학생을 우선으로 선발하겠다는 말에 결국 해당 보직에 지원하지는 않았다. 하지만 돌이켜 생각해보건대 꼭 유학생이 아니더라도 영어에 어느 정도 자신만 있다면 통역 보직에 지원을 하는 데는 큰 문제가 없었을 것 같다. 모두들 자신의 영어실력을 과소평가했는지 내기 마지막으로 지켜볼 때까지도 그 보직에 지원한 사람이 아무도 없었기 때문이다. 결과적으로 나는 스스로 가장 만족스러운 군 생활을 하기는 했지만, 이후 KTA 3주차에 내 보직을 받았을 당시에는 여기에 지원하지 않은 것을 후회하기도 했다.

통역 보직은 한국에 막 배치된 미군 병사들에게 한국의 문화 등을 소개하는 일이었는데, 시간이 지나 숙달만 된다면 그와 같은 영어 발표나 간단한 통역은 카투사로 선발된 사람이라면 모두 어렵지 않게 할 수 있는 것들이었기 때문이다. 어쨌든 그런 곳에서 내가 읽었던 책의 저자를 만났던 것은 굉장히 신기한 일이었다.

이 외에 또 재미있었던 일은 '미8군 군악대(The Eighth US Army Band)'의 보컬 선발이었다. 미8군 군악대가 보컬(가수)을 선발하는 것은 매 기수마다 있는 일은 아니었지만, 당시 내 기수에서 한 명을 선발했었다. 군대 행사뿐 아니라 국내의 다양한 지역에서 공연을 통해 미군의 이미지를 진작시키는 것이 미8군 군악대의 주된 목표 중 하나였기에 밴드에는 한국의 대중가요를 부를 카투사가 반드시 필요했다.

전임 카투사의 설명을 들어보니 미8군 군악대의 보컬이 되기만 하면 군 생활동안 누구보다 행복한 삶을 누릴 수 있을 것 같았다. 밴드에서 보컬을 맡아 왔던 병장은 다양한 행사에서 정장을 입고 노래를 부르는 자신의 사진들을 화면에 띄워주며 즐거운 표정으로 카투사 보컬에게는 개인 연습실이 보장되고 행사가 없을 때에는 자유롭게 노래 연습만 하면 된다고 말했다. 내가 보기에도 최고의 실력을 가진 밴드와 각종 행사에서 노래를 부르며 군 생활을 하는 것은 분명 즐거운 일일 것 같았다.

당연히 많은 사람들이 지원했고 곧 강당에서는 조그마한 오디션이 열렸다. 결국 쟁쟁한 실력자들을 제치고 두 명이 최종 후보에 올랐고, 미군들도 둘 모두의 실력에 100% 이상 만족한다며 전산 추첨을 통해 한 명을 선발하겠다고 말했다. 내가 듣기에도 둘 모두 정말 대단한 노래 실력의 소유자였다.

나는 이날 결국 아무 곳에도 지원하지 않고 보직 선발을 끝냈다. 그러나 나도 한 보직에 지원하는 것을 심각하게 고민하기도 했었다. 그것은 바로 주말에 있었던 '군종병 선발'로 주말 예배 후 군종병에 지원하고 싶은 사람은 강당에 남아 지원서를 작성할 수 있었다.

나는 예배 후 고민 고민을 하면서도 일단 지원서를 받아 들고 자리에 앉았다. 지원서를 읽어보니 신학생이 유리해 보였고 다룰 수 있는 악기를 묻는 칸이 있었기에 악기를 다룰 줄 알면 좋을 것 같았다.

교회를 오래 다니기도 했고, 독학으로 배우긴 했지만 드럼 반주가 가능했기에 고민을 거듭했다. 그러나 결국 지원을 포기했는데 그것은 바로 당시 내가 군종병이 되기에는 남들에 비해 신앙심이 아직 부족하지 않나 하는 생각 때문이었다.

그러나 자대에 와서 보니 신학생이 아니더라도, 악기를 다룰 줄 몰라도, 심지어는 교회를 거의 나가지 않더라도 군종병이 된 사람들이 꽤 있었다. 이는 아마 군종병의 업무가 다른 보직에 비해 상대적으로 적고 편하다는 생각 때문이었겠지만 사실 업무량은 자대에서 자신이 일을 얼마나 잘, 적극적으로 하느냐에 따라 달라질 수 있는 것이었다.

나는 컴퓨터 자격증이 있었고 KTA에서의 영어시험도 무난히 보았기에 아마도 행정병이 되지 않을까 생각했다.

2주차가 마무리되면서 행복했던 ELT 수업도 끝이 났는데 나름대로 다들 공부를 열심히 해서인지 ELT에서 불합격한 사람은 없었다. 선생님께서는 마지막 날 우리가 연락할 수 있도록 화이트보드에 자신의 이메일 주소를 적어 주셨고 자대 생활에 대한 당부도 잊지 않고 해 주셨다.

우리의 운명을 가를 2차 PT 테스트를 며칠 앞두게 되자 모두는 극도로 예민해졌다. 걱정스러운 마음에 이미 크게 달라질 것은 없다고 생각하면서도 틈만 나면 운동을 했고 서로의 자세를 봐주며 피드백을 주고받기도 했다. 그리고 소대장들은 2차 PT 테스트에서 떨어지면 겪게 될 최악의 상황들을 설명해 주며 우리의 기분을 더욱 암울하게 만들기 위해 최선의 노력을 다했다.

하루는 소대장이 우리를 불러 놓고 말했다.

"너희들 PT 테스트에서 불합격해 유급을 하게 되면 어떻게 되는지 다들 알고 있나? 저기 홀드오버들 보이지?"

유급병들 여럿이 우리가 도열해 있는 장소에서 조금 떨어진 곳에 있는 나무 위에 올라가 무엇인가를 하고 있었다.

소대장들은 유급병들을 가리키며 "만약 유급을 하게 되면 저렇게 나무 위에 올라가는 일 말고도 화장실 청소는 물론 온갖 잡일이란 잡일은 다 해야 한다. 그렇게 되고 싶지 않다면 PT 테스트에서 꼭 통과하도록 해라!"라며 우리에게 엄포를 놓았다.

실제로 홀드오버들은 평소에는 잘 보이지 않다가 어디에선가 나타나 잡일을 하고 있곤 했다. 나도 유급을 당해 3주 동안 또 이곳에서 소대장들에게 무시를 당하며 온갖 잡일을 하는 내 모습을 상상해보니 역시 유급만큼은 안 되겠다는 생각이 들었다. 소대장의 겁주기는 확실히 그 효과를 발휘해 나뿐만 아니라 다른 모든 훈련병들이 마지막으로 온몸을 불태워 PT 테스트를 준비하도록 만들었다.

PT 테스트가 바로 앞으로 다가오자 오전, 오후 PT 강도도 약해지는 것 같았다. C 소대장은 우리들에게 일요일에 있을 PT 테스트에 앞서 운동을 과하게 하지 말고 근육을 쉬도록 해 주라고 말했다. 또 몇 차례 자신만의 'PT 팁'이라며 직접 푸시업이나 싯업 시범을 보이기도 했는데, 흡사 자식을 시험에 통과시키기 위해 애쓰는 부모님 같아 보였다.

나는 이 모두를 PT 테스트에서 최대한 사용하려고 했다. 절박한 마음이 있었기에 이때는 무엇이든 PT 테스트에 도움만 될 수 있다면 쉽게 받아들일 수 있었기 때문이다. 그리고 이 팁들 대부분이 실제로도 도움이 되었다고 생각한다.

군대에서 유급이라니

마침내 KTA에서의 운명을 결정할 그날이 밝았다. 일요일 새벽, 모두는 1차 PT 테스트 때와 마찬가지로 강당 앞에 집결했다. 주변은 온통 칠흑같이 어두웠고 입에서는 입김이 나올 정도로 추운 날이었다. 나도 긴장이 극에 달해서 강당에 도열한 채 소대장들의 지시를 기다리는 동안에도 몇 번씩이나 계속 다리와 어깨 등을 스트레칭 했다.

지난 1차 PT 테스트 때의 경험을 통해 우리는 나름대로 PT 테스트를 통과하는 데 불리한 '소대장 블랙리스트'를 만들어 놓았었다. 즉 무난히 PT 테스트를 볼 수 있는 소대장들과 자세를 상대적으로 더 엄격하게 따지는 소대장들로 나뉘어 있었다. 가령, 동일하게 좋은 자세를 유지한다고 했을 때, S 소대장이 걸리면 PT 테스트를 더 편안하게 볼 수 있었고 K 소대장이 걸리면 자세를 바로 하라는 호통 소리를 들으며 PT 테스트를 보아야만 했다.

희미한 주황색 가로등 불빛만이 주변을 비추고 불과 5미터 거리에 있는 동기의 얼굴도 잘 분간할 수 없는 상황에서, 내게 좋은 소식이 들려왔다. 바로 S 소대장이 내가 서 있던 줄을 심사하게 되었던 것이다.

"You guys are lucky!(너희들은 운이 좋군!)" S 소대장이 말했다. 동시에 같은 줄에 있던 동기들의 얼굴에도 웃음꽃이 피었고 우리들은 기쁜 마음으로 푸시업 시험을 보는 아스팔트 공터로 향했다.

S 소대장은 비록 외적으로는 영화 해리포터에 나오는 고블린을 연상시켰지만, 마음만큼은 인자한 덤블도어 교수 같은 사람이었다. 운이 좋다고 생각하며 공터에 도착했을 때, 도무지 믿지 못할 상황이 생겼다. 공터에 있던 P 소대장이 S 소대장에게 다가가 무엇인가를 말한 뒤 갑자기 각자가 담당하는 줄이 뒤바뀐 것이었다. 젊은 흑인 래퍼를 닮았던 P 소대장은 우리들이 만들었던 블랙리스트에서 최악은 아니지만 '차악'으로 분류되었던 소대장이었다.

'신이시어 왜 하필 오늘 제게 이런 시련을….' 갑작스러운 상황에 내 심장박동 수는 급격히 올라갔다. 그러나 미처 낙담하기도 전에 서서히 내 차례가 다가오는 것이 보였고 나는 정신을 가다듬어야만 했다. 앞의 동기들은 이미 시험을 보기 시작했고 나는 연신 그들을 쳐다보았지만 별로 도움이 될 것은 없어 보였다.

마침내 내 차례가 되었고, 나는 자세를 정리한 뒤 P 소대장이 타이머를 누르자 푸시업을 시작했다. 그러나 처음부터 매우 당황스러운 상황이 생겼는데 바로 'No count' 때문이었다.

내가 1차 PT 테스트에서 푸시업을 통과할 수 있었던 것은 전적으로 '올바른 자세' 때문이었다. 그러나 나는 1차 PT 테스트를 생각보다 쉽게 통과한 뒤 이것을 간과했다. 남들이 푸시업을 연습할 때 뒤처지면 안 된다는 생각에 같이 푸시업을 하기는 했지만 자세는 뒤로하고 오히려 개수에 집착했었던 것이다. 결과적으로 내가 1차 PT 테스트를 통과해 얻은 안일함 때문에 2차 PT 테스트에서는 1차 때 거의 들어보지 못했던 'No count'를 듣게 되었다.

자세가 올바르지 않아 무효로 치는 'No count'는 내가 푸시업을 하는 동안 초반 10개가 넘어갈 때까지 이어졌고, 거의 20개를 했을 때에도 내 기록은 여전히 '0개'였다. 나는 체력보다 심리적인 측면에서 큰 타격을 입었다. 이대로라면 2분이라는 '한정된 시간'에 42개 이상을 채울 수 없어 유급을 할 수도 있겠다는 압박감이 들었고, 자세는 더욱 흐트러지기 시작했다.

나는 이를 악물고 자세를 잡으며 개수를 채워 나갔지만 30개 후반에서 또다시 위기가 닥쳤고 P 소대장은 절망적이던 내게 오히려 "너 자세가 백조 같아 보이는데? 이제 제대로 좀 해보지 그래?"라고 말하며 웃어보였다. 그러나 나는 이런 상황에서도 소대장에게 온 힘을 다해 "Yes, sergeant!"이라고 대답하며 끝까지 포기하지 않았다. 결국 나는 기준 개수인 42개를 겨우 넘겨 푸시업을 통과할 수 있었는데 이는 내가 1차 PT 테스트 때 했던 푸시업 개수보다도 적은 것이었다. 그동안 갖은 고생을 하며 오전, 오후 PT를 하고 틈틈이 푸시업을 연습했던 것을 생각한다면 사실 납득하기 힘든 결과였다. 그날 나는 내가 세었던 것만 해도 20번 정도의 'No count'를 들었다.

돌이켜 생각해보았을 때, 푸시업을 마치는 마지막 순간까지도 아마 내 자세는 올바르지 않았던 것 같다. 나는 시간이 부족하다는 생각에 이미 거의 패닉 상태에 빠져 자세를 제대로 고칠 여유가 없었기 때문이다. 그럼에도 내가 푸시업을 통과할 수 있었던 가장 큰 이유는, '결연한 표정' 때문이었던 것 같다. 나는 절대로 포기하지 않고 끝까지 해내겠다는 모습을 온몸으로 P 소대장에게 보여주었고 P 소대장은 이런 나를 보고는 합격할 수 있도록 해 주었던 것이다.

실제로 내 동기들과 주변의 이야기들을 들어보면 비슷한 사례들이 꽤 있었다. KTA에서의 PT 테스트는 초시계를 제외하면 기계적 장치의 도움 없이 오로지 사람의 채점만으로 이루어지는 것이므로 아슬아슬하게 불합격할 위기에 놓인 훈련병들의 경우 온몸으로 노력하는 모습을 소대장에게 보이면 자세가 조금 아쉽더라도 시험에서 통과할 수 있는 여지가 있었다.

물론 그 개수가 현저히 부족하거나, 자신만의 칼 같은 채점 기준을 가진 블랙리스트 상 '최악'의 소대장들을 만날 경우에는 이마저도 기대하기 힘들 수 있다. 그러나 중도에 포기하는 것이 결코 현명한 선택이 아니라는 것만은 분명하다.

훈련병들이 압도적으로 가장 많이 탈락하는 푸시업 시험이 끝나자 여기저기서 의욕을 잃은 사람들이 눈에 띄기 시작했다. 푸시업에서의 불합격이 싯업과 달리기에도 영향을 미쳤던 것은 어쩌면 당연한 일이었는지도 모른다.

나의 경우 싯업은 무난하게 통과했다. 정확한 개수는 기억나지 않지만, 1차 PT 테스트 때보다는 좋은 성적이었다. 싯업은 'No count' 되는 경우가 거의 없었고 오직 한 가지만 주의하면 되었다. 바로 'All the way up!'이다. 윗몸 일으키기를 하며 땅에 내려갔다 완전히 올라오지 않고 중간에서 다시 내려가는 조금은 얍삽한 방법을 사용하면 곧 소대장으로부터 "All the way up!(끝까지 올라와!)"을 들어야 했다.

싯업이 끝나자 날이 밝기 시작해 주변이 거의 보일 정도가 되었다. 달리기에는 어느 정도 자신이 있었기에 긴장은 되었지만 상대적으로 이전보다 더 편한 마음으로 스트레칭을 하며 준비할 수 있었다. 달리기는 공터에서 떨어진 다른 장소로 이동해 실시했으며 지정된 상징적인 장소에서 출발해 정해진 코스를 다섯 바퀴 돌고 그 자리로 다시 돌아오면 되는 방식이었다. 소대장들은 시작 전 몇 가지 규칙들을 우리에게 말해 주었는데 예를 들면 정해진 코스를 가로지르지 않고 제대로 돌아야 한다는 것과 같은 사항들이었다. 그리고 그중에는 달리는 도중 훈련병이 다른 훈련병의 몸을 밀어주는 등 서로 일체의 도움을 주어서는 안 된다는 규칙도 있었다.

나는 이후 자대에서 나와 가장 친했던 선임 중 한 명으로부터 이 규칙에 관해 자신이 직접 겪은 일화 하나를 들은 적이 있다. 당시 이 선임은 2차 PT 테스트 중 달리기에서 불합격해 소대에서 혼자 3차 PT 테스트를 보게 되었다고 했다. 시험을 보는 당일 출발선에 선 해당 선임은 놀라운 광경을 보게 되었는데, 그것은 소대원들이 모두 그 자리에 함께 나와 있었던 것이었다.

2차 PT 테스트를 보기 전 소대원들은 모두 KTA를 수료하고 첫 외박 때 함께 만나 회식을 하기로 약속했다고 한다. 그러나 그 선임이 이 약속을 지키지 못할 위기에 처하자 소대원 모두가 응원을 해 주러 직접 나왔던 것이었다. 그리고 더 감동적이었던 것은 그날 소대원들이 모두 '몸에 손을 대 도움을 줄 수 없다.'는 규칙을 피해 3.2킬로미터 코스를 그 선임과 함께 뛰어주었다는 것이다.

"조금만 더 힘내, 거의 다 왔어, 우리 다 같이 외박 나가서 회식하기로 했잖아!"

PT를 통과하고 KTA를 수료한 지 거의 2년이 다 되어갈 때까지도 그 선임은 그 일을 생생하게 기억하고 있었다.

오래달리기가 익숙하지 않은 훈련병들에게 3.2킬로미터 달리기는 결코 쉬운 일이 아니었다. 게다가 체감하기 힘든 '15분 54초' 제한시간은 왠지 더 빨리 뛰어야 할 것 같은 느낌을 주었다.

나는 달리기가 끝난 뒤 수료식 날 만나게 될 가족들을 떠올리며 PT 테스트를 꼭 통과하고야 말겠다는 생각으로 끝까지 힘을 냈다.

마라톤 선수들처럼 단체로 출발한 우리는 한 바퀴를 뛸 때마다 자신을 세고 있는 해당 소대장에게 이름을 외치며 들어와야 했다. 나는 반드시 외박을 나가 부모님도 만나고 이 지긋지긋한 KTA를 벗어나겠다는 생각으로 열심히 뛰었고 13분 30초 정도의 기록으로 달리기를 마칠 수 있었다.

마침내 2차 PT 테스트를 통과하자 세상이 달라보였다. 공기도 더욱 달콤해진 것 같았다. 그때는 이미 거의 아침이 되어 주변이 밝아졌을 때였기에 내 기분도 덩달아 더욱 좋아졌다. 그러나 PT 테스트를 통과한 사람들은 의식적으로 기쁜 티를 최대한 내지 않기 위해 조심했다. 왜냐하면 곳곳에 2차 PT 테스트에서 불합격한 동기들이 우울한 표정으로 포진해 있었기 때문이다.

백 훈련병도 그중 하나였다. 백 훈련병은 논산훈련소에서 나와 같은 생활관을 썼던 동기로 훈련소에 와서야 PT 테스트에 대한 정보를 듣고 충격을 받았었다. 왜냐하면 당시 그 동기는 팔굽혀펴기를 '단 한 개도' 하지 못했기 때문이다. 카투사 훈련소에서의 PT 테스트까지 두 달도 채 남지 않은 상황에서 그 친구는 모두의 걱정 속에 무릎을 땅에 대고 팔굽혀펴기 연습을 하기 시작했다.

무릎을 땅에 대고 연습을 시작한 지 오래되지 않아 곧 그 동기는 무릎을 땅에서 떼고도 개수를 한 개, 두 개 늘려나가기 시작했다. 불굴의 의지로 어떻게든 시간을 내 팔굽혀펴기를 연습하던 동기는 2차 PT 테스트를 볼 때 즈음에는 놀랍게도 거의 42개의 푸시업을 할 수 있게 되었다. 그리고 결국 2차 PT 테스트 이틀 뒤에 있었던 3차 PT 테스트에서 합격함으로써 진정한 '인간 승리'의 모습을 우리들에게 보여 주었다. 그동안 통통했던 동기의 얼굴이 갸름해졌음은 물론이다.

이 사례를 보더라도 푸시업을 못한다고 미리 낙담할 필요는 없다. 단 한 개조차 하지 못하던 사람도 이렇게 PT 테스트에서 통과한 경우가 있기 때문이다. 매일 한 두 개씩만 개수를 늘려 나가도 2차, 3차 PT 테스트를 볼 때는 기준을 넘어서는 것이 가능해질 것이다.

게다가 어떤 상황에 처하든 끝까지 가보기 전에는 결과를 알 수 없는 일이다. 도저히 PT 테스트에서 통과할 수 없을 것 같은 상황에 있었던 정 훈련병도 결국 3차 PT 테스트를 통과했으니 말이다.

KTA 생활 중반 즈음 일명 'Pink eye(결막염) 사건'이 발생했던 적이 있었다. 사건의 전말은 이러했다. 훈련병들 몇 명의 눈이 빨개진 것이 소대장들에게 발각되었고, 소대장들은 이것이 전염성이 있는 눈병이라고 판단해 곧장 해당 훈련병들을 독방에 격리시킨 것이었다. 한동안 모두는 이 때문에 손을 제대로 씻으라는 소대장들의 호통에 시달려야 했다.

졸지에 영문도 모른 채 독방에 갇힌 신세가 된 소수의 훈련병들은 모든 일정에서 배제되었으므로 PT 테스트도 혼자 독방에서 준비할 수밖에 없었다. 포장된 식사마저 분대장 훈련병 등이 돌아가며 조심스럽게 문틈으로 넣어주었으니 그 보안이 얼마나 철통같았는지는 짐작해볼 수 있을 것이다. 그러나 알고 보니 이들은 결막염에 걸렸던 것이 아니라 단순히 피곤해서 눈이 충혈되었던 것으로 결국 이 사건은 허무하게 끝이 났다.

어찌 되었든 훗날 자대에서 만나게 된 정 훈련병도 당시 이렇게 격리조치가 되었던 훈련병들 중 하나였다. 정 훈련병은 원래부터 유독 PT에 약했던 데다 독방에 갇혀 있었으니 PT 테스트 준비도 제대로 할 수 없었다. 그렇게 2차 PT 테스트에서 불합격한 정 훈련병은 3차 PT 테스트 날 놀라운 경험을 하게 되었다.

PT 테스트를 볼 때에는 소대장들이 전체 훈련병들을 감당할 수 없어 다른 부대 교관들이 심사를 하러 KTA에 오기도 하는데 이중에는 'Magic count' 교관들도 섞여 있었다. 'Magic count'는 교관이 개수를 마음대로 세어 준다는 의미로, 간혹 외부에서 온 천사 같은 교관들이 유급 위기에 처한 훈련병들을 안타깝게 여겨 노력하는 모습을 보이기만 하면 카운트 마법을 부려주는 일이 있었다. 이는 최선의 노력을 다하는 훈련병들을 구제해 주기도 하는 KTA 소대장들의 그것과는 차원이 다른 것으로 가령 정 훈련병의 경우 20개 정도에서 탈락의 위기가 닥치자 교관은 그 이후부터 푸시업 한 개를 10개로 쳐 주었다. 즉 개수가 20,

30, 40, 42개로 올라갔던 것이다.

　물론 절대 이와 같은 특수한 상황을 바라고 안일한 생각을 가져서는 안 된다. 이는 대다수의 경우에 해당하는 것이 아니라 실제 시험에서 어떤 교관이 걸릴지 누구도 알 수 없기 때문이다.

　그리고 설사 유급이 되더라도 너무 걱정할 필요는 없다. 모든 부대의 상황을 알지는 못하지만 적어도 내가 있던 부대와 근처의 부대들에서는 신병이 유급을 했다고 해서 낙인을 찍거나 차별대우를 하지는 않았기 때문이다. 실제로 자대에 가보면 유급을 했던 '선임'들이 꽤 있는데 이들 모두를 차별하는 것도 쉽지는 않은 일일 것이다.

　유급을 했던 일부 사람들은 유급생활이 오히려 편했다고 말하기도 했다. 잡일 외에는 크게 할 일 없이 PT 테스트만 준비하면 되었다는 것이다. 물론 나는 유급을 하지 않았기에 자세한 내막은 알지 못하지만 유급은 생각보다 그렇게 큰 일이 아니고 낙인이 찍힐 일도 아니라고 말해 주고 싶다.

　참고로 KTA에서의 PT 통과기준은 내가 자대에 배치받은 이후 조금 완화되었는데 2020년 10월부터는 1980년 도입돼 나이와 성별을 기준으로 채점하던 기존의 APFT가 보직과 부대의 성격을 기준으로 평가하는 ACFT로 대체될 예정이라고 한다. 내 경험에 비추어 보면 앞으로 종목이 바뀐다고 해도 기본적인 형태는 그대로 유지되며 정신력과 체력을 꾸준히 길러준다면 카투사들 역시 충분히 통과할 수 있을 것이라고 생각한다.

　마침내 모두의 최대 걱정거리였던 2차 PT 테스트가 끝나자 KTA의 분위기도 훨씬 밝아졌다. 시기적으로도 완연한 4월의 봄 날씨를 느낄 수 있었기에 PT를 통과한 사람들은 거의 축제 분위기에 젖어들었다.

　하루는 그동안 곳곳에서 우리의 사진을 찍어주셨던 한국인 사진사님의 사진들을 살 수 있는 시간이 주어지기도 했다. 사진관 안에는 언제 찍혔는지 유리 덮개가 깔린 중앙의 테이블과 벽을 따라 붙어 있던 많은 선반들 위에 사진들이 빼곡히 놓여 있었다. 우리는 가운데 테이블을 두고 내부를 한 바퀴 돌며 자신이 나온 사진들을 찾은 뒤 구매할 수 있었고 나는 중대 및 소대 단체사진을 제외하고 내가 나온 사진을 두어 장 정도 건질 수 있었다.

2차 PT 테스트 후에는 전반적인 분위기가 풀리면서 소대장들도 우리에게 고함을 지르는 일이 거의 없어졌다. 오히려 친해져서 '가벼운' 농담을 주고받을 수 있는 정도가 되었다. 그러나 '차별대우'만큼은 1차 PT 테스트 때와 마찬가지로 똑같이 진행됐는데 이는 정말 잔인한 일이었다.

우선 2차 PT 통과자들은 디팩에서 음료수와 디저트를 먹을 수 있게 되었다. 이전 기수의 홀드오버들은 매일 우리를 위해 에이드나 탄산음료와 같은 다양한 종류의 음료수를 미리 떠서 식탁 근처의 테이블 위에 놓아두었고, 나는 매번 대단한 호사를 누리는 것 같았다.

별것 아닌 것 같지만 달달한 디저트와 음료수는 우리가 디팩에서 늘 먹어보고 싶었던 것들로 상징적인 의미가 있었다. 그러나 2차 PT에서 통과하지 못한 훈련병들은 여전히 디저트와 음료수에 손도 댈 수 없었다.

차별은 '미용실'에서도 이어졌다. 수료식이 가까워오면서 모두는 다시 한번 미용실에 들러 길게 자란 머리를 깎았다. 2차 PT 통과자들은 당시 미용사분들의 말에 따르면 '연예인 머리(일명 현빈 머리)'로 머리를 자를 수 있었는데, 윗머리는 거의 자르지 않고 옆머리와 뒷머리를 짧게 자르는 식이었다. 만약 민간인들이 이 머리를 보았다면 도대체 어째서 이것이 '연예인 머리'냐고 반문할 수 있었겠지만, KTA에서 처음으로 '스타일'을 낸 우리들에게 그 머리 스타일은 분명 '연예인 머리'였다.

그러나 불합격자들은 우리가 처음 KTA에서 미용실에 들렀을 때처럼 머리카락이 남아 있기는 한 건지 분간하기 힘들 정도로 '짧게' 머리를 깎였다. 그리고 이를 통해 이후에는 KTA 내에서도 누구든 머리 길이를 통해 합격자와 불합격자를 쉽게 구분할 수 있게 되었다. 이러한 조치는 아마 PT 테스트에 통과하지 못한 사람들에게 자극을 주기 위함이었겠지만, 적어도 겉으로 드러나는 머리카락의 경우는 우리가 수료한 뒤에 잘랐으면 어땠을까 하는 생각이 들었다.

그리고 이번 기수의 'Honor Platoon(최우수 소대)'을 결정지을 디앤씨(D&C,

Drill & Ceremony: 제식훈련) 경연도 열렸다. 논산에서 배웠던 한국군의 제식과 미군의 제식은 대부분 비슷했지만 일부 회전 동작 등에서 약간의 차이는 있었다.

디앤씨는 비슷한 개수의 스트리머를 보유하고 있던 소대들 중 'Honor Platoon'을 결정할 마지막 시합이었고 우리는 이전부터 시간이 날 때마다 소대장과 함께 또는 자체적으로 이 제식 경연을 준비해 왔다.

퍼포먼스의 내용과 연습시간은 소대별로 천차만별이었다. 가령 어떤 소대의 경우 PG가 수료식 날 상을 받고 싶은 마음에 일과가 끝난 늦은 저녁, 비가 오는 날에도 공터에 소대원들을 집합시켜 디앤씨를 연습하기도 했다. 그러나 이는 오히려 PG에 대한 원망만 높이는 결과를 가져왔고 쉬고 싶었던 일부 소대원들은 경연 당일 일부러 실수를 하겠다고 말하기까지 했다.

그에 비하면 우리 소대는 매우 효율적으로 경연을 준비한 편이었다. 대개는 김 소대장과 제식 프로그램을 짜고 한번 맞춰본 뒤 부족하다고 생각되면 자체적으로 다시 연습을 하는 식이었는데, 특히 김 소대장의 '박수'가 정확한 동작 타이밍을 정하는 데 큰 도움이 되었다.

가령 "Attention!(차렷!)" 구령에 맞춰 모두가 차려 자세로 움직일 때에도 김 소대장의 박수소리로 동작을 취할 정확한 타이밍을 맞출 수 있었다. 김 소대장은 언제나 구령을 외친 뒤 한 박자 정도를 쉬고 동일한 타이밍에 '딱' 박수를 쳤다. 이것이 반복되자 나중에는 김 소대장이 없어도 머릿속에서 정확한 타이밍에 박수 소리가 들리는 신기한 경험을 할 수 있었다.

우리는 시합 전 내부적으로 한 가지 결정을 내렸고 그것은 바로 '기본 제식에 충실하자'는 것이었다. 퍼포먼스를 많이 준비하다 보면 자연스럽게 '동작의 일치성' 등과 같은 심사 요소에는 신경을 덜 쓸 수밖에 없었고, 우리는 오히려 기본에 충실하면서 배점을 많이 따자는 전략을 세웠던 것이다.

제식 경연 날, 우리는 모두 아스팔트 공터에 모였다. 제식을 선보일 소대는 중앙에서 경연을 펼쳤고, 다른 소대들은 공터 주변 바닥에 앉아 경연 소대의 제식을 관람했다. 소대장들은 뒤쪽에 위치한 계단식 의자에 앉거나 주변에 서서 채점지를 들고 제식을 심사했다.

우리는 거의 마지막 순서였기에 다른 소대들의 제식을 먼저 보았는데 역시나 예상대로 화려한 퍼포먼스가 많았다. 한 소대는 심지어 우리가 처음 KTA에 도착했을 때의 장면을 형상화한 제식을 선보이기도 했다. 두 줄 정도의 기차 모양을 만든 뒤 기차에서 내리는 훈련병들에게 소대장 역할을 하는 일부 훈련병들이 마구 등을 치며 "Run, Run, Run!"을 외쳤던 것이다.

이를 보는 다른 소대의 훈련병들은 웃음이 터졌고 일부 소대장들도 미소를 띤 채 이 새로운 형태의 제식을 감상했다. 그러나 소수의 소대장들은 불편한 표정으로 이를 보며 채점지에 무엇인가를 적기도 했다.

마침내 우리 차례가 되었다. 우리는 다양한 기본 제식 동작들을 선보였다. 긴장을 하긴 했지만 PG의 구령에 따라 '발 바꿔 가'와 '뒤로 돌아', 슬로우 모션처럼 한 박자를 쉬고 다시 걷는 등의 동작들을 실수 없이 정확한 타이밍에 해낼 수 있었다.

그러나 다른 소대의 경연에 비해 우리 소대의 경우 특별한 퍼포먼스가 없었기에 결과는 마지막까지 예상할 수 없었다.

마침내 긴장된 순간, 최고 점수를 얻은 소대가 발표되었고 우승팀은 놀랍게도 우리 소대였다. '기본 제식에 충실하자'는 전략이 정확히 통했던 것이다.

그렇게 '사격'과 '룸 인스펙션', '디앤씨'에서 스트리머를 얻은 우리 소대는 'Honor Platoon'이 되었고 PG는 수료식 날 상을 받게 되었다. PG가 그동안 우리를 닦달하는 대신 늘 보이지 않는 곳에서 고생한 것을 모두가 알고 있었기 때문에 PG가 상을 받는 걸 탐탁지 않게 여기는 소대원들은 거의 없었다.

사실상 모든 일정이 마무리되자 우리는 '수료식 연습'을 시작했는데, 당시 하루 종일의 일과가 수료식을 준비하는 것이었다고 해도 과언이 아니었다.

우선, 카투사라면 누구나 알아야 하는 'The Army Song(미군의 육군가)'을 암기해야 했다. Army Song은 엄중하기보다는 오히려 경쾌해서 나는 노래를 부르면서 가사를 외우는 일이 즐겁기도 했다. 물론 일부 동기들은 끝까지 가사를 외우지 않고 '립싱크'를 하다 소대장에게 걸려 혼이 나기도 했다.

이 외에도 특정 나팔소리에 맞춰 동시에 자리에서 일어나고 앉는 등 완벽한 수료식을 위해 우리는 최선을 다했다. 3차 PT 테스트에서 떨어져 유급을 한 동기들은 각종 장비를 준비하고 수료식 날 안내를 맡는 등 다른 일을 했던 것 같다.

특히나 기억에 남는 것은 '베레모 다듬기'였다. 우리 모두는 지금껏 챙이 달린 PC(Patrol Cap 전투모)만을 써오다 이때 처음 수료식 행사 때 쓸 미군 베레모를 꺼내 머리에 맞게 조절하고 다듬었다. 간단한 일 같지만 '베레모 다듬기' 교육을 위해 우리는 교실에 모여 C 소대장의 강의까지 들어야 했다.

'베레모 다듬기'는 우선 면도기로 베레모를 밀어 보풀을 제거하는 일로 시작됐다. 밀어도 밀어도 끝이 없어 보였지만 소대장은 베레모가 깔끔해질 때가지 확실히 다듬은 뒤 자신에게 검사를 맡으라고 했다. 그리고 이때 C 소대장이 직접 시범을 보이기 위해 한 훈련병의 베레모를 빌렸다가 의도치 않게 사고가 발생했다.

C 소대장은 동기의 베레모를 집어 들더니 교실 앞에서 직접 면도기로 다듬는 시범을 보이기 시작했다.

"자 이렇게 보풀이 제거되는 게 보이나? 대충해서는 안 되고 이렇게 제대로 해야 만…."

그때였다. "툭!" C 소대장이 자신의 근육을 간과하고 과하게 힘을 주어 베레모를 다듬었는지 베레모가 뜯어져 커다란 구멍이 생기고 말았던 것이다. C 소대장은 3초 정도 말을 잇지 못하고 얼굴에 당황한 기색이 역력했다.

수료식이 채 며칠이 남지 않은 상황이었기에 C 소대장에게 베레모를 빌려주었던 훈련병도 멍한 표정으로 뜯어진 베레모를 바라볼 따름이었다. C 소대장은 몇 번이고 반복해서 "베레모는 꼭 새 것을 가져다 줄 테니 걱정하지 말라"는 말을 되풀이했다. 그렇게 C 소대장의 작은 강의는 급하게 끝이 났고, 후에 소식을 들어보니 다행히 그 동기는 수료식 직전 C 소대장에게 새 베레모를 받을 수 있었다고 한다.

실제로 면도기로 베레모를 너무 자주 다듬은 나머지 베레모에 구멍이 뚫려버린 동기들이 이후에도 여럿 있었다. 이 같은 사실을 염두에 둔다면 베레모를 면도기로 너무 많이 다듬지 않는 것이 좋을 것이다.

수료식 준비로 모두 정신이 없었지만, 관심은 온통 자대 및 보직 발표에 맞춰져 있었다. 이 시기에는 근거 없는 여러 소문이 돌기도 했는데, 가령 "이번에는 동두천 전투병 TO(Table of organization, 인원 편성)가 많다더라." 라든가 "공인어학 성적이 낮으면 행정병이 될 가능성은 거의 없다더라."와 같은 것들이었다. 그러나 결국 이런 루머들은 추첨 당일 대부분 사실이 아니었음이 드러났다.

나는 자대 배치 전날 밤 쉽사리 잠자리에 들지 못했다. '전투병이나 헌병으로 기도 얻어가는 건 많을 것 같은데, 아무래도 행정병이 편하지 않을까….' '외박 때 서울에 있는 집까지 가려면 적어도 용산이나 평택 정도가 적당하겠지?' 수많은 생각들이 끝없이 이어졌고 밤늦게 겨우 잠이 들 수 있었다.

그리고 마침내 그날이 밝았다. 모두는 아침부터 앞으로 어느 곳에서, 어떤 일을 하게 될지 생각하며 설레는 동시에 약간은 긴장한 것처럼 보였고 이는 나도 마찬가지였다.

동기들과 나는 엄숙한 분위기 속에서 강당에 집결했고 이후 자대 배치는 난수 추첨 방식으로 이루어졌다. 소대장 등이 앞에 나와 스크린에 무작위로 숫자를 입력하면 추첨이 되는 방식이었는데, 원하는 훈련병이 있으면 직접 난수를 입력해볼 수도 있었던 것 같다.

실제 자대와 보직 배치에 앞서 시험 삼아 '시범 추첨'이 먼저 이루어졌다. 추첨 결과가 나왔지만 스크린에 표시되는 글자가 너무 작아 앞줄의 몇 명을 제외하고는 그 내용을 볼 수 없었고 나는 화면을 뚫어지게 본 결과 자대 부분에 'ㅇ'자 하나를 겨우 건질 수 있었다.

나는 이것이 '용산'이라고 생각해 이대로만 결과가 나오면 문제가 없을 것이라고 생각했다. 비록 시범이었지만 추첨 결과가 나오자 앞쪽에서는 여기저기서 환호와 탄식이 들렸다. 그리고 그중에서도 결과에 가장 많은 관심을 가지고 있었던 두 명은 바로 'Army Band'에 지원했던 최종 후보자들이었다.

시범 추첨에서 Army Band에 합격한 사람의 이름이 나오자 그 동기는 환호를 지르며 모두의 축하를 받았던 반면 다른 한 명은 세상이 무너진 것처럼 차마 고개를 들지 못했다.

그러나 곧바로 이어진 실제 추첨에서 결과는 뒤바뀌었고 시범 추첨에서 탈락했던 동기가 'Army Band'의 보컬이 되었다. 앞서 절망하던 동기의 표정이 얼마나 밝아졌는지는 아마 상상이 될 것이다.

스크린에 분명히 명단이 떴지만 나는 이번에도 내가 어느 자대에 배치되었는지, 보직은 무엇인지 볼 수 없었다. 다만, 이전처럼 자대가 'ㅇ'으로 시작한다는 것만 확인했을 따름이었다.

그렇게 추첨은 끝났지만 대다수의 동기들은 자신의 자대와 보직을 아직 확인하지 못한 상황이었다. 실제로 결과를 볼 수 있었던 것은 점심시간 디팩 앞에서였다. 소대장은 식사를 위해 소대별로 도열해 있던 우리에게 배치 결과를 프린트한 종이를 돌려볼 수 있도록 나누어 주었다.

가장 오른쪽에 있던 1소대 동기들부터 이 '운명의 종이'를 보게 되었는데 얼마 뒤 소대별로 두 명 정도 제자리에 주저앉는 사람들이 보였다. 그들은 바로 '전투병에 차출되었던' 인원들로 이를 통해 지원하지 않고도 전투병이 되는 사람들이 있다는 것이 비로소 분명해졌다. 당시 스스로 만족하는 결과를 얻은 동기들은 다른 사람의 기분을 상하게 하지 않기 위해서 기쁜 티를 내지 않았다.

우리 소대에 종이가 도달하자 이상하게도 사람들이 나를 힐끔힐끔 쳐다보기 시작했다. 그리고 마침내 종이를 받아 결과를 확인한 나는 충격에 휩싸였다.

왜냐하면 내 자대는 역사 시간에나 들어봤던 '왜관', 보직은 지휘부 '운전병'이었기 때문이다. 자대인 왜관은 그렇다고 치더라도 나는 운전면허증을 '가지고만' 있었지 면허를 취득한 후 운전을 해본 적이 없었기 때문에 배치 결과가 무언가 잘못되었다고 생각했다.

운전병에 지원하지 않았는데 차출이 될 수 있다는 이야기는 전혀 들어본 적이 없었기 때문에 나는 곧바로 근처에 있던 김 소대장에게 질문을 던졌다.

"소대장님 죄송하지만 혹시 배치 결과에 무언가 문제가 있는 것은 아닌지 궁금합니다."

"저는 운전병에 지원한 적이 없는데 이렇게 경력도 없는 제가 면접도 없이 운전병이 될 수도 있는 것입니까?"

"응, 문제없으니까 돌아가."

김 소대장은 5초 정도 생각하더니 문제가 없다고 말했다. 그리고 그때부터 나는 시간이 날 때마다 높은 장교의 차를 몰다 사고를 내서 영창을 가게 되지는 않을까 걱정을 하기 시작했다.

추첨 결과에 따르면 앞선 루머들은 거의 대부분 사실이 아닌 것으로 밝혀졌다. 영어 성적이 가장 낮은 편에 속하는 동기들이 용산 행정병이 되기도 했고 결과직으로 동두천의 TO가 특별히 많은 편도 아니었다. 설사 동두천 부대의 TO가 많았더라도 이번처럼 많은 사람들이 시니어 카투사의 말을 듣고 전투병에 자원했을 경우 차출되는 인원은 상대적으로 적었을 것이다.

또 나와 친했던 한 동기는 어학 성적이 매우 높아 결국 어학병이 되었지만 자대를 동두천 공병대대에 배치받아 이후 자대 생활은 일반 전투병과 크게 다를 바 없이 보내기도 했다. 이처럼 어느 곳으로 자대를 배치받아 어떤 군 생활을 하게 될 것인지는 결코 예단할 수 없는 것이었다.

나는 걱정은 되었지만 소대 전체에서 왜관에 자대를 배치받은 것이 나 혼자였던 데다 차출된 운전병도 내가 유일했기에 따로 누군가와 고민을 나눌 수도 없었다. 그저 수료식 날까지 정해진 일정에 충실히 따를 뿐이었다.

우리는 수료식을 앞두고 대대적으로 배럭을 청소했다. 복도와 계단은 물론 방도 다시 한번 청소해야 했는데, 방 안의 서랍 안에서 쪽지 하나를 발견했다. 그 쪽지에는 대략 다음과 같은 내용이 휘갈긴 글씨체로 적혀 있었다.

"이번에 우리 기수에서 동두천을 많이 갔다! 너희는 어떨지 모르겠네. 그래도 시간은 가니까 열심히 해라! 너는 용산에 가길!

- 곧 동두천으로 떠나는 한 사람이."

이는 KTA에서 일종의 전통 같은 것이었다. 전에 방을 썼던 사람이 훈련소에서의 팁과 격려를 담은 짧은 편지를 몰래 숨겨 놓는 것이다. 누군가가 전에도 이 방에서 나와 같은 일들을 겪었을 생각을 하니 왠지 마음이 든든해지는 느낌이

들었다.

　나도 시간은 없었지만 다른 사람이 KTA에서의 생활을 잘 버틸 수 있도록 짧은 응원의 쪽지를 써 서랍에 몰래 숨겨 놓았다.

　"힘들어도 결국은 다 지나가더라! 곧 적응이 될 테니 조금만 버텨봐!

　P.S. 미리 쓰레기통도 비우고 세면대 물기도 확실히 닦는 게 좋을 거야. 이 방을 제대로 치우지 않는다면 '끔찍한 광경'을 보게 될 테니."

　언제가 될지는 모르지만 누군가 이 쪽지를 발견하게 될 생각을 하니 괜스레 미소가 지어졌다. 수료식 전날은 자대와 보직 결정으로 인한 걱정과 다음 날 부모님을 만날 수 있다는 설렘이 공존했던 시간이었다.

　수료식 당일, 우리는 모두 매우 일찍 일어나 집합했고 나는 그 시간을 오전 4시로 기억한다. 완전히 깜깜한 새벽부터 우리는 전날 싸 놓은 더플백(Duffle bag, 각종 군용품을 넣을 수 있는 원통형의 큰 가방)들을 소대별로 지정된 장소에 가져다 놓았다. 이른 시간이었지만 수료를 한다는 생각에 동기들과 장난을 치며 웃었던 기억이 난다.

　그렇게 날이 밝아오자 곧 우리는 수료식 연습을 시작했고 리허설은 실제 수료식 직전까지 이어졌다. 나중에는 쉬지 않고 반복되는 예행연습에 모두가 지쳐버렸지만, 유급을 해 수료식을 준비하는 우리들 곁에서 장비들을 나르고 있던 동기들을 생각한다면 힘든 티를 낼 수는 없었다.

　소대장들은 우리에게 지금 어떤 사건 때문에 부대 밖의 분위기가 매우 좋지 않으므로 기쁜 모습을 최대한 드러내지 말고 되도록 자제하라고 몇 번이나 강조해서 말했다. 대다수 훈련병들은 그 이유를 잘 알지 못했지만 나는 이것이 지난번 TV로 보았던 '세월호 참사 사건' 때문임을 알 수 있었다.

　수료식은 예행연습을 했던 대로 차질 없이 진행되었고 Honor Platoon이 된 우리 소대를 대표해 PG도 상을 받았다. 게다가 PG는 이번 기수 중 PT 테스트 점수가 가장 높았던 훈련병이기도 했다. 이 외에도 사격 만발자 등이 상을 받았고 일부 인원은 카투사 전우회로부터 부상으로 운동화를 선물 받기도 했다.

나는 마침내 부모님과도 만날 수 있었다. 우리 가족은 부대 뒤편의 잔디밭에 있던 볕이 잘 드는 나무 테이블에 자리를 잡고 내 부탁대로 부모님께서 사 오신 치킨을 먹으며 이야기를 나눴다.

KTA에서의 면회는 논산 때처럼 외출이 가능하지도 않았고 잠시 점심을 먹을 수 있는 정도로 시간도 길지 않았다. 그래도 힘든 훈련 후 이렇게 부모님을 다시 만나 치킨을 먹을 수 있다니 꿈만 같았다. 부모님께서는 자대나 보직에 대해서도 격려를 해 주셨다. 비록 짧은 시간이었지만 나는 부모님과의 면회를 통해 자대로 출발하기 전 용기를 얻을 수 있었다.

'3초 같았던' 면회는 순식간에 끝이 났고 우리는 부모님들이 지켜보는 가운데 모두 강당 앞으로 집합했다. 그때였다. 강당 앞 단상 위로 올라간 박 소대장이 도열해 있는 우리들에게 갑자기 호통을 쳤다.

"아직도 베레모를 쓰고 있나? 당장 다시 PC를 찾아 쓰도록!"

당시 우리는 수료식이 끝나고 모두 베레모를 쓰고 있었기 때문에 갑자기 다시 PC를 쓰라는 지시를 듣자 매우 당황했다. 게다가 나를 포함해 많은 동기들은 이미 PC를 더플백이 있는 공터에 가져다 놓았다. 소대장은 10초를 줄 테니 PC를 다시 가져오라고 말했고, 즉시 많은 훈련병들이 공터로 뛰어가 PC를 가지고 왔지만, 역시 10초는 너무 짧은 시간이었다.

더욱 당혹스러웠던 것은 10초 안에 지시를 수행하지 못했다며 박 소대장이 부모님들이 보는 앞에서 우리들에게 푸시업을 시켰다는 것이었다. 나는 이것이 갑자기 무슨 일인가 싶으면서도 저번처럼 얼차려의 이유가 너무도 말이 되지 않는 것이었기에 수료식 날 의례히 행하는 전통 같은 것이 아닐까 생각했다. 그리고 자대에 와서 후임들에게 물어보니 이는 실제로 KTA에서 부모님들에게 카투사 훈련병들이 '진짜 사나이'가 되었음을 보여주기 위한 일종의 의식 같은 것이었다.

그렇게 푸시업을 한 뒤 우리는 마지막으로 좌향좌를 해 부모님을 바라보았고 소대장의 "뒤로 돌아" 구령에 맞춰 부모님과 반대 방향으로 방향을 바꾼 뒤 군가를 부르며 발을 맞춰 걸어갔다.

이렇게 부모님과 급작스러운 이별을 한 뒤 우리는 다시 KTA에 덩그러니 남겨졌다. 잠시 우리를 맡아 관리하던 기간병들은 다들 장기자랑은 준비했냐며 자대생활에 대해 실컷 겁을 주기도 했다.

그래도 다행히 나는 가장 멀리 가야 하는 그룹에 속해서 오래 대기하지 않고 제일 먼저 자대로 가는 버스에 탑승할 수 있었다. 속이 꽉 찬 한국군과 미군 측, 두 개의 더플백을 메고 끌고 겨우겨우 버스에 탑승하자 자대에서 이곳까지 우리를 데려가기 위해 파견 나온 미군부대의 한국군 간부가 우리를 맞이했다.

"멀리 가야 하니까 긴장하지 말고 잘 따라만 오면 된다."

나는 KTA의 소대장들에 비해 한결 부드러운 간부의 목소리에 마음이 조금 놓였고, 정확한 행선지도 알지 못한 채 앉아 있던 우리를 태운 버스는 곧 출발했다.

버스를 타고 왜관까지 간다고 생각해 시간이 오래 걸릴 것으로 생각했지만 버스는 의외로 얼마 가지 않아 멈춰 섰다. 그곳은 바로 서울역 앞이었고 이때 처음으로 대열을 이탈하고 싶은 마음을 느꼈다. 특히나 서울역은 이미 와본 적이 있는 곳이었기에 마음이 더욱 울렁거렸다. 다시 저 세계로 돌아갈 수 있다면 정말 감사하는 마음으로 살 수 있을 것 같았다.

거리를 지나가는 시민들은 주변을 연신 두리번거리는 우리들을 이상한 눈으로 쳐다보았다. 그도 그럴 것이 우리가 입은 미군 군복은 대다수 사람들이 처음 보는 것이었기 때문이다.

한국군 측 간부는 기차 시간이 얼마 없다며 우리를 재촉했다. 시간이 정말 얼마 없었는지 마지막에는 거의 뛰다시피 해서 열차에 탑승할 수 있었다.

우리는 열차 한 칸을 통째로 예약해 모든 좌석들을 차지했지만 엄청난 양의 더플백들까지 좌석에 놓아두자 빈 공간은 거의 남지 않았다. 또 하나 재미있었던 것은 같은 기차에 올랐던 시민들이 하나같이 우리 칸의 문을 연 뒤 우리를 보고는 굉장히 당황한 표정으로 다시 문을 닫고 나갔다는 것이다.

간부는 매번 시민들에게 지나가셔도 된다는 말을 했지만 승객들은 그때마다 우리를 가로지르기보다는 다른 칸을 통해 이동하는 것을 택했다.

물론 당시 미군 군복을 입은 20명 넘는 군인들이 굳은 표정으로 더플백을 끼고 열차 칸을 꽉 채워 앉아 있었으니 시민들이 느끼기에 분명 편하지만은 않았을 것이다.

기차는 강을 건너고 들판을 가로질러 한참을 달린 뒤 저녁때가 되어서야 왜관에 도착했다. 우리는 또 한 번 비스에 탑승했는데 자리가 부족해 더플백들을 모두 넣을 수 없어 대부분 더플백 위에 앉거나 짊어진 채로 앉는 등 매우 불편한 자세로 부대까지 이동했다.

버스 안에서는 어떤 부대의 '선임병장'이라고 자신을 소개한 한 카투사와 짧은 질의응답 시간을 가졌다. 나는 내가 파견을 나온 '한국군 장교의 운전병'인지 '미군 장교의 운전병'인지 물어보았고, '미군 지휘부'에서 운전병으로 일하게 될 것이라는 답을 들을 수 있었다.

마침내 버스가 미군부대 안에 들어서자 우리는 다시 극도로 긴장했다. 모두는 KTA에 도착했을 때처럼 누군가의 호통이 기다리고 있을지도 모른다고 생각하면서 주변의 상황을 계속 예의 주시했다.

나는 이 잠깐의 시간 동안 부대 내의 시설들을 살펴볼 수 있었다. 네온사인 불빛이 들어온 야자수 모형과 고급스런 조명이 비추는 호텔 등 부대 내에는 이국적인 시설들이 가득했다. 내가 생각했던 일반적인 군부대의 모습과는 꽹장히 달라 보였다.

그때는 이미 날이 어둑어둑해졌을 때였고 버스는 곧 어느 건물 앞 야외 주차장에 도착했다. 그리고 나는 예상치 못한 광경을 목격하게 되었는데, 바로 가로등 불빛이 비추는 아스팔트 주차장 앞에 사복을 입은 카투사들이 마치 누군가를 기다리기라도 하는 것처럼 5명에서 10명씩 모여 있었던 것이었다. 마침내 간부가 내 이름을 불렀고 나는 같은 부대에 배치받았던 동기들 몇 명과 함께 버스에서 내렸다.

낯선 미군부대에서의 첫날

긴장을 해서인지 나는 이때 버스에서 내리며 더플백 속의 짐을 조금 쏟기도 했다. 버스에서 내리자 선임으로 보이는 카투사들이 곧장 우리 한 명 한 명에게 다가와 더플백을 들어주겠다면서 달라고 말했다.

"아닙니다. 제가 들겠습니다. 정말 괜찮습니다!"

당연히 나는 신병으로서 더플백을 들 수 있으니 괜찮다고 몇 번이나 선임의 호의를 사양했다. 그러자 곧 선임은 조금 작아진 목소리로 내게 진심을 담아 말했다.

"아니야, 원래 들어주게 되어 있어. 어서 줘. 그래야 돼."

선임들에게 더플백을 넘긴 뒤 우리는 불빛이 새어 나오고 있는 바로 앞 건물 안으로 들어갔다. 건물 내부는 소수의 인원이 넉넉하게 쓸 수 있을 만한 크기의 사무실처럼 보였고 중앙에는 사각형의 큰 테이블이 있었다. 자리에 앉지도 못하고 서 있는 우리들을 선임들이 테이블 의자에 앉혔고 나는 비로소 이곳에 나와 함께 온 동기가 모두 네 명이라는 사실을 알게 되었다. 그리고 그 네 명은 모두 내가 잘 알지 못했던 동기들이었다.

나는 KTA에서의 첫날을 떠올리며 고개조차 돌리지 않고 앞사람의 눈만을 쳐다보고 있었다.

"얘들아, 앞에 밥 먹어. 괜찮아."

한 선임이 우리들에게 식사를 권했다. 테이블 위에는 각자의 자리 앞에 각각 일회용 도시락 용기 같은 것이 하나씩 놓여 있었다.

저녁도 먹지 못해 분명히 배가 고팠을 텐데 그 당시에는 아무런 생각이 없었다. 조심스럽게 내 앞에 있던 일회용 용기의 덮개를 열자 그 안에는 놀랍게도 대단한 음식들이 들어 있었다. 우선 메인 요리로 보이는 '폭립'이 있었는데, 패밀리 레스토랑에서 보던 것과 완전히 똑같이 생겼다. 그 외에도 구운 옥수수 등 식사는 맛있는 메뉴로 가득 차 있었지만 긴장한 탓인지 나는 그 맛을 거의 느끼지 못했다.

테이블 근처에는 앞서 밖에 서 있었던 사람들로 추정되는 선임들이 7명 정도 미소를 띤 채 우리를 바라보고 있었다.

"반갑다. 내가 이 중에선 제일 고참이야."

"난 같은 소대 선임인데 우리 한번 잘 해보자."

몇 명은 이처럼 우리에게 말을 붙이기도 했는데 다들 인상이 나빠 보이진 않았다.

"다들 그만하면 인사를 다 했으니 이제 배럭으로 돌아가. 곧 면담해야 돼."

그때 군복을 입고 왼쪽 가슴에 손바닥만한 금속 패치를 달고 있는 인상 좋은 한 사람이 우리에게 다가왔다. 조명에 반사되어 번쩍이는 패치를 보고 처음에 나는 이 사람이 앞으로 우리를 관리할 한국군 간부라고 생각했다.

우리는 한 명씩 이름이 불리면 이 사람과 함께 사무실을 나가 어딘가로 향했다. 얼마 지나지 않아 내 차례가 돌아왔고 사무실 내에 있던 문을 열고 나가자 건물 내에서 연결되는 복도가 나왔다. 나는 패치를 단 사람의 지시대로 복도에 있던 방들 중 한 곳의 문을 열고 들어갔고 널찍한 방 안에서 한국군 군복 차림으로 의자에 앉아 있는 장교 한 사람을 볼 수 있었다.

그곳에서 자신을 '지원대장(카투사들을 관리하기 위해 미군부대에 파견 나온 한국군 장교. 미군부대별로 배속된 '지원대'의 책임자이다.)'이라고 소개한 장교와의 짧은 면담이 이어졌다. 면담 동안에는 주로 가족 상황과 같은 것들을 이야기했다. 장교는 컴퓨터가 놓인 책상의 의자에, 나는 손님을 맞을 때 쓰는 것 같은 맞은편 테이블 앞 낮은 소파에 앉아 이야기를 나눴고 최대한 나를 배려해 주는 분위기여서 마음이 조금은 편해졌다. 면담이 끝나자 장교가 웃으며 자신의 휴대전화를 내게 건넸다.

"자, 부모님하고 전화 한 통 해."

부모님과의 전화는 KTA에서 공중전화를 사용했을 때만큼이나 형식적이고 경직된 것이었다. 1미터도 안 되는 거리에서 장교가 통화 내용을 듣고 있었으니 당연했다. 곧 내 이야기가 끝나자 전화기를 받은 장교는 어머니와 인사를 나누고 앞으로 걱정할 것은 전혀 없다는 말을 했다.

장교와의 면담이 끝난 뒤 장교가 사라지자 이후에 다시 한 명씩 같은 방에서 패치를 단 군인과의 면담시간을 가졌다. 이때 보니 패치를 단 사람은 두 명이었다. 소파에 긴장한 채 앉아 있는 내게 둘 중 더 선임으로 보이는 사람이 말했다.

"저는 선임병장인데 일반 육군으로 치면 분대장 비슷한 거예요. 다른 말로 하면 시니어 카투사, 줄여서 '시카'. 곧 다 알게 될 거야. 하하 오는 데 별로 힘들지는 않았어?"

존댓말과 반말을 섞어 쓰는 것이 특징이었던 '김 시카'는 신기하게도 사람의 마음을 편안하게 해 주는 능력을 가지고 있었다. 키는 큰 편이었지만 동그란 얼굴에 안경을 쓰고 있었고, 어쩐지 귀여운 인상이었다. 묵묵히 김 시카와 함께 있던 박 시카도 우리를 최대한 편하게 해 주려고 하는 마음이 느껴질 정도로 많은 배려를 해 주었다.

김 시카는 앞으로 우리가 3주 동안 '신병보호기간'을 지내며 업무에 투입되기 전까지 미군 측이 아닌 이곳 RSO(한국군 인사과 ROKA, Republic of Korea Army, Staff Office. 카투사의 인사 행정을 담당하는 곳으로 지원대장과 선임병장, 계원들 몇 명으로 구성된다.)에서 지내게 될 것이라고 말했다.

그 후 우리는 걸어서 배럭으로 이동했는데, 잔뜩 긴장한 채 열을 맞춰 걸어가는 모습이 영락없는 신병처럼 보였을 것이다.

주변의 미군들을 무척이나 신경 쓰며 정신없이 걷다 보니 곧 한 건물 앞에 도착했다. 그곳에는 2차선 아스팔트 도로를 사이에 두고 양옆에 미국의 옛 호텔처럼 생긴 건물이 한 동씩 있었다. 내가 살게 될 배럭은 KTA 건물과 마찬가지로 베이지색 외벽에 빨간색 지붕을 하고 있었다.

어두운 건물 앞 도로의 양옆에는 인도를 따라 유일한 조명이었던 가로등들이 일정한 간격을 두고 드문드문 서 있었다. 적은 수의 가로등 때문인지 주변은 전반적으로 음산한 분위기를 띠고 있었다. 게다가 도로에는 사복 차림을 한 흑인 병사들이 몇 명씩 모여 보드를 타거나 큰 소리로 떠들고 있었는데, 그들이 허리춤에 차고 있던 외장 스피커에서는 강한 비트의 힙합이 흘러나왔다. 그 전체적인 모습은 미국 할리우드 영화에 나올 법한 슬럼가를 떠올리게 만들었다.

미국을 가본 적이 있었던 나에게도 전혀 익숙하지 않은 광경이었지만 나는 최대한 당당해 보이는 표정을 지으려고 노력하며 배럭으로 들어갔다. 배럭의 입구에 들어서자 카운터 의자에 앉아 CQ(Charge of Quarters, 배럭 1층에서 방문자들을 기록하고 감시하는 당직 업무) 업무를 하고 있던 한 백인 여자 미군이 시니어 카투사와 간단히 인사를 나누었다. 꽤 높은 자리에서 책상에 팔꿈치를 대고 한 손으로 턱을 괴고 있던 그 여자 사병이 나른한 표정으로 우리를 바라보며 말했다.

"Oh~ baby KATUSAs huh?(오~베이비 카투사네, 그렇지?)"

나는 그 표정을 처음 보고 혹시 그 사병이 마약에 취한 것은 아닐까 하는 생각이 들었다. 그런 표정을 짓고 있는 사람을 이전까지 본 적이 없었기 때문이었다. 그러나 사실 그 여자 군인은 평소에도 자주 그런 표정을 지었고 마약에 취했던 것도 아니었다.(물론 지금까지 마약을 해본 적이 없는지는 알 수 없지만 말이다.)

미군부대에는 내가 지금까지 한국에서 보지 못했던 성격과 표정의 소유자들이 많았다. 그리고 그들에 대한 편견을 깨는 것이야말로 미군들과 함께하는 원활한 자대 생활을 위한 중요한 필수 요건 중 하나라고 할 수 있다.

카투사 신병을 지칭하는 'baby KATUSA'라는 용어는 내가 병장이 되었을 때쯤 차별적인 요소가 있다고 해서 사실상 금지되었다. 아마 'baby'에 담긴 미숙하고 놀리는 듯한 의미 때문에 문제가 되었던 것 같다.

나는 어깨에 문신이 있었던 이 특이한 여자 미군의 말에 제대로 대답조차 하지 못한 채 방으로 올라갔다. 놀랍게도 배럭의 내부는 호텔과 크게 다를 바 없었다. 앞으로 사용할 방 키도 받을 수 있었는데 무려 전자식으로 터치를 해 문을 여는 식이었다.

"방에 있는 과자들은 다 너희 맞선임(바로 윗선임을 의미한다.)이 사다 준 거니까 마음껏 먹어도 돼. 혹시 궁금한 게 있으면 내 방으로 찾아오고. 만약 선임들이 찾아오거나 귀찮게 하면 우리한테 알려줘 알겠지? 점호 전에 맞선임들이 들어와서 다시 한번 안내해 줄 거야."

"예 알겠습니다. 감사합니다!"

시니어 카투사들은 말을 마친 뒤 우리들을 위해 자리를 비켜주었다. 선임들과 방을 써야 했던 두 동기와 달리 서로 같은 방을 쓰게 된 이 이병와 나는 기쁨을 감출 수 없었다. 비로소 방에 동기끼리만 남게 되자 긴장이 풀린 데다 방의 내부도 KTA와 비교할 수 없을 정도로 좋았기 때문이다.

방은 2인 1실이었고 세면대는 물론, 개인별로 옷장, 서랍, 책상과 침대가 있었다. 벽에는 옷매무새를 가다듬을 수 있도록 거울이 걸려 있었고, 책상 반대편에는 냉장고와 전자레인지까지 구비되어 있었다. 화장실에도 샤워부스가 따로 마련되어 있었으니 방은 웬만한 호텔 못지 않았다. 게다가 각자의 책상에는 그동안 먹고 싶었던 각종 과자들과 알람시계, 노트가 단정하게 놓여 있었다. 나는 마치 갖은 고초를 겪은 뒤 마침내 천국에 입성한 것 같은 기분이 들었다. 방은 깨끗해 보였고 선임들이 옮겨주었던 짐들도 서랍과 옷장 안에 깔끔히 정리되어 있었기에 우리들이 치워야 할 것은 특별히 없었다.

동기는 침대에 뛰어들며 이제야 살 것 같다고 말했다. 나도 전반적으로 앞으로의 군 생활이 꽤 즐거울 수도 있겠다는 막연한 느낌이 들었다.

그러나 곧 맞선임들이 방에 찾아왔는데, 바로 우리의 짐을 대신 옮겨주었던 사람들이었다. 그리고 이는 긴장되는 점호시간이 가까워왔음을 의미했다.

미군들은 저녁에 따로 점호를 하지 않았지만 카투사들은 인사권이 한국군에 있는 만큼 매일 시니어 카투사의 주재 하에 점호시간을 가졌고 미군들은 이를 'KATUSA formation'이라고 불렀다. 점호는 서로 다른 다양한 부서에서 흩어져 근무하던 카투사들이 한 데 모여 부대의 여러 사안에 대해 정보를 교환하고 혹시 문제는 없는지 점검할 수 있었기 때문에 매우 중요한 시간이었다. 때로는 이 시간에 케이크를 나눠 먹으며 부대원의 생일을 함께 축하해 주기도 했다.

배럭에는 한 층에 미군들이 'Day room'이라고 부르는 넓은 휴식공간이 하나 있었고, 카투사들은 바로 이곳에 모여 점호를 진행했다. Day room은 따뜻한 불빛의 원형 천장 조명들 덕분에 전반적으로 꽤 아늑한 분위기였다.

그곳에는 TV뿐 아니라 소파를 포함한 의자들도 여럿 있었지만 50명 가까이 되었던 부대의 카투사들이 앉기에는 턱없이 부족했다. 때문에 자연스럽게 중앙에 두 명의 시니어 카투사들이 앉고 시계 반대방향으로 방을 한 바퀴 돌아 계급 순으로 의자에 앉았다.

가령 상·병장은 소파에, 일병들은 그런대로 괜찮았던 나무 의자에 앉고 자리가 없는 신병들은 제자리에 서서 점호를 취하는 식이었다. 대략 일병 3호봉 정도는 되어야 나무 의자에 겨우 앉을 수 있었기에 어느 의자에 앉느냐는 자신의 군 생활이 얼마나 남았는지를 가늠해볼 수 있는 척도가 되었다.

KTA에서 들었던 것과 달리 그 시간에 장기자랑 같은 것은 없었고 신병들이 간단한 소개를 한 뒤, 다른 모든 선임들이 자신이 어디에서 근무하는지를 돌아가며 알려주었다. 군복을 입고 있었던 우리와 달리 선임들은 모두 사복을 입고 있었는데, 이는 꽤 신기한 광경이었다. 알고 보니 미군과 카투사들은 모두 일과 후에 사복을 입는다고 했다.

점호가 끝나자 방을 나가던 최고참급 선임 하나가 나에게 말을 걸었다.

"내가 너 사수야. 반갑다. 야, 별 거 없으니까 걱정할 거 없어."

이 사람은 바로 나의 '사수' 즉 '전임자'로서, 이제 곧 전역을 앞두고 있었던 그의 자리에 내가 들어온 것이었다. 사수는 말과 행동에 힘을 뺀 굉장히 여유로워 보이는 사람이었다. 그날 나는 사수와 오랫동안 이야기를 나누지 않았음에도 사수가 생각보다 나를 좋게 본 것 같은 느낌을 받았다.

이 외에 다른 선임들도 Day room을 나가며 궁금했던 것을 물어보는 등 우리에게 많은 관심을 보였고 나는 갑자기 내가 유명인사라도 된 것 같은 착각이 들었다. 그러나 곧 시니어 카투사에 의해 선임들은 긴 이야기를 하지 못하고 밖으로 나가야 했으므로 크게 부담이 되지는 않았다.

점호가 끝나고 맞선임들에게 내일부터 이어질 일정에 대해 간단하게 브리핑을 들었다. 아직 부대 내의 길조차 전혀 알지 못했기에 다음 날 아침에 만나 함께 디팩에 가도록 약속시간도 정했다. 이때 김 시카는 방에서 나가지 않고 저 멀찍이 떨어져 앉아 우리를 지켜보았는데, 혹시라도 부조리가 있지는 않을까 감시하기 위해서인 것처럼 보였다.

자대에서의 첫날은 이렇게 기분 좋게 끝이 났다. 방에 돌아와 책상에 있던 초코파이를 먹으며 침대에 앉아 있으니 마침내 이제 정말 KTA를 수료했다는 사실이 현실로 와 닿았다. 그리고 왜관 운전병으로 배치받아 가지고 있던 걱정과 염려도 조금은 가라앉는 느낌이 들었다.

다음 날 오전 8시 반 경 우리는 Day room 앞에 나와 맞선임들을 기다렸다. 우리는 가장 막내라는 생각에 모두 KTA에서 소대장을 대했던 것처럼 'Parade rest(열중쉬어)' 자세로 고개를 빳빳이 들고 서 있었다. 그러자 복도를 지나가던 한 인상 좋은 백인 '일병'이 우리의 우스꽝스러운 모습을 발견하고 말을 걸었다.

"Guys, relax! you don't have to stand at parade rest.(얘들아, 긴장 풀어! 너희 열중쉬어 자세로 안 있어도 돼.)"

미군들은 평소 사병끼리는 말끝에 계급을 붙이지도 않고 평등하게 이름을 부르며 친구로 지냈다. 그들의 눈에 간부도 없는데 열중쉬어 자세를 하고 있는 우리가 이상하게 보였겠지만 당시 나는 한국군처럼 일병도 상관이기에 KTA에서처럼 모두에게 열중쉬어 자세로 예를 갖춰야 한다고 생각했다.

곧 우리는 맞선임들과 만나 디팩으로 향했다. 그리고 마침내 디팩에 도착했을 때, 나는 깜짝 놀라고 말았다. 건물이 너무나도 컸기 때문이다. 처음 멀리서 디팩을 보고 대형 마트 같다고 생각했었다. 외관도 깔끔했다. 베이지색 외벽과 붉은 지붕을 보니 마치 배럭을 크게 늘여놓은 것 같아 보였다.

안으로 들어간 동기들과 나는 서로를 바라보며 놀라움에 찬 눈빛을 교환했다. 디팩은 단층이었음에도 천장이 매우 높아서 3층 건물 높이 정도 되는 것 같았다. 게다가 입구 쪽 두 대의 카운터 뒤에는 천장에서부터 걸려 내려온 대형 성조기와 태극기가 각각 왼쪽과 오른쪽에 위치해 있어 웅장한 느낌을 주었다.

줄을 서서 차례를 기다리고 있던 우리에게 맞선임 중 한 명이 말했다.

"카투사는 카운터 옆에 가서 종이에 볼펜으로 군번 마지막 네 자리 숫자만 적으면 돼."

"예 알겠습니다!"

나는 맞선임의 말대로 돈을 내는 대신 군번만 쓴 뒤 카운터를 지나갔다. 카투사는 미군과 달리 돈을 내지 않고 군번만 적으면 식당을 이용할 수 있었는데, 이는 당시 한국 육군과 동일했던 10만 원 대의 월급을 감안하면 당연한 것이었다.

시설과 규모로만 따졌을 때 디팩은 여느 패밀리 레스토랑 보다 좋아 보였다. 중앙에는 길게 두 열로 샐러드 바가 늘어서 있었고 왼쪽과 오른쪽 앞에서는 취사병이 각각 메인 메뉴와 쇼트 메뉴를 나누어 주고 있었다. 또 양옆에는 깔끔한 선반에 쿠키와 푸딩 등 디저트들이 놓여 있었고 바쁜 사람들을 위해 수많은 종류의 시리얼들도 비치되어 있었다. 심지어 여름이 되면 사회에서 흔히 볼 수 있는 소프트 아이스크림 기계가 디팩에 등장하기도 했다.

직접 간단히 조리할 수 있도록 전자레인지가 있었던 것은 물론 패스트푸드점에서 볼 수 있는 음료수 기계와 커피 머신, 초코 우유와 우유(저지방까지)를 뽑아 먹을 수 있는 기계까지 있었다. 나와 동기들은 신이 나서 트레이(Tray, 음식을 담는 쟁반)에 이것저것 다양한 음식들을 담은 뒤 음료수 두 잔을 받아 자리에 앉았다.

선임들과 먹는 긴장된 식사였지만 맛은 분명히 있었다. 그런데 이상했던 점은 선임들이 식사에 대해 실컷 불평을 하고 있었다는 것이다.

"아 오늘도 또 baked chicken(구운 닭 요리)이네, 일주일에 세 번은 먹는 것 같다."

그때는 선임들의 말에 공감하지 못했지만 얼마 지나지 않아 나도 그 말을 이해할 수 있게 되었다. 매일 디팩에서 나오는 고단백의 고기들만 먹다 보면 곧 질리게 되는 것이 당연했고 한국 음식이 심각할 정도로 그리워졌기 때문이다. 밥은 매일 먹어도 질리지 않는 참 신기한 음식이었다.

또 디팩에는 좌석 곳곳에 TV가 있어 AFN(American Forces Network. 미군 방송망.

이 방송국에서 AFN 정훈병으로 일했던 카투사들도 있었다.)과 같은 미국 방송을 시청할 수 있었고 일부 TV를 통해서는 한국 프로그램도 볼 수 있었다. 물론 신병들은 자연스럽게 TV를 등지고 앉았지만 말이다.

선임들이 식사를 마치고 자리에서 일어나자 각 잡힌 자세로 앉아 있던 신병들은 모두 일제히 일어나 디팩 밖으로 향했다. 당시 근처에서 이 모습을 본 미군들은 우리들에게 "카투사 마피아들!"이라고 외치며 놀라워하기도 했다. 그렇게 여러 가지로 인상적이었던 식사시간이 끝나고 우리는 다시 RSO로 이동했다.

나는 다양한 정보들이 담긴 부대 책자를 꼼꼼히 읽어보며 나름대로 앞으로의 자대 생활을 상상해보았다. 해본 적 없는 운전업무가 여전히 걱정되었지만 열심히 연습하면 어떻게든 될 것이라고 스스로를 계속 위로했다.

RSO 사무실에는 정수기와 커피, 차 등이 비치되어 있어 테이블 의자나 소파에 앉아 무엇이라도 마시며 쉬기 좋았기 때문에 선임들이 자주 놀러 오기도 했다. 그리고 그렇게 RSO에 방문한 선임들은 우리를 신기하게 바라보며 이따금씩 몇 가지 간단한 질문들을 하곤 했다.

그날 일과 후에 이곳에서 외박 교육이 있었고 거의 모든 선임들이 외박을 나갔다. 사복을 입고 부대 밖으로 나가는 선임들을 바라보며 나와 동기들은 부러운 마음을 감출 수 없었다.

맞선임들은 주말 동안 아직 길조차 잘 알지 못하는 우리들을 위해 외박을 나가지 않고 부대에 남아 기본적인 부대 내의 지리를 알려주었다. 그리고 그 후에는 우리가 어디에 갔는지 방문 앞에 '포스트잇'으로 표시만 해 놓으면 더 이상은 간섭하지 않고 점호시간 즈음에 방에 있는지만 확인하겠다고 말했다.

외박을 나가지 않는 미군들에게도 주말은 즐거워 보였다. 주말 아침에 창문을 열면 늘 배럭 밖에서 각종 노래 소리가 흘러나왔는데, 우리가 따라 부를 수 있을 정도로 큰 소리였다. 미군들은 아침 일찍부터, 밤늦게까지 이렇게 힙합 음악을 들으며 밖에서 수다를 떨었다. 다들 헐렁하고 편한 복장으로 여유롭게 벤치나 건물 계단에 앉아 이야기를 나누는 모습이 내가 일반적으로 생각하던 군부대의 모습과는 분명 달라 보였다.

배럭 밖으로 나와 아침을 먹으러 디팩에 가는 동안에는 미군들이 곳곳에 놓인 화로에 고기를 굽는 모습을 볼 수 있었다. 이렇게 외장 스피커에서 흘러나오는 노래 소리와 그릴 위에서 맛있게 구워지는 바비큐의 냄새는 주말 미군부대의 상징과도 같은 것이었다.

나와 동기들은 아직 길을 제대로 알 수 없었기에 활동에 제약이 많았고, 주로 방에서 쉬거나 1층 로비에 있는 CQ룸에서 부대 밖으로 통화가 가능한 유선 전화기를 빌려 전화를 하며 시간을 보냈다. 1층 로비에는 탁구대가 있는 다용도실도 있었지만 나는 탁구에 별다른 흥미가 없었던 데다 미군들이 가득한 장소에 가는 것이 아직은 꺼려졌기에 이용하지 않았다.

이때 특히, 기억에 남는 에피소드가 하나 있다.

선임들은 주말에 잔류한 우리들에게 다른 여러 가지와 함께 1층에 위치한 Laundry room(세탁실) 이용법을 가르쳐 주었다. 세탁실 이용법은 매우 간단했는데, 빨랫감들을 보급된 빨래가방에 넣은 뒤 세제와 함께 Laundry room에 가지고 가 세탁기에 넣고 방에서 쉬다가 일정시간 후에 빨래가 끝나면 이를 다시 건조기에 옮겨 놓으면 그만이었다.

그렇게 세탁실 이용법을 배운 다음 날 밤 처음으로 빨래를 하러 1층에 있던 'Laundry room'을 찾아갔었다. 그리고 아무 생각 없이 편한 마음으로 찾아간 세탁실에서 나는 예상치 못한 어떤 광경을 보고 그 자리에 빨래가방과 세제를 든 채 굳어버리고 말았다.

문을 열고 들어간 내 눈에 수많은 세탁기와 건조기들 사이로 사람의 형체가 보였던 것이다. Laundry room에는 중앙에 양옆으로 빨랫감을 놓아둘 수 있는 긴 선반이 있었고 그 뒤편에도 창문 밑에 넓고 두꺼운 단 같은 것이 있었는데, 바로 그 단 위에 흑인 남녀가 매우 민망한 자세로 올라가 있었던 것이다.

물론 자세히 볼 수는 없었지만 옷을 제대로 걸치지도 않은 남녀가 중앙과 뒤편의 단에 걸쳐 서로 어떤 사랑을 표현하고 있었다는 것 정도는 알 수 있었다. '빨래를 해야 하는데….' 이 난감한 상황을 어떻게 헤쳐 나갈지 고민하던 나는 그 순간 남자와 눈이 마주쳤고, 민망한 표정으로 얼른 옷을 챙겨 입을 것이라고 생각했던 내 예상과 달리 남자는 나를 보며 그저 한 번 씩 웃어 보였을 뿐이었다.

그의 표정을 보니 마치 내게 "다 알지? 이해 좀 해 줘라."라고 말하는 듯 했다. 당황한 나는 결국 그날 세탁을 하지 못한 채 방으로 돌아갔고 확실히 이곳은 밖과 전혀 다른 세상이라는 것을 다시 한번 실감할 수 있었다. 아마 당시 두 미군남녀는 방에 있는 룸메이트를 피해 서로의 사랑을 나눌 은밀한 공간으로 '세탁실'을 선택했던 것 같다.

주말에 있었던 또 다른 특별한 일은 '영화 관람'이었다. 일반적인 한국군 부대의 경우라면 상상하기 힘든 일이지만 나와 동기들은 주말 저녁 맞선임들의 안내에 따라 부대 내에 위치한 영화관에 갔다.

배럭에서 15분 정도를 걸어 도착한 영화관은 생각보다 커 보였고 입구 쪽에는 지금 개봉해 상영 중인 영화들의 포스터가 액자 형태로 걸려 있었다. 심지어 영화들의 개봉일은 '미국 기준'이었으므로 그중에는 당시 한국에서 아직 개봉하지 않은 영화들도 포함돼 있었다.

그날 내가 보았던 영화는 '트랜센던스'였는데 카투사의 경우 티켓 값 없이 ID 카드만 보여주면 영화를 무료로 관람할 수 있었다. ID카드를 보여주고 카운터를 지나면 상영관에 들어가기 전 로비에서 팝콘과 음료수도 살 수 있었지만 돈이 없었던 나는 이를 그냥 지나쳤다.

놀랍게도 상영관 내부는 사회에서 가던 대형 극장과 별반 다를 바 없었다. 크기와 의자 그리고 스크린까지 일반 극장과 거의 흡사한 모습이었다. 영화가 시작되기 전에 광고가 나오는 것마저 똑같았다. 다만 미군부대 영화관은 한국의 영화관과 비교해 한 가지 분명한 차이점이 있었다.

"조금 있으면 영화 시작 전에 미국 국가랑 애국가가 나올 거야. 지금은 군복을 안 입고 있으니까 왼쪽 가슴에 손만 올리고 있으면 돼."

맞선임은 바로 그 한 가지 차이점을 우리에게 일러주었다.

당시 우리 동기는 부대 대대로 내려오는 '누더기'를 입고 있었기에 굳이 경례를 할 필요가 없었다.('누더기'란 아직 부모님의 면회나 외박을 하지 못해 일과 후나 주말에 입을 사복이 없는 신병들을 위해 선임들이 기증한 헌옷들을 말한다.)

곧 불이 꺼지고 미국 국가가 영상과 함께 울려 퍼졌다. 그러자 군복을 입은 사람들은 일제히 경례를 통해, 그렇지 않은 사람들은 손을 가슴에 얹어 예의를 표했다. 날아오르는 전투기 등 영상 속 각종 전투 장면을 보고 있으니 절로 엄숙한 분위기가 조성되었다.

그리고 애국가가 흘러나왔다. 그러나 조금 당황스러웠던 것은 앞서 한미연합사의 일원으로서 엄숙하게 국가에 대한 예의를 갖췄던 우리와 달리 미군들은 애국가가 시작되자 서로 이야기를 하는 등 이전과는 조금 다른 모습을 보였다는 것이다.

찜찜한 마음을 안고 영화를 보기 시작했는데 당황스럽게도 한글 자막은 나오지 않았다. 입대 전 가끔 미드(미국 드라마) 등을 자막 없이 보기도 했지만 역시 SF 영화 내용을 자막 없이 정확하게 이해하는 것은 무리였다.

게다가 영화는 인류의 지적 능력을 초월해 자각 능력까지 가지게 된 슈퍼컴퓨터에 관한 심오한 내용을 다루고 있었다. 이 때문에 각종 전문용어들을 무시하고 겨우겨우 내용을 이해해가며 영화를 본 뒤 배럭으로 돌아온 동기들은 서로 영화 내용을 맞춰보느라 작은 토론을 벌이기도 했다.

동기 중 하나였던 유 이병은 영화 내용을 거의 이해하지 못했다고 고백하기도 했지만 이후 한국군 인사과에 행정병으로 배치되었기에 영어 때문에 고생할 일은 많지 않게 되었다. 반면 영화 내용을 가장 정확히 이해했던 것은 화생방실에 배치받은 정 이병이었다.

미국 시민권자로, 10년 가까이 미국에서 살았던 정 이병은 영어와 관련된 문제라면 늘 다른 동기들보다 수월하게 해결할 수 있었다. 그러나 지금까지 본 적 없는 순수함을 지니고 있던 탓에 이후 크고 작은 문제들을 일으키기도 했다.

어찌 되었든 군부대 내에서 영화를 볼 수 있다니 정말 신기한 일이 아닐 수 없었다. 그렇게 주말이 지나고 우리들은 평일에는 똑같이 RSO에서 일과시간 내내 부대 책자나 국방일보 등을 읽으며 시간을 보냈다. 힘들 것은 없었지만 하루 종일 디팩에 갈 때를 제외하고 같은 자리에 앉아 비슷한 글을 읽는 일은 생각보다 지루했다.

그렇게 부대 책자도 거의 다 외우다시피 하게 되고 질리도록 보았던 국방일보의 사진을 또다시 멍하니 보고 있을 때쯤 시니어 카투사가 우리에게 '부대 투어'를 제안했다. '시니어 카투사의 부대 투어'는 부대를 돌며 시설들을 소개받을 수 있는 시간이었고 우리는 모처럼의 나들이에 기분이 들떴다.

봄날의 햇살을 받으며 우리는 부대의 이곳저곳을 돌아다녔는데 미군부대는 확실히 또 다른 '세계'였다. 엄밀히 말하면 주소만으로도 한국이 아닌 '미국의 특정 행정구역'에 속했던 부대는 어디를 가나 미국인들로 가득 차 있었고 원화가 아닌 달러가 사용되는 '한국 내 작은 미국'과도 같았다.

모든 곳은 아스팔트 도로로 이어져 있었고 도로 근처에는 다양한 건물들이 있었다. 게다가 빈 공간은 모두 잔디밭으로 되어 있어 마치 영어마을에 와 있는 듯한 느낌을 주었다. 심지어 부대 곳곳에는 버스 정류장들까지 있었다. 시니어 카투사는 우리에게 이곳에서 버스를 타면 부대 내부를 돌아 외부의 다른 미군부대로 갈 수도 있다고 일러주었다.(부대 책자나 부대 곳곳에 비치된 정보지, 버스 정류장에 붙어 있는 안내문 등을 통해 버스 시간표를 확인할 수 있었다.)

우리는 먼저 RSO 앞의 도로변으로 향했고 그곳에서 나는 첫날 버스를 타고 부대에 들어오며 보았던 야자수 모형을 다시 만날 수 있었다. 도로 양옆으로 길을 따라 쭉 늘어서 있던 각종 건물들 중 우리는 가장 가까웠던 Gym(체육관)을 처음으로 방문했다.

Gym은 정말 어마어마한 규모를 자랑했다. 카운터를 지나 거대한 실내 농구장으로 들어가자 위로 뻥 뚫려 시원한 느낌을 주었던 건물 몇 층 높이의 천장이 눈에 들어왔다. 마침 농구장을 내려다볼 수 있는 2층 난간에서 런닝머신을 이용하던 몇몇 미군들이 투어를 하고 있는 우리를 신기하다는 듯이 바라보았다. 체육관은 헬스장은 물론 사우나 시설까지 갖추고 있었다.

체육관을 나와 조금 더 가니 CAC(Community Activity Center)이 있었다. 시니어 카투사에 따르면 CAC의 1층은 일종의 '오락시설'이고 2층에는 도서관이 있다고 했다. 문을 열고 1층에 들어서니 마치 이태원에 있을 법한 밝은 조명의 맥주집으로 들어간 것 같았다. 맥주를 팔지는 않았지만 카운터에서는 각종 음료수와 과자, 팝콘 등을 구입할 수 있었다.

게다가 업데이트 된 최신 비디오 게임들도 빌릴 수 있었는데, 입구 왼편에 있던 방에는 편안해 보이는 의자들과 함께 익히 알고 있는 유명한 비디오 게임기들이 비치되어 있었다. 이곳을 보고 평소 게임 마니아였던 정 이병의 눈이 번뜩이는 사이 내 시선을 사로잡았던 것은 근처의 음악실이었다.

투명한 방음문을 통해 내부를 볼 수 있었던 두 개의 음악실에는 각각 드럼, 전자드럼, 피아노, 기타와 앰프들이 세팅되어 있었다. 나는 이처럼 만족스러운 내부 시설을 보며 마침 입대 전 독학으로 배운 드럼을 앞으로 이곳에서 연습하면 좋겠다는 생각을 했다. 이 외에도 CAC에는 다양한 놀이시설과 휴게 공간들이 있었다.

2층에는 컴퓨터실은 물론 카투사들을 위해 한국어로 된 책들만 꽂혀 있는 서가도 있었던 꽤 넓은 도서관이 있었다. 일반적인 미국 도서관 같은 모습이었지만 한국어 신간 책들을 소개하는 코너까지 따로 있었던 것을 보면 상대적으로 카투사들이 도서관을 더 많이 이용하고 있는 것은 아닌지 하는 생각이 들었다.

컴퓨터실에는 카투사 신병들이 꽤 많았다. 그러나 어찌된 일인지 일부 컴퓨터에서는 설정을 해도 한글로 타이핑을 할 수 없었기에 나를 포함한 신병 몇몇은 어쩔 수 없이 어색한 영어를 사용해 부대 밖 사람들과 SNS 메시지를 주고받아야 했다.

CAC에서 나와 다음으로 향했던 곳은 '푸드코트'였다. 푸드코트 앞에는 놀랍게도 사회에서 보던 것과 똑같은 '스타벅스' 카페가 있었는데, 통유리 창문을 통해 여유롭게 안에서 커피를 마시고 있는 군인들을 볼 수 있었다. 푸드코트에는 피자헛, 파파이스, 버거킹, 서브웨이, American Eatery(주로 아침식사를 대신해 주스와 샌드위치 등을 사 먹을 수 있었다.) 등 다양한 패스트푸드점들이 입점해 있었고 메뉴는 모두 영어로 되어 있었다.

시니어 카투사는 달러와 원화 모두로 계산이 가능하다고 말해 주었다. 아이러니하게도 월급이 들어오는 '나라사랑카드'로는 계산을 할 수 없었기에 나는 이후 부모님으로부터 받은 비자카드를 사용해 푸드코트를 이용해야 했다. 종업원들은 주로 한국인들이었고 대부분 계약을 맺고 들어온 아르바이트생들이라고 했다. 미군부대에서의 아르바이트라니, 꽤 괜찮을 것 같다는 생각이 들었다.

또 푸드코트에는 이름이 '은신처'였던 '미군 클럽'이 연결되어 있었지만 한국군으로서 음주가 금지된 카투사들은 이곳에 출입할 수 없었다. 시니어 카투사는 우리에게 설사 출입이 가능하더라도 굳이 부대 내 클럽에 가고 싶은 카투사는 많지 않을 것이라고 덧붙였다. 건물을 나오며 열린 문틈으로 클럽과 연결된 듯한 한 방을 보았는데 그 안에는 온갖 카지노 기계들이 있었다. 확실히 그곳은 카투사들이 들어갈 수 없는 곳처럼 보였다.

또 미군들이 휴대폰을 개통할 수 있도록 통신사의 대리점이 푸드코트 안에 입점해 있었던 것도 신기했다.

그 외에도 푸드코트 근처에는 TV를 비롯해 온갖 물품을 파는 '미군 PX'나 '미군 식료품점(Commissary)'도 있었지만 역시 카투사는 출입금지였다. 같은 물품을 미군 PX에서는 훨씬 싸게 살 수 있었기 때문에 카투사들이 물품들을 부대 밖으로 빼돌려 큰 차익을 얻을 수 있다는 위험 때문이었다.

다행인 것은 경북지역의 미군부대 중 유일하게 우리 부대에는 카투사 PX(한국군 PX)가 있었다는 것이었다. 이것은 대단한 축복으로 군 생활 내내 한국군 PX는 미군 음식에 지친 카투사들에게 냉동식품을 비롯한 각종 대용식들을 제공해주었다. 이곳에서 시니어 카투사는 우리들에게 음료수를 하나씩 사 주었고 취식보행이 금지되어 있었기에 PX 내에 마련된 공간에서 잠시 대화를 나누며 음료수를 마셨다.

부대에는 커다란 잔디구장은 물론 야외, 실내수영장도 있었는데 심지어 야외수영장에는 워터 슬라이드도 설치되어 있었다. 이것들을 모두 무료로 즐길 수 있다니 나는 군 생활 동안 기회가 되는 대로 이 시설들을 최대한 이용해야겠다고 다짐했다.

이 외에도 저녁이 되면 앞 정원과 건물에 은은한 조명이 켜졌던 세련된 TMC

(병원)와 Lodge(호텔 숙소), Chapel(예배당, 교회, 성당. 시간대에 따라 같은 건물에서 예배와 미사 등이 진행되었다.) 등 용산이나 평택에 비하면 크지 않은 부대였음에도 생활에 필요한 모든 시설들을 알맞게 갖추고 있었다. 게다가 무료는 아니었지만 부대 내부에는 햄버거 가게가 딸린 커다란 규모의 볼링 센터까지 있었으니 시설에 관해서 내가 더 바랄 것은 없었다.

웬만한 대학 캠퍼스보다 더 커 보였던 부대를 대강이나마 둘러보고 나자 나는 비로소 한결 마음이 편해졌다. 비록 서울에서 멀리 떨어진 왜관이지만 이 정도 시설이라면 앞으로 생활하는 데 전혀 문제가 없을 것이라고 생각했기 때문이다. 나는 그때가 되어서야 서울 집과 멀리 떨어진 왜관에 배치된 아쉬운 마음을 덜 수 있었다.

이렇게 얻은 부대 지리에 대한 얄팍한 지식으로 나는 주말에 부모님을 Escort(면회, 카투사 한 명당 차량 1대, 4명까지 가능하다.) 했다. 미군과 같이 카투사도 필요하면 ID카드를 이용해 외부인을 부대 안으로 데려올 수 있었고 면회가 끝나면 나갈 때에는 함께 동행해 에스코트를 풀어주어야 했다.

이때까지 외박은 여전히 가능하지 않았지만 앞으로 필요한 물품 등을 받을 수 있도록 부모님의 면회는 허락되었기에 나의 부모님도 멀리 서울에서 차를 타고 왜관까지 내려와 부대를 방문했다.

부모님의 방문을 앞두고 왠지 계속 걱정스러운 마음이 들었다. 왜냐하면 당시 부모님을 안내 해야 하는 입장이었던 나조차도 아직 미군부대와 미군들에 익숙하지 않았기 때문이다. 나 스스로도 아직 미군부대와 미군들에 대해 제대로 파악하지 못했다고 생각했기에 불안함을 느낄 수밖에 없었던 것이다.

만일 정신 나간 미군이 있어 부모님에게 마구 말을 걸어오거나 부대 내에서 어떤 예상치 못한 일이 발생했을 때 어떻게 대처해야 할지를 상상하며 매우 불안해했다. 돌이켜 생각하면 우스운 고민이지만 당시 나로서는 시니어 카투사들의 방 번호라도 제대로 알아두는 것이 최선이었다. 유사시 유선전화로 연락하라며 맞선임들은 우리에게 지원대장의 핸드폰 번호를 명찰(마치 유치원생들이 달고 다니는 그것과 같았다.)에 적어주었는데 이를 목에 걸어 군복 속에 넣고서야 비로소 조금 안심할 수 있었다.

물론 예상과 달리 나는 매우 편안하게 에스코트를 마칠 수 있었다. 미군들은 부모님에게 가볍게 인사를 했을 뿐 무례한 행동은 전혀 하지 않았고 나는 여유를 가지고 짐을 옮기는 동안 만난 시니어 카투사를 부모님께 소개해 드리기도 했다.

아버지의 차를 타고 야외수영장을 비롯해 여러 시설들을 둘러본 뒤, 우리 가족은 스타벅스 카페에 들어가 이야기를 나누었다.

"군부대 안에 스타벅스가 있다니, 미군부대는 확실히 다르긴 다르구나."

부모님은 굉장히 놀란 눈치였다. 스타벅스에서 나온 우리는 곧 집에서 가져온 짐을 옮기기 위해 배럭으로 향했다. 그리고 당시 바짝 군기가 들어 있던 나는 부모님이 짐 옮기는 것을 도와주기 위해 배럭 방에 들어가 봐도 되는 것인지 확신이 들지 않았기 때문에 이를 굳이 CQ에 물어보았다.

"저기.. 혹시 부모님이 내 방까지 짐 옮기는 걸 도와줘도 될까?" 나는 우물쭈물하며 CQ를 서고 있던 사병에게 질문을 했다.

"음 저분들은 외부인이잖아?"

CQ병은 잔뜩 주눅이 든 내 얼굴을 한번 쳐다본 뒤 이를 간부에게 다시 물어보았고 결국 거절 의사를 밝혔다. 때문에 아쉽게도 그날 내가 사는 곳을 내심 한번쯤 보고 싶으셨던 부모님은 방을 둘러볼 수 없었다.

대신 나는 부모님께서 가져오신 짐들을 직접 배럭 방으로 옮겼다. 이 짐 속에는 푹신한 슬리퍼도 들어 있었기에 이후부터 방에서 운동화가 아닌 슬리퍼를 신고 돌아다닐 수 있게 되었다.(이후 카투사들에게 딱딱한 슬리퍼가 보급으로 나오기는 했다.)

그 후 차를 타고 나가 근처에서 외식을 한 뒤 부대로 돌아와 가족들의 에스코트를 풀어줌으로써 면회는 끝이 났다. 다음 주에 있을 외박을 기약하며 부모님과 헤어지고 배럭에 돌아온 나는 면회가 무난히 끝난 것에 감사하며 비로소 마음을 놓을 수 있었다.

다음 주에는 '섹션 인사'가 있었는데 시니어 카투사와 함께 자신이 속한 부서

(Section, 섹션)의 미군들에게 인사를 하러 가는 시간이었다. 동기들은 나와 이 이병을 제외하고 각자 다른 건물에 배치받게 되었다.

화생방실 정 이병은 중대 건물에, 지휘부 운전병인 나와 여단 인사과 이 이병은 여단본부에 사무실이 있었고, 유 이병은 미군 건물과는 꽤 거리가 있었던 익숙한 RSO 사무실에서 일하게 되었다. 미군 측의 여단, 대대, 중대 건물은 서로 가까운 곳에 위치하고 있었지만 군 생활 내내 정말 특별한 경우를 제외하고 다른 건물을 방문할 일은 거의 없었다.

나는 여단본부 지휘부에 인사를 가야 했고 김 시카는 부대에서 가장 높은 여단장과 여단 주임원사 등이 있는 곳이니 나에게 각별히 주의하라고 일러주었다. 특히 앞으로 내가 '보스'로 모시게 될 부여단장 보가트 중령은 FM(야전 교범(Field Manual)을 의미하며 철저하게 원칙을 따른다는 의미이다.)으로 정평이 나 있는 사람인 만큼 실수하지 않도록 행실에 유의하라는 말도 덧붙였다.

보가트 중령에 대해서는 이미 여러 선임들로부터 들은 바가 많았다. 보가트 중령은 여단 장교들 중 대령인 여단장 다음으로 높은 계급의 사람이었음에도 유일하게 매일 아침 PT에 나오는 '참군인'이라고 했다. 장교(Officer)들은 자연스럽게 대부분 아침 PT에 나오지 않았지만 보가트 중령만큼은 하루도 안 빠지고 PT에 나왔던 것은 물론 체력 또한 믿을 수 없을 정도로 뛰어나서 뒤처지는 사람이 있으면 대열에 합류할 때까지 부담스러운 응원을 해 준다고 했다.

마침내 긴장되는 마음을 추스르며 지휘부(CMD GRP, Command Group) 앞에 선 나는 KTA에서 배운 장교와의 인사법을 떠올렸다. 장교와의 대화 끝에는 남자의 경우 sir, 여자의 경우 ma'am을 붙여야 했고 중령(Lieutenant Colonel(LTC))과 대령(Colonel(COL))의 경우는 모두 말끝에 sir/ma'am 대신 colonel을 붙여도 된다.

나는 중령을 대령인 것처럼 불러주는 이 방법이 보가트 중령의 기분을 조금이라도 좋게 해 줄 수 있을까 싶어 말끝에 Colonel을 붙여 보가트 중령에게 인사를 해야겠다고 생각했다.(나는 이때 얼마나 긴장을 했던지 여단본부에서 마주친 '여자' 장교에게 "Good morning 'sir'"이라고 인사하는 실수를 범하기도 했다.)

밖에서 본 지휘부는 분명히 여단본부의 다른 모든 사무실들과 차이가 있었다.

일반적인 사무실처럼 생겼던 다른 섹션들과 달리 지휘부는 내부 인테리어부터가 달랐기 때문이다.

책상과 벽은 고풍스러운 갈색 대리석으로 되어 있었고 평소에 잘 닦았는지 조명을 받아 반짝였다. 앉았을 때 머리보다 높게 오는 등받이가 있던 커다란 검정색 의자들도 정말 푹신해 보였다. 게다가 벽에는 부대 상징 등이 그려진 액자들이 걸려 있어 지휘부는 일반적인 사무실과는 분명히 다른 고급스러운 느낌을 주었다.

그러나 이것은 지휘부 간부와 군무원 선생님이 앉아 근무하는 곳에 불과했고 여단장과 주임원사, 부여단장은 사무실 내에 각자 넓은 방이 또 따로 있었다.(이 방에는 실물 같은 모형 칼과 총 등도 전시되어 있었다.)

먼저 문에서 보이는 일렬로 된 자리 중 가장 앞쪽에 있던 쿨리라는 거대한 근육질의 흑인 병장이 나와 먼저 인사를 나누었다. 미군은 상병(Specialist가 아닌 Corporal부터 해당)부터 부사관, 즉 간부로 인정되었기에 병장은 병사와 구분되는 엄연한 '부사관(NCO: Non Commissioned Officer)'이었다. 때문에 간부인 병장과 대화할 때는 '열중쉬어(Parade Rest)' 자세를 유지해야 했으며 대답을 할 때는 KTA에서처럼 말끝에 'sergeant'를 붙여야 했다.

전입 후 얼마 뒤 전역했던 나의 사수(전임자)는 점호가 끝난 뒤 내게 다가와 이런 말을 한 적이 있었다.

"보가트는 말할 것도 없고 쿨리도 형편없어. 네가 고생 좀 해야겠다." 이 때문에 나는 보가트 중령에 대해서도, 쿨리 병장에 대해서도 어느 정도 두려운 마음을 가지고 있었다.

그러나 막상 실제로 만나 본 쿨리 병장은 굉장히 좋은 사람 같아 보였고 이름 그대로 굉장히 '쿨'한 사람이었다. 그렇게 나는 내 직속상관(NCOIC: NCO In Charge)을 처음 만나게 되었던 것이다. 그런데 헤어지기 전 나는 쿨리 병장으로부터 한 가지 이상한 말을 들었다.

"보아하니 너는 잘 할 수 있을 것 같군, 제발 Ahn처럼만 안 하면 돼." Ahn은 나의 전임자인 안 병장을 지칭하는 말이었다.

이것을 이상하게 생각할 겨를도 없이 나는 곧 그 유명한 '보가트 중령'을 만나게 되었다. 거대한 근육질의 몸에 매서운 눈을 가졌을 것이라는 내 예상과 달리 보가트 중령은 의외로 작고 마른 체격에 동그랗고 큰 눈을 가진 평범한 백인이었다. 그러나 카투사들 사이에서도 일명 '보가트 머리'로 불렸던 보가트 중령의 대단히 짧은 머리는 인상 깊었다.

보가트 중령은 군 생활 내내 해병대처럼 옆, 뒷머리는 하얗게 보일 정도로 완전히 밀고 윗머리만 잔디처럼 조금 남겨놓는 헤어스타일을 고수했다.

"반갑네, 박 이병. 다음 주부터 지휘부에서 일을 시작한다고?"

미소를 지어 보이는 보가트 중령에게 나는 큰 소리로 "Yes, Colonel!" 이라고 대답하며 최대한 군기 잡힌 모습을 보여주려고 애썼다.

또 여단의 부사관들 중 가장 높은 위치에 있던 모든 여단 주임원사도 만나볼 수 있었는데 곧 퇴임을 앞두고 있었던 흑인이었다. 굉장히 인자한 인상을 가지고 있었던 모든 주임원사는 격의 없이 웃으며 나를 대해 주었다. 그러나 이날 '훈련광'으로 불렸던 Y 여단장은 자리를 비워 만나볼 수 없었고 앞으로 함께 일할 여자 군무원 선생님도 출산휴가로 사무실에 없었기에 뵐 수 없었다.

지휘부 사람들과의 짧은 만남이 끝난 뒤 김 시카는 나를 같은 층에 있던 한 조그마한 방으로 데려갔다. 누군가 알려주지 않는다면 결코 발견할 수 없을 것 같아 보였던 그 '비밀의 방'은 복도 끝 평범해 보이는 벽에 뜬금없이 문이 달려 있는 모양새였다. 그리고 실제로 여단 건물에서 근무했던 사람들조차 그 방이 있는 지조차 모르고 전역하는 경우가 많았다. 문에는 거의 지워지다시피 한 'Driver's room'이라고 적힌 팻말이 달려 있었다.

문을 열고 들어가자 세 사람이 들어가면 완전히 꽉 찰 정도로 비좁은 방이 나타났다. 그곳엔 아버지뻘 정도의 연배인 군무원 한 분이 자리에 앉아 계셨는데, 김 시카는 나를 소개하면서 말했다.

"앞으로 남 선생님이 정말 많이 도와주실 거야."

두 사람은 꽤 친분이 있어 보였다. 친근한 옆집 아저씨 같은 인상을 풍기는 남 선생님이 내 자리를 지정해 주셨다.

"야, 박 이병 반갑다. 앞으로 여기 앉으면 된데이."

비좁은 사무실에는 두 대의 컴퓨터를 포함해 총 세 개의 자리가 있었지만 한 책상에는 온갖 집기가 쌓여 있어 사실상 사용할 수 있는 것은 두 자리뿐이었다.

그래도 나는 '원 맨 섹션(One Man Section, 함께 일하는 카투사 없이 카투사 한 명만 배치되어 미군들과 업무를 보는 섹션을 말한다.)'인 지휘부에서 일하는 것에 걱정이 많았던 탓에 적어도 말을 걸 수 있는 한국 사람이 한 명이라도 있다는 것이 큰 위안이 되었다. 참고로 남 선생님은 여단장의 운전을 해 주고 각종 일정도 관리하는 수행비서 업무를 맡고 있었다. 선임들은 남 선생님이 일한 경력이 오래 되었고 여단장과 함께 일했기 때문에 여러 면에서 군무원 선생님들 중 실세라고 말해 주었다.

그 작은 방을 나와 여단 건물의 다른 섹션들을 도는 동안 나는 또다시 이상한 말들을 듣게 되었다. 작전과를 지나며 인사를 하던 내게 중령 하나가 이렇게 말한 것이다.

"Private Park, Ahn처럼은 일하지 않는 게 좋을 거야. Ahn처럼 똑같이 일한다면 가만두지 않겠어!" 웃으며 말했다지만 무려 중령이 하는 말을 가볍게 흘려들을 수는 없었다. 나는 이날 같은 말을 다른 사람에게 두 번 정도 더 들었는데, 여단 인사가 끝나고 배럭에 돌아와서야 선임들로부터 그 이유를 듣게 되었다.

내 사수였던 안 병장은 소위 말하는 '재벌 3세'라고 했다. 이십 대의 나이에 이미 '최고급 외제차'를 타고 다녔고 씀씀이도 남달랐다. 모 기업의 후계자라는 말이 있었지만 정확한 정보는 물어볼 수 없었다. 그렇다고 해서 인성이 나쁘거나 한 사람은 아니었다. 오히려 성격이 털털한 데다 주변 사람들을 살뜰히 챙겨 카투사들 사이에서는 인기가 좋았다.

다만 남 선생님이 내게 알려준 바에 의하면 안 병장은 미군들의 지시를 받는 일에 거부감을 가지고 있어서 병장이 된 이후로는 이전부터 직속상관이었던 쿨리 병장의 지시에도 '같은 계급'이라며 거부하는 등 여러 갈등이 있었다고 했다. 또 선임들에 따르면 정해진 업무 없이 대기하는 시간이 많은 운전병의 특성을 이용해 무려 몇 달간 지휘부에 모습을 드러내지 않아 징계를 받았고, 그 이후 업무가 가장 고되다는 작전과로 보내졌다고 한다. 그래도 운전실력 하나만큼은 뛰어나서 어떠한 미군도 그에 관해서는 불평하지 않았다고 한다.

처음으로 미군 측에 인사를 하러 간 날 이런 말을 듣고 나니 나는 혹시 내게 편견이 생긴 것은 아닐까 걱정하며 마음에 부담을 안게 되었다. 그렇지만 나는 인간적인 매력을 풍기는 안 병장에게 미운 마음이 들거나 하지는 않았다. 안 병장도 나름대로 나를 좋게 봐준 것 같았다.

전역을 하기 전 마지막 저녁점호에서는 '전역자의 한마디' 시간이 있다. 떠나는 사람 입장에서 고마웠던 점이나 미안했던 점 같은 소회를 짧게 이야기하는 시간이다. 그동안 혹시라도 서로 간에 쌓여 있었을지도 모르는 앙금, 감정을 풀어내기 위한 부대 내의 전통이었다. 보통은 덕담이 오가는 화기애애한 분위기가 대부분이었지만 가끔은 섭섭했던 감정을 토로하는 후임들로 인해 분위기가 조금 무거워지는 경우가 있기도 했다.

나는 신병이어서 전역하는 선임들에 대해 잘 알지도 못했으므로 굳이 입을 열 입장은 아니었다. 어쨌든 안 병장의 '전역자의 한마디' 시간은 별다른 일 없이 넘어갔고, 그는 우리 모두가 실컷 먹고도 남을 만큼의 피자와 치킨을 쏘고는 부대를 떠났다. 안 병장이 내게 마지막으로 남긴 말은 "별 거 없어, 걱정하지 마!"였다.

기다리던 첫 외박은 놀랍게도 나와 10분 정도 거리에 살고 있던 박 시카와의 동행이었다. 우리는 부대 안까지 출입이 가능한 지정 택시를 타고 역으로 갔는데, 그는 "집까지 가는 데는 기차보다 '구미 버스'를 이용하는 게 훨씬 빠르고 편해." 라면서 경험에서 우러나온 한 가지 외박 팁을 알려주었다.

박 시카는 동서울 터미널까지 가는 버스 안에서 얼어 있는 나를 최대한 배려해 주었다. 부대원들은 김 시카를 어머니, 박 시카를 아버지에 비유하곤 할 정도로 그는 뒤에서 묵묵히 부대원들을 챙겨주던 사람이었다.

지금도 첫 외박을 나왔을 때 휴게소에서 군것질을 하던 순간 그리고 한강을 건너는 버스 창문 너머로 익숙한 서울의 야경을 바라보면서 느꼈던 감격을 잊을 수가 없다. KTA와 왜관에서 보냈던 따지고 보면 길지도 않은 시간 동안 떨어져 있었던 수많은 고층 빌딩들의 조명과 한강대교의 불빛들이 이토록 가슴을 설레게 할 것이라곤 나도 알 수 없었다.

박 시카와 동행했던 첫 외박 이후로 우리는 매주 함께 외박을 나가는 사이가 되었다. 그리고 나는 누구보다도 든든한 지원군을 얻게 되었다.

부대에 따라 다르겠지만 당직(CQ/Staff Duty)이나 다양한 종류의 디테일(KP/Flag Detail 등, 디테일은 각종 잡무를 일컫는데 KP는 디팩에서 하루 종일 취사병들을 보조하는 일을, Flag Detail은 시간에 맞춰 국기를 게양하는 일을 의미한다. 이 외에도 청소, 낙엽 쓸기, 사격장 잡무 등 Detail의 종류는 무궁무진하다.)이 걸리지 않는다면 카투사들은 큰 문제없이 금요일 일과 후부터 일요일 점호 전까지 외박을 나갈 수 있다. 물론 일부는 돈을 아끼기 위해 외박을 나가지 않고 자주 부대에 잔류하기도 했고, 미군 측 소대장의 사인을 받아야 외박을 나갈 수 있거나 일정 인원은 영내에 남아 있어야 하는 부대도 있었다. 더불어 신고만 하면 미군과 마찬가지로 매일 일과 후 부대 밖으로 외출할 수도 있었다.

나는 불과 두세 달 만에 효자가 되어 케이크를 사 들고 집으로 갔다. 얼마나 큰 행운인가. 정말 감사하는 마음으로 집에서 주말을 보내며 행복했다. 이제 힘들었던 시간은 모두 지나가고 보람차게 미군과 일할 행복한 날들만 남았다는 생각이 들었다. 적어도 KTA에서처럼 매일 고강도의 PT를 할 필요는 없을 것 아닌가!

어떻게 지나갔는지도 모르게 첫 외박이 끝나고 나는 왜관역에서 선임들과 저녁을 먹고 부대로 복귀했다. 긴장과 설렘의 밤이 지나고 첫 업무일이 밝았다.

좋은 첫인상을 남겨라

"혹시 궁금한 거 있어? 내가 소대 선임이니까 질문 있으면 한번 해봐."

"그럼, 저희 소대 PT 강도는 KTA에 비해 어떤지 혹시 여쭤 봐도 되겠습니까?"

"KTA보다야 당연히 낫지! 그리고 다른 소대보다는 3소대 PT가 그나마 덜 힘들 걸?"

같은 소대 선임의 말을 듣고 나자 나와 이 이병은 비로소 안심이 되었다. 이제는 매일 아침 초주검이 되어 배럭으로 돌아올 필요가 없어진 것이다. 반면 본부 중대에서 1소대 PT가 가장 힘들다는 말을 들은 정 이병은 얼굴에 당황한 기색이 역력했다.

나와 이 이병은 아침점호시간이 되었을 때 조금은 가벼운 마음으로 3소대 앞에 자리를 잡고 설 수 있었다. 아침점호(Morning Formation)는 오전 6시 반에 시작했는데 6시 20분까지는 지정된 소대의 자리에서 대기해야 했다.

"Company, atten-tion!"

"Bull~dogs~!"

"Parade rest!"

우리 중대는 '불독 중대'였기에 중대 깃발에도, 중대 티셔츠에도 불독이 가득

했다. 또 부대 구호 역시 '불독'이었으므로 일등상사(상사와 원사 사이의 부사관 계급. 중대장 직책의 부사관이라고 생각하면 이해하기 쉽다.)나 중대장이 "중대 차렷!(company attention!)"을 외치면 중대원들은 일제히 차려 자세를 취하며 "불~독~!"을 외친다. 대대나 여단급이 집합했을 때도 "Dra~gons~!", "Champions!"와 같이 해당 부대의 상징을 정해진 리듬으로 외쳐야 하는 규칙은 똑같았다. 프로 야구팀도 아닌데 부대별로 상징과 구호가 있다니 재미있다는 생각이 들었다.

국기를 게양하고, 일등상사가 각종 전달 사항들을 전달한 뒤 "Fall out!(해산/해쳐!)"이라고 명령했고, 우리는 소대별로 PT를 위해 지정된 자리로 이동해 정형화된 미군의 준비운동으로 PT를 시작했다. 준비운동은 푸시업이 포함되어 있는 등 스트레칭보다는 '운동'에 가까웠다. 다양한 종류의 준비운동이 끝나자 그날의 PT Instructor가 오늘 우리가 수행할 PT를 공지했다. 매일 매일 바뀌는 PT Instructor는 소대 간부를 중심으로 미리 정해져 있고, 1시간 남짓(8시까지)의 PT 시간 동안 자유롭게 다양한 운동을 진행한다. 따라서 PT 난이도 또한 PT Instructor에 따라 천차만별이었고 일부 PT를 싫어하는 미군들은 다음날 PT를 진행할 PT Instructor에게 PT를 편하게 해달라고 부탁하기도 했다. 그러나 진급을 노리는 적지 않은 간부들은 강한 체력을 키운다는 명분으로 그들이 생각할 때 가능한 한 힘든 PT를 구성하는 게 대부분이었다.

그날 PT Instructor가 준비했던 '오늘의 PT'는 레스토랑으로 치면 가장 흔한 메뉴라고 할 수 있는 "Release run"이었다. Release run은 3.2km(2 miles)+ α 의 거리를 자유롭게 뛰어 완주하는 것이었다. 누군가에겐 가장 편할 수도, 반대로 가장 힘들 수도 있는 PT다. 대열을 맞춰 강제로 뛰는 것이 아니었기에 통제에 따르는 대신 본인의 페이스에 맞춰 뛰어도 되었지만 동시에 소대원들 간 경쟁이 붙으면 자신의 페이스보다 훨씬 빨리 뛰어야 했기 때문이었다.

논산 정도의 체력단련 강도를 예상했던 나와 이 이병은 KTA의 2 miles(3.2km)이 넘는 달리기 코스를 통보 받고 당황했다. 논산에서처럼 모두가 함께 대열을 맞춰 함께 뛰면 자연히 체력이 좋지 않은 병사들도 함께 뛸 수 있도록 속도를 늦추기 마련이었지만 Release run은 그렇지 않았던 것이다. 그날은 4km 정도를 뛰었지만 사실 5km 달리기도 자대에서는 드물지 않았다.

나는 미군들에게 얕보이는 것이 정말 싫었고 안 병장이 남긴 이미지를 씻고 좋은 이미지를 남기고 싶었기에 최대한 열심히 뛰기로 마음을 먹었다. 게다가 나는 '오래달리기'만큼은 어느 정도 자신이 있었다.

그날 역시 보가트 중령이 아침부터 나와 PT를 지켜보고 있었다. 같은 소대 선임이었던 도 일병이 내게 "보가트 중령에게 잘 보이고 싶다면 PT를 열심히 하는 것이 가장 빠른 길"이라고 일러주었던 터였다. 보가트 중령에게 좋은 인상을 남길 수 있는 절호의 기회였던 것이다.

달리기가 시작되었다. 나는 부대 지리를 잘 알지 못했기에 가장 달리기를 잘하는 사람 뒤에서 따라 뛰기 시작했다. KTA 이후로 오랜만이어서인지 곧 숨이 차는 것이 느껴졌다. 호흡이 거칠어졌고, 입에서 흐르는 침조차 제대로 제어하기도 힘들 정도가 되었다. 그래도 이를 악물고 뛴 끝에 나는 소대 전체에서 '3등'으로 완주 지점에 도착할 수 있었다. 뿌듯했다. 그리고 곧 무리를 해서 뛰었던 혹독한 대가를 치르게 되었다. 눈앞이 흔들리고 현기증이 덮친 것이었다.

도저히 버틸 수가 없어서 PT Instructor에게 잠시 화장실을 다녀오겠다고 양해를 구하고는 근처 건물의 화장실로 뛰어갔다. 거의 십 년 만에 구토를 했다. 아침에 먹은 것이 전혀 없었기에 거의 물만 토했지만 그래도 상태가 좋아져서 아무렇지도 않은 척 소대원들이 있는 곳으로 돌아갈 수 있었다.

사람은 배운다. 그 이후로 나는 아침 PT를 나가기 전 무엇이라도 먹고 나가는 것이 좋다는 걸 알게 되었다. 그리고 그날 이후부터 매일 아침 두유나 요구르트를 한 잔 마시고 PT를 나갔다.

두 번째는 현기증이 나거나 토할 정도가 아니라면 멈추지 않는다는 것이었다. 나는 내 한계를 알게 되었고, 따라서 단순히 숨이 차거나 힘이 든다는 정도로는 멈추지 않고 더 달릴 수 있게 되었다. 신기했던 건 현기증이 날 정도의 상황이었더라도 이후 충분히 휴식을 취하고 나면 다음번에는 더 수월하게 달릴 수 있었다는 것이었다.

"나를 죽이지 못하는 고통은 나를 더 강하게 만든다."

온 힘을 다 짜내야 할 정도로 강한 운동은 고통스럽지만 결국 그 이상의 보상을 주는 것 같다. 물론 사고를 방지하기 위해서는 자신의 한계가 어디인지 잘 알고 있어야 할 것이다.

다른 것은 몰라도 자대에서의 PT(체력 단련)만큼은 카투사들 또한 일반적인 한국군 못지않게 고생하는 경우가 많다. 심지어는 조를 이뤄 거대한 통나무를 받쳐 들고 하는 '목봉체조'나 '커다란 타이어 굴리기' 등도 PT를 통해 경험해봤는데, 아침 PT를 지켜본 특전사 출신 한국군 지원대장은 어떤 면에선 특전사 체력 단련과 비슷한 수준이라는 말도 했다.

미군부대에서는 아무리 비가 많이 오고 날씨가 좋지 않아도 PT를 하지 않는 날이 없었다. 사수인 안 병장과 함께 전역했던 최 병장은 내게 이런 말을 했다.

"나는 입대하고 전역할 때까지 한 번도 부대가 PT를 쉬는 걸 본 적이 없어."

최 병장의 말은 사실이었다. 다만 KTA에서처럼 PT 시간 동안 감시를 하며 고함을 지르는 교관은 없다는 점이 달랐다. 그래서 KTA와 비교해 심리적으로는 훨씬 편했다. PT 강도를 개인에게 맡기기 때문이다.

그렇지만 미군들에게 무시를 당하지 않고 인정받는 가장 **빠른** 길은 PT를 열심히 하는 것이므로 결코 소홀히 할 수는 없다. 나는 마초적인 미군 사회에서 무시당하지 않고 인정을 받기 위해서는 업무능력만큼이나 PT 시간에 보여주는 모습도 중요하다고 생각한다.

PT를 하며 충격을 느꼈던 한 가지는 바로 다른 소대 선임들의 태도였다. 소수를 제외한 거의 모든 선임들이 Release run이 시작되자 뒤로 **빠져** 걷기 시작한 것이다. 물론 상당수의 미군도 그러했지만 달리는 미군들에게 뒤쳐져 설렁설렁 이야기를 하며 걷다가 간부가 쳐다볼 때만 뛰는 척하는 모습은 사회에서 내가 들었던 '카투사들이 한국군의 대표로서 미군들에게 좋은 인상을 심어주고 있다.'는 생각이 깨지게 만들었다. 심지어 윗몸 일으키기를 할 때도 한 선임은 내게 "숫자대로 다 안 해도 되니 누워서 하늘이나 보며 좀 쉬라."는 조언을 해 주기도 했다. 부대에서 가장 따뜻한 성품이었던 이 선임의 조언을 들으면서 첫 PT에 따른 긴장감을 풀 수는 있었지만 매일 그런 태도로 PT를 할 수는 없었다. 대부분의 달리기 시간에 걷기만 했던 그 선임도 PT 테스트에서는 어쩔 수 없이 제대로 뛸 수밖에 없었는데, 그는 함께 뛰었던 사람들 중 무려 '3등'을 기록하기도 했다. 이런 면을 고려해본다면 당시 선임들 중 일부는 충분한 기량을 가지고 있었음에도 전부 발휘할 생각이 없었던 것 같다. 당시 나는 같은 한국군으로서 최선을 다하지 않는 선임들의 모습이 조금은 아쉬웠다. 그리고 이는 내가 그날 이후 달리기를 열심히 했던 또 하나의 주된 이유이기도 했다.

한 시간 남짓 시간이 흐른 뒤 조금은 당황스러웠던 첫 PT가 끝났다. 나는 배럭에 돌아와 샤워를 하고 디팩에서 아침을 먹은 뒤 약간의 긴장과 설렘을 안고 여단본부로 향했다. 그리고 열심히 뛰었던 모습이 효과를 보였던 것인지 지휘부에서 업무를 시작한 첫날, 보가트 중령은 나를 향해 이렇게 말했다.

"Park, 오늘 아침에 PT 잘 하던데? 좋아."

첫 단추를 나쁘지 않게 끼운 셈이었다.

여단본부의 건물은 크고 깔끔했다. 정문 앞 주차장 옆에는 모형 대포가 전시되어 있었고 커다란 국기게양대에는 태극기와 성조기가 바람을 타고 펄럭였다.

여단 건물 외벽에는 선명한 색깔의 부대 마크가 커다랗게 그려져 있었는데, 내게는 이것이 마치 영화 해리포터에 나오는 호그와트 기숙사의 상징처럼 보였다. 해리포터에서 그리핀도르와 슬리데린 등 각각의 기숙사들이 상징적인 동물과 마크를 가지고 있는 것처럼 같은 왜관 캠프에 위치한 부대라고 하더라도 부대마다 서로 다른 상징과 마크가 있었기 때문이다.

나는 설렘을 안고 첫 업무를 시작했지만 간부들은 내게 거의 관심이 없어 보였다. 쿨리 병장은 한 달 뒤 본국으로 돌아갈 예정이었기 때문에 본인의 서류처리에 정신이 팔려 있었고 보가트 중령은 사무실을 비우는 일이 잦았다. 여단장 역시 잦은 출장으로 얼굴을 보기 힘들었다. 그래도 모튼 주임 원사만큼은 먼저 말을 걸어주면서 나를 지휘부 식구로 대우해 주었다.

남 선생님을 통해 내가 운전 경력이 전혀 없다는 말을 들은 보가트 중령은 나를 남 선생님에게 맡겨 운전연습을 하도록 했다. 따라서 나는 전입 초반의 업무

시간 대부분을 Driver's room에서 남 선생님과 보내게 되었다.

남 선생님은 카투사들 사이에서 정말 좋은 사람으로 인정받았던 분이었다. 그분에게는 나와 비슷한 시기에 육군에 입대한 아들이 있었다. 그래서인지 나를 보고는 아들처럼 느껴진다는 말씀을 하시곤 했다. 게다가 그분은 오랜 기간 미군 부대에서 수많은 카투사들과 지내본 경험을 가지고 계셔서 누구보다도 우리에 대해 잘 이해하시는 것 같았다. 그분은 모든 게 두렵고 어색할 수밖에 없는 신병인 내가 늘 편안함을 느낄 수 있도록 분위기를 만들어 주셨다.

"뭐 특별히 할 것은 없어. 푹 쉬면서 여기 OJT북이나 한번 읽어봐라."

남 선생님은 다른 책상 위 집기들 속에서 "CMD GRP OJT Book(On the Job Training Book. 업무 소개 책자를 의미한다.)"이라고 쓰여 있는 바인더 하나를 꺼내 주셨다. OJT북은 지금까지 지휘부에서 일했던 선임들이 후임들을 위해 직접 써놓은 것이었다. 나는 편안한 마음으로 책을 읽기 시작했는데 첫 장에서부터 이상한 점을 발견했다. '지휘부' OJT북의 저자인 박 병장이 자신을 '작전과'에서 일하고 있다고 소개했던 것이다. 박 병장은 지휘부에서 근무하다 작전과로 보내진 안 병장과 비슷한 상황에 있었다. 그리고 자신이 겪은 시행착오를 덜 겪었으면 하는 마음으로 OJT북을 남기게 되었다고 했다.

"지휘부에서 일하는 이상 모든 행실에 각별히 조심해야 합니다."

박 병장은 먼저 인사, 청소, 종이 파쇄 등 기본적인 사항들을 강조했다. 그 외에도 OJT북에는 다양한 업무들이 소개되어 있었지만 특별히 정해진 고정 업무는 많지 않아 보였다. 전반적으로 지휘부 운전병은 보스(부여단장)를 수행하는 비서 역할에 가까웠다.

나는 대략적으로 책을 읽은 다음 남 선생님께 질문을 했다.

"여기 보니 박 병장도 안 병장처럼 작전과에서 일을 했다고 되어 있네요?"

"차를 몰다가 사고를 냈어. 한국군처럼 보험도 들어 있지 않아서 모조리 물어낼 뻔했지. 오로지 보스의 결정에 달렸던 거야. 다행히 지휘부 사람들이 돈을 내주고 그 친구는 작전과로 보내졌지."

한마디로 내가 생각하는 최악의 상황이었다. 게다가 카투사 운전병은 한국군과 미군 사이에 끼어 있는 신분이어서 어떤 쪽으로부터도 보험 혜택을 받을 수 없었다. 남 선생님은 운전이 익숙지 않은 내게 사비로 보험을 드는 것이 어떻겠냐고 권유했다. 그렇지 않아도 불안한 마음을 가지고 있던 나는 이 책을 보며 다음 외박 때부터 어떻게든 운전연습을 시작해야겠다고 마음을 먹었다. 그리고 때때로 남 선생님이 여단장을 수행해서 나가지 않는 시간이면 함께 부대를 돌며 미군 차량 운전과 관련한 다양한 것들에 대해 배우기도 했다. 먼저 군용 차량이 아닌 TMP(Transportation Motor Pool. 미군 소속의 업무용 민간차량 TMP Vehicle)에 해당하는 것들에 대해서 배웠는데, 서류 작업을 통해 배차(Dispatch) 신청을 하고 TMP 배차 센터로 가서 차를 받으면 되는 간단한 일이었다.

남 선생님의 차를 타고 가 본 TMP 차고지에는 배차 센터뿐 아니라 수많은 종류의 차들이 거대한 주차장에 꽉 들어차 있었다. 미군부대 안에는 별도의 주유소가 있었으므로 연료 키만 있으면 언제든 무료로 원하는 만큼 기름을 넣을 수 있었다. 또 차를 사용한 뒤에는 깨끗이 세차를 한 뒤 반납해야 했다. 만약 차가 더러울 경우 TMP 차고지에서 일하는 군무원 선생님들이 반납을 거부할 수도 있기 때문이다.

"찬준아, 너무 걱정하지 마라! 다 잘 할 수 있을 거다. 우리 나온 김에 드라이브나 한번 할까?" 남 선생님은 운전 절차에 관해 이것저것 자세히 물어보는 나를 보고는 보고 걱정스러워 하는 내 마음을 느끼셨는지 기분을 풀어주기 위해 드라이브를 제안했다.

"네 좋죠!"

미군부대는 시니어 카투사와 투어를 했을 때 보았던 것보다 훨씬 컸다. 남 선생님은 내게 신기한 것을 보여주겠다며 어딘가로 데려가셨고 그곳에는 난생 처음 보는 신기한 것들이 많았다. 보안상의 이유로 모든 것을 말할 수는 없지만 그곳은 마치 영화 속에서나 나올 법한 거대한 베이지 색 공장 같았다. 우리가 타고 있는 차 바로 옆으로 거대한 전차들이 지나가기도 했다.

그곳은 내게 잊을 수 없는 경험들을 안겨주었는데, 때마침 서쪽 하늘을 물들이는 노을을 바라보고 바람을 쐬며 미래에 대한 걱정을 내려놓고 내가 서 있는 위치에서 최선을 다할 것이라는 다짐을 하는 시간이 되었다.

나는 나름대로는 지휘부 사람들에게 괜찮은 인상을 심어준 것 같았다. 한국인 특유의 눈치를 발휘해 상관이 지시를 하기 전에 최대한 모든 일을 미리 해 놓으려고 노력했기 때문이었다. 사실 열심히 하는 모습을 보여주는 건 간단했다. 쓰레기통 비우기, 지휘부 청소하기, 종이 파쇄 등 의미 없어 보이는 일들을 최대한 미리미리 기분 좋게 해 나갔다. 쿨리도 보가트 중령도 사실은 꽤 괜찮은 사람들이어서 그들과 좋은 관계를 유지하는 데는 아무런 문제가 없었다.

"포항까지 운전할 수 있겠나?"

내가 지휘부에서 업무를 시작한 지 며칠 되지 않았을 때 보가트 중령이 갑작스레 장거리운전을 제안하기도 했다.

"그건 아직 힘듭니다. 사고가 날 수도 있으니 이번엔 제가 하겠습니다."

그때마다 남 선생님이 운전이 미숙한 나를 위해 운전을 대신 해 주었다.

가끔 이런 식의 급작스러운 위기가 찾아오기는 했지만 업무는 대체로 평이했다. 오히려 잡무가 없을 때에는 그저 가만히 사무실을 지키고 앉아 있어야 했으므로 보람을 느끼기 힘들었고 지루했다. 나는 운전병으로서의 역할을 제대로 하기 위해서는 가능한 한 빨리 운전에 익숙해지는 수밖에는 없다고 생각했다. 내가 가장 먼저 했던 것은 'TMP license'를 따는 것이었다. 한국 운전면허증이 있다고 하더라도 TMP 면허(면회(Escort)객이 면회 동안 운전을 할 때에는 필요하지 않다.)가 있어야만 부대 내에서 차를 운전할 수 있었기 때문에 다시 별도의 교육을 받고 자격을 취득해야 했다.

시험장은 남 선생님과 함께 가봤던 TMP 차고지에 위치해 있었고 쿨리 병장이 직접 차로 나를 데려다 주었다.

"쿨리 병장님, 시험이 많이 어렵습니까?"

"아니, 전혀!"

쿨리 병장의 말대로 시험은 전혀 어렵지 않았다. 사실 나는 문제의 답들을 이미 모두 알고 있었다. 박 병장은 어디서 구했는지 TMP 자격시험 문제들과 형광펜으로 표시해 둔 답안들을 OJT북 뒤쪽에 첨부해 놓았었다. 덕분에 나는 훨씬 수월하게 공부를 할 수 있었고 시험에 가볍게 통과했다.

시험은 필수 동영상들을 시청한 뒤에 볼 수 있었는데, 주로 미군부대 내 차량 운전과 관련된 규정에 관한 문제였다. 킬로미터와 마일의 계산이 조금 헷갈릴 수 있지만 만국 공통인 표지판 문제들도 많으므로 어렵지 않게 통과할 수 있을 것이다.

그중 가장 중요한 것은 영내에서의 제한 속도를 외워 두는 것이었다. 당시 미군부대 내에서 차량의 제한속도는 시속 25마일(40km)이었다. 그럼에도 나중에 "한 번 사는 인생, 남 눈치 보지 말고 하고 싶은 대로 하며 살자."는 신조를 가진 한 카투사 운전병의 차를 탔다가 헌병(MP)을 만나 놀랐던 경험을 하기도 했다. 그 운전병은 나를 비롯한 동승자들의 염려를 무시한 채로 갑자기 신나게 캠프를 달리기 시작했는데, 곧 제한속도를 위반했는지 뒤에 헌병 차량이 따라붙었던 것이다. 헌병과 짧은 '추격전'을 벌이던 카투사 운전병은 곧 우리들의 만류에 차를 세우고는 헌병과 잠시 이야기를 나누어야 했는데, 다행히도 그 헌병은 아직 모든 것이 익숙지 않았던 '이등병'이었으므로 별일 없이 넘어갈 수 있었다. 어쨌든 다른 것은 몰라도 TMP 시험을 볼 때 제한속도만큼은 머릿속에 제대로 넣어놓아야 헌병을 만날 일이 없을 것이다.

그렇게 내가 TMP 면허를 딴 뒤 얼마 지나지 않아 쿨리 병장은 미국으로 돌아갈 때가 되었다. 본국으로 돌아갈 생각에 몇 주 전부터 얼굴에 늘 웃음이 떠나지 않았던 쿨리 병장은 떠나기 전 아내와 함께 Driver's room으로 나를 찾아왔다.

"너라면 잘할 수 있을 거야!"

호탕하게 나를 격려한 쿨리 병장은 마른 체격을 가진 내가 걱정이었는지 수많은 단백질 보충제들을 선물로 안겨주었다. 그중 일부는 먹다 남은 것들도 있었지만 나는 기분 좋게 선물을 받아들고 내 첫 직속상관이었던 쿨리 병장에게 작별 인사를 했다.

미군들과 함께 한다는 건

쿨리 병장이 떠나고 얼마 지나지 않아 그의 Replacement(후임자)인 W 병장과 여단 주임원사 운전병 에스카벨 상병이 지휘부에 왔다. 어떤 사람이 지휘부에 오느냐는 앞으로 남은 내 군 생활에 지대한 영향을 끼칠 것이었으므로 나는 내심 마음을 졸이며 쿨리 병장의 후임자를 기다렸다. 그리고 마침내 내 새로운 직속상관이 될 W 병장을 보게 되었을 때 나는 비로소 마음을 조금 놓을 수 있었다.

W 병장은 40대 초반 정도의 흑인 여자 병장으로 지휘부 장교들에게 끊임없이 미소를 보냈는데, 내게도 웃으며 인사를 건넸지만 어쩐지 가식적인 느낌이 들었다. 그렇지만 나는 일단 편견 없이 그녀의 미소를 받아들이고 쿨리 병장에게 했던 것처럼 성심성의껏 W 병장을 모시기로 했다.

여단 주임원사의 운전병으로 온 에스카벨 상병(부사관 상병인 Corporal이 아니라 사병에 해당하는 Specialist 상병이었다.)은 멕시칸 계열의 20대 미국인이었다. 약간은 낯을 가렸지만 성격이 쿨해 보여서 문제없이 잘 어울릴 수 있을 것 같았다.

그렇게 두 사람이 업무 인수인계를 받기 시작하고, 지루한 지휘부 생활이 이어지던 어느 날 모튼 주임원사가 내게 '용산 투어'를 제안했다. 말은 출장이었지만 편하게 즐기다 오자는 것이었다. 그렇게 따뜻한 할아버지 같았던 모튼 주임원사와 나, 그리고 운전기사였던 에스카벨 상병은 함께 1박 2일 동안 용산 미군부대로 투어를 떠나게 되었다.

아마 모튼 주임원사로서는 부대를 벗어나 한국의 다른 지역으로 가는 데 큰 부담을 느껴 한국인 통역이 필요했을 것이다. 게다가 이제 막 지휘부로 온 에스카벨 상병이 길을 잘 찾아갈 수 있을지에 확신도 없었을 것이고, 무엇보다도 용산에 있는 '전쟁기념관'을 방문해보고 싶어 했던 그는 내가 가이드를 해 주길 원하는 눈치였다. 나는 출발 전날 남 선생님과 왜관에서 용산으로 가는 길을 꼼꼼하게 종이에 적어 챙긴 뒤 모튼 주임원사, 에스카벨 상병과 함께 아침 일찍 검정색 SUV를 타고 용산으로 출발했다. 부대를 벗어나 평소 나를 가장 잘 챙겨주던 모튼 주임원사와 함께 서울에 간다는 건 여간 신나는 일이 아니었다.

"뒤에 편하게 있어, Park."

여단 주임원사와 상병이 앞에 타고 이등병인 내가 넓은 뒷좌석에 혼자 앉아서 가는 게 계속 신경이 쓰였지만 모튼 주임원사는 미소 띤 얼굴로 오늘은 그저 놀러가는 것이라며 나를 편하게 해 주려고 끊임없이 배려했다.

"안 병장은 혹시 지휘부에서 어떤 병사였습니까?"

사실 나는 이에 대한 답을 이미 수차례 들어왔지만 다시 한번 모르는 척 실제로 지휘부에서 함께 일했던 모튼 주임원사에게 이야기를 듣고 싶었다.

"재밌고 좋은 친구였지." 모튼 주임원사가 웃으며 말했다.

의외의 답이었다. 분명 쿨리 병장이나 부여단장으로부터 안 병장에 대한 안 좋은 이야기를 많이 들었을 텐데, 몇 달 동안이나 지휘부에 모습을 드러내지 않았던 안 병장을 재밌고 좋은 친구로 표현하다니 전혀 예상치 못했던 답이었다.

"그렇습니까?"

"그럼! 자네도 안 병장에 대해 좀 아는 게 있나?"

"Rich person(부자)이라는 말을 들은 적이 있습니다."

"무슨 plastic company를 가지고 있다나? 그런데 자네가 그런 것도 아나?"

"하하…. 어디선가 들었을 뿐입니다."

주임원사와 내가 가진 정보는 조금 달랐지만 한 가지 확실했던 것은 모튼 주임원사의 목소리와 표정에서 안 병장에 대한 어떠한 부정적인 편견도 느낄 수 없었다는 것이다. 모튼 주임원사에게 안 병장은 뒷담화를 할 수 없는 같은 부서

식구였고, 그가 부자인지 아닌지는 전혀 중요한 문제가 아니었던 것이다. 모튼 주임원사는 내가 전역하기 전까지 보았던 모든 최고위급 부사관들 중 가장 권위를 내세우지 않고 포용력 있었던 사람이었다.

모튼 주임원사는 휴게소에서 어색하게 서있는 나를 불러 무엇이든 사 줄 테니 골라보라고 말했다. 사양을 하는 내게 결국 밥을 사 주면서 모튼 주임원사는 흐뭇한 표정을 지어 보였다.

마침내 우리는 고속도로를 달리고 한강을 건너 무사히 용산에 도착했다. 그리고 우리가 가장 먼저 향했던 곳은 모튼 주임원사가 그렇게도 고대하던 '용산 전쟁기념관'이었다. 대부분의 한국인들이 그렇듯이 나도 학창시절 몇 번이나 와 봤던 곳이어서 대강 어떤 시설이 어디에 있는지 짚어낼 수 있는 정도는 되었다.

깨끗하게 단장된 거대한 전쟁기념관은 그날도 견학을 온 교복 차림의 학생들로 북적였다. 주차장에 차를 세우고 전쟁기념관 정문에 들어서자 모든 사람들의 시선이 미군 군복을 입은 우리에게 향하는 것 같았다. 나는 최대한 미군을 보좌해 중요한 공적인 업무를 수행하는 것처럼 보이고자 애썼다. 왜냐하면 미군 군복을 입고 부대 밖으로 나갈 경우, 아주 가끔 타군 출신이나 반미감정을 가진 시민들과 시비가 붙어 폭행을 당하는 경우가 있다고 들었기 때문이었다.

카투사 역시 한국 군법에 따라 시민과 폭행시비가 붙을 경우 매우 불리한 입장에 놓이기 때문에 한국군 측에서는 평소 부대 밖으로 나가게 되면 미군 군복이 아닌 '사복'을 입도록 강하게 권고하고 있다. 그리고 바로 이것이 평소 미군 군복을 입은 카투사를 밖에서 거의 보지 못하는 이유이기도 했다.

물론 이 외에도 미군과 카투사들은 기본적으로 업무가 아닌 이유로 외출을 할 경우에는 사복을 입어야 했다. 그러나 나는 한 번도 미군 측에서 이를 강요하거나 지시하는 것을 들어보지 못했다. 어차피 출장, 훈련, 듀티 등의 이유로 군복을 입고 있는 사람들 중 누가 실제로 근무를 하고 있는 것인지 일일이 조사해 알아낼 수는 없었을 테니 말이다.

모튼 원사는 정문 근처에 있는 전사자명비들 근처를 분주히 돌아다니며 무엇인가를 찾기 시작했다. 이때 교복을 입은 한 남자 고등학생이 우리를 놀리고 싶었는지 "어이, 충성~ 충성~"을 외치고 지나갔는데, 모튼 원사는 듣지 못한 듯 했지만 에스카벨 상병이 이를 듣고 무슨 뜻인지 내게 물어보았다.

"It simply means we look good.(그냥 우리가 멋있다는 뜻이야.)"

나는 설명하자면 길어질 것 같아서 대충 얼버무렸다.

"Ha! here it is!(하! 여기 있군!)"

모튼 원사는 나를 부른 뒤 자신과 같은 '모튼'이라는 성을 가진 이름을 손가락으로 가리켰다.

"우리 아버지께서는 한국전쟁에서 돌아가셨단다."

그렇다. 모튼 주임원사가 평소 그토록 카투사를 배려해 주고 한국에 애정을 가지고 있었던 것은 이곳이 바로 아버지가 목숨을 바쳐 지켜냈던 곳이기 때문이었다. 모튼 원사는 아버지의 뒤를 이어 군인이 되었고 한국을 마지막 복무지로 선택한 뒤 이곳에서 은퇴했다. 나는 담담한 목소리로 아버지에 대해 이야기하는 모튼 원사를 보며 큰 감동을 받았다. 그리고 나 역시 한국전쟁에 참전하셨던 할아버지 이야기를 하며 즐겁게 대화를 나누었다.

에스카벨 상병은 약간 지루해하는 느낌이었지만 모튼 원사는 UN군 전시관을 비롯한 모든 전시관들에 큰 관심을 보이며 자세히 살펴보았다. 처음에는 나도 열심히 통역을 했지만 나중에는 전시물 밑에 영어로 설명이 되어 있었으므로 조용히 함께 관람하면 되었다. 그렇게 기분 좋게 전쟁기념관을 둘러본 뒤 우리는 곧바로 근처에 있던 용산 미군부대로 향했는데, 용산 부대는 엄청난 크기를 자랑했다. 평택으로 이전하는 건물들이 꽤 많다고 했지만(용산 기지는 평택 이전 후 생태공원으로 변모할 예정이며 이에 따라 PX 등의 시설도 점포 정리에 들어갔다.) 용산 부대에는 여전히 수많은 시설들이 자리하고 있었다. 특히 게이트를 지나 가장 먼저 눈에 들어왔던 미군 PX는 웬만한 한국의 대형마트 정도는 되어 보였는데 실제로 TV, 유모차, 가전제품 등 팔지 않는 것이 거의 없다고 했다.

모튼 주임원사는 내게도 PX를 둘러보러 가자고 했으나 나는 카투사는 PX에 들어갈 수 없는 것으로 알고 있다고 답했다. 모튼 주임원사는 그것이 말이 되느냐며 자신과 함께 들어가 보자고 제안했고 나는 모처럼 용산 미군 PX에 들어가

볼 수 있는 기회가 생기자 설레는 마음이 들었다.

그러나 나는 문 앞에서 곧바로 제지당했다. 민간인 직원처럼 보이는 백인 아주머니가 막아섰기 때문이다. 모튼 주임원사는 자신이 직접 서명을 해서 보장을 하겠다고 했지만 직원은 여전히 요지부동이었다. 결국 에스카벨 상병과 모튼 주임원사가 PX를 둘러보는 동안 나는 차에서 대기해야 했다.

나는 선임들에게 용산은 왜관과 달리 한미연합사령부가 있는 만큼 한국군 간부가 훨씬 많아 머리가 조금이라도 길거나 안일한 태도를 보이면 지적을 당해 징계를 받기 쉽다는 말을 들은 적이 있어서 불안한 마음으로 차 안에 앉아 있었다.

다행히 한국군들은 차 안에 있는 내게 별 관심이 없었지만 사복 차림으로 지나가던 미군 장교, 그것도 대령이 내가 탄 차 쪽으로 다가와 지금 여기에 차를 세워놓고 무슨 짓을 하는 거냐며 따지기 시작했다. 당시 에스카벨 상병도 나와 함께 있었고 모튼 주임원사는 화장실을 가 자리를 비운 상태였는데, 나는 물론 에스카벨 상병도 당황해 제대로 말을 하지 못했다.

알고 보니 이는 이곳에 주차를 할 수 있는지에 관한 사소한 오해에서 비롯된 것이었고, 모튼 주임원사가 돌아온 뒤에야 문제가 비로소 해결될 수 있었다. 나는 다른 부대에서 출장을 온 모튼 원사에게까지 씩씩대는 대령을 보며 혹시 고위급 간부가 많은 용산에는 이처럼 왜관보다 사소한 규정에 엄격한 사람들이 더 많은 것은 아닐까 하는 생각을 했다.

그 후 우리는 푸드코트에서 점심식사를 했고 이 또한 모튼 주임원사가 나를 위해 돈을 내 주었다. 용산 푸드코트는 왜관에 비해 2~3배는 될 정도로 컸고 웬만한 대형마트에 있는 푸드코트보다도 컸다. 이때 먹었던 중국식 치킨 세트 요리는 정말 맛이 있어서 아직도 기억에 남는다.

에스카벨 상병은 PX와 푸드코트를 찾아가는 데에는 성공했지만 정작 모튼 원사가 일을 보아야 할 부대 건물을 찾는 데는 실패해 한참 동안 부대를 빙빙 돌며 이 사람 저 사람에게 길을 물어본 뒤에야 건물을 발견할 수 있었다.

문득 다른 많은 미군들처럼 약간은 허세기가 있던 에스카벨 상병이 오늘 아침 내게 했던 말이 떠올랐다.

"Park, 너는 지도를 볼 필요가 없어. 내가 미리 몇 번이나 용산 부대에 가 봤으니까. 내가 위치를 다 알고 있다고."

한참을 헤매다 도착한 건물 안에서 가장 먼저 눈에 들어온 것은 벽에 걸린 액자였다. 신기하게도 액자 속에는 결연한 표정을 짓고 있는 모튼 원사의 사진이 들어 있었다. 사무실에 있던 미군들과 카투사들은 액자 속 인물이 직접 부대를 방문하자 긴장한 표정이 역력했다. 이곳은 왜관에 위치한 우리 여단의 예하 부대였기 때문이다.

사무실 옆에는 호텔 로비처럼 보이는 라운지가 있었고, 나는 이를 보며 초라한 Driver's room이 떠올라 약간은 부러운 마음이 들었다. 나는 모튼 원사가 해당 부서의 간부와 이야기를 하러 자리를 비운 사이 그곳에 있던 카투사들과 간단히 이야기를 나누었다.

모튼 원사가 이야기를 마친 뒤 일행이 건물을 빠져나와 주차되어 있던 차로 향해 걸어가고 있을 때 먼저 차로 돌아갔던 에스카벨 상병의 얼굴에 당황스러움과 걱정스러움이 번지는 표정이 보였다. 차로 다가간 나는 상황을 파악할 수 있었다. 검정색 SUV 뒷바퀴 쪽 측면이 찌그러져 있었고, 심지어 길게 하얀색 페인트까지 묻어 있었다. 주차장에서 뺑소니를 당한 것 같았다.

당황한 에스카벨 상병과 달리 모튼 원사는 상대적으로 침착해 보였다. 나는 이날 처음이자 마지막으로 '출동한 MP(Military Police: 헌병)'의 모습을 볼 수 있었다. 모튼 원사의 요청으로 차를 탄 헌병 두 명이 주차장으로 출동했고 이들은 찌그러진 차 부위를 여러 장 사진으로 찍은 뒤 에스카벨 상병과 함께 조서를 작성했다. 신기하게 보였던 것은 상황의 경위를 여러 차례 듣는 동안에도 헌병들이 계속 모튼 주임원사 앞에서 열중쉬어 자세를 유지했다는 것이었다.

헌병이 돌아간 뒤 나는 범인을 잡을 수 있을 것이라고 생각했지만 안타깝게도 범인은 끝내 잡을 수 없었던 것으로 기억한다. 자세한 내막은 몰라도 부대로 들어와 결국 모튼 원사가 사고를 낸 셈이 되어버린 에스카벨 상병을 위해 대신 모든 비용을 지불했다고 들었기 때문이다. 사고를 내 작전과로 전출된 옛 지휘부의 박 병장과 달리 에스카벨 상병은 사건이 크지 않아서인지 별다른 책임을 지지 않아도 되었다.

작은 사건이 있기는 했지만 용산 출장 업무는 허무할 정도로 빨리 끝났다. 에스카벨 상병과 나는 모든 주임원사를 그 유명한 용산 미군부대의 '드래곤 힐 랏지(호텔)'에 데려다 주었다. 그리고 다음날인 금요일에 나는 모든 원사의 배려로 곧장 집으로 외박을 갈 수 있었다.

용산 투어를 다녀온 지 얼마 지나지 않아 나는 운전병으로서의 역할을 제대로 익히기도 전에 새로운 일을 시작하게 되었다. 작전과 원사와의 우연한 만남이 계기였다. 여단 건물 근처를 지나가던 그가 내게 말을 걸었는데, 그는 상당히 큰 키에 근육질 몸매를 가진 흑인이었다.

"You look tall, which section do you work at?(키가 커 보이네, 어느 섹션에서 일하나?)"

"지휘부에서 부여단장 운전병으로 일하고 있습니다."

나는 단순한 안부인사인 걸로 알았지만 작전과 원사는 어리둥절해 하는 나를 붙들고 곧바로 지휘부로 향했다. 보가트 중령을 찾아낸 원사는 나를 '컬러가드 팀'에 넣어도 되겠느냐고 물었다. 보가트 중령은 별로 고민도 하지 않고 곧바로 이를 승낙했다. 컬러가드가 무엇인지 알지도 못했던 나는 조금 혼란스럽게 느껴졌다.

보가트 중령의 허락을 받은 작전과 원사는 내 손을 잡아끌고 여단 건물 뒤쪽에 있는 주차장으로 데려갔다. 그곳에는 나보다 머리가 반 개는 큰 백인 사병 둘, 흑인 사병 둘이 각각 성조기와 부대기, 총을 들고 제식 연습을 하고 있었다. 모두 나와 비슷한 나이 또래로 보였다. 그리고 그렇게 한국인 내가 합류하면서 비로소 컬러가드 팀이 완성되었던 것이다. 컬러가드는 우리말로 하면 기수단, 의장대와 비슷한 개념으로 나는 이곳에서 태극기를 맡게 되었다.

작전과 원사는 젠틀한 미소를 띤 채, 앞으로 컬러가드 팀에 새로 합류하게 될 Park이라고 나를 짧게 소개했다. 그러나 나를 쳐다보는 컬러가드 팀 사병들의 표정은 시멘트처럼 굳어 있었다. "네게는 아무런 관심도 없으니 실수나 하지 말라."는 말을 얼굴을 통해 하고 있는 것 같았다. 그중에서 마른 체격의 백인 사병 하나만 웃음기 있는 순진한 얼굴로 나를 바라보고 있을 뿐이었다.

어쨌든 나는 배꼽 위치에 깃발을 꽂을 수 있는 홈이 달린 조끼 같은 것을 군복 위에 착용하고 내 키보다 큰 태극기를 든 채, 작전과 원사의 지시에 맞춰 연습을 시작했다.

컬러가드 팀은 일종의 리더 역할을 하는 백인 상병(Specialist) 한 명과 나머지 일병 셋, 그리고 카투사 이병인 나로 구성되었는데 나는 처음부터 이들이 카투사에 대해 호의적이지 않은 인식을 가지고 있다는 것은 분명히 느낄 수 있었다. 인사는 고사하고 표정과 말투가 다른 미군들을 대할 때와 달랐기 때문이다. 내가 말을 붙이더라도 짧은 대답만이 돌아올 뿐이었다. 때문에 지금까지 연습을 해왔던 이들과 달리 나는 처음부터 동작을 새로 익히면서도 질문할 일이 없도록 최선을 다해 연습해야 했다.

또 한 가지 문제는 영어였다. 나는 이전까지 내가 영어를 못한다는 생각을 거의 해보지 않았었다. 그러나 사병들의 영어는 공인영어시험의 듣기나 장교, 부사관들의 영어와 전혀 달라서 적응하는 데 상당히 애를 먹어야 했다. 일단 사병들끼리 이야기할 때의 속도는 지금까지 듣던 영어의 2배, 3배는 되는 것 같았고 슬랭을 비롯해 지금까지 들어보지 못한 단어들도 많았기 때문이다.

소심한 나는 자주 이들이 내 험담을 하지는 않을까 걱정하곤 했다. 따라서 늘 귀를 열어 놓고 빠르게 말하는 그들의 대화를 알아듣고자 애를 썼다.

작전과 원사는 행사장의 동선을 고려하여 몇 가지 새로운 동작들을 우리에게 알려주고 연습을 두어 번 시킨 뒤 건물 안으로 들어가 버렸다. 뙤약볕 아래에서 연습하는 것은 힘들지 않았지만 나는 왠지 무력감과 소외감을 느끼기 시작했다. 처음으로 나를 도와줄 사람이 없는 곳에 던져진 기분이었다. 영어실력은 아직 부족한데 낯선 미군들 틈에 끼어 배럭에 들어가기 전까지 한국인은 한 명도 만나볼 수 없었고, 나를 지켜보며 도와주는 관리자도 사실상 없었기 때문이었다.(우리를 담당하는 부사관이 있기는 했지만 하기 싫은 추가 업무를 맡은 것인지 별 관심을 기울이지 않았다.) 무엇보다 미군들이 호의적이지 않은 것 같아 외로움이 더욱 커졌다. 처음으로 나 혼자 모든 것을 알아서 해야 하는 환경에 놓인 것이었다.

특히 리더 역할을 했던 백인 상병의 태도가 차가웠는데, 전에 있던 부대에서 카투사와 트러블이라도 겪었던 모양이었다. 이 '여단 컬러가드 팀'의 미군들은 모두 나와는 다른 부대 출신들이었기에 나는 그곳의 미군들이 모두 카투사와 사이가 안 좋은지 궁금한 마음이 들 정도였다.

그러나 정말 다행스럽게도 컬러가드 멤버들 중 한 사람만은 내게 우호적이었다. 처음 만났을 때 나를 향해 천진난만한 미소를 보내던 바로 그 백인 일병이었다. O 일병은 늘 나를 도와주고 여러 정보들도 알려주었다. 그는 자신에겐 카투사 친구들이 많아 내 상황을 잘 이해한다며 친절을 베풀어 주었다.

그렇게 컬러가드 팀에 합류한 나는 매일 아스팔트 주차장에서 오랜 시간 동안 제식 연습을 해야 했다. 당시는 5월이었지만 굉장히 무더운 날씨가 이어졌기에 탈수를 걱정한 작전과 원사는 연습 전 우리들을 위해 스포츠 음료를 준비해 주기도 했다. 무엇을 위해 연습을 하는 것인지도 몰랐던 나는 얼마 뒤 비로소 이것이 어떤 행사를 위한 것인지 듣게 되었다. 그렇다고 그것이 무엇인지는 정확히 알 수 있는 것도 아니었다.

"Champions Ball(여단 볼)!" 공도 아니고 'ball'이 무슨 뜻이란 말인가. 나는 도무지 이 'ball'이 무슨 행사를 의미하는지 알 수 없었다. 한 가지 다행이었던 것은 내가 적어도 다른 미군들만큼 제식을 하는 데 큰 문제가 없었다는 것이었다. 일정한 걸음 수에 맞춰 회전을 하거나 알맞은 타이밍에 태극기를 올리고 내리고 하는 것은 그다지 어려운 일이 아니었기에 나 때문에 연습이 오래 지체된 다거나 하는 일은 거의 없었다.

그럼에도 내가 느끼는 소외감과 이유를 알 수 없는 불안함은 어쩔 수 없었다. 나는 불친절한 미군들에게 간혹 말을 붙이는 등 친해지려는 노력을 하면서도, 늘 긴장을 하고 있었기에 하루 종일 이어지는 연습시간은 전혀 즐겁지 않았다. 가끔 한국어로 이야기를 나누며 주변을 지나가는 카투사들을 볼 때면 부러운 생각이 들었고, 카투사 동료들이 그리웠다. 게다가 나는 한국군을 대표하는 카투사로서 미군에게 얕보이기 싫다는 강박관념 같은 것을 가지고 있어서 조금도 긴장을 늦추지 못하다 보니 더 힘들었다.

　나는 매주 카투사들이 참여할 수 있도록 미군과 한국군이 규정으로 합의해 놓은 카투사 트레이닝(정훈교육. 미군부대에서 근무하는 카투사들이 한국군으로부터 내려오는 지시 사항 등을 교육 받는 시간이다.)에도 참여할 수 없었다. 군 생활 초반만 해도 일부 미군 간부들이 카투사 트레이닝을 단순히 '노는 시간'으로 취급해 참여하지 못하게 하는 경우가 잦았다. 그러나 불가피하게 참여하지 못하게 된 경우에는 NCOIC(섹션 책임 부사관) 등 책임자가 이유를 설명하는 공문(미군부대에서는 이를 Memorandum이라고 부른다.)을 RSO 측에 제출해야 했는데, 내 경우에는 그러한 절차조차 거치지 않았다.

　컬러가드 팀과 떨어져 다른 카투사 동료들과 만날 수 있는 기회를 빼앗긴 것이다. 컬러가드 연습으로 인해 나는 점심이나 저녁식사시간에도 다른 카투사들과 만나기 어렵게 되었고 모든 업무가 끝나 배럭에 돌아가 점호에 참여할 때가 되어서야 만나 이야기를 나누며 외로움을 달랠 수 있었다.

　신기했던 것은 시니어 카투사들을 비롯한 부대원 모두가 이 '컬러가드'에 대해 전혀 알지 못하고 있었다는 것이다. 김 시카는 나 이전엔 누구도 이 '컬러가드'라는 것을 해본 적이 없다고 했다.

　"앞으로도 매일 연습이 있을 것 같습니다. 계속 점호시간에 컬러가드 연습에 대해 보고를 드리는 게 낫겠습니까?"

　"응, 제식연습을 그렇게나 많이 해? 어떤 디테일인지 나도 한번 파악해볼 테니까, 일단은 그렇게 하자. 컬러가드가 운전업무의 일환인지는 잘 모르겠네."

　김 시카는 그린북에 이와 관련해 무엇인가를 적었다. 그린북은 미군에서 보급된 손바닥보다 조금 큰 크기의 연두색 노트로, 두꺼운 하드커버로 되어 있어 꽤 고급스러워 보였다. 우리 부대의 경우 시니어 카투사가 되면 매 점호시간에 이를 들고 왔기에 그린북은 마치 시니어 카투사의 상징처럼 여겨졌다. 이후 보급병이었던 한 부대원은 그린북이 NCO에게 지급되는 것이라고 말해 주기도 했다.

　김 시카가 그린북에 무엇인가를 기록했다는 것은 이 문제에 관해 이후에도 계속 관심을 가지겠다는 것을 의미했다. 업무가 아닌 일로 카투사 트레이닝까지 빠지게 되자 시니어 카투사들도 이 컬러가드의 정체에 관해 진상조사에 나서게 되었던 것이다.

다행히 KTA에서 깨달았던 진리는 컬러가드를 하던 이병 시절에도 동일하게 적용되었다. 특별한 이유도 없이 적응이 되기 시작하자 마음이 점차 편안해졌던 것이다. 미군들도 내게 전보다는 마음의 문을 열기 시작했고 나 또한 컬러가드 팀 미군들에 대해 그다지 신경을 쓰지 않게 되었다.

연습을 할 때는 긴장을 놓지 않았지만 제식동작들은 눈을 감고도 해낼 수 있을 정도로 편해졌고 알아들을 수 없을 것 같았던 미군 사병들 간의 대화 또한 신기하게도 조금씩 들리기 시작했다. 그리고 아마 여기에는 그동안 내가 미군들이 혹시 나에 관해 험담을 하지는 않는지 이들의 이야기에 항상 귀를 기울이고 있었던 것이 크게 한몫했을 것이다.

이렇듯 절대로 적응이 되지 않을 것 같아 보였던 컬러가드 생활도 결국은 "이 또한 지나가리라."의 법칙(또는 "그래도 국방부 시계는 돌아간다"의 법칙) 앞에 무릎을 꿇게 되었다.

행사가 며칠 앞으로 다가오자 컬러가드 팀 미군들은 작전과 원사의 감독 하에 정복인 ASU(Army Service Uniform. 전투복과 다른 미군들의 정복(제복)으로 각종 기장(훈장) 등이 달린다.)를 꺼내 입고 매무새를 다듬기 시작했다. 그 과정이 매우 까다로워서 작전과 원사는 무엇 하나 규정에 어긋나지 않도록 복장 정돈과 교육에 심혈을 기울였다. 만일 베레모가 몇 도라도 기울어지게 쓰는 날에는 정말 엄청난 일이라도 생길 것 같았다.

다른 모든 물품과 달리 ASU는 카투사에게 지급되지 않았으므로 나는 그때마다 멀뚱멀뚱 미군들이 잔뜩 찡그린 얼굴로 상의에 묻은 먼지를 하나하나 골라내는 과정을 지켜봐야 했다. 문득 행사 당일 어떤 옷을 입어야 하는지 궁금해진 나는 작전과 원사에게 물어보았다.

"원사님, 저는 ASU를 지급받지 않았는데 행사에서 어떤 옷을 입어야 합니까?"

"카투사는 정장(suit)을 입으면 돼. 혹시 나비넥타이 가지고 있나?"

"저는 집에 세미 정장과 일반적인 넥타이만 가지고 있습니다."

"그럼 걱정 말게, 내가 정장과 나비넥타이를 준비할 테니까."

학생이었던 내게 제대로 된 정장이 있을 리 없었고 '나비넥타이'는 솔직히 실제로 본 적도 없었다. 그러나 그렇게 문제가 해결된 것으로 알고 있던 나는 행사이틀 전까지 작전과 원사로부터 별다른 말이 없자 불안한 마음이 들기 시작했다. 그리고 내 불안한 예감은 빗나가지 않았다.

"혹시 제 정장은 언제쯤 입어볼 수 있습니까?"

"아, 정장 말이지? 이런, 지금 용산에라도 데려다줄 테니 집에서 가져올래?"

"죄송하지만 집에는 세미 정장밖에 없습니다."

"음, 그럼 다른 사람에게 빌리면 되겠군."

작전과 원사는 여러 가지 일로 정신이 없었고 곧 다른 사람들과 이야기를 하며 내 시야 밖으로 사라졌다. 다음 날에는 호텔에서 리허설이 있었기 때문에 정장을 구할 수 있는 날은 그날이 유일했다. 나는 또다시 걱정스러운 마음이 들었다. 멋진 정복을 입은 미군들 사이에서 홀로 전투복을 입고 있는 내 모습이 곧 머릿속에 그려졌다.

"응? 아직도 입을 정장이 없어?"

직속상관이 없는 데다 동료로 일하는 좋은 미군 사병 덕분에 시간이 많았던 동기인 화생방실 정 이병이 나를 도와 정장을 구하러 뛰어다니기 시작했다. 그리고 마침내 정말로 운이 좋게도 정장을 빌려주겠다는 부사관 한 명을 찾아낼 수 있었다. 사실 정장을 빌려주겠다고 하는 사람들은 몇 명 더 있었지만 대부분 너무 거구여서 맞지가 않아 사양할 수밖에 없었다.

부사관은 직접 자신이 살고 있는 배럭으로 나를 데려가 옷을 입어보도록 했다. 역시 생각했던 것보다는 조금 컸지만 이것 저것 고려할 처지가 아니었다. 그렇게 와이셔츠와 구두, 정장(혹시 몰라 넥타이까지)을 구한 뒤 우리는 안도의 한숨을 내쉬며 돌아올 수 있었는데, 나를 도와준 정 이병에게도 고마운 마음이 들었다. 물론 흔쾌히 옷을 빌려줘 특히 감사했던 부사관에게는 행사가 모두 끝난 뒤 정장과 함께 작은 선물을 준비해 감사를 표했다.

"다행이군! 나도 걱정 많이 했는데 말이야. 나비넥타이는 신경 쓸 것 없어, 컬러가드 팀을 위한 것이 이미 준비돼 있더군. 하하하."

문득 태평하게 보이는 원사를 보며 만약 내가 정장을 빌리지 않았다면 정말 혼자 전투복을 입고 호텔에서 행사를 진행했을 수도 있겠다는 생각이 들었다.

리허설을 위해 차를 타고 방문한 대구의 호텔은 정말 어마어마했다. 행사가 진행될 예정이었던 유명한 5성급 호텔은 세련된 외관을 가지고 있었을 뿐 아니라 그 규모도 거대했다. 옆에는 외국인들만 출입이 가능한 카지노 빌딩까지 있었는데 전반적으로 몇 년 전 대외활동 때문에 잠깐 방문했던 강남의 한 호텔보다 훨씬 좋아 보였다.

나를 더욱 놀라게 했던 건 행사가 이루어지는 연회장 내부였다. 그곳은 마치 영화 속에서나 보던 거대한 무도회장 같았다. 천장은 건물 2, 3층 높이는 되어 보였고 거대한 샹들리에 조명들이 곳곳에 걸려 있어 고급스러운 분위기를 연출했다.

내부는 웬만한 웨딩홀의 두세 배는 되어 보일 정도로 넓었다. 홀 내부는 전반적으로 약간 어두웠지만 벽에 걸려 있던 횃불 모양의 조명들에서 새어 나오는 은은한 주황색 불빛들 덕분에 오히려 따뜻한 느낌을 주었다.

앞쪽에 있는 넓은 무대는 거대한 파이프 오르간으로 장식이 되어 있었고 곳곳에는 원형 테이블들과 의자들이 비치되어 식사를 할 수 있게 되어 있었다. 물론 무대 앞과 옆쪽에는 테이블 없이 춤을 출 수 있도록 비워 둔 넓은 공간들도 있었다.

이때가 되어서야 비로소 나는 ball이 무도회를 의미한다는 사실을 깨닫게 되었다. Ball의 사전적 의미는 '무도회(성대하고 정식의)'로서 party보다는 훨씬 격식을 갖춘 댄스파티를 의미한다. 아마 미녀와 야수나 신데렐라에 나오는 무도회를 떠올리면 이해하기 쉬울 것 같다.

Champions Ball은 여단에서 일 년에 한 번 개최하는 행사로 부대의 일원이라면 누구나 돈만 지불하면 참여할 수 있었다. 그러나 표를 얻기 위해서는 몇 만원이나 되는 비용을 내야 했고, 주된 참석자들이 부사관과 장교였으므로 대다수의 카투사들은 참여할 엄두도 내지 못했다. 게다가 많은 경우 상관으로부터 ball이 열린다는 정보조차 들을 수 없었는데, 일부 정말 좋은 상관은 비용을 대신 내주면서 카투사를 데리고 함께 참여하기도 했다.

정 이병은 바로 그 행운을 거머쥔 카투사 중 한 명이었다. 정 이병은 PT를 비롯한 업무 모두에서 뛰어난 능력을 발휘해 소위 '슈퍼카투사'로 불렸던 소대 맞선임인 이 일병이 XO (Executive officer. 부지휘관을 의미하며 이 경우에는 부중대장이었다.)와 함께 볼에 참여하게 되자 덩달아 참여하게 되었던 것이다.

나는 이렇게 큰 행사에서 주목을 받게 되었다고 생각하니 긴장이 되면서도 동시에 설레기도 했다. 모든 준비는 순조롭게 끝났지만 나와 작전과 원사의 마음을 불편하게 했던 것이 한 가지 남아 있었는데 바로 '정장 사이즈'였다. 내가 정장을 입은 모습은 앞에서 보았을 때는 큰 문제가 없었지만 뒤에서 보면 마치 어린아이가 커다란 망토를 두른 것처럼 어색하게 보였기 때문이다.

나와 작전과 원사, 그리고 우리를 담당하던 또 다른 부사관은 이 문제에 대해 마땅한 해결책이 나오지 않자 다음날까지 대책을 한번 생각해보기로 한 뒤 일단 해산했다.

"정 방법이 없으면 옷을 핀으로 고정하면 되겠지 뭐! 하하하."

작전과 원사는 자신이 나름대로 생각해 내놓은 방법을 말한 뒤 호탕하게 웃었다.

마침내 행사 당일, 나와 컬러가드 팀은 담당 부사관의 차를 타고 아침 PT를 시작하기도 전인 새벽부터 행사 장소로 향했다. 모두 처음에는 비장한 표정이었다. 백인 상병 리더는 늘 그랬듯 한마디 말도 없이 약간은 불만에 찬 표정으로 창밖을 바라보고 있었고 흑인 부사관과 사병 둘도 약간은 긴장한 듯 보였다.

그러나 곧 차 안의 분위기는 완전히 바뀌었다. 흑인 부사관과 사병 둘이 갑자기 서로 돌아가며 핸드폰에 저장되어 있던 빠른 비트의 힙합 노래들을 최대 볼륨으로 틀었기 때문이었다. 그 소리가 얼마나 컸던지 차가 울릴 정도였다. 그렇게 힙합을 통해 긴장을 풀었던 그날 이후로도 컬러가드 팀은 차를 타고 이동을 할 때면 늘 이렇게 놀라울 정도로 크게 노래를 트는 것을 잊지 않았다.

우리는 동선을 파악하기 위해 하얀색 테이프로 처음 서 있는 위치와 멈추는 위치, 회전을 시작하는 위치 등을 바닥에 표시한 뒤 이에 맞추어 반복해서 연습을 했다. 점심은 호텔 내 한 식당에서 먹을 수 있었고 물론 그 비용은 표와 마찬가지로 상부에서 지불해 주었다. 나는 그곳에서 다행히 선임 한 사람을 만나 함께 식사를 할 수 있었다. 오랜만에 동료 카투사와 함께 식사를 하게 되자 정말 반가운 마음이 들었다.

이 선임 외에 그날 만날 수 있었던 수송과의 김 상병도 볼에 초대된 카투사 중한 명이었다. 행사 때 애국가를 부르는 임무를 부여받고 볼에 초대된 김 상병은 이미 노래방에 함께 가보았던 부대원들을 통해 대단한 노래 실력을 인정받고 있었던 선임이었다.

다른 사람들과 마찬가지로 주문은 하지 않았지만 곧 웨이트리스 한 분이 우리에게 고급스러운 쟁반 하나를 가져다주었다. 쟁반 위에는 손가락 세 개만한 귀여운 샌드위치들이 원 모양으로 샐러드와 함께 예쁘게 플레이팅 되어 있었다. 쟁반이 유리 테이블 위에 올려져 있는 모습은 고급스럽기 짝이 없었지만 배고픈 내 배를 채우기에 샌드위치들은 너무도 부족했다.

그렇게 점심 이후에도 연습은 계속되었고 동작이 몸에 익어갈수록 긴장도 점차 줄었다. 그리고 다행히 내 정장 문제도 기발한 방법으로 해결할 수 있었다. 우리는 핏이 딱 맞아 보이도록 정장 상의 뒤쪽의 남는 부분을 적당히 잡아당겨 접었는데 문제는 바로 이 부분을 어떻게 고정하느냐는 것이었다.

여군으로부터 각종 핀들을 빌려 접은 부분에 꽂아 고정도 해보고 작은 테이프를 붙여도 보는 등 다양한 방법들을 시도해보았지만 접은 부분을 고정하기에는 모두 역부족이었다. 그러나 마침내 부사관이 어디서 구했는지 엄청난 접착력의 거대한 양면테이프를 우리에게 가져왔고 접은 부분 안쪽에 양면테이프를 붙여 고정하자 검은색 정장은 어두운 조명의 도움을 받아 뒤에서 보아도 전혀 티가 나지 않을 정도가 되었다. 역시 하늘이 무너져도 솟아날 구멍은 있기 마련이었다.

저녁시간이 가까워지자 본격적으로 Champions Ball의 주인공들이 하나둘 연회장에 모이기 시작했다. 거대한 입구 앞에는 와인과 콜라 병들이 가지런히 올려진 테이블이 하나 비치되어 있어 볼에 참석하는 사람들은 와인과 콜라를 원하는 만큼 구매할 수 있었다.

입장하는 사람들은 하나같이 할리우드 영화에 나오는 배우들 같아 보였다. 미군들은 깔끔한 정복 차림이었고, 함께 참여한 민간인들(주로 남자 미군의 와이프들)은 영화에서나 보던 드레스를 입고 있었다. 미국인 파트너들이 입고 온 형형색색의 드레스들은 조명을 받아 반짝였고 한국인 부인들이 입고 온 화려한 한복들도 드레스 못지않게 멋있었다. 지금이 아니면 이러한 장관은 앞으로도 정말 보기 힘들 것 같다는 생각이 들었다.

그렇게 본격적인 행사가 시작되었고 컬러가드 팀은 먼저 개회 선언 후 무대 위 받침대에 성조기와 태극기, 부대기를 꽂음으로써 볼의 시작을 알리는 의식을 하기로 되어 있었다. 그 후에는 모든 공식행사를 마친 뒤 다시 꽂혀 있던 깃발들을 뽑아 퇴장함으로써 행사를 마무리하면 되었다.

우리는 연회장 뒤편에 연결된 넓은 방에서 옷을 갈아입고 대기하면서 마지막으로 동선을 점검했다. 작전과 부사관은 우리들의 목에 나비넥타이 대신 새롭게 준비한 행거칩 같은 것을 달아주었는데 손에 하얀색 장갑까지 끼자 복장이 꽤 그럴듯해 보였다.

마침내 컬러가드 팀이 입장할 순서가 다가왔고 우리는 일찌감치 대기 장소를 나가 연회장 입구 앞에 각자 자리를 잡은 뒤 일렬횡대로 대기했다. 나는 연습한 대로만 하면 실수는 없을 것이라고 생각하며 비장한 표정을 지었다.

그러나 백인 상병을 비롯해 내 양옆에 몸을 부대끼고 있던 미군들은 나보다도 더 긴장을 했는지 몸을 과하다 싶을 정도로 들썩이며 큰 소리로 숨을 쉬는 것이 느껴졌다. 나와 O 일병은 짧은 순간 서로를 향해 잘할 수 있을 것이라는 의미의 미소를 주고받았다.

마침내 거대한 문이 양쪽에서 열렸고 그 순간 보았던 장면은 지금까지도 잊을 수가 없다. 마치 1인칭 시점으로 영화를 보는 것 같았다. 거대한 문이 열림과 동시에 이곳저곳에서 카메라 플래시가 찰칵찰칵 소리를 내며 터졌고, 우리 앞에서 무대까지 깔린 레드카펫의 양옆으로 도열해 있던 수많은 사람들은 손을 가운데로 모은 채 미소 띤 얼굴로 우리를 바라보고 있었다. 아마 이렇게 기록해 두지 않는다면 어쩌면 먼 훗날 그 장면이 꿈이었다고 생각할지도 모르겠다.

우리는 엄숙한 표정으로 한 걸음 한 걸음 발을 맞추어 무대를 향해 걸어갔고 정해진 장소에서 방향을 바꾼 뒤 무사히 깃발들을 받침대에 꽂을 수 있었다. 최대한 조심스럽고 정성스럽게 깃발들을 꽂아야 한다는 작전과 원사의 조언에 따라 나는 가능한 조심스럽고 부드럽게 태극기를 꽂았는데, 그때 장갑에 닿던 깃발봉의 감촉이 아직까지도 느껴지는 듯하다.

내 옆에 부대기를 들고 있던 흑인 병사가 미세하게 스텝을 놓치긴 했지만 큰 실수는 아니었으므로 모두는 이를 신경 쓰지 않고 침착하게 동작을 마무리했다. 무사히 의식을 마친 뒤 퇴장한 우리는 대기 장소로 들어가 장비를 벗고 긴장을 풀었는데, 방으로 들어오는 사람들은 하나같이 동작이 멋있었다며 칭찬을 아끼지 않았다. 풀이 죽어 있던 흑인 일병의 조그마한 실수는 알아보지 못한 것 같았다. 간혹 술에 취한 여자 사병들이 대기실에 들어와 "너희 오늘 멋있던데?"를 연발하다 퇴장을 당하기도 했다.

내가 이 행사를 통해 깨닫게 된 것은 너무 완벽해지려고 할 필요는 없다는 것이었다. 사실 부대기를 들었던 흑인 병사처럼 약간의 실수를 하더라도 대다수의 사람들은 이를 알아차리지도 못할 뿐더러 설사 실수를 발견한다고 하더라도 그다지 심각하게 생각하지는 않기 때문이다.

오히려 무결점으로 완벽해지고자 하는 강박관념은 긴장을 유발해 실수할 확률을 높일 뿐이다. 그래서 나는 이날 이후 행사를 준비할 때에는 최대한 연습을 통해 기술들을 숙달한 뒤 '이 정도로 준비를 했다면 실수를 하더라도 사람들이 알아보지는 못할 것'이라고 생각하며 편한 마음을 가지려고 노력했다. 사실 행사 당일 어떤 일이 일어날지는 우리 손에 달린 것이 아니었기 때문이다.

다음 순서로는 애국가와 미국 국가(The Star-Spangled Banner) 제창이 있었고 대기실에서 들은 김 상병의 노래 실력은 역시 소문대로였다.

그리고 또 기억에 남는 것은 'Ceremonial toast(축배)'였다. 테이블에 앉아 있던 모든 사람들은 자리에서 일어나 사회자의 선창에 따라 정해진 건배사를 외치며 와인이 담긴 잔을 하늘로 치켜들어야 했는데, 카투사는 술을 마실 수 없었으므로 물이 담긴 와인잔을 들었다. 총 7차례 이어졌던 건배사는 다음과 같았다.

"신사 숙녀 여러분, 저는 최고 사령관인 미합중국의 대통령에 대하여 건배를 제안합니다."

"(일제히) 대통령을 위하여!"

같은 형식으로, 다음과 같은 건배사들이 이어졌다.

"미국을 위하여!"

"동맹을 위하여!"

"Noncommissioned Officers(부사관)를 위하여!"

"전사한 전우들을 위하여!"

"Champions를 위하여!"

"숙녀들을 위하여!"

첫 미션을 마친 우리들은 '컬러가드' 명패가 놓여 있던 원형 테이블에서 저녁 식사를 했다. 컬러가드 팀 멤버들뿐 아니라 부사관, 작전과 원사까지 함께 자리했기에 상당히 어색한 분위기가 감돌았다. 코스 요리였던 그날의 저녁식사는 고급스러운 생선과 닭 요리 등이었지만 어색한 분위기 때문인지, 아직 남아 있던 마지막 컬러가드 의식 때문인지 별다른 맛이 느껴지지 않았다.

이때 다른 카투사 선임들과 같은 테이블에 앉아 있던 정 이병이 코카콜라를 한 병 들고 내게 다가왔다. 정 이병은 들고 있던 콜라 병을 내게 건네며 말했다.

"아까 진짜 멋있었어!"

"정말? 혹시 우리가 했던 실수 같은 건 못 봤어?"

"응 다들 정말 잘하던데? 네가 정장을 입어서 눈에 더 띄더라!"

연회장 입구에서 나를 위해 콜라까지 사들고 온 정 이병의 격려는 아직 순서가 남아 있어 긴장을 풀지 못하고 있던 내게 정말 큰 위로가 되었다. 무대에서 펼쳐졌던 미군들의 장기자랑도 긴장을 푸는 데 큰 도움이 되었다. 참가신청을 한 미군들은 이 시간에 무대 위에서 각종 노래와 댄스를 선보였고, 구릿빛 피부의 미군 남녀들로 구성된 한 팀은 훌라 댄스를 선보이기도 했다.

컬러가드가 아니었다면 이 시간을 더욱 즐길 수 있었을 텐데 하는 아쉬운 마음도 들었지만, 역으로 컬러가드가 아니었다면 아마 이곳에 초대받지도 못했을 것이었기에 감사한 마음을 가지기로 했다.

저녁식사를 마친 우리는 컬러가드의 마지막 순서를 준비했다. 두 번째는 확실히 처음보다 긴장이 덜 되었고 무사히 태극기와 성조기, 부대기를 뽑아 들고 퇴장할 수 있었다. 연습을 할 때에는 간혹 받침대에서 깃발이 뽑히지 않거나 무거운 깃발봉의 무게를 감당하지 못해 뽑은 깃발을 홈이 달린 조끼에 끼우지 못하고 땅에 떨어뜨리는 끔찍한 일(이유를 막론하고 해당 국가를 상징하는 국기를 땅에 조금이라도 닿게 하는 날에는 주위에 있는 모든 간부로부터 호통 소리를 들어야 했다.)이 일어나기도 했지만 다행히 실전에서는 그러한 사고가 발생하지 않았다.

마침내 컬러가드가 맡은 모든 임무를 성공적으로 끝마치자 안도감과 함께 뿌듯한 마음이 들었다. 태극기를 들었던 내가 실수를 해 한국인을 망신시키지는 않을까 걱정하던 나는 비로소 편한 마음으로 볼에 참여할 수 있게 되었다.

컬러가드가 공식적인 행사의 끝을 알린 뒤 남은 순서는 볼의 꽃이라고 할 수 있는 '댄스와 사교 시간'이었다. 복장을 정리하고 홀에 돌아오자 사람들은 이미 모두 흥겨운 음악에 맞춰 일제히 같은 스텝을 밟으며 춤을 추고 있었다. 나는 댄스 타이밍을 놓치기도 했지만 처음 보는 사람들 사이에서 춤을 춘다는 게 어색해서 차마 끼어들 수가 없었다.

이는 파티 문화에 익숙하지 않았던 다른 카투사들도 마찬가지였다. 다만 정비과의 '강 상병'만큼은 달랐다. 강 상병은 중앙에서 다른 미군들과 어울려 무아지경으로 춤을 추고 있었다. 검은색 정장을 입고 있던 나와 달리 강 상병은 갈색 계열의 세미 정장을 입고 있어 더욱 눈에 띄었다.

강 상병과 함께 또 다른 카투사 선임 또한 중앙에서 음악에 몸을 실은 채 신나게 춤을 추며 미군의 환호와 박수를 한 몸에 받았는데, 그 자리에 있던 다른 어떤 미군들보다도 훨씬 세련되게 춤을 추던 둘의 모습은 뻣뻣하게 열중쉬어 자세로 이 광경을 바라보던 나와는 대조를 이루었다.

뒤에서 열중쉬어 자세를 한 채 어색한 태도로 멀뚱멀뚱 사람들을 구경하고 있는 내게 지나가던 일부 미군들이 "멋있었다."며 칭찬을 해 주기도 했고, 가끔은 술까지 권했지만 나는 술을 마실 수 없는 한국군 소속이었다.

이등병이었던 내가 선임들 틈에서 신나게 춤을 추기도 민망한 상황이었지만 그럴 수 있다고 하더라도 한국에서 자라면서 이런 분위기에 어색함을 느끼는 문화가 몸에 배어 있던 나로서는 신나는 음악에도 쉽사리 몸이 움직여지지 않았다. 나는 이것이 두고두고 후회가 되었는데 다음에 혹시라도 이런 기회가 또 생긴다면 남의 눈치를 보지 않고 강 상병처럼 그 시간을 즐길 수 있어야겠다고 생각했다.

함께 춤을 추는 시간이 끝나자 좀 더 자유로운 분위기가 이어졌고, 음악에 맞춰 춤을 출 사람들은 춤을 추고 그렇지 않은 사람들은 와인 잔을 들고 돌아다니며 사람들과 이야기를 나누었다. 파티가 마무리되던 시간 무렵, 술에 잔뜩 취한 여자 사병이 갑자기 무대에 난입해 일등상사에게 막말을 하는 해프닝이 발생하기도 했는데, 소문에 의하면 이 미군 사병은 후에 징계를 받았다고 한다.

Champions Ball은 내게 잊지 못할 이색적인 추억이 되었다. 돌이켜보면 이날 볼에서 겪은 소중한 경험은 그동안 컬러가드 연습을 하며 힘들었던 시간들에 대한 충분한 보상이 되고도 남는다는 생각이 든다. 나는 그날 김칫독 모양의 귀여운 기념품까지 챙길 수 있었다.

컬러가드와 여단장 이취임식

봄이 끝나고 일주일쯤 지나 일병(PFC, Private First Class)으로 진급했다. 확실히 일병이 되니 막내가 아니라는 생각에 저절로 여유가 생기는 것 같았다. 가슴에 새로 붙인 일병 계급장을 모두에게 자랑이라도 하고 싶은 심정이었다. 그리고 실제로도 나는 더 이상 막내가 아니었다. 지난달 들어온 맞후임 4명이 생겼기 때문이었다.

처음으로 받은 후임은 정말 각별했다. 우리 4명의 동기들은 모든 신경을 후임들이 잘 적응할 수 있도록 하는 데 쏟았고 컬러가드 연습으로 바빴던 나도 후임과 관련된 일이라면 마다하지 않고 나섰다. 또 맞후임들의 전입을 준비하며 자대에 처음 오는 날 약간은 의아했던 것들에 대한 궁금증도 풀 수 있었다.

먼저, 자대에 도착해 버스에서 내리며 맞선임들이 맞후임들의 더플백들을 받아 주었던 것은 일종의 '테스트'였다는 것이다. 만약 무거운 더플백을 들어주겠다고 했을 때 감사하다는 말도 없이 바로 맞선임에게 건네준다면 선임들은 이를 군대생활에 적응하기 힘든 신호로 파악하고 시니어 카투사에게 보고하게 되어 있었다. 물론 그렇다고 해서 부대 생활에 어려움을 겪게 되는 것은 아니었지만 시니어 카투사는 이런 후임들에게는 더욱 주의를 기울였다.

그 후 맞선임들은 이렇게 가져간 더플백들 속의 짐을 맞후임들의 방 서랍과 옷장 곳곳에 넣어 깨끗하게 정리했다.(사실 이 또한 짐 속에 혹시 위험한 물건이 있는지 확인하기 위함이었다.)

다행히 나와 동기들은 "자대에 가면 방심하지 말고 선임들에게 열심히 하는 모습을 보여주어야 한다."는 ELT 선생님의 말씀을 잊지 않고 되새긴 덕분에 이와 같은 테스트들을 성공적으로 통과해 선임들로부터 사랑을 받을 수 있었다.

RSO로 이동해 처음 먹었던 식사도 그 전에 맞선임들이 미리 받아놓은 것들이었다.(디팩에서 포장을 위한 일회용 용기 'To-Go Box'에 담아갈 수 있다.) 다행스럽게도 이날은 일주일 중 폭립을 비롯해 가장 맛있는 요리가 나오는 날이었기에 대부분의 신병들은 자대에서의 첫 식사를 맛있게 할 수 있었다.(전투 시 필요한 각종 훈련 및 교육(Sergeant's Time Training을 하는 날이었기 때문이다.) 또 우리가 전입 첫날 방에 들어왔을 때 느꼈던 감동을 후임들도 경험할 수 있도록 미리 방에 메모장과 알람시계, 그리고 다양한 간식들을 준비해 놓았다.

그러나 철저히 준비했음에도 이날 한 가지 예상하지 못한 사고가 발생하고야 말았다. 그것은 정 이병의 실수에서 비롯되었던 것으로 이제껏 봐왔던 어떤 사람보다 순수했던 동시에 어리숙했던 정 이병은 이렇게 간혹 크고 작은 실수들로 전입 초반 동기들의 간담을 서늘하게 했었다.

정 이병의 임무는 간단했다. 맞후임들의 전입 날 자신의 바로 옆 사무실인 중대 보급실에서 맞후임들의 부대 패치를 받아 RSO에 전달하기만 하면 되었던 것이다.

그러나 맞후임들이 도착하기 직전 정 이병은 부대 패치를 잘 가지고 있느냐는 우리의 물음에 당황한 표정을 지으며 자신의 주머니를 뒤지기 시작했고 곧 부대 패치가 사라졌음을 알게 되었다. 설상가상으로 맞후임들이 부대에 도착해 더 이상 시간을 지체할 수 없게 되자 이 이병과 유 이병은 정 이병에게 화를 내며 맞후임들의 더플백을 덥석 받아 들고 배력으로 가버렸다.

"네가 잃어버렸으니까 알아서 찾아내!"

당황한 정 이병은 식은땀을 마구 흘리며 이곳저곳을 정신없이 둘러보았으나 소득은 없었고 나는 정 이병에게 침착히 지나온 동선을 따라 함께 가보자고 제의했다. 이미 날은 어두워졌기에 우리는 가로등 불빛에 의지해 도로부터 배력까지 샅샅이 수색했지만 부대 패치는 결국 찾을 수 없었다. 패닉 상태에 빠진 정 이병은 기억상실증에라도 걸린 것처럼 패치를 잃어버린 장소에 대한 어떠한 실마리도 기억해내지 못했다.

마침내 어느 곳에서도 패치를 찾아내지 못한 우리는 RSO로 돌아왔고 부대 패치잃어버린 사실이 언제 발각될지 몰라 노심초사하며 기다리는 수밖에 없었다. 그러나 어찌된 일인지 얼마 뒤 맞후임들의 어깨를 보니 패치가 붙어 있는 것이 아닌가.

"어떻게 된 거야? 부대 패치를 찾은 거야?"

"아, 그게….."

사건의 전말은 이러했다. 정 이병은 부대 패치를 RSO에 가져오자마자 사무실 바닥 어딘가에 떨어뜨렸고 이를 RSO에 있던 선임이 주워 정 이병에게 건넸던 것이다. 그 선임은 부대 패치를 정 이병이 잠깐 떨어뜨린 것뿐이라고 생각해 이 문제에 대해 별로 신경을 쓰지 않았기 때문에 우리들의 해프닝도 그렇게 해피 엔딩으로 막을 내릴 수 있었다.

이 외에도 정 이병은 아침 PT 도중 미군이 부대 밖에 있는 병원에 함께 가달라고 부탁하자 같이 PT를 하고 있던 카투사 중 누구에게도 말하지 않고 사라져 카투사들 사이에서 대대적인 수색 작전이 벌어지게 하는 등 여러 에피소드들을 생산해냈었다. 그런 정 이병도 이제는 일병이 된 것이다.

그렇게 일병이 되었지만 나는 여전히 운전병이라기보다는 의장병에 가까웠다. 볼이 끝나고 바로 다음 달에 커다란 행사가 하나 더 남아 있었기 때문이었다. 그것은 바로 '여단장 COC(Change of Command. (이취임식) 지휘관(장교)의 경우를 말하며 주임원사 등 부사관의 경우는 Change of Responsibility라고 부른다.)'였는데, 볼이 끝나면 컬러가드 생활도 함께 끝날 것이라고 생각했던 나는 적잖이 당황할 수밖에 없었다.

게다가 이번 행사는 볼과 달리 다른 부대의 야외 잔디구장에서 진행될 예정이었고 간부들은 행사 도중 기절하지 않도록 조심하라며 컬러가드 팀 사병들에게 실컷 겁을 주었다. 이는 근거가 있었던 말로 햇빛이 내리쬐는 가운데 몇 시간 동안 꼼짝 없이 서 있어야 하는 사병 중 일부는 행사 중 탈수증세 등으로 자주 쓰러지곤 했기 때문이다. 실제로 내가 컬러가드가 되기 전 참여했던 한 이취임식에서도 건장한 흑인 사병 한 명이 기절했었다.

이 때문에 이취임식이 잡히면 간부는 매번 행사 전 사병들에게 메딕이 뒤에서 대기하고 있으므로 누군가 쓰러지더라도 동요하지 말라고 공지를 했다.

그렇기에 무거운 깃발이나 총을 들고 모두가 지켜보는 가운데 한참을 서 있어야 하는 컬러가드가 쓰러지는 것은 어쩌면 충분히 가능성 있는 일일지도 모른다는 생각이 들었다. 게다가 여단장 이취임식이 행해졌던 달은 무더운 6월이었다.

컬러가드 팀에도 변화가 있었다. 나와 가장 친했던 백인 사병이 1년간의 임무를 마치고 본국으로 돌아갔던 것이다.(별다른 일이 없다면 사병 및 부사관은 한국에서 1년 동안 근무하게 되어 있다.) 나에게 가장 호의를 베풀어 주었던 O 일병이 사라지자 다시 한번 나는 외로운 컬러가드 생활에 적응해야 했다.

그러나 다행히 O 일병 대신 새로 컬러가드 팀에 합류했던 백인인 알바레즈 일병은 신기하게도 O 일병 이상으로 내게 호의를 보여주었고 컬러가드 멤버들 중 단연 최고의 친구가 되었다. 알바레즈 일병은 히스패닉(스페인어를 쓰는 중남미계 미국 이주민과 그 후손을 일컫는 말이다.)계 미군이었는데 남자가 보기에도 정말 근사한 외모를 가지고 있었다. 유독 빳빳했던 검은 머리카락과 뚜렷한 이목구비는 잘생긴 중남미 가수를 연상시켰다. 알고 보니 알바레즈 일병은 과거 컬러가드를 하며 나처럼 태극기를 담당했었다고 했다.

같은 중대 출신이었던 알바레즈 일병은 비단 나뿐만 아니라 다른 카투사들에게도 친절해서 인기가 많았다. 알바레즈 일병은 늘 나를 보면 활짝 웃는 얼굴로 인사를 해 주었고 내가 미처 보지 못하면 내게 다가와 어깨를 두드려서라도 인사하는 것을 잊지 않았다. 이런 알바레즈 일병과 이야기를 나누는 것은 항상 즐거운 일이었다.

이즈음 내가 겪었던 한 가지 일화가 있다. 하루는 나를 제외한 컬러가드 팀 사병들이 어떤 이야기를 하며 서로 킥킥대고 있었다. 이야기의 주제가 궁금했던 나는 이들에게 무슨 이야기를 하고 있는지 물어보았지만 미군들은 나를 아이 보듯이 쳐다보며 질문에 제대로 답을 해 주지 않았다.

내가 다시 궁금한 표정을 짓자 알바레즈 일병은 내게 혹시 'Weed'가 무엇인지 아느냐고 물었다. 나는 처음 듣는 단어였지만 이를 Wig(가발)로 알아듣고 '물론 안다'고 답했다.

그러자 깜짝 놀란 얼굴의 알바레즈 일병은 내게 weed를 해본 적이 있냐고 물어보았고 제대로 듣지 못한 나는 역시 그렇다고 답했다. 초등학생 때 가발을 써본 적이 있었기 때문이다. 이 말을 들은 흑인 일병은 갑자기 놀라는 표정을 지으며 내게 믿을 수 없다는 말투로 그것이 정말인지 되물었다. 그리고 그제야 이상한 분위기를 감지한 나는 미군에게 weed가 무엇인지 물어보았다.

알고 보니 Weed는 '대마초(마리화나)'를 의미하는 말이었고 미군들은 샌님 같았던 내가 대마초를 피워본 적이 있다고 하니 쉽사리 믿지 못했던 것이었다. 이처럼 미국 내에서는 대마초가 합법인 주도 일부 있는 만큼 미군들은 어렵지 않게 이와 같은 약물 이야기를 하곤 했지만 한국에서는 엄연히 불법이므로 상상하기조차 힘든 대화들이었다.

그러나 알바레즈 일병도 얼마 지나지 않아 부대를 떠났고 흑인인 콜리 상병이 새로운 컬러가드 멤버로 영입되었는데 나와는 다른 부대 출신이었다. 꽤나 거친 삶을 살아온 것 같아 보였던 콜리 상병은 항상 나사를 하나 풀어놓은 것처럼 여유가 넘쳤고 세상일에 별다른 신경을 쓰지 않는 듯 했다. 콜리 상병은 흔히 한국인들이 할렘가를 떠올리면 생각하는 흑인의 전형적인 모습처럼 주로 여자와 격투기 이야기를 하며 대부분의 시간을 보냈다.

걱정이라곤 전혀 없이 매사에 자신감이 가득했던 콜리 상병은 나와는 전혀 다른 성격의 소유자였지만 어떠한 편견도 없이 나를 대해 주었다. 그리고 그때까지 걱정도 많고 약간은 소심하기까지 했던 나는 콜리 상병을 보며 나와는 다른 삶의 태도에 관해 많이 배울 수 있었다. 어차피 걱정해 봤자 달라질 것 없는 일에 대해서는 염려하지 않는 편이 정신건강에 훨씬 좋다는 것을 알게 되었기 때문이다.

콜리 상병을 비롯한 미군 사병들은 "I don't give a shit(이 자리에는 damn, fuck 등 온갖 비속어들이 들어갔지만 순화된 표현인 thing을 사용할 수도 있었다.) about it.(나 그거 신경 안 써.)"이라는 말을 자주 쓰곤 했다. 나 역시 때로는 속으로 'I don't give a thing about it.'을 외치며 더 이상 그 문제에 관해 신경 쓰지 않을 수 있도록 노력했다.

설사 내일 전쟁이 난다고 해도 콜리 상병은 씩 웃으며, "나는 술만 준다고 하면 문제없어, 싸움에는 도가 텄거든."이라고 말할 것만 같았다.

콜리 상병은 4단계로 나뉘는 미군의 Combatives school(미 육군의 격투기 학교로 총 네 단계로 나뉘며 현대의 종합격투기와 매우 비슷하다.) 2단계 수료자로서 상당한 격투기 실력을 가지고 있었다. 이 때문에 틈만 나면 Combatives 3단계 수료자(교관으로 참여하기도 한다.)였던 작전과 원사와 서로 누가 더 싸움을 잘하는지 주짓수로 실력을 겨뤄보자며 입씨름을 하곤 했는데 한국군이었다면 상상도 못할 일이었다.(물론 주로 원사가 이야기를 먼저 꺼냈다.)

"나는 주짓수로 싸울 때 절대 힘을 주지 않아, 춤을 추듯 힘을 풀고 부드럽게 상대를 압박하지, 그러다 보면 상대방은 얼마 안 가서 결국 탭을 치고 만다니까."

콜리 상병이 우리들 앞에서 이렇게 컴배티브 이야기를 꺼내기만 하면 곧 작전과 원사가 나타나 여기에 한마디를 덧붙이곤 했다.

"과연 그럴까? 적어도 나한테는 통하지 않을 것 같은데 말이지, 3단계 수료자인 나와 스파링을 하고 나면 다시는 그런 소리 못 할걸? 하하하!"

콜리 상병은 물론 백인 상병과 다른 흑인 사병들도 이제 내게 마음을 열어가는 것 같았다. 간혹 옅은 미소를 지어보이기도 했고 이전보다는 태도가 훨씬 살가워졌기 때문이다. 그들이 쓰는 영어가 익숙해졌던 것에 더해 열심히 연습한 결과 내가 미군들보다 컬러가드 동작들을 더 잘하게 되었던 것이 한 몫 했을 것이다.

보가트 중령은 여단장 이취임식 준비로 정신이 없었다. 그도 그럴 것이 여단장 이취임식은 사실상 자신의 이취임식이기도 했기 때문이다. 보가트 중령도 여단장과 비슷한 시기에 한국을 떠날 예정이었다. 그런 이유에서인지 보가트 중령은 간혹 나를 마주치면 뿌듯한 미소를 지으며 이취임식 준비는 잘 되어가는

지 묻곤 했다.

여단장 이취임식 전까지의 준비 기간은 짧았지만 우리는 앞서 볼을 준비할 때보다 더 많은 기술들을 익혀야 했다. 우리들의 임무는 식순에 맞춰 정확한 지점에서 해당하는 동작을 '쓰러지지 않고' 해내는 것이었다. 기절하지 않기 위해서는 물을 많이 마셔두는 것이 필수였기에 우리는 미리 물을 자주 많이 마시는 습관을 들였다.

또 행사가 워낙 중요하고 엄격한 규칙을 따르는 것이었던 만큼 대대 주임원사도 컬러가드를 관리·감독하기 시작했다. 실호스트 대대 주임원사는 베이커 대대장과 함께 여단을 대표하는 가장 유명한 '친 카투사파'였다. 이 둘은 어떤 일이 있을 때마다 늘 소수자였던 카투사들의 이야기를 먼저 들어주었고 부당한 일에 대해서는 대신 변호해 주었기 때문에 여단 카투사들 사이에서 가장 인기 있는 사람들이었다.

그러나 대대 주임원사 역시 여러 가지 일로 바빴기에 이취임식을 준비하며 컬러가드를 실제로 관리했던 사람들은 작전과 원사를 비롯해 카투사를 잘 이해하지 못했던 부사관들이었다. 그리고 이들은 매주 내가 카투사 트레이닝에 참석하지 않는 것을 당연하게 여겼다.

당시 갓 일병이었던 나는 다른 것은 몰라도 카투사 트레이닝(정훈교육)만큼은 '반드시 보장받아야 하는 권리'라는 생각을 가지고 있었다. 이 때문에 나는 미군들이 군법에도 보장된 나의 정훈교육 시간을 매번 '절차도 거치지 않고' 불허하는 것이 상당히 부당하다고 생각했었다.

그리고 나름대로 이 문제에 관해 진상 조사에 나섰던 시니어 카투사들은 만약 컬러가드가 이후 미군과 교대하는 잠깐의 디테일(잡무)일 경우 항의하기가 애매하다는 결론을 내린 것 같았다.

그러나 컬러가드 기간이 언제까지인지 묻는 내 질문에 작전과 원사가 'Permanent(영원히)'라고 답했다는 말을 듣고 난 뒤에는 시니어 카투사도 이것이 문제가 될 수 있겠다는 생각을 하게 되었다. 주한 미 육군 규정(미8군 규정)에 따르면 미군 상관은 카투사에게 배정받은 주특기(Military Occupational Specialty(MOS))

와 관련된 업무가 아닌 잡무를 전임으로 시켜서는 안 되었기 때문이다.

상황이 이렇게 되자 하루는 시니어 카투사가 컬러가드 연습을 하지 말고 정훈교육에 참여하라고 지시하기도 했다.

"지금까지 컬러가드 연습 때문에 계속 빠졌으니까 이번에는 NCO한테 말하고 참여하는 것으로 하자."

그러나 연습 도중 정훈교육 시간이 돼 내가 시니어 카투사의 말을 전하며 정훈교육에 참여하고 오겠다고 했을 때 작전과 원사는 콧방귀를 뀌었다.

"하하하 시니어 카투사? 내가 나중에 말할 테니 연습이나 계속 해, Park."

그러고는 다른 부사관들과 함께 다시 한번 이 이야기를 하며 실컷 웃었다. 약간은 비아냥거리는 것 같아 보여 기분이 나빴지만 어쩔 수 없었다. 계급이 낮은 부사관들의 경우 시니어 카투사 이야기가 나오면 대부분 그 말을 들어주었지만 작전과 원사만큼은 달랐다. 왜냐하면 선임 시니어 카투사였던 김 시카가 바로 작전과 출신이었기 때문이다. 김 시카의 병사 시절을 기억하는 작전과 원사가 시니어 카투사의 뜻에 자신의 의견을 굽힐 리 없었다.

그렇게 연습을 계속했고 내가 정훈교육에 오지 않자 얼마 뒤 선임 한 명이 잔디구장에서 연습하던 나를 찾아왔다. 내가 어리둥절해 하던 찰나 작전과 원사는 카투사 트레이닝에 참여해야 한다는 선임의 말을 다시 한번 단호히 거절했다. 그러나 그 선임은 곧바로 잊지 못할 한마디를 던졌고 상황은 반전되었다.

"김 소령이 카투사 트레이닝에 참여해야 한다고 했습니다."

이 말을 들은 작전과 원사는 갑자기 여러 부사관들을 모아 긴급회의를 했는데 곧 이 같은 결론을 내렸다.

"갔다 와, Park."

지원대장이었던 김 소령과의 갈등은 곧 한국군과의 충돌을 의미했고 작전과 원사도 이는 피해야만 했던 것이다. 실제로 미군이 카투사를 제대로 대우해 주지 않는다는 이유로 한국군 측이 부대 내의 모든 카투사를 빼내 다른 곳으로 보낸 사례가 있었기에 한국군과의 불화는 전혀 좋을 것이 없었다.

저임금에도 업무효율이 굉장히 높은 카투사들은 미군부대의 여러 부서에서 많은 역할을 수행하고 있다. 만약 이들이 한 번에 모두 **빠져버리게** 된다면 미군 부대의 운용은 당연히 큰 타격을 받을 수밖에 없다. 게다가 몇몇 부사관들로 인해 이런 일이 발생한다면 상부에서 그 미군들을 좋게 봐줄 리 없기 때문에 결국은 자신들의 커리어에도 문제가 생길 수밖에 없는 것이다.

카투사 트레이닝에 참여시켜 주지 않는다는 이유로 그런 심각한 일이 일어나지는 않겠지만 당시 작전과 원사도 중요한 문제가 아니라면 굳이 한국군과 불편한 관계를 만들 필요가 없다는 판단을 내린 것 같았다. 게다가 어차피 간부들이 여러 회의를 하는 동안 쉬며 대기하는 시간이 많았던 컬러가드의 특성상 일주일 중 하루 1~2시간 정도가 **빠진다고** 해서 크게 문제될 것은 없어 보였다.

이렇게 한국군과 미군 사이에 있었던 기싸움에서 시니어 카투사는 적절한 타이밍에 지원대장을 이용해 승리를 거머쥘 수 있었다. 덕분에 이후에는 리허설 등이 잡혀 있지 않은 한 내가 요청하면 정훈교육에 참여할 수 있게 되었다. 또 이는 평소 잘 인식하지 못했던 지원대장의 존재 필요성을 느낄 수 있게 해 주었던 사건이기도 했다.

그렇게 열심히 연습에 매진하다 보니 어느덧 리허설 날이 다가왔고 이날 컬러가드 팀은 내내 실호스트 대대 주임원사와 함께할 수 있었다. 왜냐하면 실호스트 주임원사 역시 여단장 이취임식에 참여하는 주요 인사였기 때문인데 행사 도중 서 있어야 했던 위치가 컬러가드 바로 앞이었다.

참고로 이러한 야외 행사에 참여할 때 카투사는 비로소 KTA를 수료한 뒤 서랍 안 어디엔가 한참을 방치해 놓았던 베레모를 오랜만에 꺼내 쓰게 된다. 실호스트 주임원사도 이날 오랜만에 베레모를 꺼내 써본 것 같았다.

실호스트 주임원사는 모든 원사와 나이가 비슷했지만 더 둥그스름한 몸매를 유지해 푸근한 백인 할아버지 같아 보였다. 그런 실호스트 주임원사가 베레모를 쓰고 있는 모습을 보니 약간은 귀여워 보이기까지 했다.

이날은 일병이었던 나와 대대 주임원사였던 실호스트 원사가 처음으로 대화다운 대화를 나눈 날이기도 했다. 다만 그렇게 좋은 주제는 아니었던 것이 대화의 계기가 바로 내 머리 길이였기 때문이다.

"Park, 잠깐만 이리 와 보게."

"네, 주임원사님!"

실호스트 주임원사는 혹시나 남들이 볼까 내게 조심스럽게 다가와 귀에 대고 조용히 말했다.

"자네 혹시 헤어컷 쿠폰(카투사는 미군과 달리 돈을 내지 않고 매달 지급되는 헤어컷 쿠폰을 사용해 머리를 깎는다.)이 남지 않은 것이면 내가 머리를 자를 수 있도록 돈을 주겠네."

"헤어컷 쿠폰 남은 것이 있습니다. 내일까지 잘라 오겠습니다!"

"행사날이니 부탁하네, 쿠폰이 없으면 언제든 말하게 내가 돈을 줄 테니."

"네, 감사합니다."

일병 때라 머리 길이가 다른 카투사들에 비해 긴 편은 아니었지만 이취임식 등의 행사에서는 보여지는 것이 중요했기에 컬러가드 멤버들은 머리를 매우 짧게 잘라야 했다.

보통 부사관이나 장교들로부터 머리를 자르라는 말을 듣게 될 때는 아무래도 기분이 나쁘기 마련이었지만 실호스트 주임원사는 같은 내용을 이렇게 돌려서 표현함으로써 내 기분이 상하지 않도록 배려해 주었다. 게다가 내가 창피를 당하지 않도록 다른 미군들이 듣지 못하게 따로 불러 조용히 이야기하면서 필요하면 직접 자신의 돈까지 주겠다고 말하는 실호스트 원사를 보며 나는 그가 카투사를 얼마나 진심으로 생각하고 있는지도 알 수 있게 되었다.

그러나 대다수의 간부들은 카투사를 위해 그러한 배려를 해 주지 않기 때문에 담당 NCO나 장교의 기준에 맞추어 미리미리 머리를 자르는 것이 자신의 신상에 좋을 것이다.

그렇게 나는 머리를 또다시 KTA 수준으로 짧게 잘랐지만 실호스트 대대 주임원사에 관해서는 좋은 기억을 가지게 되었다. 그리고 이는 실제 행사날에도 이어졌다.

무사히 리허설을 끝낸 다음 날 햇볕이 내리쬐는 가운데 마침내 행사가 시작되었다. 대구의 미군부대 내에 있는 커다란 잔디구장에서 진행되었던 여단장 이취임식의 자리 배치는 이러했다.

내빈들은 우리를 마주 본 채로 가장 뒤쪽 필로티 형태의 건물 아래에 의자를 펴고 앉았고 그 앞쪽 잔디밭에서는 식순에 따라 여단장, 부여단장 등이 정해진 자리에서 경례 등의 동작들을 했다. 그 바로 앞에 우리 컬러가드 다섯 명이 위치해 있었고 우리의 한참 뒤쪽에 각 대대별, 중대별 병사들이 도열해 있었다.

또 미군 측에서 고용했는지 20대로 보이는 민간인 사진사들 몇 명이 우리 주위를 맴돌며 계속 사진을 찍었다. 콜리 상병은 그중 한 여성분이 마음에 들었는지 본행사가 시작되기 전 그분의 번호를 알아내야 한다며 내게 한국어 대사들을 물어보기도 했지만 곧 행사가 시작되었기에 이는 성사되지 못했다. 나는 그토록 정신없는 와중에도 사진사의 얼굴을 살펴본 콜리 상병이 대단하게 느껴졌다.

여단의 상위부대 사령관이었던 미군 준장까지 참여했던 이취임식은 미군의 행사진행 원칙에 따라 엄격히 진행되었다. 그러나 화창했던 날씨와 미8군 군악대의 흥겨운 연주, 그리고 꽃다발 수여식 등의 순서는 전반적인 분위기를 한층 부드럽게 만들어 주었다.

행사가 중반으로 접어들면서 가끔 깃대를 내리고 올린 것 이외에는 계속 부동자세로 서 있던 컬러가드 팀의 집중력도 서서히 한계를 드러내기 시작했다. 군화 속의 발은 이미 저리기 시작한 지 한참 돼 더 이상 감각이 없는 것 같았고 무릎을 한 번만이라도 굽히고 싶다는 마음이 간절히 들었다. 깃대를 쥐고 있는 손도 가늘게 떨려왔다.

연단에 선 고위 장교들 중 일부가 병사들에게 무릎을 굽히고 스트레칭을 하라며 센스 있는 명령을 내리기도 했지만 컬러가드에게는 해당 사항이 없었다. 더이상 연단에 섰던 수많은 사람들의 이야기는 귀에 들리지 않았고 여단장이 그동안 고마웠다며 남 선생님과 자신의 부하 병사들을 하나하나 열거하기 시작할 때에는 인내심이 바닥날 지경이었다.

그때 우리 앞에서 열중쉬어 자세로 한참을 서 있던 실호스트 주임원사가 뒷짐을 지고 있던 손으로 뒤에 있는 우리에게 무언가 신호를 보내기 시작했다. 연사가 한 명 한 명 올라올 때마다 실호스트 주임원사의 손가락은 하나씩 줄어들었다.

4, 3, 2… 이는 남은 연사의 수를 의미했던 것으로 덕분에 우리는 영원히 끝나지 않을 것 같던 각종 축사와 기념사, 고별사 등이 얼마나 남았는지를 대강 가늠해볼 수 있었다. 더불어 실호스트 주임원사는 틈이 날 때마다 뒷짐을 진 손으로 우리만 볼 수 있도록 엄지를 치켜들어 '최고' 표시를 해 주었다.

대대 주임원사의 이 같은 격려는 우리가 마지막까지 더욱 힘을 낼 수 있도록 해준 큰 원동력이 되었다. 사실 뙤약볕에 서 있는 것은 우리보다 나이가 훨씬 많았던 실호스트 주임원사에게 더 힘든 일이었을 텐데도 병사들을 먼저 배려하는 실호스트 주임원사의 모습에서 나는 좋은 리더의 자질을 배울 수 있었다.

정면에 곧바로 내빈석에 앉아 있는 미군 준장과 고위급 장교들, 초청받은 한국군 장교들이 보였으므로 나는 행사 내내 한국군을 대표한다는 생각으로 최대한 흐트러짐 없이 결연한 표정을 짓고 있었다. 그러나 그것은 어디까지나 내 생각이었고 아마 나는 당시 더위와 손발의 저림을 겨우 참아내는 고통스러운 표정을 짓고 있었을 것이다.

마침내 상징적인 의미로 컬러가드로부터 뽑힌 부대기가 사령관을 통해 이전 여단장으로부터 새로운 여단장에게 전달됨으로써 지휘권이 넘어가게 되었다. 이때 미군 준장과 신·구여단장이 대화를 나누는 모습을 바로 앞에서 볼 수 있었는데 참으로 신기한 경험이었다.

가운데에 준장이, 오른쪽과 왼쪽에 신·구여단장이 삼각형 모양으로 위치해 잠깐 동안 대화를 나누었다.

"쉽지는 않겠지만 잘 해보게."

"문제없습니다."

그러나 이날 내게 가장 인상 깊었던 것은 마지막 퇴장 때였다. 한미 양국과 부대를 상징했던 컬러가드는 다른 병사들보다 먼저 미8군 군악대의 연주에 맞춰 잔디구장을 반 바퀴 돌아 밖으로 퇴장했다. 이때 미군 준장을 비롯해 모든 군인들이 우리를 바라보며 일제히 경례를 해 예의를 표해 주었는데 가슴속에서 무엇인가 벅차오르는 감정이 들었다.

내가 하는 일이 단순한 추가 업무가 아니라 한국군을 대표해 태극기를 지키는 컬러가드임을 다시 한번 인식할 수 있었던 순간이었기 때문이다.

한참을 같은 자리에 서 있어 발이 완전히 무감각해졌기에 퇴장을 위해 첫 발을 내딛으며 발목이 꺾이거나 쥐가 나지는 않을까 걱정을 하기도 했지만 힘을 주어 한 발 한 발 내딛으니 다행히 그러한 일들은 일어나지 않았다.

긴장을 하고 있어 행사가 완전히 끝날 때까지 발에는 별로 신경이 쓰이지 않았으며 오히려 그동안 연습했던 것들이 보상받는 것 같은 생각에 뿌듯한 마음이 앞섰다.

그렇게 컬러가드 팀 모두는 기절하지 않고 실수도 없이 큰 행사였던 여단장 이취임식을 마칠 수 있었다. 그리고 나는 이날 퇴장하며 느꼈던 벅찬 감정 때문에 처음으로 컬러가드를 앞으로 계속해도 괜찮을 것 같다는 생각을 하게 되었다. 그토록 힘들게 느껴졌던 컬러가드에 대한 생각이 바뀌다니 역시 사람 일은 모르는 것이라는 생각을 하며 이렇게 특별한 경험들을 할 수 있음에 약간은 감사한 마음이 들기도 했다.

도로 위의 시한폭탄

여단장 COC가 끝난 뒤, 작전과 원사는 우리에게 당분간 큰 행사가 없을 것이라고 알려 주었고 나는 두 달 만에 지휘부로 돌아갈 수 있었다. 그리고 얼마 지나지 않아 여단장이 떠난 지휘부에 또 다른 변화가 생겼다. 내 '보스'였던 보가트 중령도 지휘부를 떠나게 되었던 것이다.

새로 오는 부여단장은 미국 육군사관학교인 'West Point'(웨스트 포인트는 별칭이며 정식 명칭은 'United States Military Academy'이다.) 출신의 엘리트라고 했다. 게다가 새 부여단장이 한국계 미국인이라는 말을 들었기에 나는 내심 내게 정말 잘된 일이라고 생각하고 있었다. 보가트 중령도 괜찮은 사람이었지만 한국계 미국인이라면 카투사인 나와는 무언가 통하는 것이 더 있지 않겠느냐고 생각했기 때문이었다.

나는 심지어 나의 '새로운 보스'에게 줄 선물까지 미리 준비해 놓았었다. 고민하며 대형 마트에서 구매한 괜찮은 전통 차 한 세트를 선물할 계획이었다.

그러나 새로운 부여단장인 권 중령은 남 선생님과 인사를 나눌 때부터 내게 이상하리만큼 무관심한 것 같았다. 권 중령은 내가 인사를 하면 젠틀해 보이는 미소를 지어 보이긴 했지만 짧은 대답을 할 때를 제외하면 사적으로 대화를 나누는 일 자체가 전혀 없었기 때문이다. 나는 부대에 온 지 얼마 되지 않은 권 중령도 정신이 없을 것이라고 생각하며 평소에 최대한 좋은 인상을 남기려고 노력했다.

그 일환으로 권 중령과 아침 PT를 함께 하게 되면 나는 늘 최선을 다하는 모습을 보여주려고 노력했다. 권 중령은 보가트 중령과 달리 아침 PT에 자주 나오지는 않았지만 혹시나 보가트 중령처럼 권 중령도 이를 좋게 봐주지 않을까 하는 생각 때문이었다. 그러나 이 역시 나와 권 중령의 사이를 가깝게 하는 데는 별 도움이 되지 않았다.

또 알고 보니 권 중령은 한국어를 할 줄 알았지만 내게 한국어를 사용하는 일도 없었다. 단 한 번 내게 액자에 넣을 역대 지휘관들의 사진을 이름과 함께 프린트 하라는 지시를 내린 뒤, 내가 가져온 디자인이 마음에 들지 않자 "좀 예쁘게!"라고 화를 내듯 한국어를 사용한 게 전부였다.

권 중령은 소위 말하는 엘리트 출신으로 굉장히 똑똑한 사람이었지만 평소 모습은 권위적이었고, 모든 사람을 굉장히 사무적으로 대하는 것 같았다. 별 반응이 없었던 것은 내가 준비했던 전통 차를 선물했을 때도 마찬가지였다.

그런 권 중령은 곧 남 선생님을 통해 내게 한 가지 지시를 내렸는데 바로 운전 훈련 과정을 수료해 험비 운전 자격을 취득하라는 것이었다.

'Drivers Training'은 일주일 과정으로 아침 PT가 끝난 후부터 하루 종일 여단과는 한참 떨어진 곳에 있던 한 건물까지 걸어가 군용 차량 운전과 관련된 교육을 듣고 실습을 해야 했다. 컬러가드와 마찬가지로 이곳에서도 나와 같이 수업을 듣는 카투사는 한 명도 없었지만 나는 일본 애니메이션의 광팬으로 동양과 관련된 것이라면 모두 좋아했던 푸에르토리코 출신의 히스패닉 미군 친구인 바스케즈를 만나 함께 수업을 듣고 실습을 할 수 있었다.

또 강한 남부 텍사스 사투리를 구사하며 종종 전투 시 '죽을 뻔했던' 에피소드들을 마치 지나간 추억인 양 호탕하게 이야기해 주었던 운전 교관 클라크 중사 덕분에 졸지 않고 수업을 들을 수 있었다.

두려움이라고는 하나도 없이 매사에 자신이 넘쳐 보였던 클라크 중사는 식사 시간마다 우리를 본인이 터프하게 운전하는 군용트럭에 태워 디팩까지 데려다 주었다. 그러나 점심시간은 매일 유동적이었고 이동시간을 감안하면 배력에 들를 여유도 없었다.

매일 오답이 2개 이하여야만 배려으로 돌아갈 수 있는 쪽지시험을 치르고 밤 12시까지(사실 정해진 종료 시간은 없었다) 야간투시경을 쓰고 운전을 해야 했던 야간운전 실습 등 여러 실습과 시험을 통과한 뒤 마침내 수료증을 얻을 수 있었다. 놀라웠던 것은 유일한 한국인이었던 내가 교육생들 중 가장 좋은 성적으로 시험을 통과했다는 것이었다. 나는 나와 달리 교관이 잠시 자리를 비우기라도 하면 가지고 있는 핸드폰을 사용해 답을 찾았던 미군들이 시험을 망친 이유를 도무지 이해할 수 없었다.

아무래도 인터넷을 통해 답을 찾기에는 교관이 자리를 비운 시간이 너무 짧았거나 그도 아니면 좋은 성적에 대한 의지가 부족했던 것 같다. 나는 사전도 없이 영어로 된 전문용어들이 즐비한 책으로 공부를 하는 것이 어려워 걱정되는 마음에 복습과 예습을 하며 통으로 내용을 암기하기까지 했는데 이것이 좋은 결과로 이어진 것 같았다. 마지막 날에는 도로주행 시험을 보며 험비를 타고 깎아지른 듯한 급경사로 악명 높았던 'B 언덕' 등 부대 곳곳을 돌아다녔다. 창문을 열고 상쾌한 바람을 맞으며 운전을 하다 보니 앞으로의 운전병 생활에 대한 희망도 부풀어 오르는 것 같았다.

그렇게 운전면허(TMP 자격증과 군용 차량 자격증)를 모두 취득했지만 나는 여전히 고속도로 한 번 제대로 달려본 적 없는 장롱면허 소지자였다. 그러나 당시는 이미 8월로 키 리졸브(Key Resolve)와 함께 가장 큰 규모의 한미연합훈련인 UFG(Ulchi-Freedom Guardian의 약자이다.)가 막 시작될 무렵이었다. 그리고 이는 내가 한숨 돌릴 틈도 없이 곧바로 실제 운전업무에 투입될 수도 있다는 사실을 의미했다.

Driver's room에 돌아와 남 선생님과 인사를 나누기 무섭게 나는 급박하게 돌아가는 지휘부의 변화와 마주해야 했다. 여단장과 부여단장이 바뀐 데다 곧 떠날 예정인 에스카벨 상병을 대체할 새로운 주임원사 운전병이 지휘부에 왔기 때문이다. 에스카벨 상병은 다른 부서에서 근무하다 주임원사의 운전병으로 지휘부에 잠시 와 있던 것이어서 금세 한국에서의 파병기간을 채워 떠나야 했다.

에스카벨 상병의 후임자는 바로 '박 형님'이었다. 나는 지금까지도 이 '박 형님'의 본명을 알지 못하는데 군 생활 내내 다른 호칭을 써본 적이 없기 때문이다.

박 형님과의 첫 만남은 아직도 잊을 수 없다. 새 부여단장(권 중령)의 경우와 같이 내 예상과 너무도 다른 사람이었다. 권 중령과 마찬가지로 나는 사전에 새로운 주임원사 운전병이 한국계 미국인이라는 정보를 남 선생님으로부터 입수한 뒤 한국계 미국인 사병을 친구로 얻게 되었다는 생각에 마음이 부풀어 있었다. 그러나 내 달콤한 계획은 첫날 완전히 깨지고 말았다.

별다른 생각 없이 Driver's room으로 향했던 나는 기대와 전혀 다른 사람을 보게 되었다. 남 선생님이 내게 방에 함께 있던 사람을 소개해 주었는데 그의 짧은 머리카락이 먼저 눈에 들어왔다. 보통의 미군들보다도 더 짧았던 그의 머리는 하얀 두피가 드러나 사실상 삭발에 가까웠다. 나이는 40대 정도로 보였고 키는 그렇게 크지 않았지만 몸은 단단해 보였다. 남 선생님과는 이미 알고 있는 사이였고 한국말도 굉장히 잘하는 것 같았다. 남 선생님에게 소개를 받으면서 속으로 잠깐 놀라고 있던 내게 그가 갑자기 말을 걸었다.

"야, 물이나 한 잔 떠와 봐."

그는 경직된 얼굴로 내 눈을 똑바로 쳐다보면서 명령조로 말했다.

그의 계급을 보니 Specialist로 '부사관이 아닌 상병'이었다. 당황한 내가 대신 남 선생님의 얼굴을 쳐다보자 남 선생님이 난처한 표정으로 말했다.

"아, 거 날씨가 많이 덥제? 찬준아, 물 한 잔만 좀 부탁한데이."

물을 뜨러 가면서 나는 무언가 잘못되었다는 생각을 했다. 초면에 갑자기 반말로 물을 떠오라니, 일종의 기싸움인 것 같았다. 나이가 나보다 훨씬 많아 보였기에 어느 정도 이해를 하면서도 이러한 관계가 앞으로 바람직하지는 않겠다고 생각했다. 게다가 한 팀에 속한 유일한 사병 동료로 업무를 함께 해야 하는 상황에서는 더더욱 그랬다.

우리는 모두 사병이었기에 명령할 권리는 누구에게도 없었으며 그는 한국군도 아니었기에 기수제도 적용되지 않았다. 어색하게 물을 전해 주고 짧게 인사를 나눈 뒤 자리에 앉아 고민에 잠겼다. 자신을 마치 범죄 영화에나 나올 법한 호칭인 '박 형님'으로 부르라고 한 그 남자는 대화를 끝내고 악수를 나눌 때까지 경직된 표정을 풀지 않았다. 도무지 친해지기 어려울 것 같은 권 중령 밑에서 함께 일할 유일한 사병이 스무 살 가까이 많은 '박 형님'이라니 걱정이 더 깊어졌다.

그러나 이러한 소소한 걱정이 가시기도 전에 나는 더 커다란 근심거리와 맞닥뜨려야 했다. 지금껏 남 선생님은 내가 충분히 준비될 때까지 보가트 중령에게 내 운전업무를 자제해줄 것을 요청했고 보가트 중령은 여유를 가지고 내게 연습시간을 주었다. 물론 그동안 컬러가드로 활동하느라 사실상 운전대를 잡을 일은 없었지만 말이다.

그러나 권 중령은 달랐다. 험비자격증이 없어 장거리운전은 아무래도 힘들다는 남 선생님의 말에 즉시 나를 험비운전훈련학교에 등록시켰고 곧바로 장거리운전을 명령했던 것이다. 당시는 UFG 기간으로 훈련은 서울보다도 위쪽에 있는 의정부와 동두천에서 이루어질 예정이었다. 컬러가드와 운전학교에서 시간을 보내느라 지휘부를 비워 실제로 도로주행은 전혀 해보지도 못한 나는 졸지에 왜관에서 동두천까지 장거리운전을 하게 되었다.

이 소식을 들은 남 선생님은 자동차사고를 낸 뒤 한국군과 미군 사이에서 보험문제로 모든 비용을 지불할 뻔했던 'OJT북의 저자 박 병장'의 사고를 떠올렸는지 필사적으로 권 중령을 설득해보려고 했다. 하지만 권 중령은 의견을 굽히지 않았다. 이번엔 박 형님이 운전하고 나에게는 조금만 더 연습할 시간을 달라는 남 선생님의 말에도 권 중령은 요지부동이었다.

"Park은 아직 제대로 고속도로 한 번 달려본 적이 없습니다. 첫 운전을 동두천까지 하는 건 정말 위험한 일이에요. 현재로서는 '도로 위의 시한폭탄'이나 마찬가지란 말입니다!"

남 선생님은 '시한폭탄'이라는 단어까지 써가며 나에게 연습시간을 벌어주려고 노력했지만 결국 실패했고 실제 운전까지 내게 주어진 시간은 고작 2주 남짓에 불과했다. 상황이 급박해지자 남 선생님은 나를 위해 또 한 사람을 찾아갔는데, 나는 이 때문에 난처한 상황에 처하게 되었다.

남 선생님이 필요할 경우 자신과 언제든 자유롭게 연락할 수 있도록 지원대장에게 내가 핸드폰을 보유할 수 있도록 인가해달라고 요청했던 것이다. 나는 이를 극구 사양했지만 남 선생님은 운전병의 경우 연락을 위해 듀티폰(Duty Phone. 시니어 카투사나 운전병 등 넓은 미군부대에서 간부와 연락이 필요한 보직을 가진 카투사에게 한국군 측의 인가를 받아 지급되는 핸드폰. 비용은 미군이 지불한다.)을 가지고 있는 것이 정상이 아니냐며 사수인 안 병장이 미군 측에게 받아 사용하던 구형 핸드폰을 꺼내 내게 보여줬다.

그러나 결과적으로 안 병장이 작전과에 간 뒤로 듀티폰에 대한 미군의 지원은 끊긴 상태였고 미군 측이 비용을 대지 않으면 허락할 수 없다는 한국군을 설득시키지 못해 이 계획은 수포로 돌아갔다. 그렇게 나는 꼼짝없이 2주 뒤 약 290 킬로미터를 운전하게 되었다. 그나마 다행이었던 것은 이후 내가 동두천에서 왜관으로 돌아올 때만 운전하기로 합의가 되었다는 것이었다. 게다가 운전하게 된 '승용차'에는 내비게이션이 있었으므로 지도를 샅샅이 외울 필요도 없었다.

그럼에도 남 선생님은 걱정이 되셨는지 나에게 몇 번이나 상세히 길을 알려주셨다.

"길은 안 보고도 찾아갈 수 있을 정도로 알아 놓아야 한다. 알겠나? 나도 중간에 훈련지로 가서 합류할 거니까 너무 걱정하지 마라. 다 할 수 있다."

상황이 이렇게 되자 운전연습은 생존을 위한 필수사항이 되었다. 그러나 문제는 새롭게 내 직속상관이 된 W 병장이 운전연습을 허락하지 않았다는 것이었다. 사실 이 무렵 나는 이미 W 병장의 이중적인 본모습을 충분히 본 터였다. 이유는 알 수 없지만 W 병장은 나와 에스카벨을 전혀 다르게 대우했다. 좀 더 정확히 표현하자면 나와 박 형님을 에스카벨에 비해 매우 싫어하는 것 같았다.

보가트 중령에게 그랬듯이 나는 나름대로 모든 일에 최선을 다하고자 노력했다. 말을 하지 않아도 도와줄 것이 있는지 먼저 물어보았고 종이 파쇄나 쓰레기통 비우기 등도 에스카벨이 아닌 내가 처리했다. 그러나 W 병장은 같은 일을 해도 에스카벨에게는 아무 말을 하지 않았지만 내게는 어떻게든 트집을 잡아 심하게 지적을 했다. 나는 그때마다 KTA에서 김 소대장에게 배웠던 대로 상관의 말에 변명하지 않고 곧바로 사과했으나 이것이 반복되자 점차 같은 말을 반복하기도 힘들어졌다.

"No excuse sergeant. This won't happen again.(변명의 여지가 없습니다. 앞으로는 반복되지 않도록 하겠습니다.)"

이 대사는 자대 생활을 하며 정말 유용했던 사과법이었지만 W 병장과 지내며 거의 매일 사과를 해야 했던 상황에서는 그다지 쓸모가 없었다.

에스카벨은 나와 단둘이 있을 때에는 자신도 부당한 상황을 이해하지만 네가 좀 참으라는 말을 하기도 했지만 평소 내가 이유 없이 혼날 때에는 W 병장의 편에서 철저히 침묵했다. 나는 에스카벨의 입장을 이해하면서도 때로는 섭섭한 마음이 들었다. 그리고 이 같은 W 병장의 차별대우는 자신을 극진하게 대우하던 박 형님에게도 마찬가지로 적용되었다. 박 형님은 미군이었지만 특이하게도 영어 사용을 매우 어려워했는데 내게 영어 작문책을 추천해달라고 부탁한 적이 있을 정도였다.(후에 이야기를 들어보니 아마 LA 한인 타운에서 내내 한국어를 쓰며 생활했기 때문인 것 같았다.)

이러한 단점을 극복하기 위해 박 형님이 택했던 전략은 최대한 저자세로 미군들을 대하는 것이었고 그것은 W 병장에게도 마찬가지였다. 박 형님은 W 병장의 말에 항상 미소를 지으며 예스를 연발했지만 돌아오는 것은 W 병장의 냉담한 태도뿐이었다. 그야말로 쿨 했던 쿨리 병장과 달리 W 병장은 명확한 이유도 없이 내 운전연습 요청을 계속 거절했다. 나는 장거리운전을 하게 된 상황을 W 병장에게 이야기하며 할 일 없이 사무실에 앉아 있는 지금 TMP 배차를 받아 운전연습을 하게 허락해 줄 것을 부탁했지만 소용없는 일이었다.

W 병장은 규정위반을 피하기 위해서인지 명백히 인종차별에 해당하는 단어는 사용하지 않았지만 나를 대하는 W 병장의 눈빛과 말투에서 점점 더 혐오의 감정을 느낄 수 있게 되었다. 나는 그럼에도 직속상관인 W 병장을 깍듯이 대했고 내가 혹시 잘못한 것이 있는지 스스로 수만 번을 더 곱씹었다. 그러나 아무리 생각해도 W 병장이 나를 유독 더 싫어할 만한 특별한 이유는 찾을 수 없었으며 매번 내가 너무 예민하게 생각하는 것은 아닌지 스스로를 자책하곤 했다. W 병장도 영리하게 '정해진 선'을 넘지는 않았기에 나도 항의할 수는 없는 노릇이었다.

부대에서 운전연습을 할 수 없게 된 나는 외박 중에 사비를 들여 운전연습을 하는 수밖에 없었다. 첫 번째 주말, 나는 운전학원에 돈을 지불하고 도로주행 연습을 했다. 한 번의 도로주행이 얼마나 큰 도움이 될지는 알 수 없었지만 적어도 나는 '도로에서 운전을 해봤다'는 마음의 위안을 삼을 수 있었다. 하나 신기했던 것은 이날 나와 도로주행연습을 함께 했던 강사님도 클라크 중사와 비슷한 목소리와 체격을 가지고 있었다는 것이었다.

주중에는 W 병장의 핍박을 견디며 불안한 마음으로 사무실에 있어야 했다. 박 형님은 주임원사 운전병으로서 지휘부 사무실에 자리를 잡고 에스카벨 상병에게 무엇이라도 인수인계를 받는 것 같았지만 나는 좁디좁은 Driver's room에서 정해진 업무도 없이 시간을 보낼 뿐이었다. 문제는 남 선생님이 훈련지로 떠난 상황이었기에 내가 Driver's room에 혼자 남았다는 것이었다.

남 선생님이 자리를 비우자 W 병장의 핍박은 이전보다 훨씬 심해졌다. Driver's room은 지휘부 사무실로부터 멀리 떨어져 있는 독립된 공간이었기에 W 병장이 나를 혼내는 모습을 볼 수 있는 사람은 아무도 없었다. 그야말로 눈치 볼 것 없이 나에게 마음껏 분풀이를 할 수 있는 최적의 환경이 형성되었던 것이다. W 병장은 미군 간부들이나 자신의 상관에게는 '미소 천사'였을지 몰라도 내게는 누구보다 가혹하고 비정했던 상관이었다.

W 병장은 내가 지휘부 사무실로 찾아가 무엇이라도 도와드릴 일이 없냐고 물으면 항상 아무 일도 없다고 말하면서도 내가 Driver's room에 돌아가 자리에 앉아 있으면 왜 하는 일도 없이 자리에 앉아 있느냐며 주기적으로 찾아와 호통을 쳤다.

이때 내가 깨달은 한 가지는 일이 없는 보직이 결코 좋은 것이 아니라는 사실이었다. 일이 없다는 것은 무능력함과 인정받지 못함을 의미했기 때문이다. 나는 체질상 무엇이라도 일을 하는 것이 적성에 맞았고 이곳에 운전병으로 배치되어 일을 하고 싶어도 할 수 없는 상황이 답답하게 느껴졌다. 사수였던 안 병장은 내게 "운전이 없으면 늘 대기하며 쉴 수 있으니 꿀보직"이라고 말했지만 내게는 그 쉬는 시간들이 고역이었다. 때로는 운전을 해본 적 없는 나를 운전병으로 선발한 군이 원망스럽기도 했다. 게다가 하는 일도 없이 언제 W 병장이 와서 호통을 쳐댈지 모르는 터여서 이상하리만큼 업무시간도 천천히 흘렀다.

그렇게 답답한 마음으로 한 주를 보내고 운전을 앞둔 마지막 주말에는 가족들과 '최종 모의고사'를 치렀다. 부모님이 동승한 채 직접 아버지의 차를 운전해 서울 집에서 훈련기간 목적지로 예정되어 있었던 의정부 미군기지까지 가보았던 것이다. 내비게이션에 익숙해지기까지 시간이 걸렸지만 길만 제대로 알고 있다면 운전 자체는 생각보다 어렵지 않을 것 같았다. 간혹 불안한 눈빛으로 뒷좌석에 앉아 있던 어머니가 놀라긴 했지만 나는 사고 없이 의정부 미군부대를 직접 가볼 수 있었다. 한 가지 문제가 있었다면 내가 너무 긴장해 핸들을 있는 힘껏 쥐고 있었던 탓에 손에 감각이 없어졌다는 것이었다.

그렇게 도로주행 연습과 시험 주행까지 마치자 내 걱정은 이전보다 훨씬 줄어들었고 약간의 자신감까지 생겼다. 편안하고 안전한 운전으로 권 중령에게 점수를 따야겠다는 생각까지 했으니 말이다. 그러나 막상 훈련지로 떠날 때가 되자 나는 불안해졌다. 이를 잘 아는 남 선생님은 박 형님, 권 중령과 이야기해 내가 운전하는 동안 박 형님이 조수석에 앉아 내게 길을 알려주는 등 충실히 도움을 줄 수 있도록 했다. 그러나 박 형님만을 믿고 있을 수는 없었기에 나도 남 선생님이 수차례씩 알려주셨던 훈련지까지의 도로명과 주요 랜드마크 등을 열심히 외워갔다.

마침내 훈련지로 떠나는 날 권 중령의 차에는 나와 박 형님 외에도 한 명의 인원이 더 탑승했다. 그는 작전과의 OIC(Officer In Charge(책임장교))로 계급은 부여단장과 같은 '중령'이었다. B 중령은 통통한 체격의 백인이었는데 성격이 화끈해서 흥분하면 늘 대머리였던 머리와 얼굴이 새빨갛게 달아올랐다.(이 사람은 앞서 내게 Ahn처럼 하지 말라고 말했던 바로 그 중령이었다.) 이미 안면이 있었던 둘은 서로 친한 것처럼 보였다.

이후 훈련지에서 돌아올 때 뒷좌석에 중령이 두 명씩이나 타고 있는 차를 운전해야 한다는 사실이 아무래도 부담이 되었지만 감정 파악이 쉬웠던 B 중령보다는 권 중령이 더욱 신경 쓰였다.

우리는 먼저 왜관에서 의정부로 간 뒤 동두천에 들렀다 부대로 복귀할 계획이었다. 박 형님이 운전대를 잡았고 조수석에는 내가, 뒷좌석에는 권 중령과 B 중령이 앉았다. 그날 두 미군 중령들을 태웠던 차는 검정색 신형 하이브리드 세단으로 운행 중 소음도 거의 없고 갖출 것은 거의 모두 갖춰져 있었다.

부대에서 벗어나 차를 타고 고속도로에 진입하니 여행을 하는 것 같은 기분마저 들었다. 물론 나는 외워놓았던 길을 확인하며 운전하는 박 형님과 내비게이션을 유심히 살피긴 했지만 뒷좌석의 두 중령이 잠든 다음부터는 긴장이 좀 풀려서 마음이 편해졌다. 나는 이런저런 생각을 하면서도 피곤해 보였던 박 형님이 졸지 않도록 끊임없이 이야기를 건넸다. 우리는 무사히 휴게소에 도착할 수 있었고 두 중령을 곁에서 보좌하며 혹시라도 필요한 것은 없는지 끊임없이 살폈다. 두 중령은 우동 같은 것을 주문해 함께 식사를 했는데 모튼 원사와 달리 권 중령은 나에게 음식을 사 주거나 하지는 않았다.

나는 간단히 간식을 사 먹으며 부대로 돌아올 때 장거리운전을 잘할 수 있을지 걱정을 했다. 박 형님과 잠깐 이야기를 나누었으나 박 형님은 대화보다는 휴식이 필요한 듯 보였고 두 중령도 서로 이야기하느라 정신이 없었으므로 나는 그동안 머릿속에서 왜관으로 돌아오는 운전을 수없이 반복했다.

부대 내 가로등 불빛이 켜진 어두운 밤이 되어서야 우리는 의정부에 도착할 수 있었다. 나는 차량에서 내린 짐들을 챙겨 숙소로 향했고 다행히 나와 박 형님은 권 중령과 같은 깨끗한 배력에서 묵게 되었다. 나와 박 형님은 함께 방을 사용했는데 방문을 열고 들어가자 고급스러운 내부 모습에 입이 다물어지지 않았다.

고급 호텔이라고 해도 손색이 없을 정도로 넓고 깨끗했던 방에는 고급스러운 조명과 하얀색 침대보가 깔린 더블 사이즈 침대 등 필요한 모든 시설이 갖춰져 있었다. 다만 이불이 없었기에 나와 박 형님은 그 좋은 침대 위에서 침낭을 덮고 잠을 청해야 했다.

이튿날 일정은 이른 아침부터 시작되었으므로 나와 박 형님은 일찍 일어나 준비를 마치고 동두천 부대로 향했다. 동두천 부대에 도착한 우리 일행은 권 중령이 회의 장소에 들어가기 전 잠시 부대 내 골프장에 딸린 골프용품점에 들러 여러 상품들을 둘러보았다. 나는 권 중령과 박 형님 뒤를 쫓아다니며 틈틈이 매장 곳곳과 창문 밖으로 보이는 골프장 전경을 볼 수 있었다.

이후 박 형님과 골프용품점 밖으로 나온 나는 문득 멀리 산을 바라보다 이상한 광경을 목격하게 되었다. 안개가 드리워진 산에 무엇인가 반짝반짝 빛나는 것들이 움직이고 있었던 것이다.

아직 날이 어두웠기에 멀리 산에 보이는 것들이 별들은 아닐까 생각했지만 동두천 부대 경험이 많았던 박 형님은 그것들이 별이 아닌 '사람들'이라고 했다. 놀랍게도 수많은 불빛들은 빛을 반사하는 PT 벨트(The Reflective Belt. 상체에 대각선으로 착용해 사고를 방지하는 반사 벨트이다.)를 차고 산을 오르며 아침 PT를 하고 있던 병사들이었다. 이른 시간에 우리 부대의 303고지(왜관읍 자고산에서 조선인민군에 의해 미군 포로 42명이 학살당한 장소로 4소대는 일주일에 한 번 꼭 부대 근처에 있던 이 303고지에 올랐다.)보다 높은 산 중턱을 오르고 있는 병사들을 보며 확실히 전투부대의 PT 강도가 더욱 강한 것 같다는 생각을 했다.

골프용품점을 둘러본 뒤 권 중령은 회의 장소로 들어갔고 우리는 권 중령의 회의가 끝날 때까지 무조건 기다리기를 시작했다. 운전병의 주된 업무는 '대기'였다. 기다림에 약한 사람이라면 좋은 운전병은 되지 못할 것 같았다. 나와 박 형님은 하루 종일 각종 회의 장소에 부여단장을 내려놓은 후 차에서 대기하며 남는 시간에 식사를 했다. 누구보다 편한 보직이었지만 조금은 지루하기도 한 업무였다. 그러나 한 번은 나름대로 재미있는 일도 있었다. 둘째 날 권 중령을 내려준 뒤 박 형님과 차를 타고 동두천 미군부대를 지나가던 내가 길을 걷고 있는 익숙한 모습의 카투사를 발견했던 것이다. 그는 바로 KTA에서 동두천 공병부대 어학병으로 배치를 받았던 동기였다.

나는 박 형님에게 부탁해 잠깐 차를 세운 뒤 동기에게 다가가 말을 걸었고 곧바로 서로를 알아본 우리는 반갑게 인사를 나누었다. 어학병으로 배치받긴 했지만 동기는 일반 전투병들과 다를 바 없는 생활을 하고 있다고 했다. 나는 이때 다시 만난 동기를 통해 영어성적이 높다고 꼭 편한 행정보직을 받는 것은 아니라는 사실을 확인할 수 있었다. 마찬가지로 그토록 편하다는 운전병 보직을 받더라도 나의 경우처럼 성향이 잘 맞지 않으면 지루하기 만할 수도 있었다.

　동기는 당장이라도 부대를 구경시켜 주고 싶다고 했지만 차에서 기다리는 박 형님을 생각하면 그럴 수는 없었다. 우리는 그렇게 짧은 만남을 뒤로 하고 곧 헤어졌지만 KTA 수료 이후 인연이 닿은 동두천 동기와는 군 제대 후까지도 꾸준히 연락을 하고 있다.

　운전병의 장점 중 하나는 이렇게 여러 부대를 돌며 논산 시절부터 알고 지내던 동기들을 만날 수 있었다는 것이었다. 나는 이 동기 외에도 훈련기간 동안 의정부 부대 내 훈련지에 출입하며 헌병이 돼 보초를 서고 있던 논산 동기를 만나기도 했다. 당시 허리에 벨트를 둘러 곤봉과 권총, 무전기를 차고 전투복 안에 두툼한 방탄조끼까지 입은 동기의 모습이 꽤 멋있어 보인다고 생각했다.

　그렇게 훈련지에서의 시간은 특별할 것 없이 지나갔지만 권 중령이 참여한 회의가 길어져 점심시간이 충분히 주어질 때에는 박 형님과 함께 '호사'를 누릴 수 있었다. 박 형님은 이전 부대에 있을 때부터 동두천에 자주 와보았기 때문에 그곳 지리를 꿰고 있었다. 덕분에 나는 시간이 날 때면 박 형님이 운전하는 차를 타고 동두천 부대 내의 푸드코트나 중국 음식점, 심지어는 스무디킹에도 가볼 수 있었다. 우리는 차가 있어 다행이었지만 동두천 미군부대는 왜관 부대보다 훨씬 넓어서 버스를 타지 않고는 돌아다니기 힘들 것 같았다.

　한 번은 박 형님이 유명한 버거를 맛보게 해 주겠다며 나를 동두천과 인접한 부대 안에 있던 볼링장에 데려간 적도 있었다. 잭슨 버거처럼 부대 이름을 딴 버거는 볼링장 내에서 판매되고 있었는데 버거가게의 아주머니는 자신이 만드는 햄버거는 누구든 한 번 먹으면 꼭 다시 먹으러 오게 된다며 대단한 자부심을 보여 주셨다.(사실 그 정도로 맛이 있었는지는 모르겠지만 아주머니의 말씀대로 나도 훗날 이곳에 다시 오게 된다.)

　박 형님과 나는 언제나 그랬듯이 각자 '더치페이'로 햄버거를 주문한 뒤 자리에 앉아 TV에 나오는 한국 프로그램을 보며 기다렸다. 곧 칼로 잘라먹어야 하는 거대한 수제 버거가 나왔고 덕분에 든든히 배를 채울 수 있었다. 비싸긴 했지만 양만큼은 확실히 많았고 만족스러운 식사를 할 수 있었다.

군부대 안에 있는 볼링장에서 햄버거를 먹는 것도 특별한 경험이었지만 우리는 식사 후 남는 시간에 스무디킹에 들러 스무디까지 마실 수 있었다. 흘러나오는 팝송을 들으며 소파에 앉아 여유롭게 스무디를 마시다 보니 과연 내가 군인의 의무를 다하고 있는 것이 맞는지 죄책감이 들기도 했다. 마치 내가 군부대가 아닌 다른 곳에 와 있는 것 같은 착각이 들었다.

그러나 이 모든 여유는 나와 박 형님이 운전병이었기에 가능했던 것이며 회의가 길어지지 않았다면 평소에는 누리기 힘든 호사였다. 그리고 이 시간들은 내가 박 형님을 좀 더 이해할 수 있게 되는 계기가 되기도 했다. 박 형님은 전에 있던 부대에서 카투사와 트러블이 있었다는 말을 해 주었다.

"그런데 그 자식들이 나를 배신한 거야!"

자세한 내막은 알지 못하지만 아마 그런 이유 때문에 박 형님은 나를 더욱 경계했던 것 같았다. 이날 함께 이런저런 이야기를 나눈 덕분에 박 형님도 이후 나에 대해 가지고 있던 경계심을 풀고 편하게 대해 주기 시작했다.

그렇게 좋은 시간들이 모두 지나가고 훈련지에서의 마지막 밤이 되자 나는 다음 날 있을 운전 걱정에 도저히 편히 쉴 수가 없었다. 박 형님과 방에 들어온 후에도 걱정은 커져만 갔고 나는 결국 박 형님에게 차 키를 받아들고 배럭 밖으로 나왔다.

한밤중 내가 내일 운전하게 될 차량의 운전석에 앉아 먼저 마음을 진정시키기 위해 집에서 가져온 음악 CD를 오디오에 넣었다. 좋아하는 노래를 들으니 기분이 조금은 나아지는 것 같았다. 그 후 내비게이션을 켜고 왜관 부대까지 시뮬레이션을 돌리며 다시 한번 머릿속으로 이미지 트레이닝을 했다. 이것은 확실히 효과가 있어서 '이미지 훈련'이 끝난 후에는 전보다 훨씬 자신감을 얻은 상태로 차문 밖을 나설 수 있게 되었다.

마침내 결전의 날이 밝았고 오전에 간단한 일정을 마친 뒤 나는 조수석에 박 형님, 뒷좌석에 권 중령과 B 중령을 태운 채 운전석에 앉았다. 박 형님은 출발할 때까지도 길은 자신이 다 알려주고 중간 중간 교대도 해 줄 테니 걱정하지 말라며 호언장담을 했다. 남 선생님도 훈련지로 출발하기 이전부터 박 형님에게 수

차례 당부했던 내용이기에 이를 믿고 안심을 한 채 출발했다. 그러나 왜관으로 출발한 지 얼마 지나지 않아 나는 이 모든 것이 나의 너무 큰 기대였다는 사실을 알게 되었다.

박 형님이 졸기 시작했던 것이다. 뒷좌석의 두 중령이 잠들기 전까지 박 형님은 어떻게든 깨어 있으려 노력했지만 권 중령과 B 중령이 잠에 빠져들자 곧바로 선글라스를 낀 채 꾸벅꾸벅 졸기 시작했다. 권 중령은 잠이 들기 전까지 지속적으로 에어컨의 온도 설정이나 오디오 사용 등과 관련해 다양한 요청을 했고 이 때문에 박 형님 또한 자연히 잠들지 않고 깨어 있어야 했다.

그러나 길을 모두 알려주겠다는 박 형님이 잠을 자기 시작하자 나는 심하게 긴장한 와중에도 박 형님을 깨어 있게 하기 위해 노력했다. 그럼에도 잠을 이기지 못한 박 형님은 결국 선글라스로 눈을 가린 채 잠에 빠져들었다. 그러나 이보다 더 심각했던 것은 박 형님이 잠들기 전 내비게이션 소리를 꺼버렸다는 것이었다.

"박 형님, 내비게이션 소리는 왜 갑자기 끄세요?"

"어차피 내가 다 말해 줄 거니까 괜찮아."

"저는 들어야 할 것 같은데요? 아직 내비게이션 화면을 제대로 볼 여유가 없어서요."

"괜찮다니까, 내가 다 알려줄게."

아직도 나는 당시 매우 헷갈리는 두 갈래 길을 앞두고 간절히 박 형님을 불렀을 때가 기억난다.

"박 형님, 지금 앞에 두 길 중 어디로 가야 하죠?"

"……"

"박 형님?!"

박 형님은 이미 완전히 잠이 들어버린 상태였기에 내 질문에 답을 주지 못했고 결국 나는 다른 쪽 길로 접어들고 말았다. 물론 돌아가면 되는 길이었지만 나는 이 때문에 상당히 당황할 수밖에 없었다.

한 가지 기억나는 것은 권 중령의 요청으로 천안휴게소에 머물렀을 때였다.

휴게소에 도착하자 그동안 내가 운전대를 어찌나 꽉 잡고 있었는지 손이 심하게 저리고 감각도 거의 느껴지지 않았다. 그토록 긴장했던 운전이었지만 나름대로 첫 장거리운전을 큰 문제없이 해냈다는 사실에 스스로 고무되어 있었다.

권 중령은 이번에도 휴게소에서 따로 음식을 산 뒤 나와는 떨어져서 먹었다. 그러나 휴게소를 떠나기 전 권 중령과 같이 있게 되었을 때 나는 어색한 분위기를 깨고 싶어 말없이 옆에 서있는 권 중령에게 말을 붙였다.

"중령님, 이 천안휴게소는 제가 논산훈련소에 입대하기 전 아버지와 함께 마지막으로 들렀던 휴게소입니다."

"……."

"그때는 너무 긴장해서 밥도 제대로 먹지 못했었습니다. 하하하….”

"……."

그러나 권 중령은 먼 곳에 시선을 둔 채로 아무런 대답 없이 선심 쓰듯 옅은 미소만 지어 보일 따름이었다. 권 중령의 반응은 나로서는 예상하지 못했던 것이었지만 그때는 또다시 운전을 앞두고 있었으므로 이에 관해 깊이 생각하지는 않았다.

실제로 천안휴게소는 논산훈련소에 입대하기 전 내가 아버지의 차를 타고 마지막으로 들렀던 장소였다. 나는 최후의 만찬으로 아버지와 먹었던 칼국수의 밋밋한 맛을 다시 한번 떠올리며 심기일전해 운전을 시작했다.

박 형님과의 교대는 왜관에 거의 다 와갈 무렵 김천휴게소에 도착해서야 이루어졌다. 그렇게 다행히 사고 없이 부대까지 운전을 마쳤고 배럭에 도착한 뒤에야 비로소 안심할 수 있었다. 나는 그날 정말 오랜만에 방에서 편한 마음으로 잠을 청했다.

앞으로 연습이 더 필요하긴 하겠지만 첫 번째 운전을 무사히 마쳤으므로 권 중령이나 W 병장과의 관계도 더 좋아질 것이라고 생각했다. 이제는 운전병으로서 할 수 있는 일이 더 많아질 것 같았기 때문이다.

그러나 상황은 전혀 다른 방향으로 흘러가기 시작했다.

인종차별과 강제 섹션이동

훈련기간 동안 운전을 문제없이 마친 뒤에도 권 중령은 여전히 냉랭했으며 W 병장과의 관계 또한 좋아질 기미가 보이지 않았다. W 병장은 나에 대해 이유 없는 피해의식을 가지고 있는 것 같았는데 이는 갈수록 심해져만 갔다.

아침점호 때 공공연히 소대 간부들에게 카투사에 관한 뒷담화를 하는 등 W 병장 때문에 직·간접적으로 내가 느끼는 모욕감은 상당했다. 잘못한 것이 있을 경우 그것을 고치면 되겠지만 특별한 이유를 찾을 수 없었기에 나는 무력감을 느꼈다. 물론 나도 실수를 할 때가 있었지만 에스카벨을 대하는 태도와 비교하면 W 병장은 분명히 모든 면에서 나에게 훨씬 더 가혹했다. W 병장은 내가 여단 건물에서 마주치는 카투사 부대원들과 짧은 인사조차 하지 못하게 했다.

W 병장의 차별적인 대우가 더욱 심해졌던 데는 모튼 여단 주임원사의 전역도 크게 한몫 했다. 나와 용산출장을 함께 떠나기도 했던 모튼 주임원사는 지휘부에서 나의 유일한 버팀목이었다. 모튼 원사는 내가 신는 운동화의 밑창이 떨어진 것을 보고 새로운 카투사용 운동화가 언제 새로 보급되는지 직접 알아봐 줄 정도로 카투사인 나를 각별히 대해 주었고 W 병장도 모튼 주임원사가 있을 때에는 나를 혼내지 못하고 눈치를 보아야 했다. 그런 모튼 주임원사가 은퇴해 지휘부를 떠나자 대부분 자리를 비웠던 여단장, 부여단장 대신 W 병장은 '호랑이 없는 굴에서 왕 노릇을 하는 여우'가 되었던 것이다.

심지어 자신의 차별적인 행동들이 스스로 마음에 찔렸던지 자신을 흉보는 게 아닌지 의심하며 나와 박 형님의 한국어 사용을 금지해버렸다. 이 때문에 나는 출산휴가를 마치고 지휘부 사무실로 돌아온 임 선생님과 잠깐 대화를 나눌 때에도 W 병장의 눈치를 보며 영어로 말을 하는 웃지 못할 상황이 생기기도 했다. 임 선생님은 당시 느닷없이 영어로 말을 거는 나를 굉장히 의아하게 쳐다보았다.

결국 나는 이 문제에 대해 정말 많이 고민한 뒤 이것이 '인종차별'에 해당할 수도 있겠다는 생각이 들어 시니어 카투사와 한번 이야기해보기로 마음을 굳혔다. 상황을 아는 동기들도 무언가 조치를 취해야 하지 않겠느냐고 내게 용기를 주었기에 나는 저녁 포메이션(점호)이 끝난 뒤 Day room에 남아 박 시카에게 조심스럽게 말을 붙였다.

"이야기할 것이 있는데 방으로 잠깐 찾아 봬도 되겠습니까?"

"응, 알겠어. 10분쯤 있다 방으로 올래?"

잠시 후 노크를 한 뒤 방 안으로 들어가자 김 시카와 박 시카가 둥근 테이블에 자리를 잡고 앉아 있었다. 시니어 카투사의 방은 1인실이었기에 확실히 더 넓고 편안한 느낌을 주었다.

두 시니어 카투사는 모두 다른 카투사들과 달리 2인실이 아닌 1인실을 사용했는데, 이는 미군 측과 암묵적으로 합의가 되어 있었던 것으로 병사들이 눈치 보지 않고 방에서 마음 편히 상담할 수 있도록 하기 위함이었다.(사실 규정에 따르면 동일 계급의 카투사는 동일 계급의 미군과 같은 시설을 사용하도록 되어 있었기에 부사관 계급에 해당하는 카투사들은 모두 1인실을 써야 했지만 이는 배력의 크기를 감안하면 불가능한 것이었다.)

"제 NCO와 관련해 이야기를 드릴 게 있습니다."

박 시카는 이 말을 듣고 나를 테이블 앞 의자에 앉게 한 뒤 펜과 그린북을 집어 들었고 김 시카는 미군 규정집을 가져왔다.

나는 먼저 이 모든 것이 내 괜한 걱정일 수도 있다는 말을 한 뒤 W 병장의 행동 중 문제가 될 만한 것들에 대해 차례차례 이야기했다. 내가 W 병장이 운전연습을 일체 하지 못하도록 했던 것, 한국어 사용을 금지한 것, 일도 주지 않으면서 이유 없이 나를 지적하고 모욕했던 일 등을 털어놓는 동안 김 시카와 박 시카는 이를 모두 묵묵히 들어주었다.

이야기를 마친 뒤 나는 다시 한번 시니어 카투사들에게 별것도 아닌 일로 괜히 시간만 빼앗는 것은 아닌지 걱정이 된다는 말을 덧붙였다. 내 염려와 달리 이야기를 모두 들은 김 시카와 박 시카는 문제의 소지가 충분하다며 적극적으로 나서주었다. 특히 사적인 한국어 사용을 금지한 것이나 운전연습을 지속적으로 하지 못하게 한 것 등은 미군 규정위반에 해당하므로 검토한 뒤 지원대장과 섹션을 한번 찾아가겠다고 했다.

"어려운 일 아니야, 걱정할 것 없어."

"우리한테 말하길 잘했어, 한번 이야기 해봐야겠다."

김 시카와 박 시카는 나를 격려해 주었고 문제 해결에 큰 어려움이 없을 것이라는 자신감에 차 있어 보였다. 다만 예리하고 신중한 성격의 김 시카는 지금껏 겪었던 모든 사실들을 먼저 문서로 기록해 놓는 편이 좋을 것 같다고 했다. 이렇게 해야 더 확실한 근거가 될 뿐더러 최악의 경우 기회 균등과(EO, Equal Opportunity)나 미군 법률사무소에 제출할 수도 있다는 것이었다. 박 시카도 이에 동의했기에 일단 나는 일주일 정도 생각해보며 과거에 있었던 일들과 새롭게 추가되는 위반 사항들을 문서로 작성해 컴퓨터에 저장해 놓기로 했다.

나는 틈이 날 때마다 W 병장의 부당한 대우들을 워드에 작성하기 시작했고 무엇인가를 적기 전에는 항상 이것이 정말 항의할 만한 일인지 고민도 했다. 아직도 나는 당시 기록했던 내용의 일부를 가지고 있는데 다음과 같았다.

00년 0월 00일 오전 0시경 : Driver's room에 도착하자마자 W 병장이 "네가 sick 해보인다. 운전은 장난(joke)이 아니다. 그런 상태로 어떻게 운전을 할 수 있겠냐? 어젯밤 뭘 한 것이냐?"는 등 이유 없이 질책을 함.(사실 W 병장과 대면하고 있었던 것만으로도 나는 'sick'해질 수밖에 없었을 것이다.)

그러나 이렇게 근거 자료로 남길 문서를 만들며 지원대장과 섹션에 갈 준비를 하는 동안 한국군 인사과에는 큰 변화들이 생기고 있었다. 우선 모든 사람들이 가장 능력 있는 시니어 카투사라고 인정했던 김 시카가 전역을 했고 그를 대체할 시니어 카투사로 선 시카가 선발되었다. 선 시카는 중대 출신으로 입대 전에는 이름만 들으면 누구나 아는 미국의 일류대학에 재학 중이었으며 뛰어난 영어실력을 바탕으로 미군들과의 관계가 특히 좋은 편이었다.

참고로 김 시카는 가장 힘든 섹션 중 하나로 손꼽혔던 '여단 작전과' 출신이었고 박 시카는 가장 바쁜 섹션 중 하나인 '여단 인사과' 출신이었다. 시니어 카투사가 어느 섹션(소대) 출신인지는 해당 부대의 카투사들에게 매우 중요한 문제였는데, 그래서는 안 되겠지만 출신에 따라 시니어 카투사가 우대하는 소대가 달라질 수 있었기 때문이었다. 가령 중대 출신일 경우 그동안 함께 생활했던 1소대의 소대원들이 더 많은 관심을 받게 될 수도 있었다.

가장 중요한 것은 카투사 부대원들의 투표였고 영어실력과 체력이 좋아 미군에게 인정받는 후보자일수록 선발될 확률이 높았다. 카투사 모두를 대표해 미군을 상대해야 했기 때문이다. 카투사들에게 가장 많이 득표한 시니어 카투사 후보자는 이후 형식적인 미군 중대장의 서명과 지원대장의 승인 하에 RSO로 섹션을 옮겨 일하게 된다.

그러나 이 모든 과정보다 중요했던 것은 사실 '지원대장의 지명'이었다. 지원대장은 보통 카투사들의 투표 결과에 따라 시니어 카투사를 임명했지만 간혹 투표에서 많은 표를 얻었다고 하더라도 지원대장의 신임을 얻지 못해 탈락하는 경우도 있었기 때문이다. 그리고 이때 지원대장의 판단에 가장 큰 영향을 미쳤던 것이 카투사들과 함께 생활해본 두 현직 시니어 카투사들(특히 앞으로 함께 일하게 될 시니어 카투사)이었기에 시니어 카투사들에게 잘 보이는 것도 선발에 중요한 영향을 끼쳤다. 물론, 떠나게 될 섹션의 NCOIC가 시니어 카투사 지원을 허락해 주는 것 역시 필수였으므로 섹션 NCOIC를 설득하는 일도 선행되어야 했다.

어찌 되었든 김 시카의 뒤를 이어 선 시카가 새롭게 부대의 최고 실권자가 되었기에 나와 관련된 문제도 김 시카로부터 선 시카에게로 인수인계되었다. 그리고 얼마 뒤 김 시카는 전역을 하게 되었다.

우리 부대에는 전역자들이 전역 전 주 한국군 측 교육을 받고 온 뒤 그곳에서 입었던 한국군 군복을 그대로 입고 미군 섹션들을 돌며 미군, 카투사들과 마지막 인사를 나누는 전통이 있었다. 나는 이미 앞서 사수인 안 병장과 동기들이 어느 날 갑자기 단체로 한국군 전투복을 입고 소리를 지르며, 마치 날아다니기라도 하는 것처럼 양팔을 활짝 편 채 여단 건물 주위를 신나게 뛰어다니고 있는 모습을 본 뒤 이런 전통을 알게 되었다.

마찬가지로 전역 직전 한국군 전투복을 입고 미측 섹션을 방문했던 김 시카는 이날 Driver's room을 찾아 남 선생님과 한참 이야기를 나누었는데 방에 있던 내게도 진심 어린 격려를 해 주었다.

"너 정도면 앞으로 군 생활 잘할 수 있을 거야, W 병장 일도 큰 문제없이 해결될 테니 너무 걱정하지 말고!"

김 시카는 남 선생님과 유독 가까웠던 것 같았다. 그도 그럴 것이 김 시카는 작전과 근무 시절 외부 훈련에 가장 많이 참여했던 사람들 중 하나였고 자연히 여단장과 모든 훈련지에 가야 했던 남 선생님과 접할 기회가 많았던 것이다.

"찬준아, 네가 지금 고생을 좀 한다고는 하지만 여기 김 병장처럼 추운 겨울날 새벽 3시에 험비를 닦아보지는 않았잖니, 그때는 호스 물이 험비에 닿기만 하면 바로 얼어버렸었지. 하하하."

남 선생님 덕분에 나는 김 시카 역시 과거에 얼마나 고된 섹션생활을 했었는지 알 수 있게 되었다.

작전과가 카투사들에게 최악의 섹션으로 악명 높았던 것은 작전과 NCO들 탓이 컸다. 이상하게도 작전과에 배치되는 부사관들은 하나같이 유독 카투사들에게 지독하리만큼 가혹했고 김 시카 역시 그들을 피해갈 수는 없었다. 다만 김 시카는 미군들보다 훨씬 뛰어난 업무능력을 발휘해 결국 NCO들의 인정을 받게 되었고 다른 카투사들과는 비교도 할 수 없을 정도로 많은 총애를 받았다고 한다. 소문에 의하면 김 시카가 한국군 인사과로 떠난 지 일 년 가까이 지났을 때에도 작전과 미군들이 여전히 'Kim'이 그립다는 이야기를 했다고 하니 김 시카가 섹션 시절 얼마나 일을 열심히 했는지는 짐작이 가고도 남는다.

내가 W 병장 이야기를 했을 때 김 시카가 진심 어린 표정으로 공감해 줄 수 있었던 것도 아마 섹션 시절 자신이 비슷한 일들을 겪어보았기 때문인 것 같았다. 김 시카는 짧은 기간이었지만 정말 인상 깊은 모습들을 많이 보여주었고, 내 군 생활에 가장 큰 영향을 미친 선임 중 한 사람이 되었다.

한번은 김 시카가 점호시간에 농담으로 예시를 들다 한 선임의 심기를 건드렸던 적이 있었다. 아직까지도 이유는 모르겠지만 그 선임은 점호 도중 목소리를 높이며 항의했고 순간 Day room에는 긴장감이 감돌았다. 시니어 카투사의 말을 끊었던 그 선임은 부대 내에서 성격이 불같기로 유명했기 때문이었다. 나는 곧 이것이 언쟁으로 이어지고 결국은 처음 항의한 상병이 사과하는 장면이 머릿속에 그려졌다. 왜냐하면 상대는 당시 부대에서 계급이 가장 높은 병장이었던 데다 직·간접적으로 훨씬 많은 권한을 가지고 있었던 시니어 카투사였기 때문이다.

그러나 김 시카는 내 예상과 전혀 다른 반응을 보였다. 김 시카가 화를 내거나 윽박을 지르기는커녕 차분한 목소리로 특유의 존댓말을 섞어 해당 상병에게 여유 있게 사과했던 것이다.

"미안해요, 내가 그런 부분까지는 미처 생각을 못했네. 사과할게."

자존심을 세워 "지원대장과 상의해 외박을 자르겠다."고 협박을 할 수도 있었음에도 후임에게 미소를 지으며 사과하는 김 시카의 모습에 목소리를 높였던 상병도 곧 멋쩍은 미소를 지으며 침착해졌고, 그날 점호는 싸움 없이 무사히 끝날 수 있었다. 이와 같은 탈권위적인 모습은 다른 시니어 카투사나 선임들과 비교되었던 김 시카의 특징 중 하나였다.

이에 더해 김 시카의 신중함 또한 내가 배울 점이었다. 하루는 점호시간, 카투사들 사이에서 제기되었던 '미군과 서는 당직(Staff Duty) 업무의 형평성 문제'에 관해 시니어 카투사가 대처 방안을 이야기 했던 적이 있었다.

당시 부대원들은 미군에 비해 압도적으로 많은 숫자의 카투사들이 배치된 당월 당직 로스터(Roster, 근무자 명단)를 보며 모두 분노에 차 있었고 당장 항의해야 한다는 의견이 지배적이었다. 그러나 김 시니어 카투사는 이 문제에 관해 예상과 전혀 다른 답변을 꺼냈다. 결론부터 말하자면 '이번 달은 일단 넘어가고 상황을 지켜보자.'는 것이었다.

그러자 김 시카가 이유를 미처 설명하기도 전에 일부 부대원들이 당장 미군 측에 항의해야 하는 것이 아니냐는 말을 꺼냈고, 김 시카는 천천히 그 이유를 설명하기 시작했다. 요지는 로스터 상에는 분명 카투사들이 많아보일 수 있지만 현재 훈련을 위해 부대를 떠난 미군들이 많아 남은 인원을 기준으로 그 숫자를 다시 조사해보았더니 카투사들이 많다고 볼 수 없다는 것이었다.

김 시카는 오히려 지금 이를 항의하면 역으로 공격당할 수 있으니 일단 로스터를 보관하고 조치를 유보하되 다음 달의 로스터를 보고 항의 여부를 결정하는 것이 좋겠다고 말했다.

많은 카투사들이 이에 관해 여러 가지 질문들을 던졌지만 김 시카는 충분한 사전조사를 바탕으로 모든 질문들에 명쾌한 답변을 주었다. 김 시카는 이미 당직을 설 수 있는 계급의 미군 대비 현재 훈련을 나간 인원까지 계산해 두었기 때문에 결국 부대원들은 모두 이 결정에 납득할 수밖에 없게 되었다.

모두는 그날 김 시카가 내린 결정은 그가 일하기 귀찮았기 때문이 아니라 카투사들의 복지를 위해 조금 더 멀리 보았기 때문에 나온 것이라는 사실을 이해했기 때문에 후에도 이와 같은 일들이 있을 때마다 먼저 김 시카의 말을 들어보고 판단하게 되었다. 이처럼 김 시카는 충동적으로 일을 실행하지 않고 신중히 숙고한 뒤 판단하는 리더였고 이는 문제 해결에 자주 도움이 되었다.

실제로 충동적인 시니어 카투사들이 충분한 고민 없이 미군에 항의하다 역으로 공격당할 뻔한 적이 많았다는 것을 감안하면 이는 분명 배울 만한 점이었다. 물론 계속 관심을 가지고 지켜보지 않는다면 당직 로스터(당번표) 문제는 늘 반복되기 십상이었고 실제로 특별한 이유 없이 미군에 비해 카투사 당직 비율이 높은 경우도 꽤 있었다.

김 시니어 카투사는 억지로 계급을 내세우지 않고 진정성과 능력을 보여줌으로써 후임들에게 존경받았던 선임이었다. 후임들이 김 시카를 언급할 때 종종 사용했던 말 그대로 김 시카는 내게도 '슈퍼카투사'였다.

"너는 꼭 성공할 테니 나중에 TV에서 보제이!"

남 선생님은 마지막까지 김 시카에게 응원을 아끼지 않았다.

김 시카는 전역 전날 이루어졌던 '전역자의 한마디' 시간에도 부대원들의 칭찬 세례를 받았다. 이때 한 가지 인상적이었던 것은 한 후임이 김 시카에게 "그동안 지적을 받더라도 그 이유가 합당했기에 화가 나지 않았다."고 말한 것이었다.

이렇듯 모두에게 칭찬을 받으며 부대를 떠나는 김 시카를 보며 나도 훗날 저렇게 멋있는 모습으로 전역할 수 있었으면 좋겠다는 생각이 들었다.

김 시카만 부대를 떠난 것은 아니었다. 우리 부대를 관리하던 지원대장 역시 김 시카와 비슷한 시기에 임기를 마치고 다른 부대로 떠났다. 김 소령이 떠난 뒤 자리가 비게 되자 같은 캠프 내의 타 부대 지원반장(부대 규모에 따라 장교인 지원대장이나 부사관인 지원반장이 카투사들을 관리한다.)이었던 허 상사가 임시로 우리 부대의 관리를 겸하게 되었다. 허 상사는 멀리 떨어진 두 부대를 함께 관리하느라 늘 정신이 없었으므로 내가 허 상사를 만나기는 쉽지 않았다.

그렇게 곧 시니어 카투사들이 내가 작성한 문서를 가지고 지원대장과 섹션을 찾아가기로 한 날이 이틀 앞으로 다가왔고 바로 그날 예상치 못한 일이 하나 터지고 말았다.

모두가 자리를 비워 사실상 지휘부에 나와 W 병장만 남게 되자 W 병장의 히스테리는 극에 달했다. W 병장은 갑자기 Driver's room에 있는 나를 찾아와 자신의 컴퓨터가 먹통이라며 윽박질렀다. 나는 늘 그랬듯이 W 병장의 컴퓨터를 고쳐주려고 했지만 이번엔 그럴 수 없었다. 대부분의 경우 컴퓨터가 아닌 W 병장의 조작 실수가 그 원인이었기에 기계와는 거리가 먼 나도 이를 해결해 줄 수 있었지만 이번에는 컴퓨터에 정말로 무언가 문제가 생긴 것 같았기 때문이다.

내가 전산과에 문의해봐야 할 것 같다고 말하자 W 병장은 매우 비꼬는 말투로 "전산과에 있는 안경 낀 너희 카투사 친구들이나 불러보든지."라고 답했고 카투사를 비하하는 듯한 W 병장의 말투에 무의식적으로 내 표정이 일그러졌다.

W 병장은 대답을 하는 내 표정이 왜 그러냐며 불만이 있으면 이 자리에서 한 번 말을 해보라고 나를 계속 다그쳤다. 나는 처음에는 그런 것이 아니라고 말하다 문득 이틀 뒤 섹션에 알리기 전 W 병장과도 솔직히 그간의 일들을 이야기해

보아야 할 것 같다는 생각이 들어 말문을 열었다.

혹시라도 W 병장이 이 마지막 기회에 진심 어린 사과를 한다면 굳이 공식적인 조치를 취하지 않아도 될 것 같았기 때문이었다. 또한 이미 이틀 뒤 이 문제를 섹션에 이야기하기로 결정한 상황이었던 만큼 이전에 없던 용기가 생겼던 것도 한몫 했다.

그렇게 나는 W 병장이 요청한 대로 나와 카투사들을 대하는 태도 등 서운했던 점들을 조목조목 이야기했지만 W 병장은 내 예상과 전혀 다른 반응을 보이기 시작했다. W 병장이 내게 "그럼 다른 곳에서 일하고 싶은 거냐?"고 반복적으로 물어보았던 것이다. W 병장의 말투는 마치 내가 언제든 다른 곳으로 옮겨질 수 있다는 것처럼 들렸다. 나는 이러한 W 병장의 물음에 지휘부에서 계속 일하고 싶다고 답했고 이야기는 결국 마무리 되었지만 이 일로 섹션에 W 병장과 관련된 문제를 이야기 해봐야겠다는 내 다짐은 더욱 굳어졌다.

이 일이 있고 하루 뒤 나는 Driver's room에서 시니어 카투사들과 약속한 '문서 기록'을 작성하고 있었다. 바로 다음 날 사용하기로 예정된 문서였으므로 생각나는 대로 적어놓았던 것들을 다듬고 있었던 단계였다. 그런데 갑자기 옆에 있던 전화기의 벨이 울렸다. 전화를 건 것은 다름 아닌 선 시카였다.

"곧 지원반장님이 너를 보러 여단으로 가실 거니까 준비하고 있어, 알겠지?"

내게 급히 전화를 걸었던 선 시카와의 짧은 통화가 끝나자 나는 허 상사가 왜 나를 만나러 여단에 오는지 이유를 알 것 같은 불길한 예감이 들었다. 분명 W 병장 일과 관련이 있는 것 같았기 때문이다. 그리고 내 예감은 틀리지 않았다.

"단결!"

"응, 그래! 잠깐만 대기하고 있어."

허 상사와 선 시카는 나를 Driver's room에 남겨둔 채 바로 지휘부 사무실로 향했다. 나는 이것이 갑자기 무슨 상황인지 알 수 없어 굉장히 당황스러우면서도 잠깐 보았던 선 시카의 표정을 보고 좋은 일은 아닌 것 같다고 생각했다.

지휘부에서 이야기를 마치고 Driver's room으로 돌아온 허 상사는 차분한 목소리로 내게 말했다. 허 상사는 부대 전체를 통틀어 가장 젊고 탈권위적인 지원반장이었다. 가볍고 친근했던 평소 모습과는 달리 가능한 한 진지한 목소리로 첫 마디를 떼려는 허 상사의 모습이 어색하게 느껴졌다.

"찬준아, 이제부터 다른 데서 일해야 할 것 같다."

"다른 섹션 말입니까?"

"응 그렇게 됐어, 너무 상심할 일은 아니니까 시니어 카투사랑 남아서 더 이야기해봐, 알겠지?"

특이했던 것은 허 상사와 선 시카 모두 암묵적으로 약속이나 한 듯이 내가 다른 섹션으로 자리를 옮기는 이유에 대해 말해 주지 않았다는 것이었다. 나는 예상하지 못한 갑작스러운 상황에 머리가 멍해졌다. 내일이면 섹션에 찾아가 W병장과의 문제를 해결하고 지휘부에서 자리를 잡을 수 있게 될 것이라고 기대하던 나에게 다른 섹션으로의 이동은 전혀 생각하지 못했던 상황이었기 때문이다.

누구에게도 섹션 이동의 이유를 듣지 못한 상황이었지만 나는 왠지 이 모든 일이 내 잘못에서 비롯된 것 같아 까닭 모를 죄책감에 휩싸였다. 그때 멍하니 상황을 파악하던 내게 전화 한 통이 걸려왔다. 박 시카였다.

"찬준아 많이 당황했지? 절대로 네 잘못 때문에 옮겨지는 건 아니니까 죄책감 갖지 마, 알겠지?"

박 시카는 놀랍게도 그때 내가 꼭 듣고 싶었던 말을 정확히 해 주었다.

그렇게 박 시카는 내 잘못 때문에 섹션이 바뀌는 것은 아니니 걱정하지 말라는 말을 몇 번 더 반복한 뒤 자신은 이 섹션 이동 뒤에 분명 W 병장이 있을 것이라고 확신한다는 말을 덧붙였다. 권 중령이 지금껏 나와는 분리된 사무실에서 W 병장과 함께 생활해왔다는 점을 고려하면 이는 충분히 가능한 시나리오였다. 나는 마음 깊은 곳에서부터 억울함이 사무쳤지만 이미 순식간에 상황이 종료된 탓에 허무한 감정이 더욱 크게 느껴졌다.

그러나 남 선생님조차 자리를 비운 Driver's room에 혼자 남아 생각을 정리하기 시작하자 권 중령이 자꾸만 원망스러워졌다. 권 중령은 한국군과 얘기해 나를 다른 섹션으로 보내는 일련의 과정을 거치는 동안 나와는 단 한마디 말도 나누지 않았기 때문이다. 미리 언질조차 주지 않고 다른 섹션으로 보내질 때까지 얼굴 한번 내게 보여주지 않은 권 중령이 매정하게 느껴졌다.

　그렇게 나는 그동안의 차별대우를 항의하기는커녕 이유조차 제대로 알지 못한 채 강제로 섹션 이동이 결정되었다. 그리고 이로써 나는 첫날 OJT북에서 보았던 박 병장이나 사수였던 안 병장처럼 '카투사 지휘부 운전병은 결국 다른 섹션으로 옮겨진다.'는 징크스를 깨지 못하게 되었다.

테이블 위의 탁구공

뒤늦게 내 소식을 들은 남 선생님은 그동안 다른 섹션으로 보내진 카투사 운전병들은 박 병장과 안 병장뿐만이 아니었다고 말씀해 주시며 나를 위로해 주셨다.

"네 보직을 만든 장본인인 보가트 중령이었다면 운전연습을 계속 시키는 한이 있더라도 결코 너를 이렇게 매정하게 보내지는 않았을 거다."

그래도 내가 박 병장이나 안 병장과 비교해 한 가지 더 나았던 점은 이유가 사고를 내거나 했던 것이 아니었기에 적어도 앞으로 일할 섹션을 골라볼 수는 있었다는 것이었다.

그러나 이 과정에 일개 사병인 내 의사는 반영되기 힘들어 보였다. 허 상사와 선 시카, 미군 사이에서 어떤 이야기가 오가는지 나로서는 알 방법이 없었기 때문이다. 나와 가까웠던 박 시카가 있었다면 돌아가는 상황을 더 쉽게 파악할 수 있었을지도 모르겠지만 하필 이때는 박 시카가 미리 예정된 휴가를 떠나 부대에 없었다. 김 시카의 전역, 지원대장의 빈자리에 더해 박 시카마저 자리를 비우자 내게 닥친 상황이 더 크게 느껴졌다.

그렇지만 나는 기회가 생길 때마다 변함없이 단 한 가지만을 이야기했다. 그것은 바로 "되도록이면 그동안 함께 지낸 소대원들이 있는 3소대에 남게 해 달라."는 것이었다.

하지만 선 시카는 나와 다른 생각을 가지고 있는 것 같았다. 왜냐하면 선 시카가 내게 지속적으로 '1소대' 섹션들을 옵션으로 제시했기 때문이다. 아마 선 시카는 당시 중대(1소대) 출신으로서 자신이 가장 잘 알고 있는 1소대 섹션들을 내게 추천하고 싶었던 것 같다.

물론 그 섹션들도 해당 부서의 NCOIC, OIC 등과 이야기를 해보아야 했던 것은 다른 소대의 섹션들과 마찬가지였다. 그렇게 나는 말 그대로 탁구채에 맞아 협상 테이블 위를 이리저리 왔다 갔다 하는 탁구공 신세가 되었던 것이다.

내가 이동할 섹션으로 처음 거론되었던 것은 중대 건물에 위치한 'Orderly Room'이었다. 중대의 인사과라고 할 수 있는 오더리 룸은 가장 많은 업무가 이루어졌던 섹션 중 하나였는데 '슈퍼카투사'로 불렸던 맞선임 이 일병이 혼자서 근무하던 곳이었다.

이 일병은 Driver's room보다 조금 더 큰 오더리 룸에서 살인적인 업무량을 초인적으로 소화해냈다. 이 일병 본인은 내게 오더리 룸이 그 정도로 업무가 많은 곳은 아니라고 겸손하게 귀띔을 해 주기도 했지만 선임들에 따르면 오더리 룸은 분명 중대에서 가장 바쁜 섹션이었다. 이 때문에 선 시카는 나를 오더리 룸에 보내 이 일병을 돕게 할 생각을 했던 것이다.

두 번째로 거론된 곳은 오더리 룸과 마찬가지로 중대에 위치해 있던 '보급실'이었다. 오더리 룸이 중대에서 가장 바쁜 곳이었다면 보급실은 중대에서 가장 힘든 곳이라고 할 수 있었다. 두 섹션은 먼저 업무의 성격 면에서 차이가 있었다. 오더리 룸은 주로 사무업무를 담당했지만 보급실의 경우에는 대부분 무거운 물품들을 직접 옮기는 등 '육체노동'을 담당했기 때문이었다. 그러나 보급실이 중대에서 가장 힘든 섹션이 되었던 것은 보급실의 NCOIC인 L 하사 탓이 가장 컸다.

L 하사는 바로 W 병장과 가장 친했던 NCO였다. 두 부사관이 뒤에서 카투사에 관해 어떤 이야기를 했을지는 부대원들의 제보를 듣지 않아도 쉽게 상상해볼 수 있었다. 매우 복잡한 가정사를 가진 여군이었던 L 하사는 부대 내 카지노에서 많은 시간을 보냈는데, 미군들 사이에서도 급격한 감정기복과 히스테리, 부족한 업무능력 등으로 좋은 평판을 받지 못하고 있던 간부였다. L 하사 역시 W 병장

만큼은 아니더라도 유독 카투사에게 가혹했던 부사관이었다.

나는 선 시카에게 이 두 옵션을 들은 뒤 혹시 3소대나 여단 내 섹션은 고려해 볼 수 없는지 조심스럽게 물어보았지만 아무래도 힘들 것 같다는 답을 들었다. 선 시카는 당시 '공포의 섹션'으로 통했던 5소대의 여단 작전과는 언제나 인원 이 부족하기에 가능할 것 같다고 말했지만 나는 이 옵션만큼은 마지막으로 미 뤄두었다.

어떻게든 3소대에 남을 방법을 궁리했지만 상황이 여의치 않게 되자 나의 마 음은 그나마 선임과 일할 수 있었던 오더리 룸 쪽으로 점점 기울었다. 앞서 언급 한 중대의 다른 섹션으로 이동할 경우 후임 밑에서 일을 배워야 했기 때문이다.

그러나 내가 놓지 않고 있었던 실낱같은 희망 덕분에 상황은 내게 긍정적인 방향으로 흐르기 시작했다. 내가 섹션을 고민하는 사이 어느덧 기다렸던 박 시 카의 휴가복귀일이 다가왔던 것이다. 미군 측에는 알리지 않았지만 사실상 오더 리 룸으로의 섹션 이동이 기정사실화 되어가던 도중 박 시카가 휴가에서 복귀했 고 나는 바로 그날 저녁점호 후에 박 시카의 방으로 찾아갔다.

내가 박 시카에게 그간의 진행 과정을 조심스럽게 설명하기 시작했을 무렵, 갑자기 방문에서 노크 소리가 들렸다. 방문을 두드렸던 사람은 다름 아닌 선 시 카였는데, 자칫하면 내가 자신을 믿지 못하고 있다는 오해를 심어줄 수도 있는 상황이었다.

그러나 다행히 방에 들어온 선 시카는 내 염려와 달리 이에 대해 크게 신경 쓰 지 않는 것 같아 보였다. 그리고 이날 박 시카가 선 시카에게 단도직입적으로 물 었던 한 가지 질문 덕분에 내 미래는 달라졌다.

"음… 중대 말고 다른 섹션도 고려해볼 수 있는 것 아니야?"

그렇게 그날 이후 상황은 반전되었고 내가 가게 될 수 있는 섹션의 범위도 대 대와 여단까지 넓어지게 되었다. 선 시카는 아마 사람이 가장 필요해 보였던 섹 션 위주로 내 배치를 생각했던 것 같았지만 박 시카는 내 의향을 가장 중요하게 고려해 섹션을 고를 수 있도록 했던 것이다. 이처럼 시니어 카투사의 스타일에 따라 부대원들도 서로 다른 영향을 받을 수밖에 없었다. 이 일을 계기로 나는 선 시카와도 조금 더 가까워지게 되었다.

그 이후에 고려되었던 대표적인 섹션은 '여단 인사과'였다. 여단 인사과는 3소대 안에 있었으므로 내게는 최고의 섹션인 셈이었다. 게다가 여단 인사과에는 룸메이트였던 동기 이 일병이 근무하고 있었다. 더군다나 당시 이 일병은 여단 인사과에 배치받은 지 얼마 안 돼 다른 부대로 파견을 떠나 자리를 비우고 있던 상황이었다. 카투사가 아무도 없었던 여단 인사과로서도 나를 마다할 이유가 없었던 것이다.

"네가 좋다니 그럼 여단 인사과에 한번 이야기해볼게."

"네 정말 감사합니다!"

박 시카는 본인이 여단 인사과 출신이었던 만큼 내가 그곳에서 일할 수 있도록 성심성의껏 도와주었다.

지원반장과 합의를 마친 박 시카와 선 시카는 여단 인사과에 내려가 NCOIC, OIC와 내 섹션 이동에 대해 이야기해보기로 결정했다. 박 시카는 만약 이 안이 불발될 경우, 카투사라면 마다하지 않을 실호스트 대대 주임원사의 운전병 자리를 추진해보겠다고 내게 말해 주었다.

다행히 여단 인사과에서는 흔쾌히 나를 받아주었다. 여단 인사과 사람들과 이야기를 나눠볼 기회는 많지 않았지만 아침 PT를 함께 하며 얼굴을 익혀둔 것이 도움이 된 것 같았다.

당시에는 쾌재를 불렀지만 막상 섹션 이동일이 다가오자 여러 가지 생각이 들기 시작했다. 우선 내가 지휘부에서 일하던 것을 아는 인사과 미군들이 나를 어떻게 생각할지 걱정이 되었던 것이다. 내가 문제아라도 되는 것처럼 대우를 하거나 이곳으로 오게 된 이유를 캐물으면 어떻게 답해야 할지도 막막했다.

박 시카에 따르면 내가 지휘부에서 다른 곳으로 방출된 이유는 권 중령이 미군과 달리 지원되지 않는 카투사 운전병의 보험료를 내기 싫다고 했기 때문이었다. 그러나 박 시카는 이것이 표면적 이유에 불과하며, 분명 이 과정에서 W 병장의 입김도 크게 작용했을 것이라고 내게 말해 주었다.

아마 앞서 RSO 측이 지휘부를 방문할 날짜를 잡았을 때 W 병장, 또는 권 중령은 이미 그것이 어떤 이유 때문인지를 대강 파악하고 있었을 것이다. 그렇기에 이틀 전 W 병장은 내게 뜬금없이 "다른 부서로 가고 싶은 거냐?"고 말했던 것이고 이날 나와의 사건으로 한국군 측의 방문 이유가 더욱 뚜렷해지자 미리 하루 전 선수를 쳐 나를 강제로 전출시켰던 것이다. 만약 그렇지 않았다면 어차 피 약속이 잡혀 있었던 다음 날 지원반장과 나의 거취에 관한 일을 논의했어도 됐을 테니 말이다.

또한 권 중령은 어찌 되었든 내 운전실력이 성에 차지 않았던 것 같다. 나는 운전 도중 사고를 내거나 하지 않기에 첫 장거리운전이 성공적이었다고 생각 했지만 사실 운전시간도 생각보다 오래 걸렸을 뿐더러 내가 운전하는 모습이 권 중령의 눈에 능숙해 보이지는 않았을 것이기 때문이다.

그렇지만 여전히 내 마음속에는 권 중령이 이후에 내게 운전할 기회를 한 번 더 줄 수는 없었는지, 나를 방출하기 전에 한 번이라도 나에게 이에 관해 이야기 해 줄 수는 없었는지 등에 관한 아쉬움이 남아 있었다. 권 중령도 알다시피 미군 운전교육을 마친 뒤 태어나 처음으로 장거리운전을 해보았던 내게 완벽한 모습 을 기대하는 것은 무리였을 것이기 때문이다. 나는 그날의 운전을 계기로 앞으 로 더욱 발전할 수 있다는 자신감을 가지게 되었지만, 이제 그것은 더 이상 크게 의미 없는 일이 되어 버리고 말았다.

그리고 사실 그 내막이 어땠는지는 나에게 그다지 중요한 것이 아니었다. 결 과적으로 내가 그간의 차별대우에 대해 어떠한 피드백도 받지 못하고, 이유조 차 알지 못한 채 일방적으로 강제전출이 되었다는 사실은 이유가 어떻든 변함 이 없었기 때문이다.

결국 나는 지휘부 바로 옆 섹션인 여단 인사과에서 업무를 시작하는 날까지 권 중령의 얼굴 한 번 보지 못하고 이미 결정된 상황을 모두 받아들여야 했다. 어쩌면 훈련지에서 부대로 돌아오던 중 들렀던 천안휴게소에서 권 중령이 '이 곳이 입대 전 아버지와 마지막으로 식사를 했던 곳'이라는 나의 이야기에 아무 런 대답도 하지 않고 냉랭하게 굴었을 때부터 이미 내 거취는 결정되어 있었는 지도 모른다.

오기로 시작한 여단 인사과

긴장된 마음으로 여단 인사과에서의 첫 업무일을 맞았다. 차마 떨어지지 않는 무거운 발걸음을 옮기며 여단 건물에 도착해 계단을 오르자 가장 먼저 지휘부 사무실이 보였다. 공교롭게도 여단 인사과는 지휘부 바로 옆에 붙어 있었기에 나는 어쩔 수 없이 최대한 빨리 지휘부 사무실 앞을 지나쳐야 했다. 다른 섹션으로 방출된 상황에서 지휘부 사람 누구와도 어색한 인사를 나누고 싶지 않았기 때문이다.

업무 시작 전 일찍 인사과에 도착해 한참을 머뭇거리다 마침내 심호흡을 한 번 하고 사무실 안으로 들어갔다. 사무실 안에는 내가 알 법한 사람들이 아무도 없었다. 당시는 훈련기간이라 얼굴을 익혀 둔 대부분의 사병들이 훈련지로 떠났기 때문이었다. 어느 누구에게 인사를 하거나 받을 것도 없이 조용히 비어 있던 한 자리에 앉았다.

나는 누군가 내게 왜 인사과에 오게 되었느냐고 물으면 무엇이라고 답해야 할지 고민이 됐다. 심지어 다른 미군들이 갑자기 인사과로 전출을 온 나를 이상하게 보고 뒤에서 수군거리는 것도 걱정이었다. 조용한 사무실의 어색한 분위기는 내게 끔찍하게 느껴졌다.

그렇게 무엇을 해야 할지도 모른 채 시간이 얼마나 흘렀을까? 나에게 처음 말을 걸어준 것은 윌리엄슨 준위(부사관 출신으로 사관(장교)에 준하는 대우를 받으며

'Chief'라고 호칭하기도 한다.)였다.

"Park, '인사과 가족'이 된 걸 환영해."

사무실에 들어오다 나를 발견한 윌리엄슨 준위는 이렇게 말한 뒤 내 어깨를 두 번 정도 가볍게 두드려 주었다.

그러나 나는 당시 이 모든 상황이 창피하기도 하고 억울한 마음에 약간은 화도 나 있던 상태라 윌리엄슨 준위의 얼굴도 제대로 쳐다보지 못한 채 굳은 표정으로 간단히 대답했다.

"Thank you sir."

윌리엄슨 준위가 인사과 내에 마련된 자신의 사무실로 들어간 뒤에야 내게 가족이 된 것을 환영한다고 말해 준 윌리엄슨 준위에게 고마운 마음이 들었다. 왜냐하면 평소 윌리엄슨 준위는 결코 그런 따뜻한 말을 해 줄 만한 사람이 아니었기 때문이다.

윌리엄슨 준위는 전형적인 마초 미군이었다. 명실공이 3소대에서 PT를 가장 잘했던 그는 소대원들에게 항상 더 강도 높은 PT를 요구해 사병들에게는 원망의 대상이 되기도 했다.

흰 피부에 문신을 가득 새긴 거대한 근육질 몸과 날카로운 얼굴의 소유자였던 윌리엄슨 준위는 사병에게 따뜻한 말 한마디를 건네기보다 참된 군인정신을 강조하는 것이 훨씬 더 자연스러웠던 사람이었다. 그러니 그가 낮고 부드러운 목소리로 내게 위로를 담은 인사를 건네는 모습은 정말 의외로 다가왔고, 그런 그가 내 어깨를 가볍게 두드려주었을 때 나는 마치 윌리엄슨 준위가 특별히 내게 "네 상황을 다 이해하니 걱정 마."라고 말해주는 것 같은 느낌을 받을 수 있었다.

나는 갑자기 울컥하는 마음에 사무실을 나와 건물 내에 있던 한 화장실로 들어갔다. 화장실 안에 있던 나무 탁자에 앉은 나는 고개를 숙인 채 한 손으로 이유도 알 수 없이 흐르는 눈물을 닦았다. 그리고 마침내 원망과 분노, 억울함과 서러움이 뒤섞였던 감정의 소용돌이가 지나가자 내 마음 깊은 곳에서는 일종의 '오기'가 생기기 시작했다.

그때까지 나는 어차피 열심히 일해도 결국 이렇게 차별대우를 받고 다른 곳으로 보내질 것이라면 앞으로 일부 부대원들처럼 최대한 힘들이지 않고 대충대충 섹션생활을 하는 것이 더 현명할지도 모르겠다는 생각을 하고 있었다.

그러나 윌리엄슨 준위가 보여준 의외의 호의는 내게도 아직 기회가 있을 수 있다는 희망을 가지게 해 주었다. 매일 아침 PT 때마다 나와 함께 상위권에서 달리며 내가 PT에 최선을 다하는 모습을 지켜봐왔던 윌리엄슨 준위의 위로는 '그래도 그동안 내가 열심히 해왔다는 사실을 알아주는 사람이 있다.'는 사실을 깨닫게 해 주었기 때문이다.

그리고 이는 이번에야말로 그 누구도 내게 불만을 가지지 못하도록 정말 최선을 다 해봐야겠다는 오기와 다짐으로 이어졌다.

"최선을 다해서 보여주겠다. 이곳에서 반드시 인정받아 내가 결코 문제가 있어서 방출된 것이 아님을 인사과 미군들과 W 병장에게 직접 증명해 보이리라."

나는 '오기'를 가지고 인사과에서 최선을 다해 반드시 인정받겠다는 각오를 다졌다. 그리고 이렇게 생각을 바꾸자 혼란스러웠던 머릿속이 점차 맑아지고 감정이 가라앉는 것이 느껴졌다. 또 결심한 목표를 이루기 위해 지금 어떻게 행동해야 할지가 분명해졌다. 눈물을 닦은 나는 당당한 모습으로 화장실을 나와 다시 사무실에 들어갔고 인사과에 도착한 간부들과 사병들에게 먼저 다가가 인사를 건넸다.

"좋은 아침입니다! 저는 오늘부터 인사과에서 일하게 된 일병 박찬준입니다."

나는 아무렇지도 않은 듯 웃으며 모두와 인사를 나눴는데 생각보다 나에게 별 관심이 없었던 사병들을 제외하면 장교들과 부사관들은 모두 웃으며 반갑게 내 인사를 받아주었다. 아직은 인사과 사무실과 사람들이 어색했지만 나는 KTA에서 그랬던 것처럼 의지만 있다면 시간이 지남과 함께 인사과 생활도 이유 없이 저절로 적응할 수 있을 것이라고 생각했다.

나는 미군들이 전출을 온 나를 어떻게 생각할지 걱정했었지만 실제로 대다수는 내 전입에 거의 관심이 없었다. 그리고 이날을 계기로 내가 어떤 태도로 사람들을 대하고 생활하느냐에 따라 그들의 생각은 이후 전혀 달라질 수 있다는 것을 배울 수 있었다. 내가 태도를 바꾸고 먼저 당당하게 웃으며 인사를 건넨 뒤 이곳에서 최고의 리더들과 친구들을 만날 수 있었기 때문이다.

당시 훈련에 참여하지 않고 사무실에 잔류해 있던 사병들 중에는 내가 이미 대화를 나눠 본 사병도 한 명 있었다. 사실 우리 부대의 카투사들은 거의 모두 이 사병과 적어도 한 번은 이야기를 해볼 수밖에 없었다.

마르티네즈 상병(Specialist)은 나이가 40살 정도는 되어 보이는 히스패닉계 미군이었다. 외모는 예전에 개봉했던 영화 '아이덴티티'에 나오는 말콤 리버스를 닮았었는데(대머리였나) 이는 독특한 그의 영이 발음과 함께 마르티네즈 상병의 트레이드 마크였다.

나는 이처럼 군 생활 내내 이미 얼굴을 알고 있는 영화배우 등 비슷하다고 생각되는 유명인의 이미지를 해당 미군에 대입해 얼굴과 이름을 외우곤 했다. 실제로 마르티네즈 상병 외에도 미군부대에는 언젠가 외국 영화에서 본 적이 있는 듯한 개성 있는 모습의 인물들이 정말 많았다.

영어보다는 스페인어가 훨씬 편했던 마르티네즈 상병은 군 생활을 통틀어 내가 가장 알아듣기 힘들었던 영어 발음을 구사했다. 또한 마르티네즈 상병은 늘 사람들이 쉽게 다가가지 못할 정도로 퉁명스러운 표정을 짓고 있었다.

카투사들이 마르티네즈 상병을 처음 만나게 되는 것은 'CAC(Common Access Card) 카드'를 만들면서였다. 행정 업무를 하는 카투사라면 누구나 여단 인사과에서 컴퓨터에 꽂아 사용할 수 있는 CAC 카드를 발급받아야 했고 마르티네즈 상병이 바로 그 업무를 담당하고 있었기 때문이다. 나 역시 그와 증명사진을 찍고 정보를 입력하는 등의 과정을 거쳐 카드를 만들었다.

마르티네즈 상병은 그 전 선임들의 경우와 마찬가지로 내 카드를 만들 때에도 수차례 실수를 했기에 나는 첫 만남 이후에도 몇 번 더 마르티네즈 상병과 한 방에서 카드를 만들어야 했다. 이때 마르티네즈 상병과 꽤 많은 이야기를 나누었던 것이 계기가 되어 나는 부대원들 중 거의 유일하게 마르티네즈 상병과 반갑게 인사를 나누는 사이가 되었다. 마르티네즈 상병은 내가 인사과에 배치받은 뒤부터 어디서 만나든 나를 "빡(Park)!"이라고 부르며 인사를 건넸는데, 이 모습을 본 다른 카투사들도 한동안 나를 "빡"이라고 부르기도 했다.

부서를 담당하는 최고 계급 부사관이자 나의 새로운 직속상관이 된 NCOIC 프레이저 상사는 마치 '아마존의 강인한 흑인 여전사' 같았다. 40대 정도로 나이가 적지 않았지만 프레이저 상사는 평소 운동으로 다져진 군살 없는 몸매를 유지하고 있었고 PT 시간 달리기 등에서 항상 대단한 PT 실력을 보여줘 같은 소대 동기였던 이 일병과 나의 감탄을 자아내곤 했기 때문이다.

더불어 프레이저 상사는 카리스마 있는 리더십을 가지고 있어서 어떤 일이 일어나도 결코 당황하는 법이 없었다. 그렇기에 이런 프레이저 상사가 중저음의 목소리로 지시를 내릴 때면 모두는 저절로 집중할 수밖에 없었다. 후에 우연히 영화 '헤어스프레이'에서 등장인물들이 'You Can't Stop The Beat'라는 노래를 함께 부르는 영상을 보게 되었는데 여기 나오는 퀸 라티파(모터마우스 메이벨 역)의 모습과 목소리가 프레이저 상사를 똑 닮아 놀랐던 기억이 있다.

또 다른 NCO였던 미촘 하사는 카투사들 사이에서 '미줌마'라는 특별한 별명을 가지고 있었다. 40대의 백인 여군이었던 미촘 하사는 내가 군 생활을 하며 보았던 모든 사람들 중 가장 밝은 성격을 가진 부사관이었다. 미촘 하사는 항상 웃는 얼굴로 카투사를 포함한 모두에게 농담을 던지곤 했는데, 심지어 욕마저도 "Son of a Biscuit!(비스킷의 자식!)" 등의 재치 있는 말로 바꿔 말하곤 했다. 이처럼 푸근한 체격과 높은 하이톤의 목소리, 활달한 성격 등 친근한 이웃 아줌마를 연상시키는 여러 요소들 덕분에 카투사들로부터 미줌마(미촘+아줌마)라는 별명을 얻게 되었다.

이처럼 카투사에게 유독 친근하거나 특징이 있는 미군들은 카투사들로부터 별명을 하나씩 얻을 수 있었다. 여기에는 물론 카투사끼리 미군의 이름을 부를 때 알아채지 못하도록 하기 위한 목적도 있었다. 가령 성이 Story일 경우 '이야기', Webb일 경우 발음을 살려 '거미줄', Sutton의 경우는 '물통(수통)', Burns일 경우에는 '불덩이'로 부르는 식이었다. 또 mann의 경우에는 '맨저씨(mann+아저씨)'로 불렸으며 일등상사(First Sergeant)의 경우 부대를 막론하고 모든 카투사들이 '일등이'라고 불렀다.

부서를 책임지는 최고 장교인 OIC는 내가 인사과에 배치받았을 때 공석인 상태였다. OIC를 제외하고 인사과의 유일한 장교였던 후세인 중위 역시 정말 좋은 사람이었다. 방글라데시 출신이었기에 조금은 특이한 영어 발음을 구사했던 후세인 중위는 카투사를 포함한 모두에게 친절했다. 특히 아시아 출신이었기 때문인지 유독 카투사인 나를 잘 챙겨주었다.

한국문화에도 관심이 많아서 우연히 먹어본 후 최고의 음식이라고 생각하게 된 'Chicken Soup(닭고기 스프)'의 이름이 삼계탕이었다는 것을 내 덕분에 알게 된 뒤에는 삼계탕 집의 단골손님이 되기도 했다. 가족들도 한국에 함께 있었기에 나는 가끔 여단 건물 1층에서 후세인 중위와 아들들이 장난치는 모습을 흐뭇하게 바라볼 수 있었다.

그리고 앞서 말했듯 몸에 선명한 문신들이 가득했던 근육질 PT광 윌리엄슨 준위가 훈련기간 여단 인사과 사무실에 남아 있던 사람들이었다.

나는 무엇보다 이제 좁은 Driver's room이 아닌 넓은 인사과 사무실에서 일할 수 있게 된 것이 좋았다. 마침 사무실 문 왼쪽 편에 넓은 책상 하나가 비어 있었기에 나는 듀얼 모니터와 충분한 서랍들까지 갖춰진 쾌적한 자리를 배치받을 수 있었다.

나는 인사과에서 업무를 시작한 이후 무엇이든 주어지는 일에 최선을 다했을 뿐 아니라 지휘부에서 그랬던 것처럼 항상 먼저 도와드릴 일이 없는지 사람들에게 물어보았다. 또 업무시간이 끝나기 전 청소를 하는 것은 물론 파쇄기 안에 꽉 찬 종이 조각들을 버리는 일도 내가 도맡아 했다.

새로 배우는 업무들은 모두 메모 랜덤(미군에서 보급되는 메모장)에 받아 적었고 일과가 모두 끝난 후에도 이를 배럭에서 다시 한번 복습하며 잊지 않을 수 있도록 노력했다.

예상치 못하게 인사과에 배치받았던 나는 전통적인 카투사 업무가 아닌 미군들이 담당하던 업무를 해야 했다. 그렇기에 당연히 카투사 사수로부터의 인수인계 등은 기대할 수 없었지만 다행히 내 직속상관이었던 프레이저 상사는 다그치는 대신 최대한 배려해 주며 일을 가르쳐 주었다. 나는 미처 이해하지 못하는 게 있을 때마다 프레이저 상사에게 질문을 했고 프레이저 상사는 바쁜 와중에도 매번 싫은 티를 내는 일 없이 내게 친절히 답변해 주었다.

인사과는 여단에서 가장 바쁜 섹션 중 하나였다. 그리고 나는 인사과에서 업무를 배워나가며 이렇게 바쁜 섹션생활이 확실히 내 적성에 맞는다는 생각을 가지게 되었다. 운전을 하지 않는 동안은 특별히 하는 일 없이 대기하는 게 주 업무였던 운전병 생활이 누군가에겐 부러움의 대상이었을지도 모르지만 내게는 의미 없는 시간들이었기 때문이다.

보람이라곤 찾기 힘들었던 지휘부 생활과 달리 일을 열심히 할수록 나를 신뢰하고 인정해 주는 것이 느껴졌던 인사과 생활은 내가 군 생활에 의미를 느낄수 있도록 해 주었다. 게다가 일이 많아지자 업무시간도 이전보다 훨씬 빨리 지나가는 것처럼 느껴졌다.

오기를 가지고 시작했던 일들은 어느새 내게 즐거움이 되었고 프레이저 상사는 내가 주어지는 일들을 빨리 처리해내자 점차 더 많은 업무를 맡기기 시작했다. 나는 모든 업무에 최선을 다했고 마침내 간부들로부터 조금씩 인정도 받게 되었다.

그리고 이 시기 훈련지에 있던 미군 사병들과 파견을 나갔던 동기인 이 일병이 여단 인사과로 복귀해 만나게 되었다. 배럭 룸메이트이기도 했던 이 일병은 내가 자신과 함께 일하게 되었다는 사실을 알게 된 후 매우 기뻐했고 안면이 있던 다른 사병들도 격의 없이 다가와 서로 인사를 나누었다.

특히 그중 아빌라 일병과 루이스 상병은 PT 시간에 나와도 가끔 대화를 나누곤 했던 사이였다. 아빌라 일병은 히스패닉계 백인 여군으로 당시 우리 부대에서 가장 나이가 어린 여자 사병이었다. 나이가 겨우 18살이었던 아빌라 일병은 당시 '미성년자'로 분류돼 술도 마실 수 없었다. 그리고 이 사실은 방문 앞에 빨간색 글씨로 크게 표시되어 있었기에 배럭에 사는 사람이라면 모두가 알 수 있었다.

모든 미군과 카투사들은 배럭의 방 문 앞에 일종의 문패(Door tag) 같은 것을 붙이도록 되어 있었다. 이 덕분에 만일 누군가 업무시간에 사라진다면 상관은 언제든 당직실에서 마스터키를 받아 방 수색에 나설 수 있었다. 바로 이 문패에 해당 사병이 미성년자인지를 구분할 수 있는 'Underage' 문구가 표시되어 있었던 것이다.

아빌라 일병은 이렇게 어린 나이 때문에 볼 등의 행사에서 가장 나이가 많은 미군과 함께 케이크를 자르는 퍼포먼스에 참여하기도 했다. 무엇보다 아빌라 일병은 태생적인 밝은 성격을 바탕으로 모든 카투사들을 호의적으로 대해 주었다. 장난을 치는 것을 정말 좋아했는데 뜬금없이 곁에 있는 사람에게 농담을 건넨 뒤 늘 덧붙여 말하던 "I'm just joking.(그냥 농담한 거야.)"이라는 대사는 소대 카투사들 사이에서 유행어가 되기도 했다. 그리고 이와 같은 편견 없는 태도 덕분에 아빌라는 곧 카투사들에게 가장 인기 있는 사병 중 하나가 될 수 있었다.

물론 아빌라 일병의 귀여운 외모도 여기에 한몫했을 것이다. 아빌라 일병은 거친 환경에서 지내온 군인이라고는 도저히 믿기 힘든 얼굴을 가지고 있었기 때문이다. 커다란 눈과 작은 키, 부드러운 얼굴 등은 아빌라 일병을 그저 나이 어린 학생처럼 보이게 만들었는데, 이와 같은 호감 가는 성격과 외모는 다른 미군 사병들도 아빌라 일병을 좋아하게 만들었다.(내 생각에 인사과에서 함께 일했던 A 일병의 경우에는 아빌라 일병을 이성적으로 좋아했던 것 같다.)

다만 아빌라 일병은 일하는 것을 그다지 좋아하지 않았다. 각종 디테일(작업)이나 훈련 등에서 기회가 있을 때마다 종종 사라지는 모습을 보였기 때문이다. 그러나 그렇게 대담하지는 못해서 대부분 숨는 타이밍을 놓침으로써 디테일의 시작을 카투사들과 함께 하곤 했다.

사실 아빌라 일병은 미군부대에서 소위 말하는 '셰머(Shammer)'라고 단정하기는 어려웠다. 왜냐하면 (일부 카투사들을 포함해) 더 많은 수의 미군 사병들이 더 잦은 빈도로 셰밍(Shamming, 디테일 등에서 사라짐)을 했기 때문이다. 그리고 이는 아빌라 일병의 단짝이었던 루이스 상병도 마찬가지였다.

루이스 상병은 아빌라보다 키가 훨씬 컸던 흑인 여군이었다. 키가 나보다 약간 작은 정도였는데 내 생각에 178센티미터는 되는 것 같아 보였다. 루이스 상병은 20대로 나이가 젊었지만 엄청난 체력을 자랑했던 40대 프레이저 상사와 달리 매일 아침 PT 때문에 힘들어했다. 아빌라만큼 살가운 성격의 소유자는 아니었지만 루이스 상병 역시 나를 포함한 카투사들과 허물없이 지냈다.

나는 당시 이미 이 일병과 비슷하거나 어쩌면 더 많은 업무를 수행하고 있었다. 왜냐하면 동기인 이 일병은 인사과에 배치받은 후 노트북 시스템에 접근할 수 있는 권한이 부여된 'CAC 카드'를 발급받기 무섭게 곧 다른 부대로 파견을 떠났기 때문이었다. 보통 CAC 카드를 발급받기까지는 적어도 한 달 이상이 걸렸기 때문에(여기에는 마르티네즈 상병의 잦은 실수도 크게 한몫했다.) 이 일병은 자연스럽게 인사과 업무를 배울 시간이 부족했다.

게다가 나는 전통적으로 카투사들이 맡아 왔던 업무가 아닌 프레이저 상사가 자율적으로 부여하는 미군들의 업무를 해야 했기 때문에 업무 범위에 제약이 없었다. 나는 미군의 부대 전출, 한국에서의 파병기간 연장 등 다양한 업무를 맡았지만 각각의 업무 난이도는 그다지 높지 않았다. 덕분에 나는 지루하지 않게 적당한 양의 업무들을 상대적으로 빠른 시간 내에 수행할 수 있었고 프레이저 상사는 내가 업무에 충분히 능숙해졌다고 판단되면 내게 새로운 업무를 맡겼다.

나는 꼭 인사과에서 인정받아 전출된 내게 문제가 없다는 것을 보여주고 싶었고 더 나아가 후임들에게 미군에게 인정받는 선임 카투사의 모습을 만들어 주고 싶었다. 이제는 운전이 아닌 행정이 내 주 업무가 된 만큼 다시는 누구도 이를 트집 잡아 내게 부당한 대우를 할 수 없도록 행정 업무에 최선을 다했던 것이다.

업무량이 많아지면 자연히 이전보다 일을 처리하는 시간이 오래 걸리기 마련이었는데 프레이저 상사는 매번 이를 정확히 파악하고 내게 무리하지 않을 정도록 업무량을 조절해 주었다. 또한 그는 늘 나를 격려해 주고 칭찬해 주었으며 일을 재촉하는 법이 없었다.

그러나 만약 다른 미군 사병들이 충분히 할 수 있는 정도의 업무조차 하지 않고 자리를 오래 비우는 등 태만한 모습을 보일 때에는 이를 기억해 두었다가 공개적인 자리에서 망신을 주는 대신 해당 미군을 자신의 방으로 따로 불러 상담을 진행했다. 나는 중저음의 목소리에서 뿜어져 나오는 묵직한 카리스마를 가진 프레이저 상사에게 이렇게 세심한 모습이 있다는 것이 신기했다.

모든 카투사와 미군 사병들을 일반화할 수는 없겠지만 성실함의 측면에서 이들은 크게 두 부류로 나눌 수 있었다. 그 두 부류는 바로 근면한 '하드 워킹(Hardworking) 솔저'와 일하기 싫어하는 '셰머'로, 대대수는 이 두 그룹 중 한 곳에 속하기 마련이었다. 다른 직업에 비해 고된 훈련과 잡무가 가득한 데다 구속과 강제가 뒤따를 수밖에 없는 군대의 특성상 많은 사병들이 되도록 일은 하지 않고 많은 여가 시간을 갖고 싶어 하는 셰머 그룹에 속했다. 그리고 이것은 인사과에 있었던 미군 사병 대다수도 마찬가지였다.

이 때문에 작업(Detail)을 위해 집합을 하면 시간이 지남에 따라 처음 모였던 사병들이 점차 사라지고 작업이 막바지에 달할 때쯤에는 소수의 인원만이 힘겹게 작업을 마무리하는 모습을 많이 볼 수 있었다. 까다로운 NCO들은 남아 있는 사병을 시켜 도망간 사병들을 잡아오게 했지만 만약 NCO가 일일이 사병들의 숫자를 체크하지 않는다면 셰머들의 도망은 성공하는 셈이었다.

카투사들도 미군 사병들과 마찬가지로 셰머에 빙의해 작업 도중 사라지는 경우가 있었지만 적어도 우리 부대의 경우, 카투사들은 대부분 작업 마지막까지 남아 고생하는 소수에 해당했다. 카투사 병사들의 수는 미군 사병들의 1/4 정도에 불과했지만 작업이 끝날 때쯤에는 그 비율이 1:1이 되는 경우가 많았기 때문이다.

이에 대한 이유는 두 가지로 설명할 수 있다. 첫 번째는 카투사들은 한국군의 위계에 따라 선임과 후임으로 분명히 나누어져 있으므로 '도망'이 제한되었기 때문이다. 월별로 엄격히 나뉜 위계조직에서 선임이 지켜보는 가운데 후임이 도망을 가는 것은 상상할 수 없었다. 만약 작업 중 조용히 사라지는 카투사가 있다면 그는 부대원들 중 매우 높은 계급의 병사일 가능성이 높을 것이다. 앞서 말했듯 미군은 한국군과 달리 이병부터 상병(Specialist)까지 모든 사병들은 서로 이름을 부르며 평등하게 친구처럼 지냈기 때문에 서로 눈치 볼 일이 거의 없었다.(혼자 남아 일하게 될 동료가 불쌍하게 생각된다면 같이 사라지면 되는 것이었다.)

두 번째는 대부분의 카투사들이 한국군을 대표해 미군에 배속된 '군사 외교관'으로서 미군에게 한국군에 대한 나쁜 인식을 심어줄 수 없다는 생각을 가지고 있었기 때문이다. 만약 작업에서 자주 사라져 미군들에게 카투사에 관한 안 좋은 인식을 심어준다면 이는 한국군, 나아가 한국인에 대한 망신이라고 생각했다. 따라서 이를 용납할 수 없었던 카투사들은 모든 업무에 최선을 다해 카투사와 한국군에 대한 좋은 인식을 심어주고자 노력했다.

나도 두 번째 이유 때문에 작업에서 사라지는 대신 끝까지 남아 일을 마무리해야 한다고 생각했던 카투사였다. 그러나 일부 카투사들은 미군 간부들이 도망가는 미군 사병들은 제대로 찾지 않으면서 카투사들만 과도하게 관리한다며 이럴 바에야 미군 사병들처럼 사라지는 것이 손해를 보지 않는 것이라고 주장하기도 했다.

나도 때로는 이와 비슷한 느낌을 받기도 했지만 아마 사병들을 관리하는 미군 간부들의 입장에서는 소수였던 카투사들이 더 쉽게 눈에 띄었던 것인지도 모른다.

카투사가 작업에 보다 더 성실히 임했다는 것은 일부 미군들조차 인정했던 것으로 하루는 한 미군 일병이 디팩에서 "카투사들 중에는 열심히 일하는 사람이 많은데 미군들은 하나같이 게으르다."는 발언을 해서 주변의 미군들로부터 반발을 사기도 했다.

그러나 위에서 언급했던 여러 차이점들에도 불구하고 나와 같은 3소대였던 멘데즈 일병을 포함해 미군 사병들 중에서도 분명 모든 일에 성실히 최선을 다했던 '하드 워킹 솔저'들이 있었다. 3명의 내 동기들, 그리고 4명의 맞후임들은 모두 나와 같이 셰머 카투사가 되지 말자는 생각을 가지고 있었다. 부대에서 우리는 가장 사이가 좋은 선후임으로 손꼽혔는데 모두 하나같이 생각이 비슷하고 배울 점이 많은 사람들이었다. 그중 나는 특히 같은 소대 맞후임 이종헌 일병과 매일 아침 달리기 위주였던 PT를 함께 하면서 가장 먼저 가까워졌다.

근력 운동과 달리 순위가 눈에 보였던 '달리기'를 하는 날에는 소대원들 사이에 묘한 경쟁 기류가 흘렀기에 우리는 지지 않기 위해 매번 최선을 다해 뛰었고 소대에서 항상 상위권으로 들어올 수 있었다.

미군들은 어떤 이유에서인지 카투사에게 지는 것을 매우 싫어했지만 정신력이 중요한 오래달리기에서 이를 악물고 뛰는 이종헌 일병과 나를 미군들이 앞지르기는 쉽지 않았다. 그리고 이런 선의의 경쟁 덕분에 나와 종헌 일병의 달리기 실력은 나날이 좋아졌다. 우리는 힘든 상황에서도 서로에게 응원을 하며 늘 힘이 되어 주었다.

나는 가끔 만약 종헌 일병을 포함해 군 생활을 통해 얻은 소중한 인연들을 대학이나 사회에서 만났다면 과연 내가 이들의 진솔한 모습들을 발견하고 그들과 이토록 깊은 우정을 쌓을 수 있었을까, 하는 생각을 하곤 한다.

앞서 이야기한 것처럼 미군 사회에서 가장 중요했던 업무능력과 PT 능력이 다른 이들의 눈에 띌 정도로 좋아진다면 그 카투사는 부대원들과 미군들로부터 하드 워킹 카투사를 넘어 '아웃스탠딩(Outstanding) 카투사', 더 나아가서는 '슈퍼 카투사'로 불리게 된다.

물론 여기에는 내가 지휘부에서 열심히 일하고자 했지만 인정받지 못했던 것처럼 어떤 섹션에 배치받아 어떤 상관을 만나는지도 중요한 영향을 끼치게 될 것이다.

오기를 가지고 시작했던 인사과 생활은 내게 더할 나위 없이 잘 맞았고, 든든한 동료들과 훌륭한 상관들의 격려에 힘입어 매사에 최선을 다하고자 노력한 결과 나도 점차 미군들과 카투사 부대원들로부터 조금씩 인정을 받게 되었다.

W 병장에게 복수하다

　미군 섹션에서의 업무에 있어 큰 특징(어쩌면 모든 조직의 특징인지도 모른다.)은 바로 '시켜본 사람한테 일을 더 맡긴다.'는 것이다. 물론 이는 이전에 일을 맡겨보았을 때 그 업무를 잘 수행했을 경우에 해당된다.

　일 없는 다른 사병들이 사무실에서 놀고 있다고 하더라도 새롭게 부여할 업무와 비슷한 일을 이전에 잘 수행해냈던 사병이 부서에 있다면 미군부대에서의 상관은 섹션을 막론하고 해당 사병에게 일을 맡겼다. 그리고 그렇게 믿음직한 사병에게 업무를 부여한 뒤에는 그 사병이 맡았던 디테일(청소, 종이파쇄, KP 등)들은 업무능력 또는 태도가 상대적으로 떨어져 맡은 업무량이 적은 사병에게 몰아주었다.

　때문에 자연히 인정을 받는 사병은 업무량이 늘어나는 대신 잡무는 상대적으로 적게 맡게 된다. 우리 부대의 어떤 선임은 일을 적게 하기 위해 일부러 영어를 전혀 못 알아듣는 척 연기를 하기도 했었는데, 후에 업무량은 줄어든 대신 남는 시간에 수시로 잡무 폭탄을 맞아 NCO들을 원망하기도 했었다. 그러나 생각해보면 이는 자연스러운 수순이었던 셈이다.

　물론 자신이 감당할 수 없을 정도로 업무를 맡는 것은 바람직하지 않다. 그러나 미군부대에 배치받은 카투사라면 조금만 노력해도 미군 상관들의 기대에 비해 엄청난 성과를 거둘 수 있을 것이다. 카투사들이 처음 맡게 되는 업무의 난이

도는 상대적으로 높지 않은 데다 영어를 모국어로 쓰지 않는 카투사 병사들에 대한 미군 상관들의 기대도 크지 않아 자신이 조금만 업무에 헌신하면 다른 미군 사병들에 비해 훨씬 두각을 나타낼 수 있기 때문이다. 게다가 카투사들은 계산이 빠르고 컴퓨터를 다루는 능력 또한 뛰어나 행정 업무에서 이미 큰 이점들을 가지고 있다.

시간이 지나자 인사과에서 부사관 예하 사병들이 담당하는 업무들 중 무려 80% 이상을 나, 그리고 함께 일하는 동기인 이 일병이 담당하게 되었다. 자연히 인사과에 떨어지는 잡무들은 미군 사병들의 차지가 되었고 나는 미군 사병들이 혹여 우리들을 원망하지는 않을까 눈치를 보아야 했다. 물론 평소 나와 이 일병이 정신없이 업무를 하는 동안 미군 사병들은 쉬면서 이야기를 나누곤 했으니 그렇게 불공평한 처사는 아니었지만 말이다. 내가 맡은 업무가 너무 많은 날이면 이 일병은 고맙게도 자신의 업무가 끝난 뒤에 나를 도와주기도 했다.

프레이저 상사와 미촘 하사는 여유로운 미군 사병들에게 자주 잡무를 맡겼다. 심지어 업무가 너무 바쁠 때는 다른 사병들에게 내가 맡은 KP 디테일을 대신 해 주라고 지시하기도 했다. KP(Kitchen Patrol, Kitchen Police) 디테일은 아침식사 전부터 저녁식사가 끝난 뒤까지 하루 종일 디팩에서 배식을 돕고 청소를 하는 등 봉사하는 것이었는데, 미군과 카투사를 망라하고 사병들이 가장 기피하는 지루한 잡무였다.

게다가 분명 한 달간 KP를 맡는 날짜를 공평하게 나눈 당번표인 로스터가 한 달에 한 번 소대에 배부되었지만 이는 여러 가지 이유로 지켜지지 않았다. 가령 그 날 KP를 맡은 사병이 휴가 중이라는 사실이 로스터에 반영되지 않았거나 갑자기 파견을 나가 자리를 비우게 되면 다른 사람이 갑자기 KP로 지명되기도 했다.

"내일 너 KP 해야 돼!"라는 NCO들의 지시는 부대 내에서 유행어가 되었을 정도였다. 전날 일과가 끝난 뒤 배럭에 돌아갈 준비를 하다, 심지어는 당일 아침 PT복 차림으로 점호에 나왔다가 자신이 KP를 맡게 되었다는 사실을 전달받는 경우도 허다했고(물론 PT보다 KP를 선호했던 사람들에게는 행운과도 같았을 것이다.)

그 지명 기준도 명확하지 않아 병사들은 종종 이에 대해 불만을 표출하기도 했다. 이 때문에 일부 병사들이 서로의 KP 날짜를 교환하는 등 KP와 관련된 각종 거래가 이루어지기도 했다. 가령 한국 휴일에 KP가 걸린 카투사가 있다면 그날 업무를 하는 미군이 KP를 대신 해 주고 자신의 날짜에는 카투사가 대신 KP를 해 주는 식이었다.

그러나 KP와 달리 디팩 카운터에서 계산원 역할을 하는 'Head count' 듀티는 오히려 병사들에게 선망의 대상이었다. 왜냐하면 'Head count' 듀티의 경우 KP에 비해 디팩 NCO들의 통제도 덜했을 뿐더러 식사시간이 아닐 때에는 편하게 쉴 수도 있었기 때문이다.

KP가 싫었던 것은 나 역시도 마찬가지였다. 모두가 그런 것은 아니었지만 당시 KP를 감시하는 디팩 NCO들은 성격이 하나같이 괴팍했고 도움을 주러 각 섹션에서 차출된 KP들을 노예 부리듯 대했기 때문이다.

그렇지만 지휘부에서 일할 때까지만 해도 나는 오히려 KP를 좋아했다. W 병장에게서 벗어나 나름대로 의미 있는 시간을 보낼 수 있었기 때문이었다. KP의 주된 업무는 디팩에서 음식 세팅을 준비하고 배식을 하는 것이었다. 물론 시간이 날 때마다 디팩을 깨끗이 청소하는 것도 KP의 중요한 임무 중 하나였다.

나는 특히 배식(Serving)이 정말 재미있었는데 마치 영화에서나 보던 미국 식당의 종업원이 된 것 같은 기분이 들었기 때문이다. KP 초반 나는 요리들의 이름조차 제대로 익히지 못해 자주 버벅거렸지만 시간이 지나자 배식을 할 때 여유로운 인사말까지 덧붙이며 멋지게 메뉴들을 플레이트에 떠 줄 수 있게 되었다.

"What can I get for you (sir/ma'am)?" (무엇을 드릴까요?)

미군들은 나에게 "음식을 'TO-GO Plate'에 포장해 달라."거나 "소스를 조금 또는 많이" "다른 그릇에 따로 담아 달라."는 등 수만 가지 다양한 요구들을 했다.

처음엔 서툴렀던 내가 경험이 쌓일수록 이런 요구들을 척척 수행해내며 미군들에게 안부까지 물을 수 있을 정도로 여유가 생기게 되자 KP를 하는 것이 지휘부 운전실에서 하는 일 없이 대기하며 W 병장의 이유 없는 질책을 듣는 것보다 훨씬 의미 있게 느껴졌다. 이 때문에 당시 동기들은 내가 KP를 싫어하지 않는 것을 이상하게 여기기도 했다.

　그러나 내가 인사과에 배치받은 이후 어떤 이유에서인지는 모르겠지만 KP가 할 수 있는 일이 점점 줄어들다 마침내 배식을 하는 것마저 금지되자 KP는 나에게도 기피하고 싶은 디테일이 되었다. 나는 바쁜 업무 탓에 KP를 자주 맡지는 않았지만 혹시라도 KP를 하게 되면 그날은 하루 종일 디팩에서 벗어나 사무실로 돌아가고 싶은 마음이 간절했다.

　잠깐의 음식 세팅을 제외하면 KP가 하는 일은 사실상 청소뿐이었다. 박스 몇 개를 밖에 내다버린 뒤 바닥을 쓸고 닦고 나면 나머지 시간에는 오로지 잡일을 위한 NCO들의 호출을 기다리며 디팩 내에서 대기해야 했다.

　나는 KP의 임무가 그저 잠깐의 간단한 청소와 상당 시간의 대기뿐이라면 사병들이 각자 섹션에서 바쁜 업무들을 제쳐놓고 디팩에 지원을 올 필요가 있을까 하는 생각이 들었다. 외장 스피커로 노래를 크게 틀어 놓고 리듬을 타며 디팩을 돌아다니는 취사병들도 박스 몇 개는 가져다 버릴 수 있는 시간이 충분히 있어 보였기 때문이다.

　그럼에도 KP가 가지고 있었던 한 가지 장점은 바로 KP를 하며 어렵지 않게 '친구'를 사귈 수 있었다는 것이었다. 나처럼 KP로 지명돼 불려온 사병들은 함께 디팩의 NCO들과 KP 시스템을 비판하며 서로 금세 친해질 수 있었다. 아직까지도 페이스북 친구로 남아 있는 선한 인상의 필리핀계 미국인 쿠나난Cunanan 일병도 그중 하나였는데 이처럼 KP는 나에게 다른 소대, 심지어는 다른 부대의 사병들과도 친해질 수 있는 기회를 제공했다.

　그러나 부대에서는 시간이 지날수록 KP의 필요성이 줄어들어 디팩의 NCO들조차도 눈에 띌 정도로 많은 KP들이 없어지지 않는 이상 사라진 KP들을 추적하지 않게 되었고 자연히 KP를 혼자 하는 날들도 많아지게 되었다.

　그 외에도 배력 당직인 CQ와 여단본부 당직인 스태프 듀티Staff Duty 등 부대에는 다양한 사역(잡무)들이 있었지만 나는 아침마다 프레이저 상사가 전날 책상 위에 쌓아 놓고 간 업무들을 우선적으로 처리하느라 디테일/듀티들을 경험해볼 기회는 상대적으로 많지 않았다.

또 내가 이렇게 열심히 일할 수 있었던 것은 프레이저 상사의 끝없는 칭찬과 격려 덕분이기도 했다. 프레이저 상사는 내가 업무를 조금만 빨리 끝내도 "이렇게나 빨리 업무를 끝내다니 대단해!"라며 칭찬을 아끼지 않았고 다른 NCO들에게 나를 소개할 기회가 있으면 반드시 내 이름에 '하드 워킹', 또는 '아웃스탠딩' 등의 수식어들을 덧붙여 소개했다.

내가 프레이저 상사에게 이렇게 '하드 워킹 카투사'가 될 수 있었던 데는 특히, 나의 '자발적 초과 근무'가 가장 큰 영향을 끼쳤다. 그리고 마침내 내가 프레이저 상사와 미촘 하사 등 인사과 간부들에게 확실히 인정을 받게 되자 W 병장에게도 간접적으로 '복수 아닌 복수'를 할 수 있게 되었다.

앞서 지휘부에서 W 병장에 관해 적어놓았던 문서는 아무런 쓸모가 없게 되었다. 나는 더 이상 같은 부서에서 일하지도 않는 사람을 처벌하느라 애를 쓰고 싶지 않았기 때문이다. W 병장이 굳이 나를 찾아와 괴롭게 하지 않는 한 강제로 전출된 마당에 내가 다시 한국군 측에 얘기해 W 병장을 신고하고 싶지 않았다.

게다가 W 병장은 이제 내 직속상관이 아니었기에 프레이저 상사의 보호를 받는 나를 괴롭게 할 수 없었다. 또한 다행히 지휘부에 다른 카투사는 없었으므로 나는 그저 하루빨리 W 병장이 본국으로 돌아가길 바랐다. 어찌 되었든 나는 어떤 방식으로든 W 병장과 다시 엮이는 것이 진절머리가 날 정도로 싫었다.

그런데 하루는 W 병장이 내가 일하고 있는 인사과에 찾아와 프레이저 상사에게 말을 걸었던 적이 있었다. W 병장은 당시 멀리 떨어진 자리에서 일을 하고 있던 내가 대화를 듣지 못할 것이라고 생각했을지 모르겠지만 나는 서류를 만지작거리며 이들의 대화를 모두 듣고 있었다.

W 병장은 비꼬는 듯한 어투로 프레이저 상사에게 계속 질문을 던졌다.

"카투사들 요즘 어때요? 일은 안 하고 딴 짓만 하진 않나요? 지휘부에서 Park 때문에 곤란했는데 Park은 어때요?"

"그들은 최고로 잘하고 있어요."

프레이저 상사는 W 병장의 얼굴을 보지도 않고 컴퓨터에만 시선을 고정한 채 중저음의 딱딱한 목소리로 짧게 대답했다.

"정말요? 카투사들이 힘들게 하진 않아요?"

이는 분명 카투사에 대한 차별적인 시선이 바닥에 깔린 질문들이었다. 프레이저 상사는 단번에 질문들의 의도를 알아차리고는 W 병장을 한 번도 쳐다보지 않고 대답도 하지 않은 채 묵묵히 컴퓨터 업무에만 집중했다.

원하던 대답이 나오지 않자 실망한 W 병장은 프레이저 상사의 사무실을 나오다 이번에는 미촘 하사와 맞닥뜨렸다. 미촘 하사는 얼굴을 찡그린 채 하이톤의 목소리로 W 병장에게 쏘아붙였다.

"우리 Park과 Lee는 인사과에서 가장 열심히 일하는 병사들이에요. 그런 식으로 말하지 말아요!"

이 모든 상황을 바라보고 있던 나는 이들의 대화가 끝나자 마음속이 뻥 뚫리는 것처럼 통쾌했다. 그리고 동시에 프레이저 상사와 미촘 하사에게 정말 고마운 마음이 들었다. 그리고 이는 내가 그날 이후로도 이들을 위해 더욱 열심히 일을 하는 계기가 되었다.

나는 이 사건을 통해 다시 한번 확실히 내 직속상관은 더 이상 W 병장이 아닌 프레이저 상사와 미촘 하사가 되었다는 것과 내가 비로소 인사과의 일원이 되었음을 실감할 수 있었다.

내가 W 병장으로부터 자주 부당한 대우를 받았던 것과 인사과로 급작스럽게 전출된 일에 대해 잘 알고 있었던 것은 다른 카투사 부대원들도 마찬가지였다. 특히 부대원들 중 다수는 여단 건물을 오고 가며 내가 W 병장에게 이유 없는 질책을 당하는 장면들을 직접 목격하기도 했기에 W 병장은 반드시 해 줘야 하는 경우가 아니라면 카투사들로부터 도움을 받을 수 없었다. 그리고 이는 단지 나 때문이 아니라 W 병장 본인이 카투사들을 대하는 태도 때문이기도 했다.

성격이 불같았던 전산과의 이 병장은 자신이 나 대신 W 병장에게 복수를 해주었다며 내게 한 가지 일화를 이야기해 준 적이 있다. 이 병장은 미국 유학생으로 영어에 능통했고 전산과에서 뛰어난 업무능력으로 가장 인정을 받는 카투사였다. 이 병장은 전산과로 들어가는 문을 열면 항상 가장 먼저 보이는 넓은 자리에 앉아 손님을 맞았는데, 그 자리는 대대로 전산과에서 가장 유능한 사람이 앉는 자리였다. 왜냐하면 그 자리에 앉은 사람은 전산과를 찾는 수많은 사람들이 물어보는 모든 질문에 답변을 해 줄 수 있어야 했기 때문이다. 그리고 이 자리는 훗날 나의 맞후임이었던 채 일병이 차지하게 되었다.

전산과에서 이 병장 없이는 일을 처리할 수 없다는 말이 있었을 정도로 이 병장은 업무로 인정받았던 카투사였다. 그런데 전산과를 찾아갔던 W 병장은 그런 이 병장에게도 무례를 범했던 것이다.

그러나 더 큰 문제는 이 병장이 나와 달리 W 병장과 같은 계급이었던 엄연한 Sergeant(병장)이자 NCO였기에 W 병장이 하대할 수 없었다는 데 있었다. W 병장은 떡하니 가장 앞자리에 앉아 무엇을 도와드릴지 물어보았던 이 병장을 무시한 채 다른 미군들을 찾았고, 불같은 성격의 이 병장은 이를 그냥 넘어가지 않았다. 이 병장은 끝끝내 W 병장에게 왜 자신을 무시하는지 따져 물었고 깔보는 듯한 태도에 대해서도 사과하도록 요구했다.

그러나 W 병장이 결국 사과하지 않자 마침내 사건의 전말을 듣고 있던 전산과의 '상사'가 개입해 문제를 해결했다. 상사는 곧바로 W 병장에게 사과할 것을 지시했다. 전산과 업무에 대해 가장 잘 알고 있는 이 병장에게 굳이 물어보지 않아야 할 이유가 없었음에도 계속해서 하대하며 다른 미군을 찾았던 것은 잘못이라고 판단했던 것이다.

마침내 W 병장이 이 병장에게 '사과'를 한 뒤에 사건은 일단락되었다. 나는 이 병장에게 이 일화를 들으며 결국 스스로 잘못된 시각을 가지고 다른 사람들을 대하는 사람은 결국 어떤 방식으로든 손해를 보게 된다는 것을 확인할 수 있었다.

이 병장은 따뜻한 어머니보다는 엄격한 아버지 같았던 선임으로 카투사들이 미군에게 얕보이는 것을 용납하지 않았지만 후임들은 이 병장을 싫어하지 않았다. 오히려 이 병장을 따르는 후임들이 많았는데, 그것은 이 병장이 스스로 미군들에게 얕보이지 않을 만큼 PT와 업무에 최선을 다하며 먼저 모범을 보였기 때문이었다. 자연스럽게 이 병장과 반대로 후임들에게 인정받지 못했던 선임들은 자신과 후임들에게 이중 잣대를 들이댔던 사람들이었다.

이 병장은 전역 전날 내게 한 가지 놀라운 이야기를 들려주었다. 그것은 바로 그날 자신이 W 병장에게 사과를 받아냈던 것이 나의 사수였던 지휘부 안 병장과 했던 약속 때문이었다는 것이었다.

"안 병장이 전역하기 전에 내게 너를 꼭 잘 부탁한다고 했어. 그리고 나도 그렇게 하겠다고 했지."

"정말입니까?"

"그래, 그래서 그날 그냥 넘어갈 수도 있었는데 굳이 W 병장한테 사과를 받아냈던 거야. 네 기분 좀 풀어주려고."

"전 그런 줄 전혀 몰랐습니다. 감사합니다!"

생각지도 못했던 말을 듣고 나자 나보다 먼저 지휘부에서 여러모로 고생했을 안 병장에게 고마운 마음이 들었다. 그리고 그제야 전산과의 이 병장이 나를 위해 뒤에서 나름대로 많은 도움을 주었던 일들이 생각나기 시작했다.

모든 카투사들은 약 2년간 복무한 뒤 미군부대를 떠나게 되지만 카투사들이 계속 들어오고 부대가 유지되는 한 이미 전역을 했더라도 전임 카투사들이 남아 있는 후임 카투사들에게 주는 영향력은 상당히 크다.

만약 어떤 카투사가 전역하기 전 미군들에게 카투사에 관해 나쁜 인식을 심어주었다면 반드시 후임 카투사에게 좋지 않은 영향을 끼치게 될 것이다. 반대로 선임 카투사가 미군들과 부대원들에게 인정을 받아 후임들의 롤모델이 되었다면, 그 선임은 전역한 이후에도 후임들에게 남은 군 생활의 나침반이 되어주고 미군들에게 한국군에 대한 좋은 인식을 심어줌으로써 좋은 영향력을 끼치게 될 것이다. 그리고 무엇보다도 스스로 최선을 다했던 군 생활을 통해 수많은 소중한 교훈들을 얻게 된다는 점에서 선임 카투사로서 미군부대에 좋은 선례를 남기는 것은 중요하다고 할 수 있다.

나 또한 앞서 언급한 안 병장과 이 병장을 통해 직·간접적으로 다양한 영향을 받았다. 그리고 이후에도 나는 다양한 유형의 선임들을 관찰하며 앞으로 남은 군 생활을 어떻게 해나가는 것이 좋을지 나름대로 생각해볼 수 있었다.

미군부대의 아침 PT

One mile (One mile) No sweat (No sweat) (1마일 땀도 안 나)

Two miles (Two miles) Better yet (Better yet) (2마일 더 좋지)

Three miles (Three miles) I can make it (I can make it) (3마일 나는 할 수 있어)

Four miles (Four miles) You can make it (You can make it) (4마일 너도 할 수 있어)

Huah! (Huah!) a-ha! (a-ha!) Huah! (Huah!) a-ha! (a-ha!)

자대에서의 사무실생활에 적응이 되자 나는 곧 매일 아침 이어졌던 PT에도 완전히 적응하게 되었다. 그리고 내가 이렇게 PT에 적응하는 데 가장 먼저 도움이 되었던 것은 바로 아침 구보를 하며 불렀던 신나는 '케이던스'들이었다.

위 케이던스의 예처럼 미군의 군가는 엄숙한 한국군 군가와는 달리 가볍고 경쾌한 리듬과 가사로 구성되어 있었기에 나는 평소에도 이를 흥얼거리며 PT에 관해 긍정적인 인식을 가질 수 있었다. 아직까지 생생하게 기억나는 또 다른 재미있는 케이던스는 다음과 같다.

When my granny was 91 (When my granny was 91) (우리 할머니가 91세 때)

She did PT just for fun (She did PT just for fun) (재미로 PT를 했지)

When my granny was 92 (When my granny was 92) (우리 할머니가 92세 때)

She did PT better than you (She did PT better than you) (너보다 PT를 잘했지)

When my granny was 93 (When my granny was 93) (우리 할머니가 93세 때)

She did PT better than me (She did PT better than me) (나보다도 PT를 잘했지)

When my granny was 94 (When my granny was 94) (우리 할머니가 94세 때)

She did PT more and more (She did PT more and more) (더욱더 PT를 많이 했지)

두 케이던스는 가사를 덧붙여 끝도 없이 이어질 수 있었다. 가령 첫 번째 케이던스에서 마일 수는 5, 6, 7마일 등으로 늘어날 수 있었고 두 번째 케이던스에서 할머니는 97세까지 나이가 많아지다 심지어는 돌아가신 후 천국의 문에서 성 베드로(St. Peter)까지 만나게 된다.

이 외에도 행군용 군가였던 'Mama, Mama can't you see? what the army's done to me'(엄마, 엄마 모르겠어? 군대가 나한테 무슨 짓을 했는지)처럼 재미있는 군가들도 많았다. 해당 군가는 다음과 같은 자조 섞인 가사들로 구성되어 있었다.

They put me in a barber's chair (그들이 나를 미용실 의자에 앉혔는데)

I turned around, I had no hair (돌아보니 내 머리카락이 없어졌네)

I used to drive a Cadillac (나 예전에는 캐딜락을 몰았었지만)

Now I hump it on my back (이제는 그걸 등에 지고 나른다네)

I used to date a beauty queen (나 예전에는 미인과 데이트를 했었지만)

Now I hug my M16 (이제는 M16 소총을 껴안는다네)

케이던스의 가사는 선창하는 사람에 따라 언제든 달라질 수 있었다. 가령 카투사가 케이던스를 선창하는 경우 '미국을 위해'와 같은 가사는 '한미동맹을 위하여'로 바뀔 수 있었고 '맥주 안의 작은 거품들'은 '소주 안의 작은 거품들'로 개사되기도 했다. 심지어 선 시카는 시니어 카투사가 되기 전 중대에서 근무할 때 본인이 1소대의 케이던스를 선창할 기회가 있으면 이벤트성으로 가끔 카투사들과 한국 군가를 선택해 부르기도 했다. 미군들도 이를 재미있어 해서 나중에는 선 시카에게 한국 군가를 불러줄 것을 먼저 제안하기도 했다.

이와 같은 케이던스들은 내가 아침 PT시간 단체로 달리는 'Group run'을 즐기게 되는 데 큰 도움을 주었고 가끔 케이던스를 부르고 싶어 Group run을 은근히 기대하기까지 했다. 특히 Company Run, Battalion Run, Brigade Run(중대, 대대, 여단의 인원이 대열을 맞춰 모두 함께 달리는 것을 의미한다.) 등 대규모 달리기 행사가 열렸던 날은 매번 어김없이 등장했던 여러 재치 있는 미군들 덕분에 다 같이 박수까지 치며 익살스러운 가사의 케이던스들을 실컷 불러볼 수 있었다.

나는 이렇게 재미있는 가사의 군가들을 신나게 부르며 PT를 이겨내는 미군들을 통해 힘든 상황에서도 유머를 잃지 않고 나름의 재미를 찾아내는 삶의 태도를 배울 수 있었다.

나는 매일 아침 5시 35분에 기상해 먼저 PT복으로 갈아입은 뒤 간단하게 세안을 한 후 반드시 두 가지 행동들을 잊지 않았는데, 첫 번째는 바로 '두유 마시기'였다. 첫 PT 때 빈혈증세를 일으키며 화장실에서 토했던 경험을 거울삼아 PT를 나가기 전 디팩에서 미리 가져온 바나나를 먹거나 구입해 둔 두유를 마셨다. 만약 다음날 '강도 높은' PT가 예고된 경우에는 각성 효과를 위해 커피까지 한 잔 마시고 나갔다. 그리고 두 번째로 간단한 스트레칭을 했다. 물론 PT 전 스트레칭 시간이 있기는 했지만 달리기 도중 쥐가 나는 끔찍한 사태를 확실히 피하기 위해 몸을 풀 겸 미리 허벅지와 종아리 스트레칭을 했다. 보통 한 발로 서서 발목 잡아당기기, 한 발로 서서 무릎 잡아당기기, 런지 스트레칭, 다리를 벌린 뒤 상체를 돌리는 허벅지 안쪽 스트레칭 등을 하고 나갔는데 이 덕분인지 나는 전역할 때까지 PT 도중 한 번도 근육경련을 겪지 않을 수 있었다.

나는 6시 20분까지 여단 건물 앞 포메이션에 합류했다. 아침점호를 위해서는 6시 30분 전까지만 여단 앞에 집합하면 되었지만 미군의 '10 minutes prior'(모든 포메이션에 10분 전까지 집합해야 한다는 규칙) 규칙에 의해 적어도 10분 일찍 포메이션에 나가 있어야 했기 때문이다.

아침점호가 시작되면 포메이션 앞으로 일등상사가 나와 그 날의 전달 사항들을 안내했고 그 후 지시를 '알아들었다.'는 미군들의 은어인 "Hooah!" 소리가 몇 차례 이어진 뒤 PT가 시작되었다. 카투사라면 군 생활 도중 이 "Hooah!"를 수도 없이 외치게 되며 심지어는 습관이 된 탓에 휴가를 나와 친구나 부모님의 말에 "Hooah"로 대답하는 일이 발생하기도 한다.

'요정'이라는 별명을 가지고 있었던 페어리 일등상사가 물러난 뒤 전설적인 복싱선수 '플로이드 메이웨더 주니어'와 꼭 닮은 외모를 가졌던 번즈 일등상사가 새롭게 일등상사가 되었다. 번즈 일등상사는 늘 메이웨더가 복싱링에 입장할 때처럼 건들거리는 걸음걸이로 대형 앞에 등장해 상세히 설명하는 게 귀찮다는 듯한 말투로 공지 사항들을 전달했는데, 나이에 비해 젊어보였고 따뜻한 성격으로 늘 나사가 하나 풀린 것 같은 여유로운 말투로 사병들을 친구처럼 대했다. 그것은 카투사들에게도 마찬가지였다.

PT 시작 전 모든 사병들의 눈과 귀는 일제히 일등상사의 입으로 향했다. 왜냐하면 PT를 위해 소대별로 해산하기 전 아직 당일 PT를 하지 않을 수 있는 기회인 'Urine test(소변검사)'가 남아 있었기 때문이다. 불시에 랜덤으로 마약 사용 여부를 검사했던 'Urine test' 덕분에 소변검사 대상자로 선발된 사병은 그날의 PT에서 열외될 수 있었다. 또 소변검사는 보통 생각보다 빨리 끝났기 때문에 소변검사를 마친 사람은 먼저 배럭에 돌아가 쉴 수도 있었다. 물론 간혹 아무리 물을 마셔도 소변이 나오지 않아 소변검사가 끝도 없이 길어졌던 사병들도 있었지만 말이다.

이 때문에 소변검사 대상자로 이름이 불리는 사병들은 환호를 지르며 PT 대열에서 빠져 소변검사를 하는 건물로 들어갔다. 간혹 성이 같거나 이름이 비슷한 사병들은 이름이 끝까지 불릴 때 희비가 엇갈리는 재미있는 상황이 펼쳐지기도 했다. 카투사들은 이름 덕분에 'Urine test'에 더 자주 선발되었다. 미군들은 부르기 어려운 카투사들의 이름을 간단히 이니셜로 표기해 기록했기 때문에(이외에도 미군들은 평소 호칭으로 쓰이는 성이 중첩되는 경우가 너무 많았던 카투사들을 구분하기 위해 이니셜을 사용하거나 성에 특징을 덧붙인 별명을 만들어내기도 했다.) 같은 이니셜을 가진 카투사들은 일단 모두 자신이 대상자인지 확인하기 위해 PT 대열에서 빠질 수 있었기 때문이다. 예를 들어 우리 부대에는 이니셜 'Lee, J. H.'에 해당하는 카투사들이 세 명이나 있었는데 심지어 모두 한 달 간격으로 입대했던 선후임들이라 계급도 같아 구별할 방법이 없었다.

'Urine test' 외에도 '콘 디테일(Cone Detail)'을 맡게 되면 상당 시간 아침 PT를 쉴 수 있었다. 콘 디테일은 아침 PT가 시작되기 전 미리 군복을 입고 도로에 나가 달리기 도중 발생할 수 있는 교통사고를 예방하기 위해 안전콘(고깔콘)으로 차량 통제라인을 만든 뒤 PT 내내 이를 지키는 디테일 아닌 디테일이다.

마지막으로 'Urine test'와 '콘 디테일'의 대상자로 지목되지 않았음에도 PT에서 열외될 수 있었던 경우가 하나 더 있었는데, 바로 'Profile'을 받는 것이었다. Profile은 부대 내 병원인 TMC에서 받을 수 있었던 의사의 '처방전'으로 한국군과 마찬가지로 몸 상태가 좋지 않아 PT가 힘들다는 처방전을 받아오면 PT에서 열외될 수 있었다.

이 모든 경우들에 해당하지 않는 사병들은 모두 예외 없이 아침 PT에 참여해야 했다. 나에게 가장 기억에 남는 PT는 바로 악명 높은 'B 언덕 구간 달리기' PT였다. 만약 그 날의 PT Instructor가 PT 전 'B 언덕'을 언급하기라도 한다면 말이 떨어짐과 동시에 소대원들이 일제히 한숨을 내뱉었을 정도로 사병들은 이 'B 언덕 PT'를 기피했다.

B 언덕은 부대 깊숙한 곳에 위치해 엄청난 경사를 자랑하던 아스팔트 언덕이었는데, 이곳에 진입하기 위해서는 먼저 양쪽에서 열리는 거대한 철문을 통과해야 했다. 게다가 이 철문은 평소 잠겨 있었기에 열린 철문을 통과해 B 언덕으로 들어가는 것은 마치 금지된 구역으로 들어가는 것 같은 느낌을 주었다.

이 때문에 나는 지휘부 시절 험비를 타고 B 언덕을 방문했을 때 이곳이 마치 영화 '쥬라기 공원' 시리즈에서 해먼드 회장이 쥬라기 공원이 폐쇄된 뒤 몰래 공룡들을 방목했던 'B 구역' 같다는 생각을 했었다. 그도 그럴 것이 거대한 철문을 통과하면 오직 우거진 숲과 철책, 그리고 오르락내리락하는 급격한 경사의 2차선 아스팔트 도로만 존재했기에 오랫동안 사람의 손길이 닿지 않은 것 같았던 그 묘한 분위기가 영화의 배경과 닮아 있었기 때문이다.

일부 소대원들 사이에서는 B 언덕에 관한 괴담이 하나 존재했다. 그것은 바로 "체력이 정말 좋은 사람은 B 언덕을 뛰어서 올라가고, 체력이 보통인 사람은 걸어서 올라가며 체력이 나쁜 사람은 네 발로 기어서 올라가게 된다."는 것이었다. 내가 악명 높은 B 언덕에서 달리기를 하며 깨달은 교훈은 바로 '아무리 속도가 느리더라도 계속 달리는 것이 달렸다 멈췄다 하거나 달리다 걷기를 반복하는 것보다 훨씬 빠르다는 것'이었다. 덕분에 소대에서 달리기를 1등으로 마치는 날들도 생기게 되었다.

이때 깨달은 교훈은 전역 후에도 지속적으로 내게 큰 영향을 주었다. 인생을 달리기에 비유한다면 불가능해 보이는 B 언덕 코스와 같은 상황이 주어졌을 때 억지로 과하게 속도를 내 포기하기를 반복하는 것보다는 끝이 있다는 것을 믿고 느리더라도 포기하지 않고 꾸준히 앞으로 나아가는 것이 결국 더 빠르게 원하는 목표를 이룰 수 있는 방법일 것이기 때문이다.

이처럼 미군들은 매일 PT만큼은 '확실히' 했다. 한국군에 비해 여러 편의와 자유를 누리고 있는 미군들이지만 아침 PT의 강도는 결코 가볍지 않았기에 카투사들은 종종 이와 같은 자대의 고강도 PT에 당황하기도 했다. 물론 자대의 간부들은 KTA에서처럼 PT를 강제하지 않고 많은 부분을 개인의 자율에 맡기기 때문에 걱정할 것은 없지만 미군들에게 인정받는 군 생활을 위해 카투사 입대 전 가볍게 푸시업과 달리기 정도는 연습해 와도 좋을 것이다.

나는 이와 같은 다양한 강도의 PT들에 나름대로 최선을 다하면서 군 생활을 대하는 몇 가지 소중한 태도들을 배울 수 있었다.

첫 번째는 앞서 말했듯 "나를 죽이지 못하는 고통은 나를 더욱 강하게 만든다."는 것이었다. 나는 달리기를 하다 정말 힘들 때에도 만약 내게 아직 어지러움 증세가 없다면, 다리에 쥐가 나지 않았다면 여전히 달릴 수 있는 것이라고 생각했다. 그리고 정말 힘든 코스의 달리기를 마친 뒤에는 이후 같은 코스를 다시 뛰었을 때 신기하게도 훨씬 덜 힘든 것을 느낄 수 있었다. 그런 점에서 보면 실제로 나를 죽이지 못하는 고통은 매번 나를 더욱 성장시켰던 셈이다. 나는 '팔과 다리에 힘이 풀리지 않는 한 계속할 수 있다.'는 자신감을 바탕으로 이전보다 더 담대한 마음을 가지게 되었다.

두 번째는 '스스로 동기부여하기'였다. 매일 아침 이어지는 PT를 고통스럽지 않게 해내기 위해서는 무엇이 되었든 스스로 동기부여를 하는 것이 중요했다.

가령 동기였던 정 일병은 PT를 일종의 다이어트라고 여겨 힘든 PT를 하더라도 살이 빠진다고 생각하며 버틸 수 있었다. 혹독한 PT 강도를 자랑했던 1소대에서 정 일병은 실제로 매일 최선을 다했다. 나는 1소대 소대원들이 달리기를 하며 지나간 뒤 곧 정 일병이 나타나 일그러진 표정으로 온 힘을 다해 소대원들의 뒤를 끝까지 쫓아가는 것을 자주 목격할 수 있었다. 실제로 정 일병은 원하면 언제든 푸드코트에서 치킨을 사 먹을 수 있었던 미군부대에서 야식 등의 군것질을 포기하지 않으면서도 매일 아침 PT에 최선을 다한 결과 별도의 운동 없이 군 생활 동안 무려 약 15킬로그램을 감량할 수 있었다. 반면 마른 몸의 소유자였던 나는 정 일병과 달리 달리기 때문에 살이 더 빠질까 염려하며 매일 PT가 끝난 뒤 두유를 마시는 것을 잊지 않았다.

나는 한국군으로서 미군들에게 안 좋은 모습을 보일 수는 없다는 생각으로 동기부여를 했다. 자대배치를 받은 초반 미군들에게 뒤처져 의욕 없이 걷는 모습만을 보여주었던 일부 선임들처럼 되고 싶지 않았기 때문이다. 그리고 신기하게도 내가 이런 생각을 가지고 PT에 최선을 다할수록 이전보다 PT가 덜 힘들어지는 것을 느낄 수 있었다. 자연스럽게 체력이 좋아짐과 동시에 PT에도 점차 적응이 되었기 때문이다.

덕분에 나는 강도 높은 PT를 만나더라도 스스로 했던 동기부여를 바탕으로 버텨낼 수 있었다. 특히 함께 했던 카투사 소대원들과 힘든 PT를 '악과 깡'으로 극복한 뒤 맛볼 수 있었던 큰 성취감은 내게 자신감을 심어주었고 PT에 대해 지속적으로 동기부여를 할 수 있게 해 주었다.

카투사 소대원들과 "이제 거의 다 끝났다!", "오늘 PT는 별 거 없네!" 등의 말로 서로 동기부여를 하다 보면 PT가 훨씬 쉽고 재미있게 느껴졌다. 그렇기에 나는 고강도의 PT보다 고통을 함께 나눌 다른 카투사들이 PT에서 열외 된 상태에서 혼자 PT를 하는 것이 더 힘들 때가 많았다.

거창한 명분이 아니더라도 PT나 군 생활 자체에 나만의 동기를 부여했던 것은 매번 내가 어차피 해야 할 일들을 훨씬 수월하게 해내는 데 큰 도움을 주었다. 다만 이 동기부여가 자신에게 과도하게 큰 부담이 되지 않도록 주의를 기울일 필요는 있다. 나의 경우 미군에 뒤처지는 한국군의 모습을 보여서는 안 된다는 생각이 군 생활 초반 훌륭한 동기부여가 되었지만 이후에는 오히려 부담으로 다가오기도 했기 때문이다. 그리고 이를 깨달은 나는 이후 달리기 순위 등과 같이 보여주기 식 모습에 너무 집착하기보다는 편한 마음으로 PT 그 자체를 즐기고자 더욱 노력했고 이는 여러 면에서 좋은 성과로 이어졌다.

PT의 강도는 그 날의 'PT Instructor'에 따라 천차만별이었다. 그렇기 때문에 일단 내일의 PT Instructor가 누구인지만 파악할 수 있다면 PT의 강도를 미리 예측하는 것도 어렵지 않았다. 예를 들어 윌리엄슨 준위가 다음날 PT를 맡게 되었다면 전날은 가능한 한 일찍 잠자리에 들고 아침에 일어나 커피라도 한 잔 마시고 나가는 것이 현명한 선택이었다. 반대로 만약 Chaplain(군종 보직)이었던 인상 좋은 무니즈 하사가 PT를 맡는다면 그날은 마음 편히 아침점호에 나갈 수 있었다.

PT Instructor를 맡은 간부들은 앞선 윌리엄슨 준위와는 다른 의미로 특별한 PT들을 준비하기도 했다. 이 중 모든 사병들이 환호했던 첫 번째 PT는 바로 'Gym PT'였다. Gym PT는 말 그대로 Gym에서 PT를 하는 것을 말했다. 물론 PT Instructor에 따라 Gym PT의 종류도 다양했지만 보통 강도가 높지 않아 사병들이 가장 선호했던 PT였다. 주로 날씨가 너무 춥다고 판단될 때 센스 있는 NCO가 Gym PT를 제안했다.

많은 경우 Gym PT는 시설 좋은 Gym 내부에서 자유롭게 하고 싶은 운동을 하는 것을 의미했기에 사병들은 이를 정말 좋아했다. 그러나 이렇게 PT를 완전히 개인의 자율에 맡기자 자연스럽게 부작용도 생겨나게 되었다.

커다란 Gym의 특성상 NCO들은 사병들이 어떤 PT를 하는지 일일이 감시할 수 없었으므로 일부 사병들이 '사우나'로 향했던 것이다. 사우나는 시간이 조금만 지나도 땀을 많이 흘릴 수 있다는 장점을 가지고 있었다. 때문에 PT를 마칠 무렵 모든 소대원들이 모이고 나면 사우나를 다녀온 사병들이 가장 열심히 운동한 것처럼 보이는 웃지 못할 상황이 펼쳐지기도 했다.

한번은 한 '사병'이 이를 지적하며 "누가 사우나에 가는지 자신이 지켜보겠다."고 엄포를 놓았던 적이 있었다. 그러나 정말 웃겼던 것은 그날 나와 카투사 소대원들이 근처를 지나다 사우나에서 나오는 그 사병을 발견했다는 것이었다.

다른 소대원들이 그의 엄포에 사우나 방문을 자제한 사이 그 사병은 유유히 사우나를 즐기고 있었다. 나는 아직까지도 그가 우리를 발견한 뒤 멋쩍은 웃음을 지으며 사우나 밖으로 나오던 장면을 떠올릴 때면 여전히 웃음을 참기 힘들다.

그러나 어쩌면 사우나에서 나오지 않고 버티는 것 역시 일종의 PT에 해당할지도 모른다. '사우나 PT' 역시 열심히만 한다면 어떤 방식으로든 운동효과를 낼수 있을 테니 말이다.

물론 간혹 특별한 Gym PT를 준비하는 간부들도 있었다. 그리고 이 중 현재 가장 기억에 남는 것은 바로 신나는 음악에 맞춰 실내 자전거를 탔던 '스피닝 PT' 였다. 우리는 스피닝 PT를 하는 날 Gym 2층에 있는 커다란 거울방에 모였는데, 벽이 모두 거울로 되어 있었던 그 방에는 미리 준비한 듯 이미 많은 실내 자전거들이 놓여 있었고 앞뒤에는 TV 스크린도 설치되어 있었다.

그날 PT Instructor는 특별히 다른 소대에서 트레이너까지 초빙했었다. '오늘의 트레이너'로 초청받았던 로페즈 중사는 스피닝 PT를 진행하며 매우 능숙한 모습을 보여주었는데 입대 전 이미 스피닝 강사로 활동한 경험이 있는 것 같았다. 영화배우 스칼렛 요한슨과 묘하게 닮았던 로페즈 중사는 긴 머리를 힘껏 뒤로 묶은 채 앞에 있던 TV를 틀었다.

TV에서는 한눈에 보아도 헬스 트레이너인 것이 분명한 근육질 흑인 남자 강사와 백인 여자 강사가 나와 스피닝 운동에 관한 설명을 하기 시작했다. 그런데 TV 속 트레이너들이 마침내 PT의 시작을 알리려던 순간, 한국계 미군이었던 류 소령이 갑자기 로페즈 중사에게 한 가지 제안을 했다. 그것은 바로 카투사들(과 자신)이 현재 진행 중인 월드컵 축구경기의 스코어를 볼 수 있도록 뒤쪽 TV에 경기를 틀어줄 수 있겠느냐는 것이었다.

로페즈 중사는 이 센스 있는 제안을 수락했고 덕분에 류 소령과 우리들은 PT

도중 가끔 고개를 돌려 그 시간에 진행 중이었던 한국 국가대표팀의 월드컵 경기를 볼 수 있게 되었다.

그러나 막상 PT가 시작되자 나를 포함한 대부분은 뒤쪽의 스크린을 제대로 쳐다볼 수 없었다. 왜냐하면 로페즈 중사의 스피닝 PT가 정신을 차리기 힘들 정도로 매우 신이 났기 때문이었다.(다행히 그날 경기의 최종 스코어는 '1:1 무승부'로 보지 못해도 크게 아쉽지 않은 경기였다.)

우리를 마주 본 상태로 가장 앞에 있던 자전거에 오른 로페즈 중사는 영상에서 나오는 빠른 비트의 신나는 노래에 맞춰 우리들에게 다양한 자세로 자전거를 탈 것을 지시했다. 자리에서 엉덩이를 떼거나 몸을 숙이는 등 로페즈 중사의 지시에 따라 다양한 자세로 정신없이 자전거를 타다 보니 시간은 쏜살같이 지나갔고 나는 어찌나 신이 났던지 PT가 끝나는 게 아쉽게 느껴질 정도였다. 이후에도 나는 Gym PT를 하는 날이면 이 스피닝 PT를 내심 기대하곤 했지만 애석하게도 이날 이후로는 스피닝 PT를 해볼 수 없었다.

이 외에도 사병들이 환호했던 PT 중 하나로 '풀 PT(Pool PT)'가 있었다. 풀 PT는 말 그대로 수영장에서 하는 PT였다. 나는 아쉽게도 이를 한 번도 경험해볼 수 없었지만 다른 소대원들의 말에 따르면 풀 PT는 게임 등이 결합된 즐거운 PT였다고 한다.

이처럼 PT의 종류는 정말 다양하기에 자대에서의 PT에 관해 미리 걱정할 필요는 전혀 없다. 강도 높은 PT를 만난다고 하더라도 이에 최선을 다한다면 분명 자신에게 도움이 될 무언가를 얻어갈 수 있을 것이다.

적어도 나는 PT를 통해 불가능할 것 같은 일도 해낼 수 있다는 자신감과 소중한 성취 경험을 갖게 되었고 이는 전역 후에도 내게 큰 자산이 되었다.

카투사의 숙명, 이별과 만남

미군부대에서 군 생활을 한다는 것은 서로 다른 배경을 가진 수많은 종류의 사람들을 만나볼 수 있다는 것을 의미한다. 'Melting pot(용광로)'이라는 별명을 가진 다인종국가 미국답게 미군부대에도 정말로 다양한 사람들이 존재하기 때문이다.

자대에 배치받으면 가장 먼저 관계를 맺게 되는 것은 섹션에서 함께 일하는 미군들이다. 나는 다행히도 지휘부에서의 아픈 기억을 잊고 훌륭한 상관들과 동료 사병들을 만나 즐겁게 일할 수 있었다.

그러나 아쉬웠던 점은 이들 중 대다수가 나와 더 친해지기 전 한국에서의 복무기간 1년을 채우고 미국으로 돌아가야 했다는 것이었다. 다행히 프레이저 상사, 미촘 하사, 후세인 중위는 인사과에 남았지만 사병들은 전부 비슷한 시기에 본국으로 돌아갔다. 가장 먼저 떠났던 것은 A 일병이었고 곧 아빌라 일병과 단짝 루이스 상병, 마르티네즈 상병도 인사과를 떠났다.

이렇게 많은 사람들이 떠난 뒤 인사과에는 새로운 미군들이 전입해 왔다. 먼저 OIC로 발령받았던 머카도 소령과 윌리엄슨 준위의 후임 E 준위, 그리고 S 대위가 새롭게 인사과의 식구가 되었다.

윌리엄슨 준위의 후임인 E 준위는 40대의 백인 여군이었다. 신기했던 것은 윌리엄슨 준위와 마찬가지로 E 준위의 달리기 실력이 대단했다는 것이었다. 나는

E 준위를 보며 나이는 정말 숫자에 불과하다는 것을 깨닫게 되었다. 누구든 40대 나이에 키도 작은 여자 장교가 매일 20대 남자 사병들을 모두 제치고 선두에서 달려 나가는 것을 본다면 나이와 성별에 상관없이 꾸준한 관리를 통해 강철 같은 체력을 가질 수 있다는 것을 확실히 믿게 될 것이다.

또 이 시기 인사과에는 이미 새로운 카투사도 전입해 와 있었다. 나는 당시 섹션 후임이 생겼다는 사실에 매우 즐거웠는데, 이후 이것 때문에 문제가 생기게 될 줄은 전혀 예상하지 못했다.

프레이저 상사는 내 업무를 전입해 온 고 이병과 나눠 함께 하도록 했고 나는 최선을 다해 고 이병에게 업무들을 가르쳐 주었다. 다행히 고 이병은 나를 잘 따라주었고 우리는 곧 최고의 콤비가 될 수 있었다. 미군들도 고 이병에게 성(Ko)을 딴 Coco Puff(미국에서 판매되는 시리얼 이름에서 따온 것이다. 디팩에서도 Cocoa Puffs라는 이름의 시리얼을 맛볼 수 있었다.) 등의 다양한 별명들을 만들어주는 등 고 이병과 문제없이 잘 어울렸다.

그러나 문제는 예상치 못하게 한국군 측에서 발생했다. 당시 임시로 카투사들을 관리하던 허 상사 대신 정식으로 새롭게 지원대장이 된 정 소령이 내가 한국군 측 보직변경 처리가 되지 않은 상태로 여단 인사과에서 일하고 있다는 사실을 알게 되었기 때문이다. 알고 보니 지원대장이 바뀌던 혼란한 시기에 나는 별도의 보직변경 처리 없이 인사과로 옮겨진 것이었다.

나는 당시 공석으로 남아 있던 카투사 자리에서 일을 하고 있었던 것이었기 때문에 정식으로 미군 인사과에 배치받은 고 이병이 자대에 전입해 오자 비로소 이 문제가 수면 위로 드러나게 되었다. 듣기로 한국군의 보직변경은 복잡한 절차를 요구하는 것 같았다. 게다가 이미 내가 인사과에서 일한 지 시간이 꽤 지난 상태라 이제는 보직변경 절차를 진행하기가 난감한 상황이 된 것 같았다.

그리고 얼마 뒤 박 시카는 내게 최악의 경우, 다시 한번 인사과를 떠나야 할지도 모른다는 이야기를 들려주었다. 나는 이제 완전히 적응해 즐겁게 일하고 있던 섹션을 또다시 떠나야 할지도 모른다는 생각을 하자 그야말로 눈앞이 깜깜해졌다.

나는 박 시카에게 정말 불가피하지 않다면 꼭 인사과에 남고 싶다는 의견을 전했지만 일단은 박 시카의 권고대로 미군 인사과에도 현 상황을 보고했다.

"어떻게 될지는 모르겠지만 최악의 경우 제가 인사과를 떠나야 할지도 모릅니다."

"그럴 일은 결코 일어나지 않을 거야, Park. 네가 원하지 않는 상황이 일어나도록 내가 가만히 내버려 두지는 않을 테니까. You're my son!"

프레이저 상사는 나를 '아들'이라고 표현하며 단호하게 자신의 의견을 표시했다. 프레이저 상사는 인사과에서 나를 포함한 카투사들을 항상 '아들'이라고 불러주었는데 이는 애정 어린 표현으로, 미군 사병들에게는 그렇게 하지 않았다.

"지원대장이 섹션에 오면 우리가 왜 너를 필요로 하는지 얼마든지 설명해 줄게!"

미촘 하사도 거들었다.

나는 나를 생각해 주는 이들의 모습에 감동을 받기도 했지만 프레이저 상사와 미촘 하사가 생각 이상으로 단호한 태도를 보이자 걱정이 앞서기도 했다.

더 큰 문제는 프레이저 상사가 만약 지금 시점에서 정말로 누군가를 다른 섹션에 보내야 한다면 자대에 갓 배치를 받아 아직 업무가 미숙한 고 이병을 보내겠다고 생각을 정한 것이었다. 하지만 이는 정식으로 인사과에 배치받은 고 이병이 인사과에 남고 내가 다른 곳으로 가야 한다는 한국군 측의 방침과는 전혀 다른 것이었다.

그러나 사실 이 문제의 답은 이미 정해져 있었던 것이나 다름없었다. 왜냐하면 카투사의 지휘·통제권이 미군에 있다고 하더라도 규정에 따라 카투사의 '인사권'은 분명히 한국군에 있었기에 한국군 측이 입장을 굽히지 않는다면 미군 측에서 막을 방도가 없었기 때문이다. 미군 입장에서 나의 경우와 같은 섹션 이동은 큰 문제가 되지 않는 것 같아 보였지만 한국군 측에서는 확실히 중요한 문제였다.

상황이 이렇게 되자 졸지에 양쪽에 껴 곤란한 처지가 된 고 이병은 크게 당황했고, 나는 고 이병에게 아무 문제도 없을 것이라고 위로해 주었다.

"규정에 따르면 너는 결국 인사과에 남아 있게 될 테니 너무 걱정 마. 한국군 측이 입장을 바꾸지 않아 둘 모두 남아 있을 수 없게 되면 내가 미련 두지 않고 다른 섹션으로 갈게."

그러나 다행히 이 문제는 오래 지나지 않아 잠잠해져서 나와 고 이병은 인사과에서 함께 일할 수 있게 되었다. 나는 고 이병 외에도 함께 일할 새로운 부사관과 사병들도 맞게 되었는데, 이들 중 나와 가장 먼저 친해졌던 사람은 뒷자리에 앉게 된 프레드릭 병장이었다. 프레드릭 병장은 이미 다른 미군 사병들 사이에서 '쿨'한 부사관으로 정평이 나 있던 사람이었다. 40대의 흑인이었던 프레드릭 병장은 다른 사람을 항상 배려해 주었던 마음씨 착한 부사관이었다.

권위적인 모습은 찾아볼 수 없었던 데다 거절도 잘 하지 못하는 성격 탓에 프레드릭 병장은 일부 셰머shammer 사병들의 무리한 부탁들도 모두 '쿨'하게 용인해 주는 편이었다. 가령 담배를 30분간 피우고 돌아온 사병이 곧바로 다시 담배를 피우러 나가도 되겠냐고 묻더라도 프레드릭 병장은 나지막한 목소리를 내며 매번 이를 허락해 주었다. 사실 이는 어느 정도 당연했던 것이 프레드릭 병장 스스로도 일하는 것을 그다지 좋아하지 않았기 때문이었다. 프레드릭 병장은 일을 미뤄놓고 당당하게 컴퓨터로 SNS 활동을 하거나 하루빨리 미국으로 돌아가고 싶었던지 하루에도 몇 번씩 항공사 홈페이지에 들어가 미국행 비행기 표를 살펴보곤 했다.

프레드릭 병장은 이를 탐탁지 않게 여긴 프레이저 상사와 몇 차례 상담을 했고 미촘 하사에게는 지적을 당하기도 했다. 그러나 오히려 프레드릭 병장은 그 뒤로 더욱 인사과 업무에 흥미를 잃어버렸고 일에서 아예 손을 놓아버렸다.

사병들에게는 누구보다 좋은 부사관이었던 프레드릭 병장은 이처럼 상관의 입장에서는 골칫덩어리였을지도 모르겠지만 적어도 내게는 분명 좋은 친구였다. 프레드릭 병장은 인사과에서 나를 유독 좋아해 의욕 없는 지친 표정을 하고 있다가도 내게는 늘 장난을 치며 농담을 건넸다. 그리고 이러한 장난들은 대부분 포스트잇에 웃긴 이야기를 적어 내게 건네거나 몰래 내 등에 종이 뭉치를 던진 뒤 돌아보는 내게 뜬금없이 사탕을 주는 등 슬하에 자식까지 있는 40대가 하는 행동들이라고는 믿기 힘들 정도로 천진난만한 것들이었다.

프레드릭 병장은 업무시간이 끝난 후 나와 함께 배럭으로 돌아가며 이런 이야기를 한 적이 있었다.

"Park, 난 하루빨리 20년을 채우고 전역하고 싶어. 군대는 나랑 잘 맞지 않는 것 같아."

"왜 하필 20년이죠?"

"20년 복무를 해야만 연금을 받을 수 있거든."

프레드릭 병장은 미국에 있는 가족들을 생각하며 힘겹게 군 생활을 버텨내고 있는 것 같았다. 그러나 이런 프레드릭 병장도 군과 관련해 좋아하는 것이 하나 있었는데 바로 부내 내에서 자유롭게 Gym을 이용할 수 있다는 것이었다.

프레드릭 병장은 나만큼이나 마른 체격을 가지고 있었기 때문에 몸무게를 늘리겠다는 목표를 가지고 매일 Gym에 갔다. 그리고 이와 관련해 일과가 끝난 뒤 하루도 빠지지 않고 내게 하던 두 가지 말이 있었다.

"Gym?"(나와 함께 운동하러 체육관에 가겠냐는 뜻을 함축한 단어였다.)

"I have to gain some weight.(나는 체중을 좀 늘려야 돼.)"

물론 나는 매번 이를 사양했지만 프레드릭 병장은 마치 의례처럼 내게 매일 같은 질문을 던졌다.

프레드릭 병장은 PT 시간에 달리기를 할 때는 의욕이 전혀 없었지만 간혹 턱걸이(Pull-up)를 할 때는 굉장한 두각을 나타냈다. 때문에 프레드릭 병장이 평소 운동에 취미가 없는 줄 알았던 나와 소대원들은 프레드릭 병장의 엄청난 턱걸이 실력을 보고 놀라기도 했다. 아마 당시 프레드릭 병장은 매일 Gym에서 턱걸이를 집중적으로 했던 것 같다. 내가 Gym에 함께 가자는 프레드릭 병장의 권유를 매번 거절했던 것은 정신없이 바빴던 업무가 끝난 뒤 나만의 시간을 가지며 쉬고 싶었던 탓이기도 했지만 Gym에서 운동하는 것을 별로 좋아하지 않았기 때문이었다.

일단 업무시간이 끝난 뒤 헬스 운동(Weight training)을 할 수 있는 공간에는 사람들이 정말 많았다. 게다가 이들은 어디에서 나타났는지 하나같이 미군부대에서 가장 큰 덩치를 자랑했던 이들이었고 말도 안 되는 무게의 덤벨과 바벨로 운동을 했다. 이들 틈에서 줄까지 서가며 가벼운 덤벨을 들고 운동을 하는 것은 도무지 내키지 않는 일이었다. 심지어 이 덩치들은 처음 보는 사람이라고 하더라도 서로의 운동에 관해 끊임없이 간섭을 했는데, 이것도 적잖이 신경 쓰이는 것이었다.

한번은 지방과 근육이 섞인 거대한 몸을 가지고 옆에서 운동을 하던 미군 한 명이 내게 이렇게 말하기도 했다.

"이제 연필 몸매에서 탈출 좀 해보려고 그러는 거야?"

연필이라니, 나는 당황했지만 웃으며 이제는 '지우개'가 되어볼까 한다고 답했다. 우리나라에서 '마른 근육질' 몸매가 유행하는 것과 달리 미군들은 일단 체중 증가를 모든 운동의 제1목표로 삼는 것 같았다. 그렇기 때문에 이들은 대부분 패스트푸드와 단백질 보충제 등의 음식을 가리지 않고 섭취한 뒤 강도 높은 근력운동을 통해 몸무게를 늘리는 데 힘썼고 그 결과 지방과 근육이 섞인 우람한 몸의 '지우개'로 탄생할 수 있었다.

반면 운동을 좀 한다고 하는 카투사들은 주로 '달리기'로 체중을 관리했고 여기에 근력 운동을 겸하는 방식을 택했다. 때문에 근육의 크기는 미군에 비해 크지 않았지만 많은 수가 덩치 큰 미군들에게서는 보기 힘들었던 '선명한 복근'을 보유할 수 있었다.

또 프레드릭 병장은 동양의 무술에 대한 판타지가 있어서 내게 한국에 '쿵푸' 도장이 어디 있는지 묻기도 했다. 내가 알기로 왜관에 쿵푸 도장은 없었기에 태권도는 어떠냐고 했더니 프레드릭 병장은 태권도도 정말 좋다며 내게 정보를 얻어가기도 했다.

미군들은 한국인이라면 누구나 한 번쯤 도장에서 배웠을 법한 태권도를 정말 대단하게 생각했다. 특히 'Black belt(검은 띠)'를 가진 사람은 거의 'Master'로 취급했기 때문에 어렸을 적 검은 띠를 따놓았던 종헌 일병은 졸지에 태권도 사범으로 몰려 소대를 위해 '태권도 PT'를 계획해 줄 것을 제안받기도 했다. 물론 종헌 일병은 일단 이를 겸손하게 거절했다.

"정말 자네가 Black belt를 보유하고 있단 말인가? Master! 소대를 위해 한 번 태권도 PT를 준비해 주는 게 어때?"

"죄송하지만 저는 아직 수련이 부족한 것 같습니다. 나중에 기회가 되면 생각해 보겠습니다."

말은 그렇게 했지만 이후 종헌 일병은 만일을 대비해 배웠던 태권도 동작들을 다시 기억해보려 노력하기도 했다.

프레드릭 병장처럼 업무에 흥미가 없었던 것은 새롭게 전입한 J 훈련병도 마찬가지였다. 20대 초반의 흑인이었던 J 훈련병은 정상적이라면 이병(PV2)이어야 했지만 어떤 이유로 강등을 당해 훈련병(PV1)이 되어 자대에서 근무했다.

J 훈병은 인사과 업무에 아무런 의욕이 없었다. 매일 아침 모든 것이 너무도 귀찮다는 표정으로 인사과에 등장했고 겨우 자리에 앉더라도 얼마 지나지 않아 곧 졸기 시작했다. 그리고 그러다 미촘 하사의 지적을 받기라도 하면 일어나 정신을 차리기 위해서인지 갑자기 느린 비트의 랩을 하곤 했다. 심지어는 손으로 책상까지 치며 박자를 맞추었는데, 랩에 관해 잘 알지 못하는 내가 듣기에는 그 실력이 상당한 것 같았다. 소리가 그다지 크지 않았는지 J 훈병의 랩은 제지당하지 않았지만 흥을 더 돋우기 위해 핸드폰으로 힙합 음악까지 틀었을 경우에는 반드시 프레이저 상사나 미촘 하사로부터 지적을 받았다.

그러나 J 일병은 나름대로 유머도 있었고 마음씨도 착해서 카투사들에게 웃으며 농담을 건네곤 했다. 또 행정업무에는 흥미가 없었지만 체력만큼은 누구에게도 뒤지지 않았다. 거대한 덩치의 소유자는 아니었지만 상당한 근육질이었던 J 훈병의 몸은 한눈에 봐도 탄탄해 보였다. 실제로 아주 가끔 J 훈병이 마음을 먹고 PT를 하는 날에는 그의 놀라운 운동신경을 볼 수 있었다.

J 훈병은 디팩에서 식사를 마치고 나와 사무실로 돌아가던 도중 지친 표정으로 내게 이런 말을 한 적이 있었다.

"나는 여기서 일할 운명이 아니야. 군이 왜 나를 이런 업무에 배치했는지 모르겠어."

"그럼 어떤 일을 하고 싶은데?"

"몸으로 하는 건 무엇이든 자신 있지. 차라리 전투병이 되었으면 좋았을 텐데…."

J 훈병은 정말 행정보직과는 맞지 않는 병사였다. 나 역시도 J 훈병이 차라리 몸으로 부딪치며 일하는 전투병이 되었으면 더 행복했을 것이라는 생각이 들었다. J 훈병은 심지어 가끔 아예 섹션에 모습을 드러내지 않기도 했다. 그리고 이런 경우 내가 프레이저 상사의 명을 받아 J 훈병을 데리고 와야 하는 웃지 못할 상황이 펼쳐지기도 했다. 나는 대부분 프레이저 상사의 지시대로 먼저 J 훈병의 배럭 방으로 찾아가 노크를 했다. 그러나 만약 노크 소리에도 아무런 반응이 없을 경우에는 프레이저 상사와 동행해 '마스터 키'를 얻어 강제로 방문을 열고 들어가기도 했다.

만약 배럭에서도 J 훈병을 찾지 못하면 나는 일단 사무실로 복귀했다. 그 후 프레이저 상사는 섹션에 돌아와 이리저리 전화를 돌렸고 그러면 신기하게도 J 훈병이 어디에선가 풀이 죽은 채 나타나 프레이저 상사의 방에서 상담을 받았다.

프레이저 상사는 다른 NCO들처럼 J 훈병에게 얼차려를 시키거나 곧바로 징계절차에 돌입하는 대신 상담을 하며 J 훈병에게 몇 번의 기회를 더 주었지만 규정위반이 고쳐지지 않고 반복되자 어쩔 수 없이 강제전역 절차에 돌입하게 되었다.

J 훈병의 강제전역 관련 업무는 내가 맡아서 처리해야 했는데 이런 종류의 서류에 올라온 동료의 이름을 보는 것은 가슴 아픈 일이었다. 내가 기억하기로 당시 J 훈병은 결국 용서를 구해 불명예 전역이 되지는 않았지만 최근의 근황을 알아보니 전역을 한 뒤 '자영업'에 종사하고 있는 것 같다.

J 훈병과 달리 새롭게 인사과 식구가 된 로이드 이병은 일하는 것을 싫어하지 않는 성실한 병사였다. 그리고 이전부터 함께 업무를 맡게 될 사병이 누구일지 궁금해 하던 고 이병과 나는 실제로 만나게 된 로이드 이병이 밝은 성격에 열심히 업무를 배우고자 노력하는 모습을 보고는 매우 다행이라고 생각했다.

이제 업무에 능숙해진 고 이병은 진지한 태도로 로이드 이병에게 열심히 업무들을 가르쳤고 나는 이런 모습을 보며 흐뭇해 했다. 게다가 로이드 이병은 한국문화에 관심이 많았고 카투사들도 좋아해 곧 우리와 가장 친한 병사가 될 수 있었다.

키가 꽤 큰 백인이었던 로이드 이병은 업무뿐 아니라 PT도 나름대로 열심히 했다. 이렇게 여러 가지로 공통점이 많았던 로이드 이병과 우리는 내 섹션 동기인 이 일병까지 포함해 기회가 될 때마다 함께 왜관 근처의 맛집들을 찾아가보기도 했다.

놀랍게도 로이드 이병은 당시 나보다도 어렸던 만 18세였지만 이미 결혼을 해 자식이 있었다. 천진난만해 보였던 로이드 이병이 '아버지'라는 것이 잘 상상이 되지는 않았지만 시간이 날 때마다 아들 자랑에 여념이 없었던 모습을 보면 분명 가족을 사랑하는 가장임이 틀림없어 보였다.

로이드 이병은 자신이 작은 시골마을 출신이라고 했다. 동네가 얼마나 작았던지 자신이 육군에 입대했을 때는 지역 신문에 "로이드 집안의 아들 로이드, 미 육군에 입대하다!"라는 기사가 났으며 이후에도 훈련소 수료 등의 소식이 동네에 발 빠르게 전해지고 있을 정도라고 했다. 그리고 그렇기 때문에 자신은 동네 사람들의 기대에 부응하기 위해서라도 미군에서 열심히 일해야 한다고 말했다. 나는 로이드 이병의 말을 들으며 만약 나였더라도 지역신문이 내 군 생활의 일거수일투족을 계속 보도한다면 저절로 모범적인 군 생활을 할 수밖에 없겠다는 생각이 들었다.

로이드 이병 외에도 당시 함께 인사과에 전입했던 백인 남자 사병으로는 D 이병이 있었다. D 이병은 로이드 이병과는 달리 성격이 매우 내성적이었고 수줍음도 많았다. 나와는 맡은 업무가 달랐고 말수가 워낙 적어 많이 친해질 수는 없었지만 아침마다 D 이병에게 인사를 건네며 가끔 농담을 던지곤 했다.

그런데 전역 후 다른 미군 친구들을 통해 D 이병이 목숨을 잃었다는 충격적인 소식을 듣게 되었다. 확실한 이유는 알 수 없었지만 정황상 D 이병은 스스로 극단적인 선택을 한 것 같았다. 그리고 이 소식을 들은 나는 동료 미군들에 관해 많은 생각을 하게 되었다. 남들은 알지 못하는 자신만의 사정이 있었을 D 이병 외에도 가족과 떨어져 타국에서 군 생활을 하던 미군들 역시 분명 겉으로는 티를 내지 않았지만 외로움 등의 감정과 싸우며 힘겹게 새로운 환경에 적응해야 했을 것이기 때문이었다.

프레이저 상사를 비롯해 섹션에서 일하던 대다수 미군들의 책상 위에는 늘 가족사진이 놓여 있었다. 나는 D 이병의 안타까운 소식을 듣고 뒤늦게 가족에 대한 그리움을 참고 지내던 미군들을 군 생활 도중 더 많이 챙겨주었으면 좋았을 것이라는 생각을 하기도 했다.

마지막으로 섹션에서의 인간관계에서 중요했던 한 사람은 바로 군무원 선생님이셨다. 인사과의 시 선생님은 내가 아닌 이 일병과 업무를 했기에 나와는 접점이 많지 않았지만 나 역시 이 일병과 마찬가지로 시 선생님으로부터 많은 도움을 받을 수 있었다. 그리고 그중 내가 가장 크게 도움을 받을 수 있었던 것은 바로 '컬러가드'와 관련된 것이었다.

당시 컬러가드는 사실상 이미 해체된 상태였다. 중요한 행사가 모두 끝났을 뿐더러 컬러가드를 관리했던 작전과 원사도 부대를 떠났기 때문이었다. 그러나 나는 이때까지 컬러가드와 관련해 받아내지 못했던 게 하나 남아 있었다.

컬러가드 팀의 미군들은 나와는 달리 컬러가드 활동을 하며 얻을 수 있었던 분명한 보상이 있었다. 그것은 바로 '진급점수(Promotion Points)'로, 미군들이 컬러가드 활동을 하면 이것이 진급점수로 쌓여 차후 있을 승진에 조금이나마 도움이 될 수 있다. 그러나 미군의 인사체계를 따르지 않는 나는 당연하게도 이 '진급점수'를 받을 수 없었고, 미군 측에서는 형평성을 유지하기 위해 내게 진급점수 대신 상징적인 의미의 감사장을 수여하기로 했었던 것이다.

그러나 이는 시간이 지나면서 유야무야되었다. 나도 이미 반쯤은 포기한 상황이었다. 그러나 내가 인사과에 배치받아 시 선생님을 만나게 되면서 상황이 달라졌다. 시 선생님은 여단 인사과에서 상장 관련 업무를 총괄했던 분이었기 때문이다.

이 일병을 통해 내 상황을 알게 된 시 선생님은 내게 절차들을 설명해 준 뒤 필요한 서명만 받아오면 곧바로 상장수여 절차를 진행하겠다고 말씀해 주셨다. 그렇게 나는 상장수여에 필요한 서명들을 받았고 이후 시 선생님 덕분에 뒤늦게나

마 미군들이 받은 진급점수에 해당하는 감사장을 받을 수 있었다.

시 선생님은 왜관의 여러 맛집들을 꿰고 있는 분이기도 했다. 이 때문에 인사과 내의 카투사들은 종종 시 선생님과 맛집을 찾아다니며 회식을 하곤 했는데 나는 아직도 시 선생님이 소개해 주신 순댓국집의 황홀한 맛을 잊지 못하고 있다.

섹션에서 함께 근무하는 군무원 선생님들은 해당 부서에서 오랫동안 근무하며 깊은 내공을 쌓으신 분들이어서 이분들과 좋은 관계를 맺는 것은 업무든 사적인 관계에서든 매우 중요하다고 할 수 있다.

참고로 미군부대에서 군무원으로 일하기 위해서는 외부 공고를 통해 일단 부대 내에서 임시직 등의 일자리를 구한 뒤 내부 공고를 보고 사무직 등 인원을 모집하는 부서, 보직에 지원해야 한다. 세부적인 정보를 알기가 까다롭기 때문에 기존 군무원 선생님을 통하는 것이 가장 빠른 길이라고 한다.

그리고 이 시기 컬러가드와 관련해 또 한 가지 사실을 알게 되었다. 그것은 바로 내가 여단 앞 도로에서 우연히 작전과 원사를 만나 컬러가드가 되기 전 이미 후보자가 한 명 있었다는 것이었다.

그 후보자는 키가 나보다도 한 뼘이나 더 컸던 선임 '윤 상병'이었다. 윤 상병의 말에 따르면 당시 자신이 컬러가드 제안을 거절했기에 작전과 원사가 신병이었던 나를 컬러가드로 스카우트하게 되었던 것이라고 했다. 나는 이 말을 들으며 다시 한번 선후임들이 보이지 않는 여러 방식으로 서로에게 영향을 주고 있다는 사실을 확인할 수 있었다.

이렇게 컬러가드를 비롯한 과거 지휘부 생활과 완전히 작별하고 새롭게 바뀐 인사과 식구들과 즐거운 인사과 생활을 이어나갔다.

여군과 함께 하는 군대생활은 로맨틱할까?

"Normal guys never join the army.(평범한 사람들은 절대 군에 입대하지 않지.)"

나는 언젠가 한 미군에게 이런 말을 들은 적이 있었다. 그리고 이 말은 실제로도 일정 부분 사실이어서 나는 미군부대에서 군 생활을 하며 그 전까지 한국에서 볼 수 없었던 다양한 배경과 성격을 가진 사람들을 정말 많이 만나볼 수 있었다. 그리고 당연하게도 자신이 속한 섹션을 벗어나면 만날 수 있는 미군들의 스펙트럼도 더욱 넓어졌다.

섹션 밖의 미군들과 가까워질 수 있었던 가장 쉬운 계기는 PT시간을 활용하는 것이었다. 매일 아침 함께 운동을 하다 보면 같은 섹션에서 일하지 않더라도 서로 얼굴을 익힐 수 있었고 자연스럽게 같은 소대의 미군들과 말문을 틀 수 있었기 때문이다.

그러나 이렇게 PT나 디테일을 통해 함께 몸을 부대끼며 미군들과 친해지지 않는다면 섹션 밖의 미군들과 사적으로 이야기를 나누기는 사실상 쉽지 않았다. 고작해야 매일 아침 여단 건물에서 마주치며 인사를 나누는 정도였는데, 대부분 서로 단순히 안부를 묻는 것에 지나지 않았다.

참고로 사병, 부사관의 경우와는 달리 야외에서 '장교'와 마주쳤을 때에는 반드시 '경례'를 한 뒤 안부 인사를 나누어야 했다. 장교에게만 경례를 하는 미군의 문화는 부사관에게도 경례를 해야 했던 한국군의 규칙과는 달랐던 것으로 평소

유의할 필요가 있다. 간혹 미군부대의 자유로운 분위기 탓에 장교에게까지 경례를 하는 것을 잊고 그냥 지나치는 날에는 곧바로 근처에 있던 부사관으로부터 아래와 같은 호통 소리를 들어야 했기 때문이다.

"이봐 거기! 지금 뭐 잊고 지나간 거 없나?"

나 역시 군 생활을 하는 동안 이처럼 뒤통수에 대고 쩌렁쩌렁 울려 퍼지는 NCO의 호통 소리를 한두 차례 들어본 적이 있다.

보통 사병들은 장교에게 경례를 한 뒤 "Good morning sir!" 등을 힘차게 외쳐주곤 했지만 병장쯤 되면 시크한 표정으로 경례와 함께 "Sir." 한 마디 정도만 말하고 지나가는 경우도 많았다. 참고로 한쪽이라도 군복이나 PT복이 아닌 '사복'을 입고 있을 때에는 상호 간 경례를 하지 않았다.

이처럼 별것 아니었지만 매일 "How are you?"("How's it going?")를 연발하며 서로 안부를 물었던 미국의 문화는 어찌 되었든 내게 안면 있는 미군들과 영어로 말을 주고받을 수 있는 기회를 제공해 줌으로써 분명 영어실력을 늘리는 데 어느 정도 도움을 주었다. 그리고 이렇게 인사를 하며 안면을 튼 미군과는 이후에도 대화를 나누기가 훨씬 수월했다.

비단 안부를 묻기 위해서 뿐 아니라 업무를 정확히 수행하고 미군들의 인정을 받기 위해서는 영어실력을 입대 전보다 늘리는 것이 필수적이다. 심지어 때로는 잘못된 영어 사용으로 자신의 의도와는 상관없이 미군들로부터 오해를 사는 경우도 있기 때문에 카투사로 입대한 이후에도 영어실력을 향상시키고자 노력하는 것이 필요했다.

다른 부대에서 근무하던 방 상병은 바로 이러한 경우에 해당했던 카투사였다. 방 상병은 정확히 알지 못했던 미군 용어 때문에 큰 곤욕을 치러야 했다. 당시 방 상병은 소대원들과 대열을 맞춰 포메이션에 집합해 있던 상황에서 "줄을 똑바로 서자!"는 말을 하고 싶었다고 한다. 미군 간부들은 종종 '(자세 등을) 똑바로 하라!'는 뜻으로 "(get oneself) Squared away!"를 외치곤 했다. 방 상병은 바로 이 말을 하고 싶었던 것이었다. 그러나 정작 방 상병의 입에서 나왔던 것은 이를 비슷하게 흉내 낸 "Screwed you!(너와 성관계를 가졌지!)"였다.

더 심각했던 것은 방 상병이 이 말을 자신의 바로 옆에 있던 '여자 사병'을 바라보며 외쳤다는 것이었다. 게다가 하필 이 여자 사병은 얼마 전 성희롱을 당해 힘든 시간을 보내고 있었고, 사건이 있은 지 얼마 지나지 않아 또다시 방 상병으로부터 이 같은 말을 듣자 눈물을 흘리며 즉시 방 상병을 성희롱으로 고발했다.

끝까지 자신이 무슨 말을 내뱉었는지 알지 못했던 방 상병은 영문도 모른 채 끌려가 조사를 받게 되었고 겨우겨우 혐의 없음으로 풀려날 수 있었다. 이처럼 자신이 정확히 알지 못하는 영어 용어들을 함부로 사용하는 것은 상당히 위험할 수 있기에 일상생활에서 쓸 법한 용어들은 미리 정확히 이해해 두는 것이 필요하다. 더불어 사병들끼리 흔히 사용하는 용어들 중에도 간부에게 사용하기 매우 부적합한 것들이 있는 만큼 때와 장소에 맞는 용어 사용을 알아두는 것 역시 중요하다고 할 수 있다.

나는 미군들과 대화를 나눌 기회가 있을 때마다 가능한 한 모든 단어를 놓치지 않고 들으며 이해해보고자 노력했고 말을 해야 할 경우에는 최대한 침착하게 한 단어 한 단어 또박또박 의사를 전달하는 습관을 들였다. 그리고 나는 이런 사소한 습관들 덕분에 자연스럽게 상병이 되기 전 미군들과의 일상적인 회화에 어려움을 느끼지 않을 정도로 영어실력을 향상시킬 수 있었다.

카투사로 입대한 이상 대체로 영어실력이 이전보다 향상되는 것은 사실이지만 그 정도는 사람마다 천차만별이었다. 스스로 얼마나 고민하고 노력했는지에 따라 전역을 할 시점에서 자신의 영어실력은 크게 달라지게 될 것이다. 이런 측면에서 외국에서 몇 년씩 유학을 해본 경험이 없는 나와 같은 사람들은 "틀려도 이해해 주겠지."라고 생각하며 침착한 태도로 자신 있게 영어로 말하는 습관을 들이는 것이 회화에 큰 도움이 될 것이라고 생각한다. 실제로 내가 만나본 미군들은 결코 사소한 문법 실수들을 지적하지 않았으며 부족한 부분들을 너그럽게 이해해 주었다.

나는 군 생활을 하며 먼저 주변 섹션에서 근무하는 사람들과 친해져야 했다. 그러나 문제는 인사과와 업무적으로 가장 깊이 연관되어 있었던 곳이 하필 '지휘부'였다는 것이었다. 이 때문에 자주 나는 보고 싶지 않은 W 병장을 찾아가 서류들에 서명을 받아야 했다. 그러나 다행히 고 이병이 인사과에 전입을 온 뒤에는 상황을 전해들은 고 이병이 나 대신 서류들에 서명을 받아주곤 했다.

물론 내가 지휘부에 서류들을 넘기러 방문할 때에도 W 병장은 어떠한 트집도 잡을 수 없었다. 나와 고 이병은 단순히 '프레이저 상사의 지시를 받아' 지휘부를 방문했던 것에 불과했기에 업무적으로 연관된 W 병장이 지휘부 간부들의 서명을 받아주지 않을 도리가 없었기 때문이다.

출산휴가에서 돌아와 지휘부에서 일하던 임 선생님도 내게 지속적으로 업무와 관련해 큰 도움을 주었다. 임 선생님은 인사과에서 잘 적응하는 나를 대견해하시며 지휘부를 방문할 때마다 농담을 던지시곤 했다.

"오늘은 여단에서 '키아누 리브스'를 닮은 장교를 봤는데 정말 신기하더라, 너도 아는 사람이니?"

나는 키아누 리브스를 닮은 장교는 잘 알지 못했지만 종헌 일병을 통해 전설적인 복싱선수 '마이크 타이슨'을 닮았던 터너 상사는 잘 알고 있었다. 나는 시간이 날 때 가끔 종헌 일병을 보러 여단 군수과를 찾아갔고 그곳에서 종종 엄청난 풍채의 터너 상사를 볼 수 있었다.

군수과의 NCOIC였던 터너 상사는 윌리엄슨 준위와 함께 3소대에서 가장 우람한 근육을 가지고 있었고 목소리도 굉장히 굵어서 그를 처음 만나는 사람은 그 카리스마에 압도당할 수밖에 없었는데, 막상 터너 상사와 대화를 나눠보게 되면 그 편견은 곧 깨져버렸다. 겉모습과 달리 농담을 누구보다 좋아했던 밝은 성격의 소유자였기 때문이다. 터너 상사는 사병이 실수를 하더라도 얼굴을 붉히며 호통을 치기보다는 웃으며 '얼차려'를 주었다. 그러나 종헌 일병은 이렇게 미소 띤 얼굴의 터너 상사로부터 얼차려를 받는 것이 결코 좋은 일만은 아니라고 했다.

내가 있었던 미군부대에는 얼차려와 관련해 특이한 규칙이 하나 있었는데 그것은 바로 '얼차려를 부과한 간부도 동일한 만큼의 얼차려를 한다.'는 것이었다. 가령 간부가 사병에게 푸시업 20개를 하도록 시킨다면 자신 역시 사병과 함께 20개의 푸시업을 했다.

이는 두 가지 리더의 덕목을 보여주는 규칙이었다. 첫 번째로 이 규칙은 하급자에게 자신도 할 수 있을 정도의 얼차려만을 부과하겠다는 것을 의미했다. 그리고 그렇게 하기 위해서는 자연스럽게 간부가 먼저 체력을 키워야 했다.

두 번째로 이는 간부로서 책임을 통감하기 때문에 본인 역시 하급자와 고통을 함께 하겠다는 것을 의미했다. 이처럼 이 특이한 규칙은 '먼저 본을 보이고' '고통을 함께 나누는' 바람직한 리더의 모습을 상징하는 것이었다.

부대 내에서 거의 모든 경우 암묵적으로 지켜졌던 이 규칙 때문인지 보통 간부들은 사병들에게 얼차려를 쉽게 주지 않았다. 하지만 푸시업을 셀 수 없이 많이 할 수 있었던 터너 상사만은 예외였다. 심지어 터너 상사는 "A sound mind in a sound body.(건강한 육체에 건강한 정신이 깃든다.)"를 주장하며 섹션에서 업무를 하다가도 갑자기 한데 모여 함께 푸시업을 해야 했던 "Push-up time"까지 만들었다. 이 규칙 때문에 종헌 일병은 꽤 고생을 해야 했지만 당연하게도 날이 갈수록 몸은 더욱 좋아질 수 있었다.

터너 상사 외에도 성격이 밝았던 것으로는 스미스 중대장을 따라갈 사람이 없었다. 보통 한국인들 중 성격이 가장 밝은 사람의 수준을 7 정도라고 한다면 스미스 대위는 10 정도의 밝음을 가지고 있었다. 스미스 중대장은 항상 웃는 얼굴로 모두를 10년쯤 알고 지낸 친구처럼 대했고 이 같은 성격 덕분에 현재의 위치에 오를 수 있었다. 하루는 스미스 대위가 내게 놀라운 이야기를 들려주었다.

"나도 한때는 너처럼 일병이었어."

스미스 대위는 놀랍게도 장교가 아닌 사병으로 군 생활을 시작해 피나는 노력으로 장교가 되었던 것이었다. 분명 스미스 중대장의 업무능력도 뛰어났겠지만 다른 미군들이 입을 모아 칭찬했던 그의 쿨하고 밝았던 성격 역시 커리어에 큰 영향을 끼쳤음은 부인할 수 없을 것이다. 나는 얼마 전 SNS를 통해 스미스 중대장이 소령으로 진급했다는 소식을 듣고 "역시!" 하는 생각이 들었다.

카투사들을 편견 없이 대해 주었던 터너 상사나 스미스 대위와 같은 간부들 덕분에 미군들과 카투사들 사이에서 큰 갈등이 일어나는 경우는 많지 않았다. 그러나 암묵적으로 존재했던 한 가지 갈등 요소는 남아 있었는데 그것은 바로 '진급'과 관련된 것이었다.

미군 사병들은 사실상 Specialist(상병)까지는 별다른 호칭과 격식도 없이 서로 친구처럼 평등하게 지냈지만 '부사관'에 해당하는 또 다른 상병인 Corporal 부터는 조금씩 간부 대우를 해 주었다. 가령 대화를 나눌 때 질문을 받으면 "Yes, corporal!"과 같이 말끝에 계급을 붙여 대답해야 했고, 지시를 들을 때에는 열중 쉬어 자세를 하고 있어야 했다.

Corporal의 경우 이 같은 규칙들은 보통 개인의 자율에 맡겨졌지만 확실한 간부(NCO: 부사관)에 해당했던 Sergeant(병장)의 경우는 상대적으로 엄격하게 적용되었다. 이처럼 미군의 체계 하에서 Corporal은 '준 간부'에 해당했고 Sergeant(병장)은 병사들을 지휘하는 확실한 '부사관'이었다.

보통 직책에 따라 Specialist가 Corporal이 될 수는 있었지만 Sergeant로 진급하는 것은 쉬운 일이 아니었다. 병장이 되기 위해서는 일정 진급점수 이상을 취득한 뒤 BLC(Basic Leader Course, 초급 부사관학교. 구 WLC)를 졸업해야 했던 데다 실제로 마르티네즈 상병처럼 병장을 달지 못하고 상병으로 제대하는 경우도 생각보다 많았기 때문이다.

그러나 카투사의 경우는 다르다. 카투사들은 큰 문제가 없는 한 모두 무려 2년 내에 Corporal(상병, 카투사가 상병으로 진급하면 Specialist가 아닌 'Corporal'이 된다.)을 거쳐 'Sergeant(병장)'으로 진급할 수 있다. 그리고 이와 같은 과정의 차이 때문에 미군 규정 내 분명히 카투사들의 계급을 보장하고 동일 계급의 미군과 동일하게 대우해야 한다는 조항이 있었음에도 현실에서 이것이 완전히 지켜지기는 어려웠다. 카투사들도 이처럼 미군들에게 'NCO'가 어떤 의미인지 잘 알고 있었으므로 상병 또는 병장으로 진급한다고 해서 사병들에게 '간부 대우'를 강요하지 않았으며 미군 부사관들과 같은 숙소를 요구하지도 않았다. 그리고 미군들도 적정선을 지키며 카투사들에게 부사관 대우를 해 주었다.

물론 서로 다른 진급 체계가 무조건 불합리하다고만 생각할 수는 없었다. 카투사들은 같은 부대에서 미군 사병들보다 약 1년을 더 근무했기에 섹션 업무에 더 능숙했고 대부분 컴퓨터 자격증까지 보유하고 있었기 때문이다. 더불어 카투사들은 다수의 미군 사병들과 달리 대부분 대학을 졸업했거나 대학에 재학 중이었기에 관련된 전공지식도 가지고 있었다.(가령 전산과에서 근무하는 카투사들은 대부분 전자공학 등을 전공했었다.)

나는 일부 미군들로부터 처음 미군들이 한국에 배치받아 카투사에 관한 교육을 받을 때 카투사들이 '한국의 엘리트들'로 소개된다는 말을 듣기도 했다. 아마 이와 같은 교육을 하는 이유들 중에는 치후 진급 등과 관련해 미군과 카투사 사이에서 발생할 수 있는 갈등 요인을 없애기 위한 의도도 포함되어 있을 것이다. 미군들보다 훨씬 빨리 간부로 진급하는 카투사 상병·병장이 미군 사병들에게 인정을 받는 방법은 스스로 실력을 쌓는 것뿐이었다.

우리 부대의 강 병장과 김 병장은 바로 여기에 해당했던 '슈퍼카투사'들이었다. 김 병장은 수송과에서, 강 병장은 정비과에서 근무했는데 둘 모두 섹션에서 업무능력과 성실한 태도를 인정받아 간부들의 사랑을 독차지할 수 있었다. 특히 PT Master(PT 테스트의 모든 종목(팔굽혀펴기, 윗몸 일으키기, 2 mile run)에서 각각 90점 (총 270점) 이상을 받으면 PT Master가 될 수 있었다.)였던 김 병장은 아침마다 초인적인 PT능력을 보여주었으며 강 병장은 뛰어난 업무능력으로 카투사들 사이에서 "일등상사가 강 병장의 이름을 부를 때면 늘 입가에 미소가 생긴다."는 말까지 만들어냈다. 종종 놀랍게도 강 병장이 디테일을 관리하는 NCO로 지명돼 중대의 미군들을 '차지(charge, 상관이 하급자를 관리하고 책임지는 것을 의미한다.)'하는 모습을 볼 수 있었다. 카투사가 NCO로서 미군들을 책임져 관리하는 모습을 보는 것이 그렇게 흔한 일은 아니었기에 나는 그 모습이 굉장히 신기하게 느껴졌다.

나는 이런 김 병장과 강 병장을 보며 스스로도 상병이 되기 전 미리 미군 사병들의 인정을 받을 수 있도록 꾸준히 노력했다. 물론 부대에 김 병장, 강 병장과 같은 카투사들만 있는 것은 결코 아니었다. 나는 아직도 신병으로 자대에 처음 배치받았을 때 한 선임으로부터 들었던 이야기가 생생하게 기억난다.

하루는 그가 푸드코트에 나와 동기들을 불러놓고 자신의 군 생활 철학을 이야기하기 시작했다.

"너희 솔직히 카투사에 왜 지원했어? 편하게 군 생활 하고 싶었던 거지?"

"꼭 그런 것만은 아닙니다."

"솔직해져 봐, 지금부터 내가 하라는 대로만 하면 군 생활 편하게 할 수 있으니까 잘 들어둬."

그 뒤 그 선임은 우리에게 간부가 일을 맡기면 영어를 잘 알아듣지 못하는 척을 하라거나 업무시간 기회가 생기면 은근슬쩍 밖에 나가 실컷 쉬다 오라는 등의 이야기를 해 주었다. 선임이 나름의 진심을 담아 해 주는 이야기를 들으며 나 역시 그때는 혹하는 마음이 들기도 했다. 그러나 나는 이후 여러 가지 사건들을 겪으며 편하게만 군 생활을 한다면 약 2년간의 미군부대 복무를 통해 소중한 경험들을 얻을 수 없을 것이라는 것을 확실히 알게 되었고 김 병장, 강 병장과 같은 선임이 되기 위해 노력했다.

개인주의적 성향이 강했던 미군들과 달리 모두가 선후임으로 묶여 하나의 조직에 속해 있었던 카투사들은 미군부대에서의 생존을 위해 경례 구호 그대로 '단결'하며 서로 상부상조했다. 물론 비단 미군부대에서 서로 도움을 받기 위해서가 아니더라도 카투사들은 서로 좋은 관계를 유지하는 것이 좋았다. 왜냐하면 카투사들은 서로 출신학교들이 겹치는 경우가 상대적으로 많았을 뿐더러 전역 후에도 비슷한 분야에서 다시 만날 가능성이 높았기 때문이다. 물론 이것은 카투사에만 국한되는 이야기는 아니겠지만 이러한 이유 때문이라도 군 생활을 하며 적을 만들지 않고 모두에게 호의를 베푸는 게 좋을 것이다.

미군부대 인간관계의 또 다른 특징은 바로 여군들이 많다는 것이다. 한국군 부대에도 여군 부사관, 장교들이 있긴 했지만 미군부대에는 한국군과 달리 사병들 중에서도 여군들이 많았다. 이 때문에 나는 신병시절 세탁실에서 서로 사랑을 나누던 커플을 목격했던 것 외에도 군 생활을 하며 새롭게 탄생하는 미군 연인들을 꽤 많이 볼 수 있었다. 심지어 나는 한국에서 처음 만나 불과 1년 만에 결혼까지 하는 사병들의 인사업무를 처리하며 상당히 놀라곤 했다.

미군들은 한국인들보다 성적으로도 더 개방적인 편이었다. 나는 처음 중대 화장실 선반에 버젓이 쌓여 있는 보급 피임기구들을 보고 당황했는데 이후 간혹 이것들이 길바닥에 보란 듯이 떨어져 있는 것을 보고 다시 한번 놀랄 수밖에 없었다. 물론 시간이 지나자 성적으로 보수적인 나조차 곧 이 새로운 문화에 적응할 수 있었다. 기본적인 가치관이나 성향이 달라진 것은 아니었지만 적어도 이제는 세탁실에서 서로에게 격렬히 사랑을 표현하는 미군들을 보고도 가볍게 목례를 한 뒤 침착하게 빨래를 마칠 수 있게 되었기 때문이었다.

희귀한 일이긴 했지만 일부 미 여군이 카투사를 좋아하거나 반대로 카투사가 미 여군에게 호감을 느끼는 경우도 실제로 존재했다. 가령 나와는 다른 부대에서 복무하긴 했지만 한국계 미군이었던 차 상병은 거의 모든 카투사들이 흠모하던 여군이었다. 배우 박신혜 씨와 매우 닮았던 차 상병은 한국에서 학교를 다니다 미국으로 이민을 갔던 탓에 한국어가 능숙했고 카투사들과도 잘 어울렸다.

하루는 내 후임 중 한 명이 업무상의 이유로 차 상병과 통화를 한 뒤 차 상병이 얼마나 친절하고 목소리가 아름다운지 내게 입이 마르도록 칭찬을 했을 정도로 차 상병은 모든 카투사들이 좋아할 만한 호감 가는 성격의 여군이었다. 물론 나는 당시 차 상병을 만나본 적은 없었지만 차 상병을 알고 있었던 카투사들이 그녀의 얼굴을 보기 위해 아침 PT가 끝난 뒤 디팩을 기웃거리는 모습을 보고 차 상병이 어떤 사람인지 궁금한 마음이 들기도 했었다. 그리고 이후 나는 실제로 디팩에서 차 상병의 모습을 직접 보고 다른 카투사들이 왜 그토록 그녀를 칭찬했는지 비로소 이해하게 되었다. 차 상병은 출중한 외모 외에도 유독 카투사들에게 웃음 띤 얼굴로 친절을 베풀었던 착한 성격의 소유자였기 때문이다. 물론 소심하고 순수했던 카투사들은 결국 모두 차 상병에게 말 한번 제대로 걸지 못했고 멀리서 그녀를 바라보기만 했을 뿐이었다.

차 상병 외에 내 맞후임 중 한 명은 디팩 조리병으로 근무하던 한 백인 일병을 좋아하기도 했다. 디팩에서 늘 웃는 얼굴로 음식을 나눠주던 윌슨 일병은 차 상병처럼 카투사들에게 친절했던 여군이었다. 나는 윌슨 일병을 잘 알지 못했지만 이후 부대 SNS에 게재된 인터뷰를 보고 후임의 말대로 그녀가 착한 성품을 가졌다는 것을 확인할 수 있었다.

크리스마스를 맞아 하고 싶은 말이 있느냐는 질문에 형식적으로 애인 등에게 크리스마스 인사를 전했던 다른 미군들과 달리 윌슨 일병은 "조국에 있는 가족과 특히, 갚지 못할 만큼 큰 사랑을 주신 조부모님께 감사 인사를 드리고 싶다."
는 이야기를 했다. 그리고 나는 이후 친절한 윌슨 일병을 직접 만나본 뒤 역시 국
적을 불문하고 (조)부모님께 잘하는 사람은 좋은 사람일 확률이 높은 것 같다는
생각을 하게 되었다.

아쉽게도 윌슨 일병은 후임과 미처 친해지기도 전에 본국으로 돌아갔기에 후
임의 로맨스는 이루어지지 못했다.

이와는 반대로 가끔 미 여군이 카투사에게 호감을 표시하는 경우도 있었다.
중대 오더리 룸에서 근무하던 내 맞선임 이 일병은 바로 이런 경우에 속했던 카
투사였다. 뛰어난 업무능력 덕분에 '슈퍼카투사'로 불렸던 이 일병은 같은 소대
에서 근무하던 여군인 C 일병의 구애를 거절하느라 진땀을 빼야 했다.

C 일병은 'PT Master'로서 매일 아침 뛰어난 운동 실력을 보여주었던 이 일병
의 모습에 반했는지 끈질기게 구애를 했지만 이 일병은 끝까지 이를 완곡하게 거
절했다. 그리고 이 일병이 이렇게 C 일병의 구애를 거절했던 것은 '흑인과 황인'
이라는 인종적 경계 때문도 아니었고 사병 간 연애를 엄격히 금지한다는 한국군
측의 권고 때문도 아니었다. 안타깝게도 C 일병은 그저 이 일병의 스타일이 전혀
아니었던 것이다. 참고로 C 일병은 업무라면 쳐다보지도 않던 셰머 사병이었다.

카투사에게 이렇게 용감하게 호감을 표현하는 미군들도 있었지만 아주 간혹
카투사를 멀리서 바라보기만 했던 순수한 여군도 있었다. 한 번은 한 동양계 미
여군이 이런 말을 했던 적이 있었다.

"카투사들은 날씬한 여자들만 좋아하잖아."

그러나 내가 볼 때 해당 여군은 이러한 걱정을 할 필요가 전혀 없어 보였기에
나는 그 여군에게 "한국인들이 모두 날씬한 여자들만 좋아하는 것은 아니며 너
역시도 충분히 날씬해 보인다."고 말해 주었다. 이처럼 많은 미군들은 J 훈병이
내게 "마르지 않은 한국인들은 찾아볼 수가 없다."고 말했던 것처럼 모든 한국
인들이 날씬하다고 생각하는 경향이 있는 것 같았다.

카투사를 좋아했던 것은 비단 여자 사병만의 이야기는 아니었다. 왜냐하면 내
가 미군부대에서 생활하며 처음으로 보았던 성소수자들 중에서도 카투사에 호

감을 가졌던 사람이 있었기 때문이었다. 가령 남성 동성애자였던 R 일병은 자신과 같은 소대에 속해 있던 한 후임에게 열렬히 자신의 마음을 고백했었다.

그러나 동성애자가 아니었던 해당 후임은 없는 여자친구까지 만들어내며 끝까지 이를 거절했고 시간을 가리지 않고 수시로 방에 찾아와 호감을 표시하던 R 일병도 결국은 마음을 접게 되었다. 물론 이와 같은 경우는 나 역시도 군 생활을 하며 단 한 번밖에 보지 못했을 정도로 희귀한 것이었으니 예비 카투사들이 미리 걱정할 필요는 없을 것이다.

R 일병과 관련된 에피소드는 하나가 더 있다. 배럭을 함께 썼던 미군들 중에는 인터넷을 연결할 와이파이가 없어 고민하는 사병들이 있었다. 물론 배럭 내에 와이파이를 이미 사용하고 있는 미군들이 있긴 했지만 모두 비밀번호가 걸려 있었기에 해당 미군들은 돈을 주고 와이파이를 설치하지 않는 한 인터넷을 이용할 수 없었다.

그러나 다행히도 배럭에는 비밀번호가 걸려 있지 않아 모두가 무료로 사용할 수 있었던 와이파이가 딱 하나 있었다. 와이파이의 주인은 바로 R 일병이었는데 감사하는 마음으로 해당 와이파이를 사용하려던 미군들은 그 이름을 본 뒤 잠시 멈칫할 수밖에 없었다. 와이파이의 이름이 다음과 같았기 때문이다.

"Only Gays Are Allowed"(오직 게이들만 사용 가능)

대다수의 미군들은 자신의 양심을 속이고 울며 겨자 먹기로 R 일병의 와이파이를 사용해야 했다.

하루는 Staff Duty(당직)를 서는 후임을 찾아갔다가 여성 동성애자들의 민망한 장면을 목격하기도 했다. 카투사들은 종종 밤새 당직을 서며 지루해 할 동기, 후임들을 위해 당직실에 피자 등을 사 가지고 가서 함께 시간을 보내주곤 했다. (참고로 당직을 선 다음 날은 업무를 하지 않고 '근무 취침'을 했다. 이 때문에 카투사들은 토·일요일 외박을 전부 잘리게 되는 토요일 당직을 가장 기피했다. 그러나 일부는 충혈된 눈을 억지로 뜬 채 근무 취침을 하지 않고 외박을 나가기도 했다.) 그날 나 역시도 먹을 것을 챙겨 당직을 서고 있던 이용호 일병을 찾아갔다가 당직실 안에서 예상치 못하게 민망한 장면을 목격하게 되었다.

내가 용호 일병을 찾아갔듯이 여성 동성애자였던 그 여군의 '여자친구'도 자신의 애인을 보기 위해 당직실을 찾았고, 둘은 의자에 앉아 민망한 자세로 계속 사랑을 속삭였다. 한 여군이 다른 여군의 무릎에 머리를 베고 누운 채로 둘은 계속 서로를 어루만지며 이야기를 이어갔는데 나와 용호 일병은 간식을 먹으며 떠들기가 민망해져서 곧 그 둘을 위해 자리를 비켜주었다.

당직실 밖으로 나가던 용호 일병이 나를 보며 말했다.

"둘만의 시간이 좀 필요한 것 같지?"

"응, 아무래도 잠깐 자리를 비켜주는 게 맞는 것 같아."

이처럼 성적으로 개방적이었던 미군들은 나를 오해하기도 했다. 한번은 나와 대화를 나누던 미군이 내게 이런 질문을 던진 적이 있었다.

"Park, 여자친구 있어?"

"아니 없는데?"

"하하하, 마지막으로 사귀어 본 게 언제야?"

"아직 안 사귀어봤어."

"What?"

미군은 5초 정도 말을 잇지 못하고 나를 멍하니 쳐다보더니 진지한 목소리로 내게 물었다.

"So… you're gay, huh?"(그럼… 너 게이구나?)

"What? 아니? 난 그저 여자친구를 만날 기회가 별로 없었던 것뿐이야!"

나는 적극적으로 내 성 정체성을 해명했지만 미군 친구는 이를 들을 생각도 하지 않았고 내 나이를 물은 뒤 아직까지 여자친구를 사귀어 보지 않았다는 것은 말이 되지 않는다고 했다.

나는 결국 이후 KTA 시절 어머니가 보내주셨던 한국 여자배우의 사진을 보여주며 "이 사람이 내 여자친구다."라는 말도 안 되는 해명을 했고 그 미군은 그제야 내 성 정체성에 대한 의심을 풀었다.

물론 미국에도 내 나이 또래의 '모태솔로'들이 있겠지만 개방적인 문화 속 미군들의 입장에서 나처럼 성인이 다 되도록 여자친구 한 번 사귀어 보지 못했다는 건 마치 있을 수 없는 일과도 같은 것이었다.

이렇게 카투사들과 여군들은 미군부대에서 함께 생활했지만 당연하게도 카투사들은 미군 여군들과의 로맨스를 기대해서는 안 된다. 왜냐하면 한국군 측에서 사고를 미연에 방지하기 위해 카투사들에게 여군과 단둘이 식사하는 것조차 하지 못하도록 강하게 권고했기 때문이었다.

카투사가 미군 여군과 불미스러운 일에 휘말릴 경우, 이는 양국의 관계에 악영향을 끼칠 것이라는 것이 한국군 측의 설명이었다. 실제로 여성 미군과 성적인 스캔들에 휘말렸던 카투사가 성폭행 혐의로 기소돼 재판에 넘겨진 사례도 있으니 카투사들은 운명의 상대가 아니라면 여군들과는 적당한 거리를 두고 지내는 편이 안전할 것이다.

미군부대에서 만나본 사람들 중 여군들만큼 내게 기억에 남는 것은 유독 낙천적이었던 일부 미군들이었다. 그리고 이러한 경향은 특히, 어두운 과거를 청산한 미군들에게서 두드러졌다. 미군부대에는 생각보다 감옥에 다녀온 이들이 많았는데, 일부는 드라마에서나 나올 법한 스토리를 가지고 있기도 했다. 가령 할렘가에서 자라 불우한 어린 시절을 보냈지만 정신을 차리고 군에 입대해 새 삶을 꿈꾸게 되었다는 식이었다.

이처럼 낙천적이었던 미군들은 칭찬할 거리가 있으면 상대방에게 칭찬을 해주는 데도 주저함이 없었다. 미군부대에서 오며 가며 마주쳤던 미군들은 종종 전혀 모르는 사이임에도 나에게 신발이 멋있다거나 옷이 잘 어울린다며 뜬금없이 기분 좋은 칭찬을 해 주곤 했기 때문이다.

나는 늘 미소를 잃지 않았던 푸에르토리코 출신의 히스패닉 친구, 술·여자·음악만 있다면 삶에는 아무런 지장이 없다던 흑인 친구, 웃음 띤 얼굴로 내게 윙크를 하며 농담을 건네던 나이 지긋한 백인 장교 등 인종을 초월해 서로 다른 배경을 가졌던 수많은 사람들을 만나며 다양한 삶의 태도들을 배울 수 있었다. 그리고 나는 이들과 함께 미군부대에서 복무하며 친구가 되는 데 나이와 성별, 인종은 그다지 중요한 요소가 아니라는 사실 또한 깨닫게 되었다.

카투사는 이렇게 생활한다

모든 카투사들은 다른 미군들과 함께 모터풀(차고지, Motorpool)에서 한 주의 일과를 시작했다. 아침 PT가 끝난 뒤 미군들과 카투사들은 업무시작 시간에 맞춰 각종 군용 차량들로 가득한 모터풀에 모여 일등상사, 또는 중대장의 주재 하에 포메이션에 참여했다.

소대별로 대열을 갖춰 서면 가장 먼저 각 분대(평소에는 분대가 있는지조차 인지하기 힘들다.)의 Squad Leader(분대장)가 복장과 위생상태를 점검했고 그 후 "한 주를 힘차게 시작해보자."는 일등상사/중대장의 말이 끝나면 모두는 흩어져 각자 차량 점검(PMCS Preventive Maintenance Checks and Services. 군용 차량 기능 정비를 의미하며 자대에서는 매주 월요일 Motorpool(차고지)에서 이루어졌다.)을 실시했다. 그리고 특별한 일이 없는 경우 카투사들은 각자의 섹션에서 업무를 보는데, 인사과는 대부분 예하 부대에서 올라오는 다양한 업무들을 처리하느라 정신없이 돌아갔다.

그러나 카투사들은 일주일 중 하루, 2시간은 한국군 측에서 실시했던 "정훈교육"에 참여해야 했기에 업무를 보지 않는다. 정훈교육(KATUSA Training)은 카투사들이 일주일에 한 번, 지원대장의 주재 하에 모두 모여 한국군 측의 지시사항들을 전달받고 정신교육에 참여했던 시간이었다. 이 외에 전입 100일을 기념해 동기들이 전부 지역대(한국군 측 지원대의 상위 부대 개념이다. 지역대 위에는 단본부(한국군지원단)가 있다.)에 모여 함께 운동을 하고 그간의 생활을 나누었던 '전입 100

일 행사', 상병이 된 지역대 예하 카투사 동기들이 국군병원에서 건강검진을 받았던 '상병 건강검진' 등 한국군 측과 관련해 카투사들이 필수적으로 참여해야 했던 행사들도 있었다.

또 이렇게 카투사들끼리 모처럼 시간을 보낼 수 있었던 날에는 친한 부대원들이 함께 외출을 나가기도 했다. 카투사들은 미군과 동일한 대우를 받아야 했기에 원하는 경우, 미군과 마찬가지로 업무시간이 끝난 뒤 부대 밖으로 '외출'을 나갈 수 있다. 외출은 미군 측의 권한이긴 했지만 카투사들은 한국군 측에도 외출 신고를 한 뒤 부대 밖으로 나가 점호시간이 되기 전 복귀했다. 외출을 할 수 있는 시간이 그렇게 길지는 않았으므로 보통 부대 밖에서 식사를 하고 들어오는 정도였으며 음식점, 카페 등 내 삶에 필요할 만한 것들은 왜관에도 충분히 갖춰져 있었기 때문에 불편을 느낄 만한 점은 거의 없었다.

물론 모든 카투사들이 이렇게 여가를 즐기기 위해 만 외출을 하는 것은 아니었다. 왜냐하면 우리 부대와 달리 카투사 PX가 없었던 부대의 카투사들은 생활 필수품들을 구매하기 위해서라도 외출을 해야만 했기 때문이다. 이들은 미군 PX에도 출입이 금지되어 있었으므로 어쩔 수 없이 부대 밖으로 나가 필요한 물품들을 구매해야 했다.

외출을 하지 않는 경우 나는 동기, 맞후임들과 함께 방에 모여 한국군 PX에서 산 냉동식품들을 조리해 먹기도 했다. 이때 한 가지 편리했던 점은 이렇게 음식 등을 먹고 난 뒤 분리수거를 할 필요가 없었다는 것이었다. 미군부대에는 분리수거함이 없어 플라스틱, 음식물 쓰레기 등을 모두 한데 모아 부대 곳곳에 있는 거대한 금속제 쓰레기통(Dumpster)에 버린다. 나는 이 덕분에 쓰레기를 편하게 버릴 수 있었지만 가끔은 내가 환경에 해를 끼치고 있는 것은 아닐까 하는 생각에 죄책감이 들기도 했다.

또 이 외에 나는 대부분의 시간을 동기였던 정 일병과 함께 CAC에서 보내기도 했는데 드럼 연습을 하며 스트레스를 풀기 위해서였다. 게임 마니아였던 정 일병은 비디오게임방에서 새로 출시된 게임을 해 보기 위해, 나는 음악실에서 입대 전 독학으로 배웠던 드럼을 연습하기 위해 함께 CAC을 찾곤 했다. 완벽하게 방음이 되어 있었던 CAC의 음악실은 총 두 개가 있었고 한 곳에는 드럼이, 다른 한 곳에는 전자 드럼이 비치되어 있었으며 이 외에도 전자 피아노, 일렉 기타, 앰프 등 다양한 악기와 장비들이 구비되어 있었다. 카운터에 이야기만 하면 언제든 키를 받아 음악실을 이용할 수 있었는데, 시간제한이 있기는 했지만 음악실을 이용하는 사람들이 많지 않았고 어차피 점호에 참여하기 위해서는 9시 전까지 배럭에 돌아가야 했으므로 내게는 큰 문제가 되지 않았다.

나는 신병시절 지역대로부터 사용을 인가받았던 CD 플레이어가 있었다. 카투사 역시 '한국 육군' 소속으로 저장 기능이 있는 디지털 매체의 사용은 금지되어 있었지만 이처럼 저장 기능이 없는 CD 플레이어의 경우 한국군 측의 인가를 받으면 사용할 수 있었으므로 나는 주로 이 CD 플레이어를 사용해 노래를 들으며 드럼 반주를 연습했다. 그리고 내가 이렇게 CD 플레이어에 연결된 이어폰을 귀에 꽂고 음악실 안에서 혼자 신나게 드럼을 치고 있으면, 간혹 투명한 문을 통해 밖에서 이 모습을 보고 있던 미군이 노크를 해 자신이 함께 연주를 해봐도 되는지 묻기도 했다. 그렇게 내가 문을 열어주면 그 미군과 나는 금세 친구가 되어 음악실 안에서 함께 합주를 했다. 노크를 했던 미군들은 하나같이 능숙하게 악기를 다룰 줄 알았던 사람들이었기 때문이다.

한번은 검은색 바탕에 해골이 그려진 티셔츠를 입고 있던 한 덩치 큰 백인 사병이 음악실 밖에서 자신이 들어가도 되는지 내게 적극적으로 물었던 적이 있었다. 손가락으로 자신과 나를 번갈아 가리키던 그 사병은 내가 문을 열어주자 음악실 안으로 들어온 뒤 갑자기 자신의 이야기를 풀어놓기 시작했다.

"드럼 좀 치는구나? 나는 일렉 기타를 다룰 줄 아는데."

"그래? 실력 한번 보여줘 봐."

그렇게 우리는 아주 잠깐 같이 합을 맞춰보았는데 미군 사병이 기타를 잡는 폼이나 연주 실력이 보통이 아닌 것 같아 보였다.

"너 기타는 언제부터 연주한 거야?"

"오래 됐지, 사실 나는 입대하기 전에 락 밴드를 했었어."

"전문적으로?"

"응 직업으로. 하하하."

큰 덩치와 달리 미군은 생각보다 익살맞은 성격을 가지고 있었고 알고 보니 그는 입대 전 각종 바 등에서 락 밴드로 활동했던 '프로 뮤지션'이었다.

"그럼 밴드는 왜 그만두게 된 거야?"

"난 아직도 왜 우리가 성공하지 못했는지 이해할 수가 없어. 공연 전략은 제대로였는데 말이야. 우리 밴드가 했던 '고양이 춤' 동작 한번 보여줄까?"

갑자기 '고양이 춤'이라니 무슨 이야기인가 싶었지만 나는 내심 궁금한 마음이 들었기에 보여달라고 청했다. 그리고 그 뒤 내가 보게 되었던 것은 해골 티셔츠를 입고 있는 이 덩치 큰 미군이 두 손을 머리 위로 올려 고양이 귀를 만든 뒤 앙증맞게 펄럭이는 모습이었다. 솔직히 바로 앞에서 보기에 약간은 손발이 오그라드는 느낌이 들었지만 나는 일단 "재밌다!"고 말해 주었다.

"그렇지? 우리 '고양이 밴드'가 성공하지 못한 건 정말 미스터리야. 활동할 때는 '고양이 귀 머리띠'까지 쓰고 이 동작을 했었는데 말이지."

고양이를 너무도 사랑한 나머지 밴드 이름에도 'Cat'을 넣었던 알렉스 이병은 끝까지 밴드의 실패 요인을 깨닫지 못했지만 나는 고양이 춤을 본 뒤 곧바로 그 원인을 알 수 있었다.

그것은 이 고양이 락 밴드가 잘못된 콘셉트를 잡았기 때문이었다. 누구든 고양이 귀 머리띠를 한 거구의 락 밴드 멤버들이 해골 티셔츠를 입고 앙증맞은 춤을 추고 있는 모습을 본다면 왜 이 밴드가 성공하지 못했는지 쉽게 알아낼 수 있을 것이다.

알렉스 이병과 나는 종종 함께 악기 연주를 하자며 서로 이메일 등의 연락처까지 교환했었지만 시간이 맞지 않아 자주 만나지는 못했다. 어쨌든 음악실에서 혼자 드럼을 연습하다 보면 종종 이와 같은 미군들을 만날 수 있었는데, 나는 이처럼 CAC 덕분에 더 많은 미군들과 어울릴 수 있었고 드럼을 치며 스트레스까지 풀 수 있었다.

정훈교육 외에 매주 참여해야 했던 일정으로는 'Sergeant's Time Training

(STT)'이 있었다. Sergeant's Time Training은 Sergeant(병장) 이상의 NCO들이 중대원들에게 전투 시 필요한 각종 훈련과 교육을 실시했던 시간이었다. 보통 이 시간에는 실제 전투에 참여한 적이 있는 부사관들이 '자신의 생생한 경험을 살려' 전쟁 지역에서 활용할 수 있는 여러 팁들을 교육했다. 그리고 여기에는 대부분 당연히 '실습'도 포함됐다. 특히 기억에 남는 Sergeant's Time Training은 '뒤집히기'였다. 그리고 이 훈련은 내 첫 번째 STT이기도 했다.

'뒤집히기'를 하던 당일 나는 소대장의 지시에 따라 방탄복(IOTV Improved Outer Tactical Vest. 총알에 관통되지 않는 단단한 재질의 플레이트들을 안에 넣기 때문에 상당히 무겁다. 앞으로 TEP(The Torso and Extremity Protection)라고 불리는 더 가벼워진 방탄복이 보급될 예정이라고 한다.), 방탄모(Kevlar), 화생방(CBRN Chemical, Biological, Radiological, Nuclear을 의미한다.) 장비와 보안경(Eye Pro) 등 보급받은 각종 장비들을 모두 착용한 채 여단 앞에 집합했다.

나는 중세시대 기사들이나 일본 사무라이들이 입었을 법한 갑옷 같은 IOTV가 특히 불편하게 느껴졌다. 그러나 첫 Sergeant's Time Training을 앞두고 긴장을 하고 있던 탓에 이처럼 사소한 것들은 크게 신경 쓰이지 않았다.

이후 하나둘 다른 미군들이 풀이 죽은 채 여단본부 앞에 집합했고 곧 이들을 나를 군용트럭들도 같은 장소에 속속 도착하기 시작했다. 군용트럭들은 전쟁영화에서 보던 것들과 똑같았다. 커다란 트럭의 뒷부분에는 군인들이 탑승해 두 열로 마주보고 앉아 이동할 수 있도록 긴 의자가 마련되어 있었으며 옆·윗부분은 천막으로 덮여 있었다.

우리들은 곧 뒷문을 통해 트럭에 탑승했는데 모두가 트럭에 오르자 간부는 뒷문을 닫아버린 뒤 운전을 시작했다. 이 때문에 트럭의 내부는 가끔씩 천막이 펄럭이며 바깥의 빛이 들어올 때를 제외하면 칠흑 같은 어둠에 잠겼다.

카투사들과 미군들은 하나같이 울상을 짓고 있었다. 어둠 속에서 어디로 가는지도 모른 채 미군들은 우울한 표정으로 핸드폰만 만지작거렸고 나는 긴장을 달래기 위해 동기들에게 "지금 상황이 마치 전쟁영화의 한 장면 같다."는 시답잖은 농담을 던졌다. 나는 아주 잠깐 혹시 우리가 훈련을 빙자해 실제 전투에 투입되는 것은 아닐까 하는 생각을 해보기도 했다.

시간이 얼마나 흘렀을까? 우리는 '부대 내'의 한 장소에 도착했고 그곳에는 실제 험비 모양의 기계가 한 대 있었다. 보안상 자세하게 설명할 수는 없지만 이 기계는 NCO의 지시에 따라 다양한 방법으로 '뒤집혔고' 우리는 각 상황에 적응하는 훈련을 했다. 다행히 내 예상과 달리 이 훈련은 마치 놀이기구를 타는 것처럼 재미있었기에 이날을 계기로 'STT는 무조건 힘들 것'이라는 내 편견은 깨지게 되었다.

NCO의 안내와 함께 기계가 움직이면 우리는 반드시 행동에 앞서 다음과 같은 구호를 먼저 외쳐야 했다. "뒤집힌다! 뒤집힌다! 뒤집힌다!" 그리고 나는 이 구호를 외치며 비로소 왜 이 훈련을 '뒤집히기'라고 부르는지 알 수 있게 되었다. 그것은 이 기계에 탑승한 모든 사람들이 적어도 몇 번씩은 완전히 뒤집혀야 했기 때문이었다.

이 외에 영어로 무전을 주고받는 방법을 배웠던 STT도 내게 즐거웠던 기억으로 남아 있다. 나는 이날 무전기를 통해 영화 속에서 익숙하게 들어보았던 "Over", "Roger out" 등을 실컷 사용해볼 수 있었다.

무전을 하기 전에는 각자 닉네임을 먼저 정해야 했는데 일부 미군과 카투사들은 '피카츄'와 같이 우스꽝스러운 별명을 만들어 서로를 부르기도 했다. 그리고 이렇게 영어로 열심히 무전을 주고받다 보면 어느 순간 자신이 마치 전쟁영화의 주인공이라도 된 것 같은 기분을 느낄 수 있었다. 물론 우리들끼리 실제로 나누었던 대화는 대부분 다음과 같이 전투와 전혀 관련 없는 것들이었지만 말이다.

"피카츄, 여기는 불독이다. 오늘 디팩의 저녁 메뉴가 무엇인지 알고 있나? over."

Sergeant's Time Training을 하는 날은 두 가지 좋은 점들이 있었다. 첫 번째는 바로 '이른 업무 종료'였다. STT를 하는 날은 훈련으로 지친 사병들이 일찍 숙소로 돌아가 가족과 시간을 보낼 수 있도록 평소보다 1~2시간 정도 일찍 업무가 끝났다. 이 덕분에 나는 저녁을 먹기 전까지 잠깐 동안 달콤한 낮잠을 잘 수도 있었고 저녁을 먹은 후에는 CAC에서 평소보다 더 많은 시간을 보낼 수 있었다.

두 번째 좋은 점은 바로 '맛있는 식사'였다. STT를 하는 날은 반드시 디팩에서 바비큐폭립과 마카로니 치즈 등 평소보다 맛있는 요리가 나왔다. 특히 메인 메뉴였던 '바비큐폭립'은 패밀리 레스토랑의 폭립에 견주어도 뒤지지 않을 정도로 맛있었기 때문에 나는 이날만큼은 저녁 메뉴를 걱정하지 않고 편한 마음으로 디팩에 갈 수 있었다.

물론 STT를 하는 날 외에도 장성급 장교가 디팩을 방문하거나, 공휴일, 오찬회 등 디팩에서 스테이크와 랍스터, 대게와 같은 맛있는 요리들을 맛볼 수 있었던 특정한 날들이 있었다. 물론 이러한 경우가 아니라면 평소 디팩의 메뉴는 구운 치킨이나 거대한 돼지고기 덩어리, 쇼트 라인의 햄버거가 전부인 경우가 많았다.

카투사들은 이처럼 입맛에 맞지 않는 양식에 적응하기 위해 디팩에 있는 여러 재료들을 활용해 직접 요리를 만들기도 했다. 자취 경험이 풍부했던 카투사들은 자신만의 레시피를 개발해 부대원들에게 전파시켰다. 가령 한 부대원이 디팩에 있는 치즈와 감자튀김, 케첩, 마요네즈를 이용해 만들었던 '오지 치즈 후라이'는 짧은 시간에 부대 내 최고 인기메뉴가 되었다. 오지 치즈 후라이의 제조법이 매우 간단했을 뿐더러 맛도 정말 좋았기 때문이었다.

오지 치즈 후라이 외에도 카투사들은 음료수들의 배합을 조절해 '논 알코올 칵테일'을 만드는 등 다양한 메뉴를 개발하기 위한 노력들을 계속했다. 카투사들이 이토록 열심히 레시피를 연구했던 이유는 디팩에 한식 메뉴라고는 군용 김치와, 불면 날아갈 듯한 안남미, 거대한 크기의 김밥에 없었기 때문이다. 게다가 이 시기 카투사 스낵바(KSB)마저 문을 닫음으로써 카투사들은 한식 요리를 먹기가 더욱 힘들어졌다. 그렇게 디팩에서 삼시 세끼 느끼하거나 퍽퍽한 고기 덩어리들만 먹게 된 부대원들은 괴로움을 호소하며 필사적으로 여러 가지 메뉴들을 만들어냈다.

그래도 그나마 다행이었던 것은 디팩의 아침 메뉴들이 내 식성에 정말 잘 맞았다는 것이었다. 나는 그중에서도 내가 안에 들어갈 내용물을 선택할 수 있었던 '오믈렛'을 특히 좋아했다.

PT가 끝난 뒤 매일 아침 먹었던 'Ham and Cheese Omelet(햄과 치즈가 들어간 오믈렛)'과 베이컨, 감자 등은 신기하게도 좀처럼 질리지 않았다. 느끼해지지 않도록 샐러드 바에서 플레인 요거트까지 한 스쿱 떠 견과류 등의 토핑을 얹은 뒤 함께 먹으면 더욱 만족스러운 식사를 할 수 있었다.

종종 STT를 하는 날이 아니더라도 방탄모와 보안경 등을 챙겨 'Range(사격장)'에 가야 했다. 이는 사격 시험을 보기 위해서였는데 모든 미군들과 카투사들은 보통 6개월에 한 번 정도 사격시험을 보아야 했다.

사격을 하는 날은 이른 시간까지 사격장에 가야 했기에 보통 디팩에 들를 시간이 없었다. 때문에 보통 함께 사격을 하는 부대원들과 중대 건물 옆에 있는 '푸드 스탠드'에서 식사를 했다.

나는 처음 이것이 컨테이너 박스로 만든 일종의 포장마차 같다고 생각했다. 하지만 이 미국식 포장마차는 외벽이 하얀색, 베이지색 등으로 깔끔하게 칠해져 있었고 빨간색 지붕까지 있어 훨씬 세련돼 보였다. 사무실 건물 옆에 뜬금없이 토스트와 과자, 음료 등을 파는 간이 건물이 있다는 것도 신기했지만 매우 이른 시간부터 이곳에서 일하고 있는 종업원이 있다는 것이 더 신기했다.

자대의 사격장은 특별할 것이 없었지만 KTA와 달리 더 넓은 사격 대기장소를 가지고 있었다. 나는 군무원 선생님들이 일하고 계셨던 사격 대기장소에서 꽤 오래 기다리다 사격을 시작했고 40발 중 35발을 맞춰 무난히 사격시험을 통과할 수 있었다. KTA와 다른 총기를 사용하긴 했지만 크게 다른 점은 없었다.

군 생활을 하며 사격장에서 보았던 충격적인 장면은 바로 미군들이 갈퀴 같은 것으로 사격장 곳곳에 쌓여 있는 탄피를 자루에 쓸어 담고 있는 모습이었다. KTA에서와 마찬가지로 미군들은 국군과 달리 탄피를 하나하나 수거해가지 않았기 때문에 사격이 끝난 뒤 바닥에 널브러져 있는 탄피들을 한꺼번에 치웠다. 나는 문득 사라진 한 개의 탄피 때문에 풀밭에 뛰어들어야 했던 논산훈련소의 막내 분대장이 이 모습을 본다면 어떤 표정을 지었을지 궁금해졌다.

또 나는 매주 목요일 지역 아동센터에서 아이들에게 영어를 가르치는 특별한 봉사활동에도 참여했다. 이는 내게 큰 의미가 있었던 활동이었는데 우리 부대의 카투사들은 원하면 누구나 근처에 있는 지역아동센터에서 봉사활동을 할 수 있었다. 일병이 될 때까지 나는 이 봉사활동의 존재 유무조차 제대로 알지 못했지만 이후 카투사 점호 때 시니어 카투사가 하는 말을 듣고 이를 처음 알게 되었다.

"내일 엘리트 있으신가요?"

김 시니어 카투사의 알 수 없는 말에 몇몇 카투사들이 손을 들었다.

"지금 손 든 사람들은 점호 끝나고 남아주세요."

나는 이 '엘리트'가 무엇을 의미하는지 정말 궁금했기 때문에 점호가 끝난 뒤 Day room 밖에 남아 선임들을 기다렸다. 다행히 이날 손을 들었던 사람들 중에는 같은 소대였던 도 일병도 있었다. 도 일병은 Day room 밖에 서 있던 내게 이 '엘리트'가 무엇인지에 관해 친절히 설명해 주었다.

나는 선임들을 기다리며 어떤 기준을 통과해 '엘리트 병사'가 된 선임들이 점호 후 남는 것은 아닐까 생각했지만 알고 보니 '엘리트'는 지역아동센터의 이름이었다. 이 '엘리트'는 미군과 함께 지역 아동센터를 방문해 아이들에게 공부를 가르쳐 주는 봉사활동이었던 것이다. 봉사시간 동안 카투사들은 중학생들에게 영어를 중심으로 스스로 자신 있는 과목 등을 가르쳤고, 함께 동행하는 미군은 더 어린 아이들에게 영어회화를 가르쳤다.

도 일병은 내게 일정 시간 봉사활동을 하면 포상휴가와 봉사시간까지 얻을 수 있다고 이야기하며 봉사활동에 함께 참여할 것을 적극 독려했다. 나는 이미 매주 외박을 나가고 있었기에 포상휴가에는 별로 욕심이 생기지 않았고 봉사활동 시간 역시 크게 중요하지 않게 느껴졌다. 오히려 업무 후 쉬는 시간에 봉사활동을 해야 한다는 사실이 약간은 마음에 걸렸다. 왜냐하면 이미 입대 전 사회에서 아이들을 가르치는 재능기부 봉사활동을 하며 이 일이 결코 쉽지만은 않다는 것을 알고 있었기 때문이었다.

나는 입대를 하기 전 수차례 국제통상학 전공을 살려 여러 국제 이슈들을 아이들에게 소개하는 봉사활동을 했던 적이 있었다. 당시 초등학생 때부터 부모님의 손에 이끌려 '스펙'을 쌓기 위한 활동에 참여했던 아이들은 종종 나를 비롯한 봉사자 선생님들에게 "어느 대학 출신이세요?" "선생님이 그 정도도 모르시나요?" 등의 난감한 질문들을 계속해서 던지곤 했다. 물론 나는 이 봉사활동을 즐겁게 수행하며 많은 것들을 배울 수 있었지만 활동이 끝날 때마다 진이 빠졌던 것은 어쩔 수 없었다.

하지만 나는 지역아동센터 아이들을 대상으로 하는 봉사활동은 무엇인가 다를 것 같다는 생각이 들었고 얼마 뒤 '엘리트'에 참여하게 되었다. 카투사 봉사자들은 부대 근처의 지역아동센터에 미리 도착해 그곳에서 나누어 주는 집밥을 저녁을 먹었는데, 어찌나 맛이 있었던지 일부 카투사들은 봉사센터에서 먹는 한식을 먹기 위해 봉사활동에 가야겠다고 말할 정도였다.

저녁을 먹은 뒤 곧 위층에서 중·고등학생 여자 아이들을 대상으로 공부가 시작되었고 나는 영어를 담당해 가르쳤다. 나는 이 아이들의 순수한 모습에 굉장히 놀랐다. 이곳의 아이들은 내가 서울에서 국제 이슈를 가르쳤던 아이들보다 공부는 조금 어려워했을지 몰라도 결코 예의에 어긋나거나 남들을 무시하는 듯한 말들은 하지 않았기 때문이었다.

물론 아이들은 "자기소개 해 주세요!" "선생님 여자친구는 있으세요?" 등의 공부 외적인 이야기를 하며 공부시간의 대부분을 채웠지만 나는 이러한 대화 역시 아이들을 올바른 방향으로 이끌기 위해 필요한 것이라고 생각했다. 군 생활 도중 한 번도 이 아이들에게 어떤 사연이 있는지 알려고 하지 않았지만 종종 대화를 하며 이들이 많은 고민과 유혹에 시달리고 있다는 사실을 알게 되었기 때문이었다.

또 아이들을 오랫동안 가르치신 경험이 있는 어머니의 충고를 원칙으로 삼아 이를 지키고자 노력했다. 그것들은 다음과 같았다.

첫 번째는 편애하는 것처럼 느껴지지 않도록 어느 한 아이에게만 이야기를 집중하지 않아야 한다는 것이었고 두 번째는 장난이라도 몸이 접촉하는 일이 없도록 주의해야 한다는 것이었다.

나는 다행히 "오늘 자신과 함께 한번 아이들을 만나보고 앞으로 계속 봉사활동에 참여할지 결정해보라."는 도 일병의 제안으로 시작했던 지역아동센터에서의 첫 수업을 무사히 마칠 수 있었다. 그리고 이날 나는 수업이 끝난 뒤 문밖을 나서기 전 한 아이가 용기를 내어 작은 목소리로 내게 했던 한마디 때문에 봉사활동을 계속하기로 다짐하게 되었다.

"선생님 다음에도 꼭 다시 오실 거죠?"

나는 이후로도 매 수업 전 학생들을 위해 미리 초콜릿과 같은 간식을 준비하는 등 나름대로 진심을 다해 봉사활동을 계속해 나가며 아이들과 함께 의미 있는 시간들을 보낼 수 있었다.

한 주의 마지막은 '외박신고'로 마무리되었다. 외박을 나갈 수 있는 금요일이 되면 종종 아침점호시간에 미군들이 TGIF(Thank God It's Friday!)를 외치는 소리를 들을 수 있었다.

부대에 따라 카투사들은 매주 금요일 일과를 마친 뒤 미군 측 'COB(Close Of Business: 근무종료 행사)'에 참여한 후 별도로 한국군 측 외박신고에 다시 참여하기도 했고, 미군 측 COB는 생략한 채 한국군 인사과에 모여 외박신고만 진행하기도 했다.

"음주는 반드시 자제하고, 성 군기 위반에 주의하도록. 정치적 중립의무 지켜야 하는 건 다들 알고 있지?"

위와 같은 지원대장의 한마디가 끝나면 카투사들은 비로소 외박을 출발할 수 있었다. 그리고 만일 주말에 한국 또는 미국의 공휴일이 붙는 경우 외박은 3day(3박 4일, ex;목요일 출발 일요일 복귀), 4day(4박 5일, ex; 목요일 출발 월요일 복귀) 등으로 늘어나기도 했다.

심지어 설날, 추석 등 큰 명절이 더해지면 카투사들은 5박 6일에 해당하는 '5day'를 경험해볼 수도 있었는데, 이는 카투사들이 가진 엄청난 특권이었다. 물론 외출·외박을 포함해 카투사들이 한·미 공휴일 모두에 쉬었던 것 역시 "동일 계급의 미군과 같은 대우를 받는다."는 규정 덕분에 가능했던 것이었지만 생각해보면 일정 부분은 어쩔 수 없는 것이었을지도 모른다. 카투사들은 국군에 해당하기에 설, 추석과 같은 한국 공휴일에 쉬는 것이 당연했고 미국의 공휴일에는 간부를 포함한 미군들이 모두 일을 하지 않기에 카투사들에게 부대 운영을 전부 맡길 수는 없었기 때문이었다.

외박을 나가지 않는 경우 나는 잔류자들과 함께 외출을 했다. 외박을 거의 나가지 않고 주말 동안 부대에 잔류해 시간을 보내던 부대원들도 꽤 있었기 때문에 이들과 대구의 명동, 동성로에 가서 시간을 보냈다. 또 이렇게 부대원들과 외출을 마치고 늦은 저녁 부대에 복귀할 때 종종 택시기사분들과 미군들이 실랑이를 벌이는 모습이 목격되곤 했다. 대부분 이러한 다툼은 택시요금이 너무 많이 나왔다고 생각한 미군들이 이를 기사 분들에게 거세게 항의하며 시작되었던 것이었다.(물론 때로 이는 합당한 요구였다.)

이런 경우 미국 시민권자로 영어에 능통했던 동기 정 일병은 이들 사이에서 통역을 해 줌으로써 문제를 자주 해결해 주곤 했었는데, 이처럼 카투사들은 보이지 않는 여러 곳에서 나름대로 '군사 외교관'의 역할을 충실히 수행하고 있었다.

외박을 나가지 않는 일요일 아침이면 나는 잊지 않고 언덕 위에 자리하고 있었던 Chapel(채플, 교회)에 갔다. 영어로 진행되는 미국식 예배에 참석하는 것은 교인이었던 내게도 특별한 경험이었기 때문이다. 특히 나는 외부에서 온 한국인들과 미국 국적의 민간인들로 구성되어 있었던 찬양 밴드의 신나는 연주가 정말 좋았다.

싱어들은 한국계 미국인이었던 군종 장교님의 딸들이었는데 노래를 꽤 잘했고 드럼과 키보드 연주자들의 실력도 상당했다. 이 중 리더였던 키보드 연주자는 영화에서 본 것 같은 특이한 캐릭터였기에 아직도 잊을 수가 없다.

내 나이 또래의 백인 남자였던 키보드 연주자는 신앙심이 매우 깊었는지 늘 진지한 표정으로 미리 예배당에 와 악기들을 세팅했다. 항상 왁스를 잔뜩 바른 깔끔한 '2대 8 가르마 머리 스타일'을 고수했던 그는 늘 단정한 셔츠 차림이었고 과묵해 보였지만 연주를 할 때만큼은 온 열정을 담아 모든 힘을 다해 키보드를 쳤다. 나는 그 이질적인 모습이 재미있어서 찬양 도중 그를 유심히 쳐다보곤 했다.

또 채플은 내게 '인맥 형성의 장'이 되기도 했다. 나는 상당수의 미군 간부, 장교들을 채플에서 만나볼 수 있었다. 게다가 이들 중에는 같은 소대의 NCO들도 있었기에 나는 채플에서 만난 간부들과 친해지며 이후 직·간접적으로 많은 도움을 받을 수 있었다.

이 외에도 모든 카투사들이 인정했던 채플과 관련된 한 가지 특징은 바로 채플린(군종병)이 있는 곳에 늘 먹을 것이 가득 쌓여 있었다는 것이었다. 이 때문에 우리 부대에서는 군종병이 있는 채플실이 '채플 카페'라는 별명을 얻기도 했다. 특히 훈련지에서 군종병의 주된 임무는 남아도는 각종 간식들을 카투사들과 미군들에게 배부하는 것이라고 해도 과언이 아니었다. 훈련 도중 먹을 것이 부족하면 우리는 늘 군종병을 불렀다.

"먹을 게 없는 데 어떻게 하지?"

그러면 군종병은 곧 신기하게도 군종 간부로부터 받은 오레오 과자 등을 한 상자 가져오곤 했다. 또 사격과 STT 등으로 지친 카투사들은 종종 단체로 채플 카페에 몰려가 커피와 과자를 먹으며 쉬기도 했다. 그러다 채플실에 오래 머무르는 것이 약간은 미안해질 때쯤 되면 인상 좋은 무니즈 하사가 카투사들을 보고 괜찮다는 표정을 지으며 이렇게 말했다.

"괜찮으니 다들 실컷 먹고 더 놀다 가. 과자랑 커피는 여기 잔뜩 쌓여 있으니까!"

이 외에도 채플은 한 달에 한 번 치킨과 피자 등을 잔뜩 시켜놓고 근처 건물에서 군인들을 위한 파티를 열었다. 나는 아직도 이 파티의 이유를 정확히 알지는 못하지만 교회나 성당에 다니지 않는 카투사들도 이날만큼은 함께 모여 한식과 치킨, 피자, 음료수들을 마음껏 먹고 마시곤 했다.

이렇듯 카투사들은 미군부대에 배치받아 다양한 것들을 경험해볼 수 있었던 행운아들이었다.

다시 찾아온 보직변경의 위기

"인사과 생활은 할 만해?"

"네 박 시카님 덕분에 정말 즐겁게 일하고 있습니다. 제게는 인사과가 '최고의 섹션'입니다. 같이 일하는 미군들도 정말 좋고⋯."

"인사과에 너무 정붙이지 않는 게 좋을 것 같다."

"잘 못 들었습니다. 갑자기 그게 무슨 말씀이신지⋯"

함께 외출을 해 부대 밖에서 저녁식사를 한 뒤 부대로 돌아오는 길에 박 시카가 갑자기 내게 이상한 말을 했다.

"한국군 측에서는 네가 지금 비공식적으로 다른 섹션에서 일하고 있는 것 때문에 걱정이 많아."

"하지만 그건 이전에 이미 끝난 얘기 아니었습니까?"

"그런 줄 알았는데 요즘 지원대장님은 네가 복잡한 보직변경 걱정이 덜한 '한국군 인사과'에서 일하는 건 어떨지 고민 중이셔. 네가 미군 인사과를 떠나서 'RSO 계원'으로 일하게 될 가능성이 적지 않은 것 같다."

박 시카는 침울한 표정으로 내게 말했다.

"저는 이미 친해진 미군들, 카투사 소대원들과 미군 측 섹션에서 계속 함께 일하고 싶습니다."

"그래, 고려는 해보겠지만 쉽지는 않을 것 같아."

나는 갑자기 박 시카로부터 인사과를 떠나 한국군 인사과에서 일하게 될 수도 있다는 말을 듣게 되자 그날 밤 잠조차 제대로 이룰 수 없었다. 또 다시 내 의사와 전혀 상관없이 일하던 섹션을 떠나는 것만은 정말 피하고 싶은 일이었다. 게다가 이번에는 미군 측 섹션과 동떨어진 한국군 인사과에서 후임으로부터 전혀 다른 업무들을 새롭게 배워가며 다시 적응해야 했다.

나는 이를 받아들이는 것이 정말 힘들었지만 일단은 기다려보는 방법밖에 없었다. 그리고 이때부터 머릿속에 여러 가지 시나리오들을 세워놓고 내 나름대로 해결책을 찾아보기 시작했다.

그때는 이미 가을을 지나 겨울이 가까워 오며 날씨가 쌀쌀해지고 있던 시기였다. 당시 모든 소대원들은 한동안 낙엽 쓸기 디테일에 참여해 여단 건물 주변 곳곳에 떨어져 있는 낙엽들을 수거해야 했다.(참고로 카투사들은 종종 낙엽 쓸기, 잔디 깎기 등에 동원되었지만 눈은 기계가 치웠기 때문에 제설작업은 하지 않아도 되었다.)

나 역시 이날 우울한 표정으로 넓은 잔디밭에 흩어진 낙엽들을 쓰레기봉투에 쓸어 담고 있었다. 그리고 별생각 없이 낙엽들을 줍고 있던 나는 문득 커다란 단풍나무 아래에서 '이번만큼은 군 생활의 방향을 내 스스로 한번 결정해볼 수는 없을까?' 하는 생각을 하게 되었다. 그리고 마침내 그날 내가 처한 상황에서 취할 수 있는 최선의 방법을 찾아낼 수 있었다.

나는 본래 두 명의 군 생활 롤모델을 가지고 있었다. 첫 번째는 '김 시니어 카투사'였다. 김 시카는 카투사들의 리더로서 매번 합리적인 의사결정으로 미군과 문제를 일으키지 않으면서도 부대원들의 복지를 챙겨준 선임이었다.

이렇게 한미 양측으로부터 모두 인정받는 김 시카를 보며 한 번쯤 김 시카처럼 시니어 카투사가 되어 카투사들을 멋지게 대표해보고 싶다는 생각을 가지게 되었다. 물론 이 같은 생각을 가지게 된 데는 지휘부 시절 김 시카와 박 시카로부터 여러 차례 상담을 받으며 많은 도움을 받았던 것이 가장 크게 작용했다.

두 번째는 '강 병장'이었다. 강 병장은 미군 측 섹션에서 유능한 'NCO(간부)'로 인정받던 대표적인 카투사였다. 인사과에서 미군들과 함께 일하는 것이 정말 보람 있었기에 앞으로도 미군 측 섹션에 남아 최선을 다해 강 병장처럼 멋진 NCO로 인정받고 싶은 마음이 있었다.

나는 상병 진급 후 한번 시니어 카투사에 지원해보고 싶은 생각도 있었지만, 40여 명에 달하는 부대원들 중 시니어 카투사에 선발되기는 결코 쉬운 일이 아니었다. 그래서 이미 정이 들 대로 든 미군 섹션에 남아 계속 프레이저 상사를 보좌할지, 시니어 카투사 선발에 도전해볼 것인지를 고민 중이었다. 그러다가 갑자기 내가 미군 측 섹션에 남아 있을 수 있는 안이 사라지자 비로소 마음속으로 한 가지 결정을 내릴 수 있게 되었던 것이다.

"어차피 한국군 인사과에서 일하게 될 것이라면 차라리 시니어 카투사에 한번 도전해보자."

이는 당시 갑자기 한국군 인사과로 방출돼 계원으로 일하게 될 위기에 처한 내가 생각해낼 수 있었던 최선의 방법이었다.

시니어 카투사는 한국군 인사과(RSO)에서 일한다는 점에서는 계원들과 다를 것이 없었지만 업무의 성격 면에서는 분명한 차이가 있었다. 계원들은 대부분 한국군과 관련된 인사업무를 수행했던 반면 시니어 카투사는 미군들과의 연락 업무를 상대적으로 더 많이 수행했기 때문이다. 이 때문에 시니어 카투사로 선발되었던 사람들은 주로 미군 측 섹션에서 일하며 미군들과 관계가 좋았던 카투사들이었다. 나 역시 만약 시니어 카투사가 된다면 미군 측과 계속 함께 일할 수 있었다.

또 이처럼 시니어 카투사는 계원들과 달리 '미군 측과의 연락 업무'와 '한국군과 관련한 인사업무'를 모두 담당한다는 점에서 미군 측 여단본부 '인사과'에서 근무했던 나와도 업무적으로 잘 맞을 것 같았다. 게다가 내가 만약 시니어 카투사로 선발된다면 이후 자동적으로 보직변경 작업이 병행될 것이었기에 나는 비로소 한 섹션에 완전히 정착할 수 있었다.

나는 이와 관련해 업무가 끝난 뒤 몇 번씩이나 밤에 찬바람을 맞으며 배럭 근처에 있던 원두막에 가 혼자 고민을 하곤 했다. 옆 건물에서 흘러나오는 주황색 불빛만이 주변을 어둡게 밝히던 원두막은 사람들이 찾지 않아 늘 조용했기에 혼자 생각을 정리하기에 적당한 장소였다.

처음엔 내가 떠날 경우 인사과의 업무에 상당한 차질이 생길지도 모른다는 생각에 걱정이 앞섰다. 물론 이제는 '일병'이 돼 이미 내 업무의 상당 부분을 할 수 있게 된 고 일병이 곧 충분히 내 몫을 수행할 수 있을 것 같았기에 어느 정도 안심할 수 있었지만 여전히 프레이저 상사와 미촘 하사 등 정든 미군들이 있는 섹션을 떠나야 한다는 사실은 내 가슴을 아프게 했다.

그러나 박 시카로부터 듣는 한국군 인사과 소식은 이후로도 전혀 긍정적이지 않았기 때문에 내게는 별다른 선택지가 없었다. 결국 나는 최종적으로 시니어 카투사들의 의견을 물은 뒤 시니어 카투사에 지원하기로 마음을 굳혔다.

그러나 나는 시니어 카투사들과 이에 관해 이야기를 해보기도 전에 훈련지로 떠나야 했다. 여단 전체가 참여하는 일주일간의 훈련에 내가 '선발대'로 발탁되었기 때문이다. 나는 한겨울에 미군들과 대형버스를 타고 훈련지로 향했다. 버스에서의 내 임무는 기사님 옆자리에 앉아 통역을 하며 길을 안내하고 만일의 비상사태에 대비하는 것이었다.

우리의 훈련지는 북한과 매우 인접해 있는 모 지역에 있었다. 미군들은 북한이 보일 정도로 가까운 지역에 간다는 말을 듣자마자 굉장히 진지해졌다. 그리고 이후 훈련지가 점차 가까워지자 미군들은 장교와 부사관, 사병을 가리지 않고 내게 시도 때도 없이 같은 질문들을 던지기 시작했다.

"이봐 Park, 지금 창밖에 보이는 저곳이 북한인가?"

그러면 버스 기사님은 심드렁한 표정으로 내게 말해 주었다.

"저긴 아직 남한이야. 방향을 따지면 저쪽이 북한이지."

미군들은 쉬지 않고 나를 불렀다.

"이봐 Park, 그럼 지금 창밖에 보이는 저쪽이 북한인가?"

"저쪽도 아직 남한이야."

"이봐 Park, 그렇다면?"

미군들은 계속해서 '남한'을 북한으로 착각한 채 핸드폰으로 수차례 사진을 찍었다. 그리고 그사이 버스는 한참을 달린 끝에 바리케이드들이 겹겹이 세워진

'민간인 출입 통제선'에 도착했고, 곧 팔에 완장이 채워진 제복을 입고 선글라스를 쓴 헌병이 버스를 멈춰 세웠다.

"어떤 용무십니까?"

나는 헌병에게 우리가 훈련 목적으로 이곳에 왔음을 열심히 설명했는데 그 와중에도 뒤쪽의 미군들은 짙은 선글라스를 쓴 헌병이 멋있다며 와자지껄 떠들고 있었다. 하지만 그들도 버스가 민통선을 통과하자 조용해졌고 비장한 표정으로 이따금씩 기사님이 알려준 북한 땅을 열심히 촬영했다.

기사님이 정확한 훈련지를 찾지 못한 탓에 도착시간은 꽤 지체되었지만 어떤 곳을 지나자 갑자기 황량한 지역 한복판에 자리하고 있는 거대한 미군 캠프가 눈에 들어왔다. 나는 그 모습이 마치 서부시대에 사막 한가운데 건설한 일종의 기지촌 같아 보였다.

캠프 내에 위치한 훈련지에 들어가기 전부터 주변을 둘러봐도 디팩과 같은 편의시설은 전혀 보이지 않았고 포장이 안 된 곳들도 많았던 탓에 버스 안에서 본 캠프는 전반적으로 매우 삭막하고 거친 느낌이었다.

나는 훈련지에 도착한 뒤 이곳에 미리 와 있던 프레이저 상사 등 다른 미군들과 재회했다. 훈련지는 황량하기 짝이 없는 들판과 같았지만 매우 넓어 보였고, 미군들은 험비를 타고 4시간이나 먼저 이곳에 도착해 숙소 등의 텐트를 짓고 있었다.

"Park, 그럼 점심은 먹었니?"

프레이저 상사는 내가 점심을 먹었는지부터 챙겼다.

"아직 못 먹었는데 괜찮습니다."

"저쪽 차고시 건물에 가면 MRE 상자가 있을 텐데 MRE라도 천천히 먹고 와."

나는 그렇게 훈련지 근처에 있던 커다란 차고지 건물로 향했고 그곳에는 정말 프레이저 상사의 말대로 넓은 바닥 한가운데 MRE들이 가득 담긴 상자 하나가 덩그러니 놓여 있었다. 그렇게 내가 혼자 바닥에 앉아 MRE 하나를 집어 들었을 때 갑자기 차고지 문을 열고 장교 한 명이 들어왔다. 나는 장교를 보고 즉시 자리에서 일어나 내가 몰래 작업에서 빠져나와 숨어 있는 것이 아니라는 걸

변명하고자 애썼다.

"Sir! 제가 지금 막 도착한 탓에 저희 섹션 NCOIC가 제게 이곳에서 간단히 점심을 먹으라고…."

동양계 미국인이었던 그 장교는 내게 손을 휘휘 저으며 미소를 띤 채 말했다.

"괜찮아, 괜찮아. 나도 MRE 하나 줄래?"

그 동양계 미군 중위의 말은 '한국어'였는데, 군복을 자세히 보니 이름이 나와 같은 'Park'이었다.

"너도 Park이네, 우리 가족인가?"

박 중위는 약간은 어눌했던 한국어를 섞어가며 내게 배가 고플 텐데 걱정 말고 많이 먹으라는 이야기를 해 주었다. 우리는 짧은 시간이었지만 여러 이야기를 나누었고 나는 이렇게 박 중위와 안면을 트게 되었다.

미군부대에서 박 중위와 같은 한국계 미군 간부들과 친해지는 것은 정말로 큰 도움이 될 때가 많다. 이들은 일반 미군들보다 카투사들에 대한 이해도가 더 높기 때문에 유창한 영어를 사용해 카투사들이 군 생활을 하며 겪을 수 있는 각종 오해들을 풀어줄 수 있었기 때문이다.

이후 나는 다른 미군들을 도와 열심히 텐트를 만들었다. 그러나 미군의 텐트는 크기가 정말 커서 우리는 그날 하루 종일 일했음에도 여단본부 텐트 하나 정도만 대강 완성할 수 있었다.

미군의 거대한 텐트는 영화에 나오는 신기한 마법 텐트를 연상시켰다. 자세히 말할 수는 없지만 미군 텐트는 영화 '해리포터와 불의 잔'에 나왔던 마법 텐트와 마찬가지로 내부가 일반 아파트보다도 훨씬 넓었고 안에 없는 것이 거의 없었기 때문이다. 심지어 미군들은 발전기를 이용해 한겨울에도 텐트 내부를 매우 따뜻하게 유지했다. 미군 텐트를 치는 것은 마치 거대한 돔형 건물을 짓는 일과 비슷했고 자연히 시간도 상대적으로 오래 걸릴 수밖에 없었다.

그 정도 크기의 건물을 미군과 카투사들이 하루 만에 완성했던 것도 사실 대단한 일이었지만 옆 훈련지에서 한국군들이 텐트를 쳤던 속도에 비하면 이는 새 발의 피에 불과했다. 한국군들은 미군과 달리 내부에 몇 명만 들어갈 수 있는 작은 A형 텐트를 수십 개 만들었는데 그 속도가 매우 빨라 미군들이 놀랄 정도였다.

"너희들은 한국군들을 잘 모르지?"

늘 아는 체 하기 좋아했던 한 나이 든 미군 부사관은 텐트를 만들다 말고 갑자기 미군들에게 한국군에 관해 설명하기 시작했다.

"저 정도는 한국군들한테 기본이야. 내가 한번은 한국군들의 무술시범을 본 적이 있었는데, 다들 아주 날아다니며 송판들을 격파하더군! 바로 이런 소리를 내면서! 이얍!!"

그 부사관은 분명 이전에 특전사의 특공무술 시범을 본 뒤 이를 일반 육군과 혼동하고 있었던 것 같았다. 하지만 나는 군이 그 부사관의 말에 끼어들어 오류를 고쳐주고 싶지는 않았다. 당시 나는 고된 노동으로 몸이 지쳐 있었을 뿐 아니라 엄밀히 따지면 특전사도 결국은 한국 육군에 포함되는 것 아니겠냐고 편하게 생각했기 때문이었다. 나는 손짓, 발짓을 써가며 자신이 본 특공무술을 따라하고 있는 부사관을 보며 같은 '한국 육군'의 일원으로서 은근히 흐뭇했다.

해가 지고 날이 어두워지면 우리들은 '훈련 필수품'인 손전등에 의지한 채 훈련지를 돌아다녀야 했다. 황량하고 넓은 훈련지에는 가로등이 하나도 없었기 때문인데 캠프 전체를 둘러봐도 가로등은 몇 개 설치되어 있지 않았다.

훈련지에는 내가 KTA에서 보았던 악취 없는 신기한 초록색 화장실 부스들이 설치되어 있었다. 그리고 당연하게도 화장실 부스 내에 조명은 없었기에 나는 화장실에 갈 때마다 불 켜진 손전등을 부스 안 어딘가에 잘 고정시키느라 진땀을 빼야 했다. 이 손전등은 이 외에도 자주 요긴하게 사용되었는데, 밤에 고 일병의 군장이 사라지는 일이 일어났을 때에도 이 손전등 덕분에 무사히 고 일병의 군장을 찾아줄 수 있었다.

손전등 외에 꼭 필요했던 훈련 필수품은 바로 '물티슈'였다. 훈련지에서 샤워를 하는 것이 거의 불가능했던 만큼 많은 양의 물티슈가 필수적이었기 때문이다. 훈련기간 동안은 제대로 씻을 수 없었기에 찝찝함이 이루 말할 수 없었지만 우리는 미리 준비해온 엄청난 양의 물티슈 덕분에 그나마 청결한 생활을 유지할 수 있었다.

마지막으로 나는 선임들의 당부를 듣고 '핫팩'들을 미리 챙겨갔는데, 이게 신의 한 수였다. 훈련지에서 우리는 모든 방한품들을 착용한 상태로 돌아다녀야 했는데, 군복 안팎에 각종 방한용품들을 껴입고 미군식 비니 모자에 보안경, 가죽 장갑까지 착용하면 마른 나조차도 몸이 두 배는 더 커 보였다. 그래도 미군의 방한용품들은 효과가 매우 좋아서 한겨울에도 몸을 따뜻하게 유지시켜 주었지만 경계근무를 서거나 밤에 잠자리에 들 때는 핫팩이 반드시 필요했기 때문이다.

첫날 우리는 숙소용 텐트를 완전히 짓지 못했던 까닭에 모두가 임시로 차고지에서 잠을 청해야 했다. 차고지는 단층이었지만 천장이 건물 3층 높이에 있어 휑한 느낌을 주었다. 게다가 차고지 안은 텅 비어 있었기에 넓었던 내부는 더욱 추워보였다. 실제로 그날은 날씨도 매우 추워서 핫팩 없이는 차디찬 바닥에 몸을 누이는 것조차 힘들었다. 차고지의 바닥은 얼음장 같았고, 침낭을 깔더라도 몸에 한기가 스며드는 것이 느껴졌다. 그러나 이때 침낭 안에 준비해온 핫팩을 몇 개만 넣으면 따뜻한 온기를 느끼며 잠이 들 수 있었다. 미군들은 핫팩을 보고는 마치 대단한 혁신 제품이라도 되는 양 신기해했고, 나는 이들에게 내가 가져온 핫팩들을 조금씩 나누어 주었다.

넓은 차고지 바닥에 수많은 사병들이 옹기종기 침낭을 깔고 앉아 떠들고 있는 모습은 꽤나 정감 있어 보였다.

그러나 잠자리에 들기 전 우리는 하루의 일과를 마무리하며 여단장에게 먼저 호되게 혼이 나야 했다. 여단장은 오늘 훈련지에 올 때 험비와 버스를 막론하고 연락체계에 혼선이 빚어져 도착시간이 늦어진 것 때문에 단단히 화가 나 있었기 때문이다.

"정신 차리고 모두는 지금 당장 메모지를 들어 지휘 담당관의 핸드폰 번호를 받아 적는다. 실시!"

"0!1!0!-X!X!X!X!-X!X!X!X!"

여단장은 숨을 고른 뒤 온 힘을 다해 소리를 지르듯 번호를 하나하나 불렀고 모두는 '대령'의 이 같은 분노에 긴장한 채 번호를 받아 적었다. 이 와중에 메모지와 펜이 없었던 일부 사병들은 지적을 당할 것이 두려워 장갑 등을 꺼내 방탄모에 대고 손으로 무엇인가를 적는 시늉을 하기도 했다.

차고지에서 나름대로 숙면을 취한 우리는 날이 밝은 뒤 합심해 남은 텐트들을 모두 완성했다. 나는 여단본부를 그대로 옮겨 놓은 것 같았던 거대한 텐트 안에서 훈련 중이었음에도 평소와 다름없이 거의 모든 업무를 소화했다. 인사과는 업무의 중요도에 따라 주간 조와 야간 조를 나눴는데 나는 주간 조에 배치돼 프레이저 상사와 함께 텐트 안에서 여러 업무들을 처리했다.

점심과 저녁 등의 식사는 '디팩 텐트'에서 할 수 있었다. 여단본부만큼은 아니었지만 꽤 넓었던 디팩 텐트의 내부에는 여러 요리들 외에도 핫초코, 커피, 에이드 등의 음료수와 시리얼, 과자 등이 있었다. 이 덕분에 나는 가끔 업무 중 배가 고프면 디팩 텐트에서 시리얼 등을 가져와 인사과 식구들과 나눠먹기도 했다.

물론 대부분의 경우 인사과와 가까이 있던 여단 채플린이 과자를 충분히 공급해 주었기 때문에 디팩 텐트에 갈 일은 많지 않았다. 또 이미 미촘 하사가 여러 간식들을 인사과 텐트에 구비해 놓았던 데다 프레이저 상사가 커피 머신까지 설치해 놓았던 탓에 인사과에는 늘 간식이 넘쳤다.

숙소 텐트가 완성되었지만 훈련 인원들에 비해 공간이 부족했기에 텐트에 자리를 잡지 못한 사람들은 훈련지 근처의 한 건물에서 잠을 청해야 했다. 이 때문에 미처 숙소 텐트 안에 자리를 잡지 못했던 나와 인사과 카투사들은 처음 이 소식을 듣고 당황할 수밖에 없었다.

그러나 우리가 막상 '임시숙소 건물'을 직접 보게 되자 실망은 곧 기쁨으로 바뀌었다. 야전 침대를 펴 놓고 옹기종기 모여 잠을 자야 했던 숙소 텐트와 달리 임시숙소 건물은 그럴듯해 보였기 때문이다.

겉과 속이 멀쩡했던 건물은 예전에 강의실로 쓰였던 것 같았다. 이 강의실은 불이 꺼지면 공포영화에나 나올 법했지만 불이 켜지면 꽤 아늑해 보였다. 물론 보일러 따위는 전혀 없었기 때문에 건물 내부는 매우 추웠지만 나는 그래도 이 건물이 텐트보다는 훨씬 낫다고 생각했다.

그러나 문제는 곧 이 임시건물이 더 좋다는 소식을 들은 미군들이 텐트에서 짐을 싸 들고 이곳에 모이기 시작했다는 것이었다. 갑자기 몰려드는 미군들 때문에 곧 강의실은 한 사람이 누울 수 있는 공간도 남기지 않고 꽉 차게 되었다.

미군들은 내게 진지한 표정으로 "다음 달부터 카투사로 여군도 들어온다는데 사실이야?"와 같이 말도 안 되는 질문을 하는 등 왁자지껄 떠들었다.

그런데 오후 9시 50분, 모두가 이미 침낭까지 깔아 놓고 잠을 잘 준비를 하고 있던 그때, 갑자기 한 간부가 건물로 들어와 급하게 외쳤다.

"Formation! At 10!"(10시에 집합!)

사병들은 늦은 시각 예정에 없던 집합에 불평을 하면서도 간부의 목소리를 통해 사태의 심각성을 느꼈기에 서둘러 복장을 갖추고 집합 장소인 차고지로 향했다. 나는 이때 미군들이 급하게 자신들의 총기를 챙기는 모습을 보고 갑자기 머리를 얻어맞은 듯 무엇인가를 깨달았다.

"우리 총을 놔뒀던 험비 어딨지?"

나는 이 일병, 고 일병과 함께 총기를 놓아두었던 험비를 찾았지만 인사과 사병들과 카투사들이 총기를 보관해둔 험비는 어디에도 없었다.

"다음에 찾지 뭐, 일단 포메이션에 가보자!"

이 일병은 별일 없을 것이라며 고 일병과 차고지로 향했고 나 역시 이들을 뒤따라가면서도 불길한 예감을 지울 수 없었다. 나는 그때 이미 이 포메이션이 총기를 두고 찾지 않은 사병들 때문임을 미리 예상했다. 그리고 이 불길한 예감은 안타깝게도 정확히 들어맞았다.

"여기 이 총기들의 주인은 누구지?"

일등상사는 미소를 띤 채 주인 없는 총기들을 위로 들어 보이며 큰 목소리로 말했다. 가운데 위치한 일등상사를 반원 모양으로 둥그렇게 둘러싸고 있던 수많은 사병들은 여기저기서 웅성거리기 시작했고 나를 포함한 인사과 카투사들과 미군들은 고개를 숙인 채 일등상사의 앞으로 나갔다.

주간 조와 야간 조로 나눠 하루 종일 이어졌던 근무시간에는 반드시 지켜야 하는 한 가지 중요한 규칙이 있었다. 그것은 바로 '총기휴대 규칙'으로 모두는 자신이 어디에 가든 자신의 총기를 함께 가지고 가야 했다. 물론 간혹 작업 등을 할 경우에는 모두의 총기를 한 곳에 모아 놓고 누군가가 지키고 있으면 되는 등 예외는 있었다. 그러나 우리는 그전까지 이 규칙에 관해 전혀 들어본 적이 없었기에 사고가 발생하고 말았던 것이다.

앞서 남은 텐트들을 짓고 있던 나와 인사과 사병들은 한 간부로부터 총기를 총기보관 험비에 모아두라는 지시를 받았다. 우리는 단순히 다음 날 다시 찾으면 될 것이라고 생각하며 총기들을 험비에 실었고 바로 이것이 화근이 되었던 것이다. 나는 이 일을 계기로 다음부터는 어디에 가든 반드시 총기와 한 몸이 되어 이동하는 습관을 들이게 되었다.

다행히 일등상사는 그날 우리에게 얼차려를 주거나 심하게 모욕을 주지는 않았지만 이 사건은 내 군 생활을 통틀어 가장 창피한 기억으로 남게 되었다.

이때 앞으로 나왔던 사병들 중에는 다른 섹션 미군들도 있었는데 이 중 일부는 아예 자신의 총기가 어디 있는지 몰랐기에 문제가 더 커졌다. 그리고 이들 덕분에 인사과 사병들은 곧 일등상사의 관심 밖으로 멀어질 수 있었다.

이후 돌아온 임시숙소는 사람들로 붐볐지만 추위를 물리쳐 주지는 못했다. 나는 이날 몸이 너무 추워 하룻밤 사이 몇 번이나 오한을 느끼며 잠에서 깨야 했기 때문이다. 사실 이는 내가 핫팩을 사용하지 않았던 탓도 컸다. 나는 텐트가 아닌 강의실에서 자게 되었다는 사실에 너무 방심했던 나머지 핫팩을 하나도 사용하지 않고 잠이 들었다가 결국 새벽 4시에 일어나 몸을 벌벌 떨며 핫팩들을 개봉해 침낭 속에 넣어야 했다. 다음 날 나와 카투사들은 추위 때문에 일찍 잠에서 깼다.

"내 옆에 있던 미군은 이를 어찌나 갈던지 도저히 잠을 못 자겠더라."

"살다 살다 영어로 하는 잠꼬대는 태어나서 처음 들어본다."

잠에서 깬 부대원들은 각자 자기 옆자리의 군인들이 얼마나 끔찍한 잠버릇을 가지고 있는지 성토하기 시작했다. 그러나 다행히 이런 면에 둔감했던 나는 강의실에서 묵는 동안 추위만 견디면 나름대로 편하게 숙면을 취할 수 있었다.

한 번은 교대로 훈련지를 지키는 경계근무를 서고 있던 일반 육군 병사들이 근처를 지나던 나를 조용히 부른 적이 있었다.

"저기… 저기요. 혹시 카투사신가요?"

"네 맞아요. 무슨 일이세요?"

"정말 죄송한데 혹시 간식 남은 거 있을까요?"

나는 이들의 표정과 말투에서 극심한 허기를 느낄 수 있었고, 즉시 먹을 것이 풍부했던 '디팩 텐트'로 가서 따뜻한 핫초코 몇 잔과 초코칩 쿠키, 시리얼 등을 가져다 주었다.

육군 병사들은 자신들이 서 있던 뒤편의 흙을 파 구덩이를 만든 뒤 가져다 준 간식들을 그 안에 소중히 놓아두었는데, 이 모습을 보는 나는 왠지 측은한 마음이 들었다. 배고픔을 억지로 참고 견디던 이들은 그 이후에도 미동조차 없이 정자세로 경계근무를 섰는데, 나는 악조건에서도 훈련지에서 줄곧 흐트러지지 않는 모습을 유지하는 국군 장병들을 보며 같은 한국군으로서 뿌듯한 마음이 들었다. 동시에 상대적으로 편한 환경에서 근무할 수 있는 내 상황에 감사하기도 했고, 또 이들을 통해 다시 한번 미군들에게 좋은 모습을 보여줘야겠다는 의지를 다질 수 있었다.

훈련의 마지막 날 밤에는 특별한 의식이 벌어졌다. 그것은 바로 한미 장병들의 '패치교환 행사'로 일반 육군 장병들과 미군들, 그리고 카투사들은 훈련지에 한데 모여 서로의 부대 패치와 계급장을 교환하며 훈련의 끝을 기념했다. 일반 육군 병사들은 서툰 영어로 미군들과 와자지껄 떠들어댔고 상대적으로 관심 밖에 밀려나 있던 카투사들도 그런 모습을 보며 즐거워했다. 이날 나는 미군 '중령', '주임원사' 등의 계급장을 붙이고 천진난만하게 돌아다니는 한국군 장병들을 보고 소스라치게 놀라기도 했다.

그리고 대망의 훈련 마지막 날, 나는 잊을 수 없는 특별한 경험을 하게 되었다. 나는 그날 완전무장을 한 채 훈련지의 출입구를 지키는 '게이트 가드 근무'를 서고 있었다. 게이트 가드 근무를 설 때에는 영화에 자주 나오는 것처럼 상반신을 험비 위로 뺀 상태의 거너(Gunner) 위치에서 총을 붙들고 서 있어야 했는데, 이날 함께 근무를 섰던 성격 좋은 무니즈 하사는 이 모습이 멋있다며 자신의 핸드폰으로 사진을 몇 장 찍어 내 부모님께 전송해 주기도 했다.

나는 알지 못했지만 내가 근무를 서던 시간은 마침 한국군이 훈련지에서 철수하는 시간이었다. 별생각 없이 근무를 서고 있던 나는 갑자기 각종 장비를 실은 수많은 차량들이 요란한 소리를 내며 훈련지에서 나가기 시작하자 자세를 더욱 똑바로 취했다. 몇 대의 차량들이 내가 탄 험비를 지나쳐 갔고 곧 일반 육군 장병들이 탄 버스들도 게이트 쪽으로 접근해 왔다.

나는 열심히 훈련에 임했던 국군 장병들에 대한 존경을 표하고자 이전부터 험비 왼편으로 지나가는 차들을 바라보며 결연한 표정으로 거수경례 자세를 취하고 있었는데, 이번에 버스에 탄 사람들은 내 또래의 사병들인 것처럼 보였으므로 나는 경례를 잠깐 내리고 웃으며 이들에게 엄지를 치켜들어 보였다. 버스에 탄 사병들 또한 내 모습을 보고는 환호를 하면서 자리에서 일어나 내게 똑같이 엄지를 치켜 들어주는 등 열성적으로 호응해 주었다.

버스 안 사병들과 나는 서로 손을 흔들며 작별을 고했고 곧 버스들은 모두 훈련지를 빠져나갔다. 그 후 마지막으로 스타렉스 한 대가 철문을 지나쳐 나갔다. 나는 이전처럼 똑같이 거수경례를 했는데, 얼마 뒤 게이트를 빠져 나간 스타렉스가 갑자기 앞쪽에서 멈춰 서는 것이 보였다. 나는 순간 무언가 잘못된 것 같다고 생각했고 재빨리 머리를 굴렸지만 그 이유를 찾을 수 없었다.

'혹시 내 자세가 흐트러졌었나? 아니면 아까 버스에 타고 있던 사병들과 너무 오랫동안 인사를 나눴던 것이 문제인가?'

곧 스타렉스의 문이 열렸고 운전석에 있던 군인이 먼저 내려 뒷좌석의 문을 열어주었다. 그 후 뒷좌석에서 내렸던 것은 한국군 '대령'으로, 나는 계급을 확인한 뒤 바로 경례를 했다.

"단결!"

대령은 경례를 받은 뒤 험비 쪽으로 걸어왔고 내게 웃으며 질문을 건넸다.

"자네 카투사인가?"

"예 그렇습니다!"

"하하, 정말 열심이군! 고맙네."

"감사합니다!"

대령은 내게 악수를 청했다. 그리고 나는 이때 대령과 악수를 나누며 정체를 알 수 없는 '금속 물체'를 하나 넘겨받았다. 얼떨결에 '선물'을 건네받은 나는 차로 돌아가는 대령을 향해 다시 한번 큰 소리로 경례를 했고 그제야 손에 쥔 금속 물체를 제대로 확인할 수 있었다.

손에는 부대 마크와 구호 등이 그려진 코팅된 금속 메달 같은 것이 들려 있었다. 그리고 이 금속 물체는 내가 군 생활을 하며 한국군으로부터 처음 받은 '코인 (Challenge Coin. 우수한 병사에게 수여하는 일종의 기념 메달이다.)'이 되었다.

한미 양국의 군대에서는 모두 훌륭한 태도, 행동으로 타의 모범이 되는 병사를 발견할 경우 상급자가 때때로 이 코인을 수여했다. 대부분 나의 경우처럼 상급자가 미리 코인을 손에 쥐고 있다가 악수를 나누며 자연스럽게 건네주는 것이 일반적이었다.

내가 험비 위에서 철수하는 한국군들에게 했던 이 '송별 이벤트'는 내게 결코 잊을 수 없는 기분 좋은 추억으로 남게 되었다.

훈련은 이처럼 즐거운 추억들을 만들어 주기도 했지만 훈련기간 동안 외박을 나갈 수 없다는 단점도 가지고 있었다. 그렇기 때문에 대부분 카투사들은 기간에 따라 몇 번씩 외박을 나갈 수 없게 되는 훈련을 매우 싫어했다. 그러나 훈련은 이 외에도 부가적으로 사병들에게 고통을 안겨 주었는데 그중 하나는 바로 '룸 인스펙션'이었다.

KTA를 통해 이미 맛보았던 룸 인스펙션의 공포는 자대에서도 이어졌다. 훈련기간을 전후해 부대에서는 룸 인스펙션이 이루어졌다. 방 검사의 주된 목적은 청소상태보다 마약 등 소지해서는 안 되는 물품들이 방 내부에 있는지 검사하기 위해서였다. 이 때문에 카투사들에게는 별 해당사항이 없었지만 아주 가끔 미군들의 방에서는 있어서는 안 될 물품들이 발견되기도 했다.

룸 인스펙션이 괴로웠던 이유는 단 한 가지, 아침 PT를 하기 전 평소보다 훨씬 이른 시간에 기상해야 했기 때문이었다. 사병들은 방 검사를 받기 위해 KTA

와 비슷한 시각에 기상해 PT복을 입고 준비한 뒤 방문 앞에 서 있어야 했다. 그러나 대부분의 경우 모두는 멍한 표정으로 문 앞에 앉아 언제 올지 모를 일등상사, 주임원사를 기다렸다.

일찍 일어났다는 사실에 분노한 사병들의 'FXXX' 소리가 잦아들 때쯤 되면 어김없이 예정보다 상당히 늦은 시간에 군복을 입은 주임원사와 일등상사가 배럭에 나타났다. 이들을 가장 먼저 발견한 사람은 복도가 떠나갈 듯 큰 목소리로 "At Ease!"를 외쳤고 이 규칙은 주임원사와 일등상사가 방 안에 들어왔을 때도 똑같이 적용되었다.

카투사들은 이미 룸 인스펙션에 관한 정보를 미리 파악해 점호시간에 모두 공유했기 때문에 방 검사에 대비할 수 있었다. 또 '카투사 이미지 제고'를 위해 나름대로 방을 깨끗이 청소했기에 주임원사와 일등상사는 대체로 "카투사들의 방 상태가 더 훌륭하다."며 칭찬을 해 주곤 했다.

그러나 일부 미군들의 방에서 무언가 잘못된 물품이 발견되거나 끔찍한 위생 상태가 목격되면 늘 모두 이른 아침부터 배럭 앞에서 실컷 잔소리를 듣거나 단체로 푸시업을 해야 했다.

이 외에 일과 후 실시되었던 'GI Party'도 있었다. 나는 처음 일과 후 GI 'Party'가 있다는 간부의 말을 듣고 단순히 파티를 한다고 생각했다가 큰 코를 다친 적이 있었다. 당시 나를 포함한 동기들은 모두 GI Party가 무엇인지 알지 못했기에 별 걱정 없이 방에서 쉬고 있다가 "왜 청소를 하고 있지 않느냐?"며 간부로부터 호되게 혼이 났던 것이다.

GI는 'Government Issue'의 약자로 정부 발급품, 즉 '미군'을 지칭하는 말이었고 GI Party는 '배럭 청소'를 뜻하는 단어였다. 그리고 나는 지금까지도 왜 막사 청소를 'Party'라고 불렀는지를 이해할 수가 없다. 이 외에 배럭 및 본부 건물 주변 청소를 의미했던 'Police Call' 역시 이름이 붙여진 연유를 알기 힘들었던 것은 마찬가지였다.

또 심지어 가끔은 새벽부터 불시에 '화재 대피 훈련'을 하기도 했다.

"쾅쾅쾅!"

"쾅쾅쾅쾅쾅쾅!"

어느 날 새벽 나는 그칠 줄 모르는 엄청나게 큰 노크 소리에 잠에서 깼다. 무슨 일인지 알아보기 위해 잠깐 복도에 나가보니 한 NCO가 지금 불이 났다며 소리를 질러대고 있었다.

"지금 화재가 났으니 당장 밖으로 나가!"

그러나 이상했던 것은 화재경보가 울리지 않았고 그 어디에서도 연기가 나지 않았다는 것이었다. 그럼에도 NCO는 쉬지 않고 이곳저곳 방문을 두드리며 밖으로 나갈 것을 독촉했는데, 나는 그날 이 부사관의 말을 듣고 잠옷 차림으로 배럭 밖 잔디밭에 나가 한참을 벌벌 떤 뒤에야 이것이 화재 대피훈련임을 알게 되었다.

이미 이를 수차례 겪었던 선임들은 밖으로 나가지 않고 방 안에서 버티기도 했지만 나올 때까지 문을 두드리는 NCO 때문에 결국은 대피장소인 잔디밭에 모이게 되었다. 모든 인원이 잔디밭에 모이는 시간이 늦으면 때로 얼차려를 받을 수도 있었기 때문에 이 '화재 대피훈련'은 방 검사와 마찬가지로 사병들이 가장 기피하는 행사 중 하나였다.

이 외에도 모든 전투 장비를 배럭 앞에 펼쳐놓고 검사를 받는 등 훈련 전후 실시했던 각종 검사들은 사병들을 힘들게 했다. 그러나 이러한 부가적인 행사들은 훈련의 '진짜 끝'을 의미했기에 이 시기만 지나면 모두는 비로소 한시름 마음을 놓을 수 있었다.

때로는 추락할 때도 있다

"혹시 필요 없는 옷이나 물건이 있으면 '되도록 많이' 여단 군종실에 있는 상자에 넣어두도록!"

일등상사는 크리스마스가 가까워 옴에 따라 한동안 아침점호 시간마다 이 말을 빼놓지 않았다. 나 역시 기부를 위해 군종실이 준비한 상자에 무엇이라도 넣고 싶었지만 아무리 찾아보아도 내 방에 아이들이 쓸 만한 것은 없어 보였다.

훈련이 끝나고 얼마 뒤 크리스마스가 다가오자 부대의 분위기는 몹시 들뜨기 시작했다. 프레이저 상사는 어디서 구했는지 모를 크리스마스 장식들을 가져와 사무실을 꾸몄고 다른 섹션들도 나름대로 조금씩 크리스마스 분위기를 냈다.

그러나 선임들을 포함한 모든 카투사들이 크리스마스에 환호했던 이유는 사실 다른 데 있었다.

"이제 곧 '하프데이'가 다가온다. 하프데이! 하하하."

크리스마스는 미국에서 매우 큰 명절이었기에 미군부대에서는 12월이 되면 특정 시점부터 '하프데이(Half day)'에 돌입한다. 하프데이는 오전 근무만 하고 오후에는 가족들과 시간을 보내는 것을 의미했다. 오전 근무만 끝나면 배럭으로 돌아갈 수 있다니, 나는 처음 하프데이에 관해 들었을 때 이것이 도무지 믿어지지가 않았다.

물론 하프데이 때도 당직 등은 그대로 진행되며 전투태세 역시 유지되기 때문에 긴급 상황이 발생하면 즉시 부대로 복귀해 임무를 수행해야 한다. 그러나 '오전근무 후 휴식'이 가능했던 하프데이는 모든 이들의 마음을 한껏 들뜨게 했다.

나는 하프데이 덕분에 CAC에서 드럼을 실컷 쳐볼 수 있었고 배럭에 돌아간 뒤 여유롭게 낮잠을 잘 수도 있었다. 업무가 많은 날은 12시를 넘겨 일하기도 했지만 오후에 시간이 넉넉했던 것은 마찬가지였다. 이 시기 나는 동기, 맞후임들과 동성로를 찾아 외식을 하거나 방에서 치킨을 시켜놓고 이야기를 나누는 등 즐거운 시간을 보냈다.

마침내 크리스마스 당일, 행사는 성대하게 치러졌고 그즈음 미모의 미국 프로 미식축구팀 치어리더들이 위문차 부대를 방문해 부대원들과 사진을 찍기도 했다. 물론 대다수의 카투사들은 4day를 맞아 외박을 나갔기 때문에 부대에서 열린 크리스마스 파티에 참여하지 않았다.

일부 부대원들은 크리스마스 날 자신이 당직에 걸린 것을 확인하고 절망하기도 했다. 그러나 그중에서도 여자친구가 있는 부대원들은 "크리스마스는 반드시 연인과 보내야 한다."는 일념 아래 미군들과 모종의 거래를 하기도 했다. 그렇게 각종 대가를 지급해 미군과 당직일자를 바꾸는 데 성공하면 비로소 해당 부대원은 외박을 나가 크리스마스를 연인과 함께 보낼 수 있었다.

흥겨운 분위기가 이어졌지만 나는 여전히 마음속에 있었던 한 가지 걱정을 지울 수 없었다. 훈련이 끝나고 시간이 지났음에도 내가 앞으로 인사과를 떠나 한국군 인사과에서 계원으로 일하게 될 것이라는 사실에는 변함이 없었기 때문이다.

당시는 이미 박 시카의 후임으로 최 시카가 선발된 상황이었다. 그리고 나는 최 시카의 선발 과정을 보며 나의 미래를 한번 점쳐보았다.

박 시카의 후임 자리를 놓고 펼쳐진 시니어 카투사 경합은 꽤 치열했다. 후보로는 4명 정도가 나왔는데 대부분 성실히 군 생활을 해왔고 부대원들로부터 인기도 있던 사람들이었다.

한 가지 재미있었던 것은 이들 중 대다수가 부대원들의 투표를 며칠 앞두고 갑자기 친절하게 변하기 시작했다는 것이었다. 어떤 후보는 자신이 시니어 카투사가 되면 부대원들에 대한 간섭을 줄이고 지금보다 더 많은 자유를 보장하겠다고 공약을 내놓기도 했고, 다른 후보는 처음으로 점호가 끝난 뒤 후임들에게 '훈련을 잘 견뎌내는 법'에 관한 강의를 열기도 했다.

"특별히 알려주는 거니까 잘 들어봐. 일단 훈련을 가기 전에 물티슈를 최대한 많이 준비해놓고…"

또 하루는 한 후보가 갑자기 후임들을 위해 치킨을 사기도 했다.

"그동안 고생했으니까 내가 사는 거야. 많이들 먹어."

일부 후임들은 이런 선임들의 급격한 변화를 보고 "정치를 한다."고 표현하기도 했다. 선임들의 모습이 마치 선거철 표를 얻기 위해 선심성 행동을 하는 일부 국회의원들과 닮아 보였기 때문이다.

어떤 후보자는 시니어 카투사가 되면 출신 소대의 소대원들에게 더 많은 특혜를 주겠다는 치우친 발언을 하기도 했다.

"일단 내가 시카가 되면 우리 소대는 편해지는 거야!"

선임들이 이처럼 '선임병장'이 되기 위해 많은 노력을 기울였던 것은 시니어 카투사에 선발될 경우 많은 혜택들을 누릴 수 있었기 때문이다.

우선 시니어 카투사가 되면 '1인 1실'을 사용하는 특권을 얻을 수 있었다. 또 매일 정기적으로 하는 업무량 자체는 많지 않았기 때문에 시니어 카투사는 마음만 먹으면 누구보다 편하게 생활할 수도 있었다.

미군부대에 관해 잘 알지 못하는 한국군 지원대장 외에는 사실상 부대 내에서 시니어 카투사를 감시할 상관이 없었기에 이 같은 업무상의 특성은 더욱 극대화될 수 있었다. "카투사들의 복지를 위해 미군들과 협력해 일한다."는 애매모호한 업무는 자신이 하기에 따라 그 강도가 완전히 달라졌다.

이 외에도 어찌 되었든 시니어 카투사는 오후 5시면 퇴근하는 한국군 지원대장을 제외할 경우, 실질적으로 부대 내 '최고 실권자'였기 때문에 많은 카투사들이 한 번쯤 도전해보는 보직이었다. 물론 카투사들이 시니어 카투사에 지원했던 이유는 각자 천차만별이었고 시니어 카투사의 수 등은 부대 규모에 따라 달라질 수 있었다.

당시 시니어 카투사에 지원한 후보들 중에는 앞서 언급했던 'PT 마스터' 김 병장 등 쟁쟁한 부대원들이 많았지만, 정작 이후 선임병장은 '최 시카'로 정해졌다. 최 시카는 누구보다 부대원들을 허물없이 대했던 친근한 선임이었지만 셰밍을 좋아했던 자유를 사랑하는(?) 카투사였기 때문에 처음엔 이 결과를 듣고 약간 놀라기도 했다.

그러나 나는 이후 박 시카로부터 최 시카가 시니어 카투사에 선발된 결정적인 이유를 들을 수 있었다.

"지원대장님이 '훈련'에 가장 능통한 시니어 카투사를 원하셨어."

그랬다. 지원대장은 훈련에 관해 가장 잘 아는 시니어 카투사와 일하길 원했던 것이다. 실제로 작전과 출신인 최 시카는 부대 내 최고의 '훈련통'이었고 나역시 지난 훈련기간 훈련지에서 활약하는 최 시카의 모습을 여러 차례 본 적이 있었다.

이처럼 시니어 카투사 선발은 당시 지원대장이 생각하는 중요한 이슈가 무엇인지에 따라서도 당락이 갈릴 수 있었다. 나는 이를 보며 결코 내가 다음 시니어 카투사 선발 때 뽑힐 수 있으리라고 자신할 수 없다는 것을 깨닫게 되었다.

해가 바뀌며 나는 '상병(Corporal)'으로 진급했다. 비로소 '부사관'이 되었다는 생각을 하니 괜스레 어깨가 으쓱해졌다. 프레이저 상사와 미촘 하사를 비롯한 인사과 식구들은 RSO에서 열렸던 진급식에도 직접 참여해 나와 동기 이 일병의 상병 진급을 축하해 주었다. 당시 다른 섹션에 비해 인사과에서 훨씬 많은 수의 미군들이 오자 지원대장과 시니어 카투사들은 약간 놀라기도 했다.

"인사과에서 이렇게나 많이 왔어?"

상병이 되었다는 것은 내가 시니어 카투사에 지원할 자격이 갖추어졌다는 것을 의미하기도 했다. 박 시카와 선 시카는 한 달 차이의 선후임이었기에 얼마 지나지 않아 박 시카에 이어 선 시카의 후임 시니어 카투사도 선발해야 했다.

박 시카는 소대 회식 등 기회가 있을 때 종종 차기 시니어 카투사 선발에 관해 이야기하곤 했다. 나 역시 앞서 시니어 카투사에 지원하는 쪽으로 마음을 정한 뒤 다른 소대원들과 마찬가지로 이 시기 박 시카의 말을 유심히 들으며 이후 선 시카의 후임으로 도전해볼 것을 생각하고 있었다. 박 시카는 시니어 카투사가 꽤 괜찮은 보직이라고 생각하는 것 같았다. 그리고 마침내 선 시카가 점호시간 자신의 후임 시니어 카투사 선발에 관해 공지를 했다.

"제 후임 시카에 지원할 분들은 점호가 끝난 뒤에 말씀해 주시거나 방에 와서 알려주시면 됩니다."

당시 우리 부대는 박 시카가 전역하기 전까지 '3인 시니어 카투사 체제'로 운영되고 있었다. 보통 후임 시카가 선발되면 최고참 시카는 곧 일선에서 빠져 '원로' 역할을 하기 마련이었다. 그러나 그때는 최 시카가 선발된 지 얼마 되지 않아 인수인계가 미처 다 이루어지지 못했던 탓에, 박 시카와 선 시카가 여전히 대부분의 부대 업무를 도맡아 했다. 이 때문에 시니어 카투사 선발에 관한 일도 선 시카와 박 시카가 모두 함께 담당했고 시카에 지원할 후보자들은 선 시카뿐 아니라 박 시카에게 지원 사실을 알려줘도 괜찮았다. 나는 특정 일자까지 시니어 카투사 지원 여부를 알려달라는 선 시카의 말을 듣고 점호가 끝난 뒤 곧바로 박 시카의 방을 찾았다.

"시카님, 드릴 말씀이 있습니다."

"응 그래, 찬준아 말해봐."

"현 상황 대로라면 저는 RSO에 계원으로 가게 되는 것이 맞습니까?"

"아마도 그럴 거야."

"제가 그동안 생각을 많이 해봤는데, 어차피 RSO에서 일하게 될 것이라면 이번에 시니어 카투사로 지원해보는 것은 어떨까 합니다. 박 시카님도 여단 인사과 출신이시면서 훌륭히 선임병장 업무를 수행해오지 않으셨습니까. 저도 김 시카님, 박 시카님처럼 한번 해보고 싶습니다."

나는 이 말을 하며 박 시카가 내 시카 지원을 적극 독려해줄 것이라고 생각했다. 그러나 내 예상은 빗나갔다.

"찬준아, 내가 너니까 솔직하게 말할게. 시카 지원 다시 생각해봐."

박 시카는 진지한 얼굴로 내게 말했다.

"내가 소대 회식 때도 편하게 한번 지원해보라고 하긴 했지만 사실 이 보직이 네가 생각하는 것처럼 좋지 않아."

나는 당황하며 박 시카에게 물었다.

"어떤 점이 말입니까?"

"일단 시카가 되면 잠도 제대로 잘 수 없을 거야. 밤 12시에도 부대원들이 방으로 찾아와서 네게 온갖 고충을 털어놓을 테니까. 그게 가장 크지."

박 시카는 한숨을 쉬며 말을 이어갔다.

"네가 미군 측 섹션에 있을 때 누렸던 특권도 상당 부분 없어질 거야. 예를 들면 Sergeant's Time Training을 하는 날에도 일찍 배럭에 돌아갈 수 없어. 하프데이 같은 것도 당연히 없지. 나는 솔직히 시카가 된 후에 좀 후회했어. 한 번 다시 생각해보고 나한테 알려줄래?"

훌륭한 시니어 카투사였던 박 시카로부터 사실 선임병장이 되었던 것을 후회했다는 말을 듣자 나 역시 마음이 조금 흔들렸다. 박 시카의 말에서는 분명 진심이 느껴졌기에 나는 일단 시카 지원에 관해 조금 더 생각해보기로 하고 방을 나왔다.

나는 고민에 고민을 거듭했지만 결론은 끝내 달라지지 않았다. 아무리 생각해도 시니어 카투사만큼 보람 있는 보직은 없을 것 같았기 때문이다.

내가 시니어 카투사에 지원하고 싶었던 가장 큰 이유는 김 시카와 박 시카가 내게 그랬듯이 진심으로 부대원들의 고충을 들어주고 그것들을 해결해 주고 싶었기 때문이었다. 박 시카에게는 때로 이것이 시카를 하며 가장 힘들었던 점이었을지 몰라도 분명 내게는 가장 하고 싶은 일이었다.

시니어 카투사에 지원하겠다고 마음을 정한 뒤 동기들과 맞후임들이 함께 모인 자리에서 이를 가장 먼저 알렸다.

"나 이번 시니어 카투사 선발에 지원할 생각이야."

나는 진지한 표정으로 내가 왜 시니어 카투사가 되고 싶은지를 이들에게 설명했다.

"하하하, 전 그럴 줄 알았습니다!" 종헌 일병이 웃으며 말했다.

"저야 당연히 적극 지지합니다." 용호 일병이 거들었다.

"가지 마라! 너 가면 난 사무실에서 무슨 재미로 일하냐? 굳이 간다면야 할 수 없지만." 인사과에서 함께 일하는 동기 이 상병이 농담조로 말했다.

"어차피 시카에 지원 안 해도 RSO로 가야 하는 거잖아?" 동기 정 상병이 싱글벙글 웃으며 말했다.

"네가 시카로 오면 나야 정말 좋지! 이제 RSO에서 같이 일할 수 있겠네. 네가 나오면 당선은 따 놓은 당상이야!" RSO에서 일하고 있던 동기 유 상병도 신이 나서 말했다.

"물론 저도 지지합니다!" 마지막으로 채 일병이 말을 끝냈고 우리는 방에서 함께 치킨을 먹으며 나의 승리를 기원했다.

그 후 나는 어렵게 프레이저 상사에게도 이 사실을 알렸다. 어차피 직속상관인 프레이저 상사가 동의하지 않을 경우 나는 선임병장이 될 수 없었기 때문이다. 시니어 카투사에 지원하기 위해서는 '프레이저 상사의 추천서'가 있어야만 했다.

"Master Sergeant(상사님), 드릴 말씀이 있습니다."

나는 업무가 많지 않아 여유로웠던 어느 날 아침 프레이저 상사의 사무실에 찾아가 조심스럽게 말을 꺼냈다.

"저 이번 시니어 카투사 선발에 지원할까 합니다."

나는 한국군 측에서 내 위치와 관련해 또다시 문제가 생겼음을 설명했고 프레이저 상사는 의자에 앉아 조용히 내 말을 들어주었다.

"어차피 인사과를 떠나 RSO에서 일하게 될 것이라면 시니어 카투사로 한번 일해보고 싶습니다."

나는 프레이저 상사가 이를 단호하게 거절하고 한국군 측에 항의를 하러 갈지도 모른다고 생각했다. 내가 인사과에서 맡고 있었던 업무가 적지 않던 상황에서 내가 빠질 경우, 내 업무는 고 일병과 더불어 프레이저 상사가 모두 담당해야 했기 때문이다.

내 말을 듣고 난 프레이저 상사는 의외로 이를 흔쾌히 수락했다.

"My son, 네가 원하는 대로 하는 게 나도 좋단다." 프레이저 상사는 인자한 표정으로 미소를 띤 채 내게 말했다. "만약 그게 네가 원하는 길이라면 적극 지지할게. 네가 말한 추천서 양식은 메일로 보내주겠니?"

나는 이미 이전에 프레이저 상사에게 내가 RSO에 가게 될 수 있음을 설명한 적이 있었다. 길게 말은 하지 않았지만 프레이저 상사는 이미 내 섹션 이동 권한이 한국군 측에 있다는 것을 알고 있는 듯 했다. 프레이저 상사는 지원대장 등과 내 거취에 관해 이야기를 나눴던 적이 있었다.

프레이저 상사는 며칠 뒤 "자신의 개인 시간을 희생하며 일했던 최고의 병사" "뛰어난 업무능력" 등의 칭찬이 가득 담긴 추천서를 내게 보내왔다.

나는 이후 미촘 하사를 비롯한 인사과 식구들에게도 내가 현재 처해 있는 상황과 향후 거취에 관해 설명해 주었다. 훈련을 거치며 더욱 가까워진 인사과 식구들을 곧 떠나야 할지도 모른다는 생각에 마음이 울적해졌지만 만약 시니어 카투사에 선발된다면 계원일 때보다는 더 자주 이들을 만나볼 수 있을 것이라고 생각했다.

이 시기에는 내 시니어 카투사 지원에 지대한 영향을 미친 지휘부의 W 병장이 1년간의 한국 복무를 마치고 미국으로 떠나기도 했다. 부대를 떠나는 W 병장을 보며 다시 한번 '내가 만일 시니어 카투사가 된다면 나와 같은 고충을 겪는 카투사가 더 이상 생기지 않도록 해야겠다.'는 다짐을 했다.

나는 마침내 마음을 확실히 정한 뒤 박 시카의 방을 다시 찾았다.

"저 시니어 카투사에 지원하기로 마음을 정했습니다."

"밤 12시에 부대원들 불평을 들어줘야 하는데도 괜찮다는 거지?"

"네, 저는 시니어 카투사가 되면 그런 일을 하고 싶습니다. 잠은 좀 못 자도 상관없습니다."

"그래? 네 생각이 그렇다면야 적극 지지하지!"

나는 그렇게 시니어 카투사 지원자 명단에 이름을 올렸고 며칠 후 점호시간에 부대원들의 투표가 진행되었다.

후보자들은 총 5명이었다. 나는 당시 상병으로 진급한 지 얼마 되지 않았기에 이들 중 가장 후임이었다. 후임 시니어 카투사는 상병 이상이면서도 최 시카보다는 후임이어야 했으므로 지원할 수 있는 사람들의 범위가 한정되었다. 후보자들 중에는 단순히 편하게 군 생활을 보내기 위해 지원한 것처럼 보이는 선임들도 있었지만 내 맞선임이자 오더리 룸에서 일하던 '슈퍼카투사' 이 상병도 있었다.

마침내 비밀투표로 진행되었던 '시니어 카투사 선거'가 끝났고 앞으로의 일은 모두 하늘에 맡긴 채 결과를 기다리기로 했다. 나는 하루하루 결과를 기다리는 것이 상당히 힘들었다. 그러나 이보다 더 힘들었던 것은 실제로 선 시카의 후임 시니어 카투사가 발표되었을 때였다.

"이제 여기 '이 시카'가 선 시카 후임으로 일하게 됐으니까 다들 잘 부탁한다."

박 시카는 점호시간 담담한 목소리로 부대원들에게 이 시카의 선발 소식을 알렸다. 나는 친분이 있던 맞선임 이 상병의 시니어 카투사 선발을 축하해 주며 겉으로는 웃음을 보였지만 속으로는 씁쓸함을 감출 수 없었다. 나는 그나마 미군들에게 인정을 받고 있던 이 상병이 시니어 카투사가 된 것을 위안으로 삼았다.

많은 선후임들이 내 상황을 알고 나를 지지해 주었기에 내심 내가 시니어 카투사가 될지도 모른다고 생각했었다. 그러나 막상 시니어 카투사 선발에서 떨어지자 나는 내가 원하는 방향으로 군 생활을 할 수 있었던 마지막 기회마저 사라졌다는 생각에 서글픈 마음이 들었다.

'선거 전 후임들에게 치킨을 사 주는 등 눈에 보이는 행동들을 했어야 했나? 어쩌면 부대원들이 내 평소 진심을 알아줄 것이라고 과신했던 것이 패착인지도 몰라…'

그러나 얼마 뒤 박 시카는 갑자기 내가 생각지도 못한 말을 했다.

"작은 차이긴 했지만 사실 부대원 투표에서는 네가 이겼어."

비록 박 시카가 내게 자세한 이야기를 해 주지는 않았지만 나는 충분히 그 내막을 짐작해볼 수 있었다. 부대원 투표에서 이겼음에도 시니어 카투사에 선발되지 못했다면 그 이유는 사실 분명했기 때문이다. 지원대장 또는 기존 시니어 카투사가 내 선발을 반대했던 것이다.

박 시카는 이미 나를 지지하겠다고 밝혔던 상황이었기에 굳이 부대원 투표 결과를 뒤엎고 내 시니어 카투사 선발을 반대할 이유가 없었다. 지원대장 또한 특별한 경우가 아니면 부대원 투표 결과를 따르는 것이 일반적이었다.

결국 내가 부대원 투표에서 승리했음에도 시니어 카투사 선발에서 탈락했던 것은 지원대장에게 이 상병을 선발해야만 하는 특별한 이유가 있었거나, 선 시카가 나의 선발을 반대했기 때문이었다.

당시 나는 도무지 그 이유를 알 수 없어 답답한 마음이었지만 장차 RSO에서 계원으로 일하게 될 것이라는 현실을 받아들이는 수밖에 없었다. 나는 RSO에서 계원으로 일하는 동기 유 상병과 후임 준 일병을 만나 앞으로 같은 섹션 식구로서 나를 잘 부탁한다는 등의 이야기를 하며 시간을 보냈다.

그런데 추운 겨울날, 최대의 한미연합훈련 중 하나였던 '키 리졸브' 훈련지로의 출발을 앞두고 있던 나는 또다시 박 시카로부터 한 가지 의미심장한 말을 듣게 되었다. 당시 전역을 눈앞에 두고 있던 박 시카는 알듯 말듯 한 표정을 지으며 내게 한마디를 던졌다.

"너무 실망하지 말고 네가 원한다면 다음 최 시카 후임으로 지원해봐. 너 이제 겨우 상병이잖아."

그렇게 아쉬운 마음을 뒤로한 채 든든한 지원군이었던 박 시카는 전역을 했고 나는 싱숭생숭한 마음으로 훈련지에 가져갈 군장을 챙겼다.

'그렇다면 적어도 최 시카의 전역 때까지는 내가 인사과에 남아 있어도 된다는 건가?' 나는 박 시카로부터 이 말을 들은 뒤로 굳이 지원대장이나 시카들에게 내 향후 거취에 관해 묻지 않았다.

군대는 인간 관계의 용광로

"드르릉, 드르릉, 덜덜덜덜….."

한참 동안 대열을 맞춘 끝에 우리는 비로소 험비에 시동을 걸고 출발 태세를 갖추었다. 그날 나와 J 훈병을 훈련지인 동두천까지 데려다 줄 사람은 '슈렐 병장'이었다.

프레드릭 병장 외에 새로 인사과에 전입을 온 간부였던 슈렐 병장은 앨라배마주 출신으로 강한 남부 사투리를 쓰는 것이 특징이었던 20대의 젊은 흑인이었다. 유명한 영화배우 '윌 스미스'를 닮았던 슈렐 병장은 내가 보았던 흑인들 중 가장 잘생긴 외모를 가지고 있었고 꾸준히 관리를 해 온 탓에 군살 없는 몸매를 유지했다.

슈렐 병장은 카투사들에게 친절했지만 자존심이 강했던 탓에 결코 프레드릭 병장처럼 사병들을 허물없이 대하지는 않았다. 또 슈렐 병장은 의외로 허당끼가 있었는데, 자주 초보적인 실수들을 하곤 했다. 그리고 이는 운전 시에도 마찬가지였다.

출발 전 슈렐 병장은 험비 운전에 자신이 있는 것처럼 억지웃음을 지어보였지만 얼굴에 드러난 긴장감을 감추지는 못했다. 조수석에 타고 있던 나는 그런 슈렐 병장의 모습을 보며 여차하면 내가 험비를 운전해야 할지도 모르겠다는 생각을 했다.

그러나 막상 훈련지로 출발한 뒤 험비를 포함한 군용 차량들은 함께 대열을 맞춰 천천히 이동했기에 사실상 사고가 날 염려는 없어 보였다. 오히려 너무 느린 속도 탓에 슈렐 병장은 졸음을 참는 것이 힘들어보였다. 나는 창문으로 험비가 자꾸만 우측 차선을 넘어가는 것을 볼 수 있었다.

"병장님, 차가 가드레일이랑 너무 가까운 것 같은데요?"

나는 슈렐 병장의 졸음을 쫓기 위해 이런저런 이야기를 쉬지 않고 계속 했지만 슈렐 병장은 자꾸만 험비를 위험할 만큼 오른쪽으로 몰았다. 그러다 결국 사고가 터지고 말았다.

슈렐 병장이 얼마나 험비를 오른쪽에 가깝게 운전했던지 험비의 측면 반사경이 우측 가드레일에 부딪혀 떨어져 나갔던 것이다. "탕!"하는 소리와 함께 반사경이 험비에서 분리돼 위로 날아갔고 그제야 슈렐 병장은 정신을 차리고 똑바로 운전을 하기 시작했다.

나는 휴게소에 도착해 험비 앞유리에 떨어져 있는 측면 반사경을 발견하고 아직 목숨이 붙어 있음에 감사했다.

수많은 군용 차량들이 대열을 맞춰 고속도로를 질주하는 모습도 장관이었지만 미군들이 일제히 휴게소에 들러 신기한 표정으로 이곳저곳을 돌아다니는 모습을 보는 것도 꽤 재미있었다.

휴게소에 있던 시민들도 처음 보는 광경에 놀란 것은 마찬가지였다.

"이야, 자네 카투사인가? 나도 예전에 군대 있을 때 미군들하고 훈련을 했던 적이 있었지…."

유독 카투사에게 많은 관심을 가져주었던 나이 지긋한 어르신들과의 대화도 빠질 수 없었다. 나는 종종 휴게소에서 미군들에게 맛있는 한국 간식들을 사 선물하기도 했다. 나이 든 미군 장교들은 특히 견과류를 좋아했는데, 인사과 식구들은 휴게소에서 함께 햄버거를 먹으며 식사를 대신했다. 훈련지로 향할 때 휴게소에 들르는 것은 내게 결코 빼놓을 수 없는 즐거움이었다. 휴게소에서 미군, 카투사들과 함께 시간을 보낼 때만큼은 훈련을 가는 것이 아니라 마치 여행을 떠나는 것 같은 기분이 들었기 때문이다.

그러나 이날은 휴게소에서 당황스러운 일이 하나 생기고 말았다. 내가 햄버거를 너무 열정적으로 먹었던지 치아에 뭔가 문제가 생겼기 때문이다. 나는 입을 열어 통증이 느껴지는 부위를 미촘 하사에게 보여주었고 미촘 하사는 내 입 속에서 피가 나는 것 같다고 했다. 나는 문제가 생긴 치아 뒷면에 임시로 껌을 붙여놓았지만 이후로도 계속 신경이 쓰이는 건 어쩔 수 없었다. 우리는 짧은 휴식 시간을 끝내고 곧 훈련지로 출발해야 했다.

우여곡절 끝에 밤이 되어서야 동두천 미군부대에 도착할 수 있었다. 나는 숙소에 도착해 이층 침대들이 가득했던 한 커다란 방에 자리 배치를 받았는데, 이곳에는 이와 같은 방들이 여럿 있었다. 이번 숙소 역시 꽤나 칙칙한 분위기였지만 적어도 지난 훈련지의 차고지나 강의실보다는 훨씬 깨끗하고 아늑해 보였다. 나는 지난 훈련지에서의 악몽을 떠올리며 총을 몸 바로 옆에 소중히 놓아둔 채 잠에 빠져들었다.

다음 날 우리는 새벽부터 버스를 타고 숙소를 떠나 근처의 다른 캠프 내에 있던 훈련지로 향했다. 훈련지는 숙소와 다른 캠프에 있었기 때문에 우리는 매일 새벽 버스를 타고 캠프 밖으로 나가 근처에 있던 다른 캠프 내의 훈련지로 들어가야 했다.

황량한 훈련지에서 시작된 '거대한 텐트 치기'는 지난번 훈련 때와 비슷했고 익숙해진 탓에 이전만큼 힘들지는 않았다. 그러나 입을 조금만 움직여도 계속 덧나며 커졌던 상처는 텐트를 치는 동안 나를 꾸준히 신경쓰이게 만들었다. 나는 상처가 커지는 것을 막기 위해 사실상 점심까지 건너 뛴 상황이었다. 게다가 어제 입 속에 붙여놓았던 껌은 이미 떨어져 나간 지 오래였기에 나는 다른 껌이라도 빌려볼 생각으로 나와 친분이 있던 '점저씨'를 찾았다.

"잠깐 입 속 상처에 붙일 껌이라도 빌려서 올게. 금방 올 테니 걱정 마."

나는 얼마 전 진급한 종헌 상병에게 이야기를 한 뒤, 점저씨에게 향했다.

점저씨는 이름에 점(Dot)이 들어갔던 미군 대위였다. 점저씨는 아무 일도 하지 않으면서 텐트를 치고 있는 우리들에게 시도 때도 없이 '텐트를 제대로 만드는 법'에 대한 강의를 했던 사람이었다. 나 역시 다른 카투사들과 마찬가지로 일은 전혀 돕지 않으면서 시도 때도 없이 사병들을 다그쳤던 점저씨가 얄밉긴 했지만 그나마 카투사들에게 호의적이었던 점저씨에게 도움을 요청해보기로 했다.

당시 카투사들은 어떻게 된 일인지 미군과 카투사의 비율이 1:1이 된 상황에서도 사라진 미군 사병들을 찾지 않은 채 카투사들만 다그치는 다른 간부들을 원망하고 있었다.

나는 친분을 이용해 가볍게 인사를 나눈 뒤 점저씨에게 입 속을 보여주었다.

"입 안에 상처가 생겨 피가 나는 것 같습니다. 껌이라도 하나 얻을 수 있을까요?"

"껌은 없는데… 이런 이런! 이쪽으로 따라와 봐."

내 입 속을 본 점저씨는 갑자기 나를 훈련지에서 대기하고 있던 'Medic(의무병)'에게 데려갔다.

나는 약간 당황했지만 의무병에게도 입 속을 보여주었다. 의무병은 역시 별일이 아니라는 반응이었다. 그러나 점저씨는 아주 심각한 문제라도 생긴 것처럼 의무병을 닦달하기 시작했다.

"병원에 가야겠어."

"그러실 필요 없습니다! 정말로 괜찮습니다."

나는 이를 극구 사양했지만 점저씨의 태도는 분명했다.

"아냐, 이거 병원에 가서 치료를 받아야 해."

점저씨는 자신이 매우 중요한 일을 처리하는 것처럼 연신 고개를 끄덕이며 결국 나를 병원에 데려가기로 결정했다.

그리고 그렇게 나는 입 안에 난 사소한 상처 하나 때문에 '앰뷸런스 험비'를 타고 동두천 부대 내의 병원까지 '호송'되었다. 나는 고마우면서도 일이 커지는 것 같은 생각에 당황스러운 마음이 더욱 크게 들었다. 또 무엇보다 많은 카투사들이 텐트를 치고 있는 상황에서 의도치 않게 나 혼자 빠져나온 것이 특히 신경이 쓰였다.

결국 나는 점저씨와 차로 꽤 오랜 시간을 달려 부대 깊숙한 곳에 있던 TMC에 도착했다. 그러나 막상 도착한 TMC의 문은 굳게 닫혀 있었다. 그날은 무슨 일인지 TMC가 문을 열지 않았고 '필요할 경우 아래 번호로 연락하라.'는 내용이 쓰인 종이 하나만 문 앞에 붙어 있었다.

나는 점저씨가 내 치료를 포기하고 훈련지로 돌아갈 것이라고 생각했지만 점저씨는 마치 이곳을 떠나고 싶지 않은 듯이 TMC 건물 이곳저곳을 돌아다니며 열린 문을 찾기 시작했다. 그리고 결국 모든 문이 닫혔다는 것을 확인한 점저씨는 문 앞에 적혀 있는 번호로 전화까지 걸어 담당자와 연락을 취했고 얼마 뒤 안에 있던 한 사병이 문밖으로 나와 우리를 맞았다.

나와 점저씨는 해당 사병의 안내를 받아 치과 건물로 향했고 문을 열고 안으로 들어가자 텅 빈 접수대와 대기 공간이 보였다. 한낮이었지만 병원의 모든 조명은 꺼져 있었다.

나는 곧 한 친절한 의무병의 안내를 받아 '수술실'로 향했다. 나는 이곳에서 잠시 대기하며 의무병에게 입 속을 보여주었는데 별것도 아닌 일로 괜히 사람들을 귀찮게 하는 것 같아 매우 민망했다.

점저씨는 치료가 끝나면 연락하라는 말과 함께 차를 타고 떠났고 나는 수술실을 나와 불 꺼진 대기실에서 의무병이 틀어준 TV를 보며 또다시 꽤 오랜 시간을 대기했다. 나는 차라리 빨리 훈련지로 돌아가 텐트 치는 일을 돕고 싶었지만 일단은 의무병을 기다리는 수밖에 없었다.

친절한 의무병은 이후 매우 불친절한 한 민간인 '의사 보조'와 함께 돌아왔다. 인도계 미국인이었던 이 사람은 내게 불편한 티를 실컷 내며 지금은 치료를 할 수 없다고 단호하게 말했다.

나는 알겠다고 하면서 점저씨에게 연락을 취하기 위해 TMC의 전화기를 빌려달라고 말했다. 바로 그때였다.

"어이, 거기 너 카투사야?"

근처를 지나던 한 한국계 미군 대위가 매우 정확한 한국어 발음으로 내게 말을 걸었다.

"네, 카투사입니다."

"무슨 일인데?" 30대 초반 정도로 보였던 대위는 다소 불친절한 목소리로 내게 물었다.

"입 안에 상처가 나서 왔는데 치료가 어렵다는 말을 들었습니다."

"이리 와봐."

나는 대위를 따라 진료실로 향했고 잠시 서로 대화를 나눴다.

"카투사? 너 여기 부대 출신 아니지?"

"네 대구지역대 출신입니다." 나는 뭉뚱그려 '대구지역대'에서 일한다고 답했다.

"뭐? 나도 카투사 때 대구에서 일했는데."

"아 그렇습니까?"

"무슨 보직이야?" 나는 대위의 표정이 조금 밝아지는 것이 느껴졌다.

"운전병이었는데, 지금은 인사과에서 일합니다."

"정말? 나도 대구에서 운전병으로 일했었어. 너처럼 다른 곳에서 근무하다 전출됐고. 말 안 해도 네 상황 다 알지."

알고 보니 이 한국계 미군 대위는 카투사 출신이었고 미국시민권이 있었는지 치과대학 경력을 살려 미군 군의관이 되었던 것이었다. 대위는 과거 자신의 상황과 매우 흡사한 나의 처지에 깊이 공감했다.

"내가 너니까 오늘 특별히 치료해 줄게."

나는 그날 카투사 출신 대위에게 완벽히 치료를 받을 수 있었고 훈련지에 있기 싫으면 언제든 또다시 치료를 받으러 TMC에 와도 좋다는 '특별 약속'까지 받을 수 있었다. 물론 치료가 완벽했으므로 이후 다시 TMC를 찾을 일은 없었다.

나는 치료를 마친 뒤 병원에 가느라 일을 돕지 못했다는 죄책감을 한가득 안고 훈련지로 돌아갔다. 그러나 종헌 상병을 포함한 다른 카투사들은 이를 전혀 개의치 않았고 오히려 내가 치료를 받았음을 축하해 주었다.

"넌 어떻게든 치료를 받기는 했어야 했어."

물론 나는 이상한 사명감을 발휘해 내가 무사히 치료를 받을 수 있도록 도와주었던 점저씨에게도 감사인사를 했다.

텐트들이 완성된 후 나는 이전처럼 주간 조에 편성돼 프레이저 상사와 함께 업무를 했다. 훈련 초반에는 컴퓨터에 문제가 생겨 내 CAC 카드가 막히는 등 여러 가지 문제가 발생하기도 했지만 이후 정상적으로 여러 업무들을 수행할 수 있게 되었다. 나는 당시 미촘 하사와 동두천 캠프 내의 한 빌딩까지 차를 타고 힘들게 찾아가 겨우 CAC 카드 문제를 해결할 수 있었는데, 훈련지에서는 이처럼 가끔 예상치 못한 문제가 발생해 업무를 할 수 없는 상황이 생기기도 했다. 그리고 나는 이때마다 여러 섹션의 카투사, 미군들과 다양한 이야기를 하며 시간을 보냈다. 한 번은 어떤 간부가 카투사들이 모두 부자라는 이야기를 해 한동안 작은 토론이 벌어지기도 했다.

"카투사들은 모두 부자라면서? 내가 다 알고 있어. 부모님들도 다들 재력가지?"

값비싼 학비를 내야 하는 해외에서 공부한 유학생들이 있었기에 상대적으로 경제적인 여유가 있는 사람들이 더 많았을지는 모르겠지만 분명 '모든' 카투사들이 부자인 것은 아니다. 나와 카투사들은 이 편견에 어떻게 대처해야 할지 한동안 고민을 해야 했다. 마치 실제로도 부자인 것처럼 루머를 인정함으로써 카투사들을 무시하지 못하도록 하는 것이 좋을지, 아니면 부자가 아님에도 훨씬 적은 월급을 받으며 성실히 일하는 사람들로 우리를 포장하는 것이 나을지 정하기가 매우 힘들었기 때문이다.

우리는 결국 긍정도 부정도 하지 않는 애매한 답변을 했다.

"모두 그런 건 아니죠. '일부'는 그럴지도 모르지만."

물론 이와는 반대로 어떤 미군들은 오히려 적은 월급만 보고 카투사들에게 동정심을 가지기도 했다. 한번은 푸드코트에 간 정 상병이 멍하니 피자헛 앞에서 메뉴판을 바라보고 있다가 이를 월급이 적어서 피자를 사 먹지 못하고 있는 것으로 오해한 한 건장한 체격의 흑인 미군이 피자 한 판을 몰래 주문해 정 상병에게 선물하고 간 적도 있었던 것이다.

평소 훈련지에서의 생활이 이처럼 여유롭기만 했던 것은 결코 아니었다. 12시간 동안 정신없이 매달려야 했던 훈련 업무 외에도 어려운 점들이 여럿 있었기 때문이다. 가령 아침 일찍 일어나 훈련지에 갈 준비를 하는 것부터 쉽지 않았다. 새벽부터 총을 포함해 온갖 장비를 착용하고 늦지 않게 훈련지로 가는 버스를 타야 했기 때문이다.

훈련지가 있었던 캠프는 온갖 편의시설이 가득했던 거대한 숙소 캠프와 달리 마치 오래전 원전사고를 겪어 외부인의 출입이 금지된 작은 마을 같아 보였다. 길가에는 잡초들이 길게 자라 있었고 건물들도 사람의 흔적이 닿은 지 오래됐는지 칠이 벗겨져 있었기 때문이다.

해가 뜨기 전 어두운 새벽에 그곳을 걷고 있자면 어디에선가 좀비라도 튀어나올 것 같은 느낌이 들었다. 차라리 황량한 공터에 텐트들만 세워져 있던 훈련지가 더욱 안전하고 활기 넘쳐 보일 정도였다. 듣기로 이 캠프는 훈련지로 쓰일 뿐 사실상 부대로서의 기능은 하지 않는 곳이라고 했다.(이곳을 포함한 동두천의 부대들이 차츰 평택으로 옮겨가고 있었기 때문이었다.)

하루는 종헌 상병이 절망적인 표정으로 내게 말했다.

"훈련지 캠프 출입 ID 카드가 없어졌습니다."

열심히 찾아보았지만 결국 종헌 상병은 ID 카드를 발견하지 못했고 매번 훈련지 캠프에 출입할 때마다 별도로 신원 확인 절차를 밟아야 했다. 버스를 타고 갈 수도 있었지만 종헌 상병은 매번 자신이 캠프 입구에서 신원확인을 거치는 동안 다른 사람들을 버스 안에서 기다리게 하는 것이 미안하다는 이유로 매일 훈련지까지 걸어가는 것을 택했다.

그리고 매일 온갖 장비를 착용한 채 추운 날씨를 뚫고 훈련지까지 걸어서 다니는 종헌 상병이 안쓰러웠던 나는 함께 걸어가기로 결정했다.

"아이 그럴 필요 없습니다."

"괜찮아, 걸어 다니면 운동도 되고 좋지!"

그렇게 나는 그날 이후로 매일 다른 사람들보다 먼저 일어나 종헌 상병과 함께 훈련지까지 걸어 다니게 되었는데, 나는 이를 통해서 생각지도 못했던 즐거움들을 얻게 되었다.

훈련지까지 걸어가는 것의 첫 번째 장점은 잠시나마 '사회'를 느낄 수 있었다는 것이었다. 갑자기 2주 동안 밖에 나가지 못하게 되자 나는 또다시 '부대 밖 세상'이 그리워지기 시작했었는데 종헌 상병과 함께 다른 부대까지 걸어 다니며 '사회'를 거쳐 갈 수 있어 이 그리운 마음을 달랠 수 있었다.

또 나는 오히려 매일 아침 이렇게 훈련지로 향하는 길을 종헌 상병과 함께 걸어 다님으로써 고된 훈련지 생활을 버틸 수 있는 힘을 얻었다. 방탄모와 방탄복 등 각종 장비들을 착용한 채 총까지 들고 종헌 상병과 훈련지 캠프를 걷다 보면 혹시 튀어나올지 모를 좀비도 두렵지 않았다.

이처럼 우리는 매일 함께 훈련지 캠프와 숙소 캠프를 오고 가는 동안 여러 이야기를 나누며 서로 더욱 깊은 우정을 쌓을 수 있었다. 이후 종헌 상병은 내게 이일이 두고두고 고마웠다고 말하기도 했다.

이 외에도 훈련 업무 자체보다 힘들었던 것은 훈련지에서 해야 했던 여러 가지 '잡무'들이었다. 그리고 그중에서도 가장 악명 높았던 잡무는 바로 '훈련지 KP'였다.

훈련지에서 요리를 하고 배식을 했던 것은 조리병들이었지만 식사를 준비하고 설거지를 담당해야 했던 것은 선발된 KP들이었다. KP들은 새벽부터 각종 식자재 박스들을 옮겨야 했고 수시로 배식을 하는 트럭을 오가며 일손을 보태야 했다.

그러나 무엇보다 힘들었던 것은 매 식사시간이 끝난 뒤 쏟아져 나오는 엄청난 양의 식판들을 설거지 하는 일이었다. 대충 지어진 좁은 '설거지 텐트' 안에서 KP로 선발된 사병 2~3명은 '하루 종일' 함께 설거지를 해야 했다.

훈련지 KP가 유독 힘들었던 이유는 12시간 동안 정신없이 설거지를 하며 각종 짐을 날라야 했던 것 외에도 KP의 총책임자였던 '캄포스니에토Camposnieto' 준위가 KP들을 매섭게 감시했기 때문이었다.

이름을 제대로 발음하기도 어려웠던 캄포스니에토 준위는 매우 터프한 성격의 소유자였다. 언뜻 보면 영화 '반지의 제왕'에 나오는 '김리'와도 상당히 닮아 있었지만, 김리의 상징과도 같았던 덥수룩한 수염이 없었던 데다 김리보다는 키가 훨씬 컸고 더 거대한 몸집을 가지고 있었다.

많은 사병들은 고된 훈련지 KP를 극도로 기피했기에 KP에 걸리면 중간에 도망을 가기 일쑤였다. 이 때문에 캄포스니에토 준위는 항상 성난 얼굴로 쉴 새 없이 KP들을 다그치며 도망을 가지 못하도록 감시했다. 가령 KP가 화장실을 가려고 설거지 텐트 밖을 잠깐 나오기만 해도 어디에선가 캄포스니에토 준위가 나타나 호통을 쳤다.

"이봐, 지금 어딜 가는 거지!"

앞서 언급한 대로 인사과에서는 종종 각종 사건사고가 발생해 업무를 할 수 없게 되는 경우가 생겼기에 나는 자주 훈련지 KP에 당첨되었다. 그리고 그때마다 매일 KP를 하면서 스스로를 'KP Specialist'라고 소개했던 제퍼슨 일병, 어찌된 일인지 타 부대 출신임에도 우리 부대의 훈련지에서 거의 매번 KP를 했던 우준 일병과 함께 캄포스니에토 준위의 압제를 견뎌내며 더욱 돈독한 우정을 쌓을 수 있었다.

그러나 나는 왠지 캄포스니에토 준위에게서 예전 KTA에 있을 때 보았던 V 소대장의 모습을 볼 수 있었다. 그리고 어쩌면 V 소대장처럼 캄포스니에토 준위 역시 겉보기와 실제 성격이 다를 수도 있겠다는 생각이 들었다. 그래서 나는 조금 더 편한 KP 생활을 위해 '캄포스니에토 준위와 친해지기' 프로젝트에 돌입했다. 나는 먼저 유독 성실히 일하는 모습들을 자주 보여줌으로써 캄포스니에토 준위의 경계심을 풀었다.

그리고 기회가 있을 때마다 인사를 건네며 용감하게 캄포스니에토 준위에게 말을 걸기 시작했다. 예상대로 캄포스니에토 준위는 거친 겉모습과 달리 쿨하고 위트 있는 성격을 가지고 있었고 나와 여러 가지 가벼운 이야기들을 나눌 수 있었다. 아마 캄포스니에토 준위는 앞서 시도 때도 없이 도망갈 기회를 엿보았던 KP들의 탈출을 막기 위해 그토록 엄격한 모습을 보이게 된 것 같았다.

이처럼 'Small Talk'들이 반복되자 나는 얼마 지나지 않아 결국 캄포스니에토 준위와 친해질 수 있었다. 이후 매번 화장실에 갈 때마다 호통 소리를 듣지 않아도 되었음은 물론이다.

캄포스니에토 준위와 친해지기는 했지만 훈련지 KP는 여전히 힘든 디테일이었다. 그리고 그중에서도 가장 힘들었던 것은 바로 'Victory Day(전승일)' KP였다. 훈련지에서는 하루 전투의 승리를 기념하는 날을 정해 성대한 식사를 준비했는데 나는 하필 이날 KP를 하게 되었던 것이다.

케이크 등 각종 요리들이 즐비했던 Victory Day의 저녁식사가 끝난 후 나와 제퍼슨 일병을 포함한 KP들은 정신없이 설거지를 하기 시작했다. 끊임없이 밀려들어오는 식기들을 차가운 물이 나오는 좁은 싱크대 안에서 씻다 보니 손은 곧 얼음장처럼 차가워졌고 다리와 허리도 욱신거리는 것이 느껴졌다.

그러나 나는 이날 'KP 전문가' 제퍼슨 일병과 함께였기에 힘겨웠던 KP를 견뎌낼 수 있었다. 믿을 수 없는 속도로 쉴 새 없이 설거지 텐트에 전달되는 각종 식기들과 통들을 보며 망연자실해 있다가도, 제퍼슨 일병의 지시에 맞춰 일사불란하게 각자 맡은 일을 수행하다 보면 금세 많은 양의 설거지를 할 수 있었기 때문이다.

또 제퍼슨 일병은 늘 챙겨왔던 블루투스 외장 스피커를 사용해 KP를 하는 내내 신나는 노래들을 틀어줌으로써 우리들이 더욱 힘을 내 설거지를 할 수 있도록 해 주었다. 제퍼슨 일병은 설거지 텐트에 들어오면 늘 자신이 준비해온 블루투스 스피커를 스마트폰에 연결한 뒤 노래를 틀어놓고 싱크대 위 어딘가에 걸어두었다. 대부분은 자신이 미리 세심하게 선곡해놓은 팝송들을 틀어주었지만 때로는 나와 카투사들의 신청곡을 받기도 했다.

간혹 설거지에 너무 집중하다 보면 제퍼슨 일병의 소중한 외장 스피커가 물이 가득한 싱크대 속에 빠지는 끔찍한 일이 일어나기도 했다. 그러나 제퍼슨 일병은 이미 모든 것을 달관한 듯이 작동이 되는 것만 확인하면 이를 전혀 개의치 않았다.

밤이 된 후 '손전등 조명이 설치된' 자그마한 텐트 안에서 팝송들을 들으며 설거지를 하고 있으면 꽤나 낭만적인 분위기를 느낄 수 있었다. 우리는 이곳에서 서로 위로 섞인 이야기들을 나누며 힘든 KP를 함께 버텨냈다. 이날 KP는 12시간을 훌쩍 넘겨 약 '18시간'을 쉬지 않고 한 끝에 비로소 마무리 되었다. 완전히 녹초가 된 우리는 서로를 바라보며 "이렇게 오랫동안 KP를 했다는 사실을 도저히 믿을 수 없다."는 이야기를 했다. 제퍼슨 일병조차도 전승일 KP를 '지금껏 가장 힘들었던 KP'로 인정해 주었다.

이날 KP를 나와 함께 했던 한 카투사 후임은 내가 전역할 때까지 나를 만나기만 하면 이 '잊을 수 없는 KP'에 관한 이야기를 하곤 했다. 나는 이날 숙소에는 거의 자정이 되어서야 도착할 수 있었는데, 피곤한 몸을 이끌고 여단본부 텐트에 들어간 나는 분위기가 심상치 않음을 느꼈다. KP를 하느라 외부의 소식을 전혀 듣지 못했지만 그사이 무슨 일이 있었는지 텐트 안에는 이상한 긴장감이 감돌았기 때문이다. 미군 간부들의 표정은 모두 굳어 있었고 카투사들도 안절부절못하는 모습이었다.

나는 무슨 일이 있었는지 카투사들 중 한 명에게 물어보고서야 사건의 전말을 들을 수 있었다.

"주한 미국 대사가 한국인한테 피격 당했어." (2015년 3월 리퍼트 미국대사가 문화운동단체인 우리마당 대표에 의해 습격을 당한 사건을 말한다.)

"뭐?"

내가 정신없이 설거지를 하는 동안 누군가가 한미군사훈련을 중단하라는 구호를 외치며 리퍼트 미국대사를 습격했던 것이다.

집에서 뉴스로 이러한 소식을 듣는 것과 미군들과 함께 생활하는 텐트 안에서 이를 접하는 것은 전혀 다른 느낌을 주었다. 함께 일하는 동료들의 대표가 흉기를 든 자국민에 의해 공격받았다는 것은 한국인으로서 굉장히 당혹스러운 일이었기 때문이다.

어찌 되었건 한국을 보호하기 위해 일한다는 사명감을 가지고 있었던 미군들은 한국인이 자신들의 대사를 공격했다는 사실에 매우 당황했다.

"우리는 한국인들을 지키려고 타지에서 고생을 하고 있는데 도대체 왜 이런 일이 일어난 거지?"

카투사들도 나름대로 이는 결코 일반적인 한국인들의 생각을 대표하는 일이 아님을 열심히 어필했지만 이때 특히 큰 도움이 되었던 것은 한국계 미군 장교들이었다.

"미국에도 급진주의자들이 있듯이 한국에도 극단적인 생각을 가지고 이를 행동에 옮기는 사람들이 있어."

한국계 미군 장교들은 유창한 영어로 이 사건을 미군들에게 자세히 설명해 주었다. 다행히 이들의 설명을 들은 미군들은 모두 얼마 지나지 않아 이것이 결코 모든 한국인들의 생각을 대표하는 사건이 아님을 이해하게 되었다.

이 사건에 많은 관심을 보였던 간부들과 달리 사병들은 이를 크게 개의치 않았고 오히려 비상대책회의를 위해 다음 날 급하게 결정된 '오프(Day Off, 근무하지 않고 쉬는 '비번'을 의미한다.)'에 기뻐하는 모습을 보이기도 했다.

"어디에나 이상한 사람들은 있기 마련이지! 내일은 푹 쉬겠네!"

나는 충격적인 사건을 겪고 난 뒤 곧 안정을 찾아가는 훈련지의 미군들을 보며 정말 다행스러운 마음이 들었다. 또 한 가지 사건을 가지고 성급하게 일반화하지 않고 합리적으로 생각하는 의연한 모습의 미군들이 멋있다고 생각했다.

또 한 번은 한 히스패닉계 여군 사병과 KP를 함께 하며 '문화충격'을 받기도 했다. 그 여군은 성격이 매우 밝아서 나와 함께 많은 이야기를 나누었는데, 내게 자신의 가족사진을 보여주며 언니에 관한 이야기를 했다. 언니는 이제 20살 남짓이 되었지만 이미 세 명 정도의 자녀를 가지고 있다고 했다.

"여기 우리 언니랑 아이들 사진이야."

나는 아이들과 찍은 단란한 가족사진을 보며 얼굴에 절로 미소가 지어졌다. 그러나 한 가지 특이했던 점은 언니의 자녀들이라고 소개받은 사진 속 아이들 세 명이 모두 각자 다른 인종이었다는 것이었다. 내가 묻기도 전에 여군은 웃으며 내게 말했다.

"여기 이 아이는 아버지가 이탈리아인이고, 이 아이는 아버지가 한국인이야, 그리고 또 이 아이는….."

사진에 아이들의 아버지는 보이지 않았기에 현재 언니가 어떤 남편과 살고 있는지는 알 수 없었다. 그러나 나는 환하게 웃고 있는 사진 속 언니와 여군의 얼굴에서 행복한 가정의 모습을 엿볼 수 있었다.

　나와는 분명 다른 문화적 배경에서 살아온 그들이었지만, 아이들을 모두 키우기 위해 노력하는 언니와 이들을 돕기 위해 18살의 나이에 군에 입대한 여군 친구는 어찌 되었든 가족을 위해 어려운 길을 택한 멋진 사람들이었다.

　KP 외에도 기억에 남는 것은 '경계근무'였다. 지난 훈련 때와 마찬가지로 경계근무자들은 두 명씩 조를 짜 철제 게이트 옆에 세워진 험비에서 출입자들을 관리했다. 그러나 저번 훈련 때와 달랐던 것은 간부가 아닌 사병끼리 근무를 섰다는 것이었다. 또한 이번에는 험비 위에 누군가가 올라가 있을 필요도 없었다. 간부들이 극도로 추운 날씨를 감안해 동상에 걸리는 사람이 없도록 근무자들 중 한 사람은 히터를 틀어놓은 험비 안에 있을 수 있도록 해 주었기 때문이다.

　나는 KP에 이어 또다시 우준 일병과 경계근무를 서기도 했지만 대부분은 나와 전혀 다른 배경을 가진 미군들과 경계근무를 했다. 한참 동안 특별한 일 없이 함께 험비에서 대기하다 보면 경계근무자들은 처음 보는 사이라도 어쩔 수 없이 서로 이야기를 나누게 마련이다.

　나는 지금도 내 나이 또래였던 한 미군 일병과 나누었던 대화가 생생히 기억난다. 그 미군은 백인이었고 몸 곳곳에 여러 문신들이 있었다. 시종일관 무뚝뚝해 보이긴 했지만 나와 대화를 나눌 때만큼은 옅은 미소를 보이며 가끔은 웃기까지 했다.

　"너는 왜 군에 입대했어?" 내가 물었다.

　"나는 Trouble Maker(문제 덩어리)였어. 군대가 나를 받아준 유일한 곳이었지."

　"Trouble Maker?"

　내가 다시 되묻자 미군 친구는 마치 기다렸다는 듯 자신의 이야기를 술술 풀어놓기 시작했다.

　"감옥에 들락날락 했었지."

　"왜? 무슨 일이 있었어?"

　"여러 가지 일들이 많았어. 그러다 이제야 정신을 차리게 됐지. 그나저나 너

대학 나왔지? 전공은 뭐야?" 미군 친구는 내게도 관심이 생겼는지 대학에서의 '전공'을 물어보았다.

"Commerce and Finance를 전공했어."

"Finance? 그거 알아? 나도 대학에서 '경영학'을 전공했어."

나는 미군 사병이 대학을 졸업했다니 신기하다는 생각이 들었다. 미군 사병들은 대부분 대학을 다니지 않았거나 학위가 있다고 하더라도 군에서 지원해 주는 사이버대학을 수료한 경우가 많았기 때문이다. 어떤 경로인지는 몰라도 미군 일병이 대학에서 경영학을 배웠다는 것은 꽤나 신기했다.

"나도 이제 새 출발 해보려고. 늦었지만 군에 입대했으니 여기서 돈을 벌어서 나중에 나만의 사업을 차릴 거야."

내가 기억하기로 음악산업에 관심이 많았던 그 미군 친구는 언젠가 획기적인 '이어폰'을 개발해 판매할 계획이라고 했다.

"가족들을 먹여 살려야지."

맑은 날 햇살을 맞으며 서로 여러 이야기들을 나누다 보니 경계근무 시간은 생각보다 금방 지나갔다.

나는 미군 동료의 이야기를 들으며 많은 것들을 배울 수 있었다. 다시 한번 주어진 내 삶에 감사하게 되었을 뿐 아니라 상황이 아무리 힘들어도 어떻게든 살아갈 방법은 있기 마련이라는 사실 또한 깨닫게 되었다. 미군 친구가 감옥에 다녀왔음에도 군에 입대해 새로운 미래를 꿈꿀 수 있듯이 불확실한 미래를 걱정하는 나에게도 충분한 희망이 있음을 알게 되었기 때문이다.

"난 괜찮으니까 네가 험비 안에 들어가 있어. 히터도 좀 틀고."

무뚝뚝하던 미군은 이후 내게 따뜻한 험비 자리를 양보하며 호의를 보여주기도 했다. 나는 그날 이 미군 친구를 만나 지루한 경계근무를 의미 있게 보낼 수 있었음에 정말 감사했다.

또 훈련기간 중 사병뿐 아니라 미군의 '소장(2성 장군)'과도 짧은 대화를 나눠볼 기회가 있었다. 주한 미2사단장이 훈련을 시찰하러 우리 부대의 훈련지를 방문했기 때문이었다.

'투 스타'의 방문에 훈련지는 들썩였고 사단장이 방문할 예정이었던 여단본부 텐트의 카투사들은 각자 만반의 준비를 갖췄다. 특히 텐트 입구에서 사단장을 맞이해야 했던 후임 윤 일병과 살리나스 일병은 서로 리허설까지 진행하며 긴장감을 감추지 못했다.

하필 장군이 방문하는 시간에 텐트 입구에서 출입자 명부를 관리하던 윤 일병은 전입한 지 얼마 되지 않아 모든 것을 낯설어 했던 후임이었다. "사단장의 머릿속에 군기 잡힌 카투사의 멋진 모습을 심어주자!"는 선임들의 부담스러운 응원을 받은 윤 일병은 마음속으로 수없이 사단장이 텐트에 들어오는 상상을 하며 이미지 트레이닝을 했다.

마침내 여단본부 텐트 안으로 높은 코가 인상적이었던 '밴달 소장'이 들어왔고 마침 입구 쪽에 있었던 나는 윤 일병이 사단장을 맞이하는 장면을 직접 목격할 수 있었다.

"Brigade, Atten~tion!!" (여단, 차렷!)

살리나스 일병은 사단장을 보고 자신이 낼 수 있는 가장 큰 소리로 attention을 외쳤다. 이에 밴달 소장은 만면에 미소를 지으며 살리나스 일병과 악수를 나눴고 곧 윤 일병에게도 큰 관심을 보이며 악수를 청했다.

"일병 윤...!"

윤 일병은 어찌나 긴장을 했던지 '미군'인 밴달 소장과 악수를 하며 한국군 장교에게 하듯 큰 소리로 관등성명을 댔다. 나는 갑작스럽게 튀어나온 윤 일병의 관등성명에 웃음이 나올 뻔했지만 애써 참으면서 윤 일병의 다음 행동을 관찰했다.

밴달 소장은 호탕하게 웃은 뒤 윤 일병에게 대학 전공을 물었고 윤 일병은 영어로 자신의 전공에 대해 상세히 알려주었다. 그렇게 윤 일병과 밴달 소장의 만남은 무사히 끝났고 나도 눈치를 보며 재빨리 텐트 안으로 들어가 대기했다.

사단장은 텐트 내부를 모두 돌았고 곧 인사과에도 방문했다. 자세히 보니 밴달 소장은 흡사 잘생긴 백인 중년배우 같아 보였다. 밴달 소장은 나를 포함한 모든 미군, 카투사들과 악수를 나눴는데, 특별히 카투사들에게는 '대학에서 무엇을 전공하고 있는지'를 잊지 않고 물어보았다. 나는 이 질문을 들으며 마치 사단장이 카투사들에게 "나는 너희가 대학에 재학 중이라는 사실을 잘 알고 있다."고 말해 주는 것처럼 느껴졌다. 아마 이는 사단장 나름대로 카투사들에게 관심을 표하는 동시에 대다수의 카투사들이 대학에 재학 중인 '고급 인력'이라는 사실을 의도적으로 치켜세워 주기 위함인 것 같았다.

어찌 되었든 훈련지에서 미 사단장과 악수를 나누며 잠깐이나마 대화를 나누었던 것은 내게 특별한 경험이 되었다.

그러나 훈련기간 동안 항상 이처럼 특별한 일이 있었던 것은 아니었기에 매일 장시간 동안 훈련 업무와 각종 잡무들을 수행하다 보면 온몸은 녹초가 되기 십상이었다. 하루는 어찌나 피곤했던지 내가 주말에 집에서 늘어지게 잔 뒤 거실 소파에 누워 점심으로 무엇을 시켜 먹을지 고르고 있는 꿈을 너무 생생하게 꾸다 현실과 혼동하기도 했다. 새벽에 잠에서 깬 나는 현실과 꿈을 분간하지 못해 한참 동안 멍하니 앉아 정신을 차리느라 꽤 애를 먹어야 했다.

우리는 아주 가끔 지친 마음과 몸을 달래고자 숙소 내 휴게실 등에서 함께 야식을 먹기도 했다. 나는 이 시간을 통해 특히 용호 상병과 친해질 수 있었다. 당시 정확히 어떤 이야기들을 나누었는지 모두 기억나지는 않지만 나는 보직변경과 관련된 걱정을 토로하며 시니어 카투사에 지원하는 이유 등을 용호 상병에게 설명했던 것 같다.

섬세한 성격의 용호 상병은 이야기를 끝까지 경청해 주며 내 생각을 적극 지지해 주었고 본인의 이야기를 덧붙이기도 했다. 이처럼 훈련은 부대원들과 가까워질 수 있는 좋은 기회이기도 했다.

이 외에도 훈련이 끝나기 전 마지막 주말에는 더욱 특별한 추억들을 만들 수 있었다. 주말에는 자유 시간이 주어졌기에 훈련지 캠프에 갈 필요가 없었다. 따라서 나는 먼저 부대원들과 숙소가 있던 동두천 캠프 내의 디팩에서 느긋하게 아침식사를 했다. 동두천 디팩의 규모는 왜관의 것과 별 차이가 없었지만 메뉴에 있어서는 큰 차이가 있었다.

동두천 디팩에는 카투사들을 위한 코너에 왜관에도 있던 김치, 김뿐 아니라 한국식 밥(왜관의 디팩에는 찰기가 전혀 없어 카투사들의 외면을 받았던 '안남미'만 있었다.)과 간장, 참기름 등이 추가로 마련되어 있었다. 나와 부대원들은 이에 열광하며 한국식 밥에 계란과 김, 간장, 참기름을 넣고 비벼 맛있게 한 끼 식사를 할 수 있었다.

나 역시 이 '간장계란밥'의 황홀한 맛에 감탄하지 않을 수 없었다. 나는 만면에 미소를 띤 채 간장계란밥을 맛있게 먹고 있는 부대원들을 보며, 만약 왜관의 디팩에서도 이렇게 고기 외에 한국식 식사를 할 수 있게 된다면 모두의 삶의 질이 한층 높아질 것 같다는 생각을 했다. 간장과 참기름만 있어도 부대원들은 분명 온갖 재치를 발휘해 수많은 다양한 메뉴들을 만들어내며 더 큰 즐거움을 찾아낼 것이었기 때문이다.

식사가 끝난 뒤 나는 숙소 근처에 있던 동두천의 '채플(교회)'로 향했다. 동두천 채플은 왜관보다 규모가 더 컸고 훈련기간이었지만 예배에 참석하는 인원도 많았다. 특히 군종목사님은 매우 유쾌하신 분이었는데 생김새나 행동이 마치 머리만 하얗게 센 영화배우 '짐 캐리' 같아 보였다. 계급이 무려 '중령'이었던 군종목사님은 우스꽝스러운 표정을 지은 채 과장된 제스처와 목소리를 사용해가며 즐겁게 설교를 했다.

그러나 이처럼 짐 캐리 목사님이 쉬지 않고 손짓 발짓을 하며 사람들에게 각종 유머를 선보였음에도 청중들의 반응은 냉담했다. 하지만 나는 끊임없이 사람들을 즐겁게 해 주고자 노력하는 그의 유쾌한 모습이 보기 좋아 설교 시간 내내 가능한 한 환하게 웃는 얼굴로 목사님의 이야기를 경청했다.

그렇게 인상 깊었던 동두천 채플에서의 예배가 끝나고 나는 카투사 부대원들과 함께 주어진 자유 시간을 만끽했다. 나는 이미 박 형님과 동두천 미군부대에 와보았던 적이 있었기 때문에 부대 내의 지리를 머릿속에 대강 꿰고 있었다.

이 때문에 나는 종헌, 용호 상병과 함께 버스를 타고 숙소에서 멀리 떨어진 동두천 지역의 인접 캠프를 둘러보는 일종의 투어를 계획했는데 예상치 못하게 숙소 앞 버스 정류장에서 다른 부대원들이 합류하면서 인원이 늘어나게 되었다.

나는 그렇게 갑자기 늘어난 사람들을 이끌고 가장 먼저 박 형님과 햄버거를 먹었던 볼링장으로 향했다. 버스는 우리의 숙소가 있던 캠프를 지나 연결된 다른 캠프에 진입했고 나는 기억을 더듬어가며 긴장을 늦추지 않은 끝에 겨우 알맞은 정류장에서 하차할 수 있었다.

다행히 정류장에서 조금 걸어가니 익숙한 장소들이 눈에 보이기 시작했다. 나는 얼마 지나지 않아 근처에서 맛있는 냄새가 솔솔 새어나오고 있는 기억 속의 볼링장도 찾아낼 수 있었다.

우리 일행은 그렇게 나의 추억이 담긴 볼링장에서 점심으로 동두천의 '명물' 햄버거를 주문해 먹었고 별도로 마련된 방에서 여유롭게 한국 예능 프로그램까지 시청했다. 모두들 간만에 한껏 웃으며 즐거워하는 모습에 나는 뿌듯한 마음이 들었다. 우리는 오늘을 기념하기 위해 핸드폰을 빌려 사진까지 한 장 찍었다.

우리는 마지막으로 이곳에 있던 CAC에도 들렀다. 이곳저곳을 돌아다니다 어떤 방으로 들어가게 되었는데 커다란 창문이 있었던 널찍한 방 안에는 한편에 피아노가 있었고 가운데에는 탁구대가 하나 있었다. 꼭 우리와 같은 단체 손님을 위해 미리 준비된 것 같았던 깔끔한 방 안에서 우리는 탁구를 치고 피아노도 연주해보며 즐거운 시간을 보냈다.

창문을 통해 들어오는 늦은 오후의 기분 좋은 햇살을 맞으며 한참을 놀고 난 우리는 뉘엿뉘엿 해가 지기 시작하는 것을 보고 난 뒤에야 '동두천 부대 투어'를 마치고 숙소로 돌아갔다. 박 형님과 함께 했던 지난 훈련 덕분에 훈련지와는 전혀 다른 분위기의 캠프를 방문해 훈련이 끝나기 전 부대원들과 마지막으로 좋은 추억을 쌓을 수 있었다.

리더가 된다는 것

훈련지에서 돌아온 뒤 나는 '마지막'이 될 시니어 카투사 선발을 준비하기 시작했다. 이미 맞선임이 시니어 카투사가 되었기에 만약 내가 이번 시니어 카투사 선발에서 떨어져 후임이 시니어 카투사가 된다면 더 이상 내게는 기회가 없을 것이었기 때문이다.

나는 갑자기 후임들에게 치킨을 사는 등의 '정치'는 하지 않았지만 평소처럼 생활하며 나의 '진심'을 보여주고자 노력했다. 리더라면 프레이저 상사가 그랬듯이 권위를 내세우기보다는 먼저 본을 보임으로써 자연스럽게 인정을 받아야 한다고 생각했다.

따라서 모든 일에 빠지지 않고 성실히 임하는 모습을 부대원들에게 보여주고자 노력했다. 그리고 그것은 '화생방훈련'에서도 마찬가지였다.

Sergeant's Time Training 시간에 화생방훈련이 잡혔다는 사실이 알려지자 선임들은 일제히 훈련에 참여하지 않을 다양한 방법들을 모색하기 시작했다. 일부는 셰밍 기술을 사용해 자연스럽게 화생방훈련 직전에 사라질 완벽한 계획을 세우기도 했다. 평소 STT를 하던 곳에서 멀리 떨어진 장소에서 훈련이 이루어질 예정이었기에 사라지기에는 더 없이 좋은 기회였다.

나 역시 사무실에 업무들이 산재해 있었기에 화생방훈련에 참여하지 않을 수도 있었지만 이전에 공중강습 PT를 했을 때처럼 이번에도 이것이 기억에 남을 만한 특별한 추억이 될 수도 있겠다는 생각에 자진해서 참여했다. 이 외에도 카투사들이 너무 많이 빠질 경우 이것이 일등상사의 눈에 띌지도 모른다고 생각했던 것이 또 다른 주된 이유이기도 했다.

그렇게 나는 종헌 상병 등과 함께 화생방훈련 장소로 나갔고 예상대로 상당히 많은 미군 사병들과 카투사들이 훈련 장소에 나오지 않은 것을 확인할 수 있었다. 그날 화생방훈련에 모습을 보인 카투사들의 수는 한 손으로 꼽을 수 있을 정도였다.

이미 자대에서의 화생방훈련에 대해 선임들이 내게 잔뜩 겁을 준 상황이었기에 긴장이 되기도 했지만 '동기 정 상병'이 있었기에 크게 걱정하지 않았다. 화생방실의 최고참이 된 정 상병은 이날 화생방실 안에서 조교로 참여하게 되었고 무슨 일이 생기기라도 한다면 자신이 나서서 도와주겠다고 나와 종헌 상병에게 호언장담을 해놓았기 때문이었다. 화생방실 안에 얼굴을 아는 동기가 있다는 것은 심리적으로 큰 안정감을 주었다.

자세히 설명할 수는 없지만 화생방훈련은 방독면 검사만 제대로 한다면 전혀 걱정할 것 없는 수준이었다. 그러나 종헌 상병은 사소한 실수로 인해 논산훈련소 때 겪었던 화생방훈련 이상의 고통을 느끼게 되었다.

사실 처음 화생방실에 들어갔을 때부터 종헌 상병의 표정은 이상했다. 그러나 종헌 상병은 내가 혹시 문제가 있냐고 물을 때마다 매번 괜찮다고 답했기 때문에 나는 문제를 알아차리지 못했다. 그러나 종헌 상병이 혼자 기침을 멈추지 못하는 등 상황이 심각해지자 나는 미군 조교를 불렀고 종헌 상병은 비로소 정 상병과 함께 화생방실을 탈출할 수 있었다.

알고 보니 방독면을 착용한 뒤 정화통을 막고 나서도 숨이 쉬어지지 않는지 확인해야 했던 검사가 사전에 제대로 이루어지지 않았던 탓에, 종헌 상병은 화생방실에 들어간 순간부터 가스를 들이마시고 있었다. 그러나 종헌 상병은 화생방훈련을 나와 함께 끝까지 마무리하기 위해 고통을 계속 참아냈고 결국 이와 같은 일이 발생하게 되었던 것이다.

그리고 종헌 상병이 화생방실을 탈출한 직후 고통스러운 표정을 짓고 있는 모습은 공보실의 한 사명감 투철한 미군에 의해 카메라에 담기게 되었다. 덕분에 종헌 상병은 부대 페이스북 페이지의 메인 화면을 장식했고 화생방훈련에 참여하지 않은 부대원들은 이를 보며 "역시 저렇게 힘든 화생방훈련에 참여하지 않길 잘했다."고 스스로를 위로했다. 종헌 상병은 이처럼 의도치 않게 선임들로부터 이어져 온 화생방훈련의 공포스러운 이미지를 부대원들에게 또다시 각인시키는 데 일조하게 되었다.

그리고 이 무렵 프레이저 상사가 한국을 떠나 본국으로 돌아가게 되었다. 만약 내가 이번에 시니어 카투사가 된다면 꼭 프레이저 상사를 다시 찾아 감사 인사를 드리고 싶었는데 그럴 수 없게 되자 아쉬운 마음이 상당히 컸다.

그러나 나는 한국군 인사과에서 일하는 동기 유 상병으로부터 그동안 프레이저 상사에게 받은 은혜에 보답할 수 있는 한 가지 방법을 들을 수 있었다. 그것은 바로 '한국군 측의 감사장 수여'로 유 상병은 기간이 촉박하긴 하지만 지금 신청하면 프레이저 상사를 위한 감사장을 준비해 줄 수 있다고 했다. 나는 급하게 추천서를 작성해 유 상병에게 건넸고 한국군 측의 복잡한 절차를 거친 후 프레이저 상사가 떠나기 전 아슬아슬하게 감사장을 받을 수 있었다. 이후 나는 지원대장, 시니어 카투사와 함께 인사과를 방문해 프레이저 상사에게 감사장을 수여했다.

나는 그날 프레이저 상사와 계속 연락을 이어가기로 했고 함께 기념사진도 찍었지만 아쉬운 감정을 감출 수 없었다. 프레이저 상사는 애써 눈물을 참고 있는 내게 농담 반 진담 반으로 아직 늦지 않았으니 자신과 미국에 가서 함께 일하자고 말했다.

"Park, 가방을 안 싸고 뭐하고 있는 거야? 나와 함께 미국에 가서 일하기로 한 약속은 잊은 거니? 나 지금 진지하게 말하는 거야."

"하지만 상사님 저는 이곳에서 의무복무 기간을 마저 채워야 하는 걸요?"

"그럼 복무 기간이 끝나고 미국에 오면 되겠네!"

프레이저 상사는 그동안 내게 최고의 리더이자 롤모델이었다. 프레이저 상사는 나를 '아들'이라고 부르며 늘 내게 진심 어린 관심을 가져주었으며 자신의 방문은 언제든 열려 있으니 무슨 일이 있으면 꼭 상담을 하라고 말해 주었다. 나는 그렇게 내 '최고의 상관'이었던 프레이저 상사에게 작별 전 마지막 선물을 할 수 있었다.

얼마 뒤 마침내 시니어 카투사 투표 날이 밝았다. 이전과 마찬가지로 시니어 카투사 투표는 저녁점호시간 Day room에서 진행되었다. 일병이 된 로이드는 이날 나를 응원하겠다며 Day room까지 찾아왔는데 은근슬쩍 카투사들 사이에서 한 자리를 차지하고 앉아 "시니어 카투사 Park!"을 연호하다 무섭기로 소문난 한 선임병에게 혼쭐이 난 뒤 방에서 쫓겨났다.

이후 이 시카는 시니어 카투사에 지원한 후보 명단을 발표했고 나는 이를 듣고 매우 놀랄 수밖에 없었다. 후보가 '나 한 명'이었기 때문이다. 놀란 표정을 짓고 있는 내게 다른 부대원들은 의미심장한 미소를 지어 보였다. 알고 보니 이미 부대원들 사이에는 동기와 맞후임들을 통해 내가 현재 처해 있는 상황과 시니어 카투사 지원 사실이 퍼져 있었고 이를 들은 부대원들이 어찌된 일인지 시니어 카투사에 지원하지 않았던 것이었다. 후보가 나 하나였던 관계로 이번에는 지난번과 달리 찬반 투표가 진행되었다. 부대원들은 각자 받은 종이에 무기명으로 '찬성' 또는 '반대'를 기입해 최 시카와 이 시카에게 제출했고 곧 결과가 집계되었다.

결과는 놀랍게도 '만장일치 찬성'이었다. 나는 부대원들에게 소감을 말해달라는 시니어 카투사들의 말에 이렇게 답했다.

"감사합니다. 앞으로 절대 사무실에서 대충대충 시간만 보내는 일 없이 정말 최선을 다해 모든 업무를 하겠습니다. 여러분들을 실망시키지 않고 실질적인 도움을 줄 수 있도록 노력하겠습니다."

부대원들은 내 말에 박수와 환호로 답해 주었다. 나는 앞으로 최선을 다해 이들의 지지에 보답해야겠다고 다짐했다. 나는 그동안의 마음고생이 떠오르면서 마침내 한 곳에 정착할 수 있게 되었다는 생각에 정말 기뻤다. 또한 그 보직이 내가 가장 보람 있다고 생각한 '시니어 카투사'였기에 더욱 행복했다.

나는 이후 실제로 한국군 측에서 자동적으로 진행된 보직변경 절차를 거쳐 '정식으로' 한국군 인사과에서 일하게 되었고 카투사들을 대표해 미군들과 각종 연락업무를 수행했다.

나는 그렇게 특이하게도 의도치 않게 군 생활 동안 지휘부 운전병, 인사과 행정병, 선임병장(시니어 카투사)의 세 개 보직을 경험하게 되었다. 또 이후 전역한 박 시카로부터 내 앞선 시니어 카투사 선발 탈락에 관한 숨겨진 스토리도 들을 수 있었다. 박 시카는 지난번 부대원 투표에서 내가 가장 많이 득표한 것으로 나타나자 지원대장과 시니어 카투사들이 모여 회의를 했다고 했다.

그리고 그때 내가 시니어 카투사가 되면 카리스마 있게 후임들을 통솔하기보다는 부드러운 모습만 보일지도 모른다는 염려 섞인 의견이 제시되었고, 나에게 카리스마 있는 선임 시카가 필요하다는 결론이 나왔다고 했다.

이것이 바로 앞서 근소한 차이이긴 했지만 득표에서 밀렸던 이 시카가 시니어 카투사로 선발된 이유였다. 이 시카는 분명 적어도 나보다는 카리스마가 있었던 선임이었다.

이들은 어차피 당시 마땅히 지원 의사를 밝힌 후임이 없었던 상황에서 내가 다음에 또 지원해 시니어 카투사로 선발된다면 두 명의 조합이 이상적인 조화를 이룰 것이라고 판단했던 것이다.

박 시카는 내게 자신은 이 의견에 찬성하지 않았다고 했지만 돌이켜 생각해볼 때 위의 결론은 어느 정도 맞는 말이었던 것 같다. 앞서 부대원들이 '어머니 시카', '아버지 시카' 비유를 사용해 말했듯이 '따뜻한 모습을 보이는 시니어 카투사'와 '엄한 역할을 담당하는 시니어 카투사'가 모두 존재할 때 부대가 가장 이상적으로 운영되었기 때문이다. 나는 태생적으로 엄한 역할을 잘 하지 못했으므로 어쩌면 카리스마를 겸비한 이 시카 덕분에 부대 분위기가 너무 한쪽으로 치우치지 않고 균형을 유지할 수 있었던 것인지도 모른다.

박 시카는 이런 내막 때문에 내가 또다시 시니어 카투사에 지원할 경우 선발될 가능성이 높다는 것을 알고 있었고 전역 전 내게 의미심장한 말을 건넸던 것이었다.

얼마 뒤 나는 지원대장 정 소령과 함께 미군 측 중대장실을 찾아 시니어 카투사 동의서에 사인을 받을 수 있었다. 당시 중대장이 공석이었기에 중대장을 대신해 부중대장(XO)이었던 M 중위에게 서명을 받았다. 그리고 여기에 지원대장의 동의서 등을 더해 한국군 측 상부에 보고함으로써 나는 공식적으로 시니어 카투사가 되었다.

인사과에 시니어 카투사 선발 사실을 알리자 모두는 이를 축하해주었다. 로이드 일병은 갑자기 내 앞에서 경직된 표정으로 '열중쉬어' 자세를 해 보이는 등 잔뜩 군기든 척 장난을 치기도 했다.

물론 동기 이 상병을 포함한 인사과 식구들은 내가 인사과를 떠난다는 사실에 아쉬운 마음을 표현하기도 했다. 나는 특히 미촘 하사가 단단히 삐진 것 같아 조금 걱정이 되었다.

"떠나면 안 돼, Park! 정말 가버리면 내가 싫어서 시니어 카투사가 되었다고 생각할 거야!"

미촘 하사는 내가 떠나는 날 눈물까지 글썽이며 "정말 갈 거면 가!"라고 외치는 등 장난인지 진심인지 헷갈렸던 모습들을 보여주었기 때문이다. 미촘 하사의 이런 모습은 한동안 계속 되었지만 내 기나긴 설명 끝에 결국은 나를 이해해 주게 되었다. 나는 시니어 카투사가 된 후로도 종종 여단을 방문할 일이 있으면 인사과를 찾아 미촘 하사 등과 이야기를 나누곤 했다.

그렇게 나는 정든 여단 인사과를 떠나 한국군 인사과에서 시니어 카투사로 복무하게 되었다. 그리고 시니어 카투사는 내게 가장 큰 보람을 느끼게 해 준 최고의 보직이 되었다.

시니어 카투사가 된 뒤 가장 먼저 해야 했던 것은 미군 측 건물들을 방문해 번즈 일등상사, 중대장, 대대장 등 주요 지휘관들에게 인사를 드리는 것이었다. 나는 이때 처음으로 새롭게 부임한 중대장도 만날 수 있었다.

그러나 나는 그 이후 곧바로 한국군 인사과가 당면한 최우선 업무를 처리해야 했다. 그것은 바로 얼마 전 시작된 '카투사 위크(한미 양국의 친선 협력을 강화하기 위해 한국문화 체험 부스 운영, 장기자랑, 오찬, 친선 경기 등의 행사가 열렸다.)'가 성공적으로 마무리될 수 있도록 지원하는 것이었다.

카투사 위크 기간에는 경기들 외에도 여러 가지 다채로운 행사들이 많이 열렸다. 하루는 부대의 모든 카투사들이 대절한 버스를 타고 행사가 열리는 인근 지역의 다른 미군부대를 방문하기도 했다.

버스를 타고 인접 캠프에 도착한 우리는 모두 기분이 한껏 들뜰 수밖에 없었다. 그도 그럴 것이 그날은 내내 날씨가 화창했을 뿐 아니라 잔디구장에서 흘러나오고 있는 군악대의 흥겨운 관악연주 소리 덕분에 계속 신나는 분위기가 조성되었기 때문이다.

또 잔디구장 밖에 설치된 수많은 하얀색 천막들 아래에서는 지원대(반)장들과 일부 카투사들이 각자 준비해온 다양한 한국요리들을 만들고 있었다. 언뜻 보면 마치 캠프에 갑자기 큰 장이라도 선 것 같은 모양새였다. 여기저기에서 고기 굽는 냄새 등이 솔솔 풍겨 왔다.

우리는 맛있는 냄새를 따라 각자 원하는 요리들을 받은 뒤 햇빛을 피해 커다란 천막 아래에 설치된 테이블에서 점심식사를 했다. 근처에서 식사를 하는 미군들도 카투사들이 준비한 요리가 꽤나 마음에 드는 것 같았다.

점심을 먹은 우리는 다른 천막들에서 진행되었던 재미있는 체험 행사들에도 참여했다. 한국군 측에서는 미군과 카투사들을 위해 자신이 직접 디자인을 해볼 수 있는 한국식 부채 만들기 등의 행사들을 준비했고 우리는 자유롭게 다양한 행사들에 참여하며 즐거운 시간을 보냈다.

그 외 대부분의 일정은 부대 내에서 진행되었다. 부대원들은 미군과 팀을 이뤄 필드에서 축구경기를, 체육관에서 농구경기 등을 펼쳤다. 나 역시 피구 등의 종목에서 직접 선수로 참여하기도 했지만 대부분은 관중석에서 힘찬 응원을 하며 부대원들의 사기를 높이는 데 힘썼다.

"오늘 다들 진짜 멋있다! 끝까지 파이팅!! 그렇지 바로 그거야!!"

나는 목청껏 소리를 지르며 온 힘을 다해 부대원들을 응원했고 근처에 있던 미군들은 이런 내 모습을 보며 웃기도 했다.

그렇게 얼마 뒤 일주일 동안 이어졌던 카투사 위크는 큰 문제없이 마무리 되었고 첫 번째 미션과도 같았던 이 프로젝트를 무사히 마칠 수 있어 다행이라고 생각했다.

화창한 봄날 한국군 인사과(RSO)에서 업무를 시작했다. 그리고 믿기 힘들겠지만 나는 매일 업무를 하기 위해 RSO로 향하는 것이 정말로 행복했다. 먼저 아침에는 저절로 눈이 떠졌다. 여유롭게 샤워를 한 뒤 거울을 보며 천천히 군복을 입고 왼쪽 가슴에 패치까지 착용하고 나면 하루를 시작할 힘이 절로 생겼다. 그런후 RSO에 가기 위해 배럭 밖으로 나설 때에는 또다시 보람찬 하루가 시작되었다는 생각에 감사한 마음부터 들었다.

나는 아침 일찍 부대원들과 인사를 나누며, 디팩에서 함께 아침식사를 하며 혹시 군 생활에 어려움이 있는지를 자연스럽게 조사했다. 물론 나는 이후 다른 시니어 카투사와 함께 종종 부대원 모두(주로 후임)를 대상으로 한 개별 면담을 하기도 했다. 이처럼 부대원들의 속사정을 이해해야 했던 것은 사실상 지원대장보다는 시니어 카투사의 몫이었다. 1년 동안만 미군부대에 파견돼 근무했던 한국군 지원대장은 부대 내의 자세한 사정을 이해하기 어려웠기 때문이다. 게다가 지원대장은 오후 5시면 퇴근했기 때문에 24시간 부대원들과 함께 생활하는 시니어 카투사들만큼 부대원들의 내밀한 사정을 알 수 없었다.

따라서 이 같은 사실들을 이해하고 있었던 지원대장은 암묵적으로 많은 권한들을 시니어 카투사에게 위임했고 미군부대가 돌아가고 있는 상황과 부대원들에 대한 정보도 시니어 카투사들을 통해 수집했다. 시니어 카투사들의 의견을 많이 수용했던 지원대장의 경우는 특정 부대원에 대한 징계 수위를 정할 때조차 시니어 카투사의 의견을 크게 참고하기도 했다.

일상적인 이야기 외에도 다양한 말이 오갔던 디팩에서의 아침식사가 끝난 뒤 사무실에 도착한 나는 가장 먼저 정기적으로 해야 했던 한국군 관련 인사 업무를 해치웠다.

자세히 말할 수는 없지만 이 정기 업무는 일종의 인원 보고와도 같은 것이었고 양은 많지 않았지만 계속 바뀌는 부대원 40여 명의 인사 정보들을 관리해야 했기 때문에 실수를 하기가 쉬웠다. 이 시카는 자신이 처음 일을 배울 때는 더 많은 실수를 했다면서 나를 격려해 주었고, 덕분에 용기를 얻을 수 있었다.

"걱정 마, 나도 어차피 똑같은 데서 실수를 했었어!"

시간이 조금 지나자 다행히 업무에 적응돼 실수를 거의 하지 않게 되었다. 한국군 측 업무 외에도 미군 측과 관련된 여러 가지 연락 업무들도 담당했다. 카투사 위크 준비 회의에 참여한 이후 자연스럽게 내가 이 시카 대신 미군 측과의 대외업무를 전담하게 되었기 때문이다. 그리고 그중 하나는 각종 로스터들을 미군 측에 보내는 일이었다.

가령 매달 합의된 날짜 전까지 다음 달에 디테일과 듀티를 할 수 있는 카투사들의 명단을 작성해 미군 측에 보내야 했다. 여기서 실수가 발생할 경우 이미 전역한 병장이 다음 달 로스터에 들어가는 등 말도 안 되는 일이 펼쳐질 수 있었기 때문에 디테일 및 듀티 로스터를 제대로 만드는 것은 시니어 카투사의 가장 중요한 업무 중 하나였다.

또 정기적으로 미군 측 회의에 참석해 미군 간부들과 소통하기도 했다. 내가 미군 측의 정기 '디팩 회의'에서 카투사들의 복지증진을 위한 첫 성과를 냈던 것도 바로 여기에 해당했던 사례라고 할 수 있었다.

시니어 카투사가 된 뒤 앞서 동두천 디팩에서 보았던 간장과 참기름, 한국 식밥 등의 메뉴를 왜관의 디팩에 도입하는 것은 내가 생각하고 있던 숙원사업이었다. 당시 부대 내에서 유일하게 한식을 맛볼 수 있었던 '카투사 스낵바'가 계약이 만료돼 무기한 문을 닫은 상황이었기에 카투사들에게는 절실한 문제였다.

나는 동두천 미군부대에 한식 메뉴를 들여놓을 수 있었다면 왜관이라고 해서 안 될 것은 없다고 생각했다. 전에 훈련을 나갔을 때 '간장계란밥'을 만들어 먹으며 행복해 하던 부대원들을 보면서 그런 작은 변화가 카투사들의 삶에 얼마나 큰 영향을 끼칠 수 있는지를 깨달았기 때문에 이를 실제로 실행에 옮길 계획을 하고 있었다.

다행히 RSO에 온 뒤 내가 보았던 시니어 카투사 OJT북에는 시니어 카투사의 업무 중 하나로 '매월 열리는 정기 디팩 회의에 참여하기'가 명시되어 있었다. 이를 본 나는 곧바로 다음 달 디팩 회의에 참여하기 위해 정해진 날짜와 시간을 지켜 디팩을 찾았다.

그러나 나는 그날 아무도 없는 디팩에서 한참 동안이나 나타나지 않는 간부들을 기다려야 했다. 분명히 정확한 날짜와 시간을 지켜 디팩에 갔지만 이상하게도 한참이 지날 때까지 디팩에서는 어떤 간부도 볼 수 없었기 때문이다.

도저히 더는 기다리기 힘들겠다고 생각한 나는 디팩 내부에 있던 사무실을 찾아 간부들에게 왜 아무도 디팩 회의에 참여하러 오지 않느냐고 물었다. 그러나 내가 이들로부터 들었던 대답은 황당했다. "나는 디팩 회의가 무엇인지 모른다."는 것이었다. 나는 디팩을 함께 사용하는 예하 부대의 사람들까지 참여하는 큰 회의를 간부들이 모른다는 것이 매우 이상하게 느껴졌다.

"그럼 누가 디팩 회의에 관해 알고 있죠?"

"여기 이 사람을 한번 찾아가 봐요. 그 사람이 디팩의 총책임자예요."

사무실에 있던 한 사람은 메모지에 누군가의 이름을 적어 내게 건네주었다. 그리고 이후 메모지를 확인한 나는 회심의 미소를 지을 수 있었다. 메모지에는 매우 낯익은 이름이 적혀 있었기 때문이다.

"캄포스니에토 준위"

나는 이후 캄포스니에토 준위를 찾아갔다. 그리고 그 뒤 모든 일은 일사천리로 진행되었다.

"캄포스니에토 준위님 오랜만입니다!"

"하하하 어이 KP! 오랜만이구만, 가슴에 달고 있는 그 요란한 패치는 뭔가?"

나는 동두천에서 훈련지 KP를 하며 인연을 맺은 캄포스니에토 준위와 그간 일어났던 일들에 관해 오랫동안 대화를 나누었다. 그리고 이날 캄포스니에토 준위로부터 사람들이 참여하지 않아 오랫동안 중단되었던 디팩 회의를 곧 재개하겠다는 약속을 받아낼 수 있었다.

다음 달 재개된 디팩 회의에는 캄포스니에토 준위와 회의 내용을 기록할 간부한 명이 참석했다. 함께 디팩을 사용하는 예하 부대의 사람들은 보이지 않았다.

"아직 홍보가 덜 된 모양이구만. 이봐! 자네 부대가 어디지? 좋아, 식판은 잠깐 내려놓고 여기 앉아 보게."

호쾌한 캄포스니에토 준위는 식사를 마치고 퇴식구로 향하던 다른 부대 출신의 카투사 한 명을 즉석에서 섭외해 회의에 참여시켰다.

그날 나는 지난 훈련기간에 방문했던 동두천 부대의 디팩 이야기를 하며 '참기름'과 '간장'을 디팩에 비치해줄 것을 건의했다. 또 어차피 미군과 카투사 모두 먹지 않아 버려지는 안남미를 한국식 밥으로 대체할 것도 함께 이야기했다.

"한국인 조리사분들이 밥을 지으실 수 있을 겁니다."

당시는 이미 미군 조리병들 외에 추가적으로 고용된 한국인 조리사분들이 디팩에 있었으므로 다행히 미군 조리병들이 따로 밥 짓는 법을 배울 필요는 없었다.

나는 모든 이야기를 가능한 한 완곡하게 전달하려고 노력했고 이후 캄포스니에토 준위는 다행히 메뉴 조정에도 동의해 주었다. 다만, 캄포스니에토 준위는 디팩에 비치되는 모든 메뉴들은 '미국산'이어야 한다는 규정 때문에 자신이 앞으로 수입할 미국산 간장과 참기름을 찾아보겠다고 했다.

캄포스니에토 준위의 말을 들은 나는 마침내 메뉴 조정이 이루어질 것이라는 생각에 기쁜 마음이 앞섰다. 그러나 그 뒤 캄포스니에토 준위를 대신해 디팩 회의에 참여했던 실무진들은 이 회의 내용을 실행에 옮길 의지가 없어 보였고 계속해서 성과 없는 회의들만 지난하게 이어졌다. 부사관들은 매 회의 때마다 지루하다는 표정으로 내게 이렇게 말했다.

"이런 깜빡했네, 참기름 문제는 어떻게 되고 있는지 돌아가서 다시 한번 알아보죠."

시간이 지나도 아무런 변화가 없자 나는 결국 다시 한번 캄포스니에토 준위를 찾아갔다.

"뭐? 앞으로 내가 직접 알아보지."

역시 캄포스니에토 준위를 거치자 메뉴 조정 문제는 급물살을 탔다. 캄포스니에토 준위는 끝내 '미국산' 참기름과 간장을 찾아냈고 실무진들을 통해 일이 제대로 진행될 수 있도록 지속적인 관심을 가져 주었다. 그리고 얼마 뒤 마침내 미국에서 도착한 '미국산' 참기름과 간장이 디팩에 비치되었다. 또 밥솥에는 안남미 대신 한국식 밥이 가득 채워졌다.

나는 이 일을 계기로 일이 잘 풀리지 않을 때는 관련된 최고 상급자를 찾아가 설득하는 것이 일을 진행시키는 가장 빠른 방법임을 확실히 깨닫게 되었다.

카투사들은 디팩에 비치된 찰기 있는 한국식 밥과 간장, 참기름을 보며 매우 행복해했다. 그리고 한국식 밥에 디팩의 단골 메뉴인 '구운 치킨'의 살들을 발라 넣고 마요네즈, 간장, 참기름과 섞어 '치킨마요덮밥'을 만들어 먹는 등 다양한 요리들을 개발해냈다.

이때 주의사항이 하나 있었다. 그것은 바로 요리를 만들 때 참기름을 너무 많이 넣으면 안 된다는 것이었다. 처음 알게 되었던 사실이지만 미국산 참기름은 한국산 참기름보다 훨씬 농도가 진해서 조금만 넣어도 고소한 냄새가 코를 찔렀기 때문이다.

나는 행복해 하는 카투사들을 보며 이들을 위해 무언가 해냈다는 생각에 정말 뿌듯한 마음이 들었다. 물론 이후 실무자들이 계속 깜빡 잊어버리고 참기름과 간장을 카투사 코너에 내놓지 않을 때도 있었지만 그때마다 이들을 닦달해 참기름과 간장이 지속적으로 디팩에 남아 있을 수 있도록 노력했다.

그렇게 재개된 디팩 회의는 이후에도 계속 이어졌고, 디팩 회의 전 저녁점호 시간에 미리 '카투사들이 디팩에 바라는 점'을 조사해 이를 회의 참석자들과 공유했다. 가령 한번은 디팩에서 KP를 관리하는 한 '이등병' 계급의 미군 조리병이 미군 상병(Specialist)에게는 '굳이 할 필요가 없는' 열중쉬어까지 하며 온갖 예의를 갖추면서도 카투사 상병(Corporal)은 매우 하대하는 등 차별적인 대우를 해 디팩 회의 때 이 문제를 항의했던 적이 있었다. 그때마다 나는 든든한 캄포스니에토 준위가 있었기에 늘 편안한 마음으로 디팩 회의에 참여해 담당자들에게 카투사들이 겪는 부당한 대우들을 당당하게 이야기할 수 있었다.

Dragons Ball

　미군 측과 정기적으로 만나야 했던 업무 외에도 수시로 주어지는 각종 업무들도 담당했다. 그중 대표적인 것은 바로 '통역업무'였다.

　평소 부대원들은 각자 섹션 업무에 치여 통역업무까지 담당하기가 힘들었기에 한국군 측과의 통역을 위한 인원을 차출해야 할 일이 생기면 보통 내가 자원했다. 만약 인원이 더 필요할 경우 주로 종헌 상병과 정 상병에게 부탁을 하곤 했는데, 통역이 필요했던 것은 훈련뿐 아니라 각종 행사에서도 마찬가지였다. 가령 나는 '대대 볼(Dragons Ball)'에서도 정 상병과 함께 통역에 참여했다.

　당시 미군 측이 얼마 뒤 진행할 대대 볼에서 통역업무를 수행할 카투사를 구한다는 소식을 들을 수 있었다. 대대 볼은 금요일 밤 늦게까지 진행될 예정이었기에 통역업무를 수행할 경우 사실상 그 주의 외박은 사라지는 것이나 다름없었다. 나는 다른 부대원들 대신 통역업무에 자원했고 앞서 나처럼 볼에 참여해본 경험이 있었던 정 상병이 나와 함께 통역업무를 수행하게 되었다. 우리 둘은 굳이 외박을 나가지 않더라도 오랜만에 다시 한번 볼에 참여할 의향이 있었기 때문이다.

　그러나 이처럼 볼에 대한 사전정보가 있었던 우리와 달리 섹션에서 일하는 거의 모든 카투사들은 곧 대대 볼이 열린다는 사실을 미군 측으로부터 고지 받지 못했다. 미군들은 볼에 직접 초대받기도 하고 이에 관한 이야기를 들을 기회도 있었지만 카투사는 그렇지 않았던 것이다.

나는 앞서 컬러가드로 여단 볼(Champions Ball)에 참여해 좋은 추억을 만든 경험이 있었기에 카투사들에게 참가자격이 있음에도 참여할지 여부를 결정할 기회조차 주어지지 않는 상황이 옳지 않다는 생각이 들었다. 미군 측은 카투사들이 적은 월급 탓에 볼에 참여할 비용을 지불할 수 없을 것이라고 판단했는지 모르겠지만 누군가에게는 돈을 내고서도 볼에 참여하는 게 좋은 경험일 수 있었기 때문이다.

따라서 나는 원하는 카투사들이 볼에 참여할 수 있도록 나름의 노력을 하기 시작했다. 먼저 외박을 포기하고서라도 볼에 참여할 의향이 있는 카투사가 있는지를 조사했다. 그러자 최대 40달러에 달하는 비용을 지불해야 할지 모르는 상황에서도 일부 부대원들이 외박을 포기하고 볼에 참여할 의사가 있음을 밝혔다.

물론 수는 많지 않지만 역시 실제로 조사를 한다면 참여할 의향이 있는 카투사가 있음을 확인한 나는 이들이 볼에 참여할 수 있도록 지원할 계획을 세웠다.

돈만 지불하면 누구든 볼에 갈 수 있었지만 앞서 말했듯 그 비용이 무려 40달러에 달했기에 가능하면 일부라도 미군 측이나 한국군 측으로부터 지원을 받아내는 것이 카투사들의 참여를 도울 수 있는 가장 좋은 방법이었다.

먼저 카투사들이 볼에 참여하는 비용을 지원받기 위한 내 계획을 최 시카와 이 시카에게 알렸다. 놀랍게도 둘의 반응은 거의 똑같았다. 전적으로 네가 맡아서 한다면 상관없다는 것이었다. 이 덕분에 그 뒤로 마음 편히 대대 볼 비용을 지원받기 위한 계획을 실행에 옮길 수 있었다.

나는 먼저 미군 측의 일등상사를 찾아갔다.

"Good Afternoon First Sergeant!"(일등상사님 안녕하십니까?)

"Hey~ Senior KATUSA!"

일등상사에게 그동안 카투사들을 잘 챙겨주셔서 감사하다는 인사를 건넨 뒤 곧 진행될 볼에 관해 이야기하기 시작했다.

"이번에 저와 정 상병이 볼에서 통역을 맡게 되었습니다. 1년 전 여단 볼에 참여해 정말 좋은 추억을 만들 수 있었는데 벌써부터 기대가 됩니다."

우리 둘 외에도 볼의 행사 진행을 돕기 위해 파견되는 카투사들을 몇 명 더 언급한 뒤 일등상사로부터 미군 측이 이들의 비용을 지불한다는 사실을 다시 한번 확인받았다. 그런 후 나는 비로소 본론을 꺼냈다.

"외박을 포기하고서라도 이번에 열리는 대대 볼에 참여하기를 원하는 카투사들이 더 있는데, 현재 '100달러'(필자가 군 생활을 하는 동안 월급이 상승하긴 했지만 실제로 입대 초 카투사 이병의 월급은 한국 육군과 동일하게 11만 2,500원이었고 이는 미군 사병 월급의 약 1/15~1/20 수준이었다.) 남짓한 월급 탓에 비용을 내기가 어렵습니다. 혹시 이들의 비용도 미군 측에서 어느 정도 지원해 주실 수 있을까요? 미군 간부들은 마음에 드는 사병들의 볼 참가비용을 내 주기도 하는 것으로 알고 있습니다."

"흠, 알겠네, 참여 인원이 확정되면 다시 한번 이야기하지!" 다행히 번즈 일등상사는 따뜻한 성격의 소유자답게 긴 시간 고민을 하지도 않고 생각보다 긍정적인 답변을 주었다.

지원 가능 금액은 인원에 따라 달라질 것이라고 했지만 외박을 포기할 카투사들이 많지 않을 것 같았기에 큰 문제가 되지 않을 것이라고 생각했다. 실제로 저녁점호시간 조사한 볼 참여 인원은 총 7명으로 생각보다 많지 않았다. 게다가 그중 나를 포함한 4명은 행사 진행을 도와야 했기에 실제로 미군 측이 순수하게 지불해야 했던 것은 3명의 비용뿐이었다.

행사 지원을 위해 볼에 파견되는 카투사 중에는 컬러가드 '장 일병'도 있었다. 나 이후 사실상 해체돼 사라졌던 컬러가드는 내가 시니어 카투사가 된 후 다시 한번 결성되었다. 다행히 이번 컬러가드의 멤버들은 대부분 같은 부대 출신이었고 여군도 섞여있었기 때문에 장 일병은 나보다 부드러운 분위기 속에서 컬러가드 연습에 매진할 수 있었다.

물론 장 일병 역시 내가 그랬듯 처음 '컬러가드'에 차출되었다는 말을 들었을 때는 굉장히 당황했었다. 그러나 이번에는 컬러가드를 이미 경험했던 내가 있었기에 장 일병은 적어도 나로부터 심적인 위로는 받을 수 있었다.

나는 동병상련의 마음으로 컬러가드와 관련해 장 일병에게 여러 가지 도움을 주고자 노력했다. 그러나 장 일병은 오랜 기간 스위스의 국제학교에서 유학하며 이미 유창한 영어실력을 가지고 있었고 컬러가드를 위해 거의 삭발을 했을 정도로 열의가 넘쳤기에 도움이 필요할 일은 거의 없었다.

볼에 참여할 인원을 파악한 뒤 지원대장인 정 소령을 찾아갔다. 일등상사로부터 긍정적인 반응을 얻기는 했지만 지원 여부가 아직 불확실한 만큼 설사 미군 측이 지원을 거부하더라도 한국군 측의 분대장(시니어 카투사) 사용비와 부대 운영비 등을 통해 일부 비용의 보전이 가능하도록 해놓기 위해서였다. 한국군 측에서 일부 지원이 가능하게 될 경우 미군 측의 지원 부담도 줄여줄 수 있었다.

내가 이처럼 지원대장을 찾아 분대장 사용비, 부대 운영비를 통해 카투사들을 지원할 계획을 세울 수 있었던 것은 부대원들을 위해 돈 쓰는 것을 막지 않았던 정 소령의 성격을 알고 있었기 때문이었다. 정 소령은 이전 지원대장과 달리 매달 부대 운영비를 한 푼도 남김없이 오직 부대원들을 위해 썼고 돈이 남을 것 같으면 치킨이라도 시켜 회식을 할 수 있도록 했다.

지원대장인 정 소령은 시니어 카투사의 입장에서 볼 때 최고의 지원대장이었다고 해도 과언이 아니었다. 왜관에 파견된 장교들 중 가장 권위를 내세우지 않는 성품이어서 편한 마음으로 여러 문제를 논의할 수 있었을 뿐 아니라, 모든 사안을 독단적으로 결정하지 않고 매번 시니어 카투사들의 의견을 들어 주었기 때문이었다.

특전사 출신이었던 정 소령은 유엔군의 일원으로 중동에 수차례 파병을 나갔다 왔을 정도로 군에서 잔뼈가 굵은 사람이었지만 미군부대와 관련된 일이라면 하급자의 의견이라도 충분히 들어줄 줄 아는 사람이었다. 아마 이는 '사람들과의 좋은 관계'를 가장 중요하게 여겼던 정 소령의 성격 때문이었는지도 모른다.

따라서 정 소령이라면 볼에 참여하고 싶은 카투사들을 위해 티켓 비용을 지원하는 것을 허락해 줄지도 모른다고 생각했다. 그리고 실제로 정 소령은 볼에 참여하기를 원하는 소수의 인원을 위해 분대장 사용비나 부대 운영비를 사용하는 것을 허락했다.

그러나 막상 문제가 해결되자 또 다른 걱정이 들기 시작했다. 분대장 사용비나 부대 운영비를 '일부 부대원들'을 위해 사용할 경우 형평성에 어긋날 수 있었기 때문이다. 따라서 최종 보루로 한국군 측의 비용 지원을 염두에 두되 되도록 미군 측이 비용을 지원할 수 있도록 해야겠다는 생각을 했다. 이 때문에 이후 다시 한번 미군 측을 찾아갔을 때 일등상사에게 굳이 "한국군 측이 비용을 일부 지원할 수 있다."는 사실을 밝히지 않았다. 그리고 미군 측이 실질적으로 지불해야 하는 비용은 '3명'의 티켓 값뿐이라는 것을 강조했다.

일등상사는 이와 같은 나의 이야기를 모두 듣고 마침내 카투사들의 티켓 비용을 '전액' 지원하겠다고 말했다. 마지막으로 저녁점호시간 티켓 값을 모두 지원받는다면 볼에 참여할 의사가 있는지를 다시 한번 조사했고 참여인원이 바뀌지 않아 카투사들의 볼 참여 비용 문제는 비로소 모두 해결될 수 있었다.

나는 지원대장에게 미군 측이 비용을 전부 지불하게 되어 한국군 인사과의 지원은 필요하지 않게 되었다는 사실을 알린 뒤, 볼에 참여하는 인원들에게 복장과 일정 등을 공지했다.

나는 1년 전 컬러가드로 활동할 때 여단 볼에서 양면테이프로 고정한 헐렁한 정장을 빌려 입은 경험을 한 뒤로 이미 다른 정장을 구비해 놓았었기에 이전처럼 복장에 관해 걱정할 필요는 없었다. 오히려 오랜만에 정장을 입고 대대 볼에 참여할 생각을 하니 설레는 기분이 들었다. 사실 당시에는 그보다도 부대원들이 무료로 볼에 참여해 나처럼 좋은 추억을 만들 수 있게 되었다는 사실에 뿌듯한 마음이 더 컸다.

금요일 업무가 끝난 뒤 볼에 참여하는 카투사들과 미군들은 모두 여단본부 앞에 세워진 버스에 탑승해야 했다. 볼에 참여하는 인원은 나와 정 상병, 맞후임인 용호 상병과 채 상병, 인사과에서 함께 일했던 고 상병, 그리고 컬러가드 장 일병과 행사진행을 도울 군종병 김 상병이었다. 이들은 대부분 과거 볼에 참여해 좋은 경험을 했었다는 내 이야기를 듣고 볼에 참여하기로 결정한 사람들이었다.

종헌 상병 또한 볼에 함께 참여하고 싶어 했지만 하필 그날 당직(Staff Duty)에 걸려 호텔행 버스에 탑승할 수 없었다. 아쉬움을 달래고자 종헌 상병과 함께 사진을 찍은 뒤 여단 건물 앞에서 대기하던 버스에 탑승했다.

우리가 도착한 대구의 모 호텔은 4성급으로 여단급 볼이 진행되었던 호텔보다는 상대적으로 규모가 조금 작았지만 내부의 연회장은 크고 깔끔했다. 천장에는 밝은 샹들리에 조명들이 걸려 있었고 왼편에서는 내부에 마련된 조리실에서 요리사들이 뷔페 식단을 준비하고 있었다. 또 앞쪽에는 무대가 있어 공연을 볼 수 있게 되어 있었다.

홀 내부는 전반적으로 약간은 어두운 분위기였지만 카투사들은 자신들의 전용 테이블을 찾아 자리를 잡은 뒤 들뜬 모습으로 서로 이야기를 나누었다. 하지만 나와 정 상병은 이들처럼 마음 편히 테이블에 앉아 있을 수 없었는데 문 앞에서 안내와 통역을 해야 했기 때문이었다. 우리는 문 앞에서 열중쉬어 자세로 대기하며 머릿속으로 미리 받은 행사 식순을 반복해 숙지했다.

행사 전 긴장했던 것은 장 일병도 마찬가지였다. 내가 그랬듯 행사 시작 전 컬러가드 동작들을 맞춰봐야 했기 때문이다. 나는 장 일병에게 조금 실수를 해도 사람들은 개의치 않으니 걱정 말라며 격려를 해 주었다.

곧 시작된 행사에서 장 일병을 비롯한 컬러가드는 다행히 큰 실수 없이 깃발들을 무사히 받침대에 꽂으며 볼의 시작을 알렸다. 행사가 시작되자 나와 정 상병은 한국군 장교들과 미군 장교들, 행사 진행요원들 사이에서 정신없이 통역을 해야 했다. 테이블에 있는 다른 카투사들과 함께 이야기를 나눌 수 없어 약간은 아쉽기도 했지만 나는 이미 한 번 경험해보았던 볼이었기에 나 대신 즐거운 시간을 보내고 있는 부대원들을 보며 대리만족을 할 수 있었다.

이때 행사를 총괄하며 우리를 도왔던 것은 실호스트 대대 주임원사였다. 실호스트 주임원사와 정 상병, 나는 서로 합을 맞춰 행사가 원활히 진행되도록 도왔지만 '국악 공연' 시간에 예상치 못한 한 가지 문제가 발생하기도 했다. 공연이 시작되기 전 국악 공연팀의 대표가 갑자기 공연을 할 수 없다고 선언했던 것이다.

정 상병과 나는 급히 국악 공연팀을 찾아 그 이유를 물었고 공연팀 대표는 우리에게 "미군들이 술을 마시고 있는 한 공연은 할 수 없다."고 답했다.

미군들은 원할 경우 각자 연회장 뒤쪽에 비치된 은빛 그릇들에 담겨 있는 각종 술을 구입해 마실 수 있었다. 따라서 대부분의 미군들은 이미 공연이 시작되기 전부터 테이블에 앉아 다들 한 잔씩 술잔을 기울이고 있었다. 국악 공연팀은 이것이 공연을 관람하는 예의에 어긋나는 것이므로 청중이 술을 마시고 있는 상황에서는 공연을 할 수 없다고 했던 것이었다.

정 상병과 나는 급히 이를 영어로 번역한 뒤 쪽지에 적어 미군 간부에게 건넸다. 미군 간부는 이를 어떻게 처리할지 난감한 표정만 지으며 섣불리 행동에 나서지 못했다. 이에 우리는 같은 내용을 실호스트 주임원사에게 다시 한번 전했고 실호스트 주임원사는 곧장 연단으로 올라가 마이크를 잡고 테이블에 앉아 있는 미군들에게 말했다.

"여러분 모두 지금 당장 술잔을 테이블에 내려놓아주시기 바랍니다. 이는 국악 공연을 하는 분들에 대한 예의가 아니라고 합니다. 다시 한번 말씀드립니다. 모두는 지금부터 공연이 끝날 때까지 술잔을 내려놓고 술을 마시지 않도록 해주십시오."

실호스트 주임원사의 말이 끝나자 미군들은 일제히 술잔을 테이블에 내려놓았고 우여곡절 끝에 판소리, 부채춤 등의 국악 공연이 시작되었다.

국악 공연이 끝난 뒤에는 모두 일어나 함께 축배를 들었다. 그리고 그 후 저녁 식사시간이 되어서야 나는 비로소 통역업무를 잠시 내려놓고 부대원들과 함께 뷔페식 식사를 즐길 수 있었다. 우리들은 각종 요리들을 잔뜩 가져와 먹으며 왁자지껄 떠들었다. 나는 이 시간 여단 볼 때와 마찬가지로 자리에 놓여 있던 용 모양의 수저받침, DMZ 철조망 액자 등의 기념품들도 챙길 수 있었다.

저녁식사시간이 끝난 후 미군의 전통에 따라 진행되었던 여러 순서들은 케이크 커팅식을 끝으로 모두 마무리되었다. 공식적인 행사가 끝나자 마침내 고대하던 댄스·사교 시간이 되었다. 나는 1년 전 여단 볼에서의 아쉬움을 만회하고자 이번에는 후회 없이 이 시간을 즐기기로 다짐했다.

먼저 카투사들과 이곳저곳을 돌아다니며 한국군 인사과에서 가져온 카메라로 미군들과 자유롭게 사진을 찍었다. 물론 우리가 가장 먼저 사진을 찍었던 것은 늘 카투사들을 챙겨주었던 베이커 대대장과 실호스트 대대 주임원사였다.

그리고 연회장 뒤편으로 가 DJ로 선발된 미군이 틀어주는 노래에 맞춰 카투사들과 신나게 '춤'을 추었다. 이번에는 또다시 후회하지 않기 위해 남들의 시선을 신경 쓰지 않고 자유롭게 미군들과 어울려 춤을 추었다. DJ는 오히려 미군들보다 카투사들이 더 열심히 댄스 시간을 즐기는 모습을 보고 센스 있게 신나는 'K-POP' 노래들을 틀어주기 시작했다. 나는 이에 호응해 더욱 신나게 뛰며 카투사들과 함께 소중한 순간을 최대한 만끽했다.

이때 마지막까지 볼을 즐기기 위해 연회장 뒤편에 남아 있던 미군들 중에는 앞서 중대장직에서 물러난 스미스 전 중대장도 있었다. 오랜만에 만난 스미스 대위와 반갑게 인사를 나눈 뒤 스미스 대위가 장 일병과 함께 한국 노래에 맞춰 즐겁게 춤을 추는 모습을 카메라에 영상으로 담았다.

우리는 밤 11시가 되어서야 호텔 앞에 세워진 버스를 타고 부대로 향했다. 모두는 지쳐있었지만 하나같이 버스 안에서 내게 볼이 즐거웠다고 말해 주었기에 뿌듯한 마음이 들었다. 그렇게 대대 볼은 나와 카투사들에게 결코 잊을 수 없는 추억이 되었고 우리는 그날 자정이 넘어서야 배럭으로 돌아올 수 있었다.

나는 시니어 카투사로서 미측과 협조해 카투사들의 복지를 증진시키기 위해 나름대로 최선을 다해 일하며 그 어느 때보다 큰 보람을 느낄 수 있었다. 그리고 카투사들과 미군 측이 서로 다투기보다는 협력하게 도와줌으로써 자연스럽게 서로 '윈-윈(win-win)' 할 수 있도록 했다.

이후에는 감사하게도 한 후임으로부터 '유엔사무총장'이라는 기분 좋은 별명을 얻기도 했는데, 이는 사실 내게 최고의 칭찬이었을 뿐만 아니라 내가 지향했던 바를 그대로 표현해 주는 말이기도 했다. 시니어 카투사가 마치 유엔사무총장처럼 약자들을 위해 강대국의 협조를 이끌어내야 하는 보직이라고 생각했기 때문이다.

그리고 당시 신병의 전입과 관련해 지원대장과 꼭 이야기해보고 싶었던 문제가 하나 있었다. 그것은 바로 내가 떠난 후 공석으로 남아 있던 '지휘부 운전병' 자리에 관한 것이었다. 다행히 지원대장은 마침 내가 시니어 카투사에 선발됨으로써 공석이 된 지휘부 운전병 자리에 새로운 카투사 병사를 배치해야 할지 여부를 고민하고 있었고 이 문제를 나와 논의해보고자 했다.

나는 지휘부 운전병은 반드시 다른 섹션으로 강제 전출된다는 '지휘부 운전병 징크스'를 끊고 싶었다. 내 윗대부터 이어져온 이 불편한 일들은 앞으로 신병이 새로 차출당해서 온다고 해도 또다시 반복될 가능성이 높아 보였기 때문이다.

그렇게 내 이야기를 모두 들은 지원대장은 카투사 지휘부 운전병의 인가를 무기한 보류했고 더 이상 내 후임이 나와 동일한 전철을 밟게 되지는 않을까 걱정하지 않아도 되게 되었다.

나는 마침내 '카투사 지휘부 운전병은 결국 다른 섹션으로 옮겨진다.'는 징크스를 끊을 수 있게 되었다.

미8군 사령관과 병사

"전역하는 시카는 이렇게 후임 시카를 위해 방에 쪽지를 남겨 놓는 게 전통이야. 나도 이 방에 처음 왔을 때 박 시카로부터 쪽지를 받았었어. 여러 가지로 힘들겠지만 너라면 다 잘할 수 있을 거야. 나중에 너 전역하면 연락하자!

P.S. 냉장고에 먹을 것들을 좀 넣어놨으니 마음껏 먹어도 돼. 그리고 침대 바로 옆에 에어컨이 있어서 바람 때문에 불편할 수 있으니까 잘 때는 에어컨 위에 올려둔 긴 쿠션을 잘 활용해봐, 오래전부터 내려온 거야."

최 시카가 전역한 뒤 그 방으로 이사를 하기 위해 문을 열고 방 안에 들어선 나는 책상 위에서 최 시카의 쪽지를 발견했다. 에어컨 위에는 실제로 길죽한 쿠션 하나가 놓여 있어 위를 향하도록 되어 있는 공기 배출구를 막고 있었다. 최 시카의 쪽지를 보고 절로 미소가 지어졌다.

미국에는 전임 대통령이 후임 대통령을 위해 덕담과 당부를 담은 편지를 집무실에 남기고 백악관을 떠나는 전통이 있다고 한다. 미국의 역대 대통령들과 달리 최 시카의 편지에는 당부보다는 '가벼운 팁'들이 더 많았지만 나름대로 큰 도움이 되었다. 어찌 되었든 에어컨(냉난방기) 위에 놓아두는 긴 쿠션은 남은 군 생활 내내 상당히 유용하게 쓰였기 때문이다.

나는 내가 과거 W 병장 문제로 상담을 받고 시카 지원을 이야기했던 '바로 그 방'에 살게 되었다는 사실에 감회가 새로웠다. 내 군 생활의 중요한 결정은 거의 모두 이 방에서 이루어졌다고 해도 과언이 아니었기 때문이다.

나는 온화한 카리스마의 김 시카, 편안했던 박 시카, 격식 없이 친근했던 최 시카 등 앞선 선임 시카들로부터 리더십에 관해 많은 것들을 배울 수 있었다.

또 최 시카가 클리어링(Clearing, 전역 직전 섹션에서 일하지 않고 각종 군용품들을 반납하며 방을 비우는 제대 준비 기간)으로 사무실에서 자리를 비우면서부터는 사무실 내 나의 고정 자리도 생기게 되었다. 덕분에 그동안 빈자리를 떠돌던 나는 마침내 'Senior KATUSA(선임병장)' 명패가 있는 널찍한 나만의 공간을 가질 수 있었다.

RSO 사무실은 시니어 카투사 두 명과 계원들만 사용했고 지원대장은 같은 건물 안에 별도로 개인 사무실이 있었다. 따라서 지원대장과 면담을 약속하지 않고 한국군 측을 방문하는 미군 간부들을 응대하는 것은 대부분 시니어 카투사들이었고, 아마 이 때문에 그럴듯한 명패와 널찍한 사무 공간을 마련해 주었던 것 같다. 나는 이후 이 쾌적한 자리에서 마음 편히 전화를 받고 컴퓨터 업무를 할 수 있었다.

그렇게 여러모로 이전보다 행복한 환경에서 군 생활을 해나가고 있었지만 곧 갑작스러운 외부 환경의 변화로 인해 예상치 못한 상황을 맞이하게 되었다. 전염성이 강한 메르스(중동호흡기증후군·MERS) 바이러스가 전국으로 확산되기 시작했던 것이다.

"메르스 확진 환자가 빠른 속도로 늘면서 시민들의 불안감도 커지고 있습니다…" 뉴스를 보고 있던 나는 앵커의 말에 걱정스러운 마음이 들긴 했지만 부대 밖의 상황을 제대로 알 수 없었기에 매우 심각하게 생각하지는 않고 있었다.

그런데 곧 한국군 측으로부터 온도계와 마스크, 손 소독제 등이 보급되고 시니어 카투사가 위생교육 및 체열검사를 실시하도록 지시가 떨어지자 조금씩 불안한 마음이 커지기 시작했다. 그러나 다행히 부대원들 중 고열이 있는 사람은 발견되지 않았다. 그리고 얼마 뒤 한국군 측으로부터 공지가 하나 내려왔다.

"전 장병 휴가 및 외출·외박 금지."

나를 포함해 별생각 없이 외박을 나갈 것으로 생각하고 있던 부대원들은 이 같은 소식을 듣고 꽤 큰 충격을 받았다. 락다운(Lockdown, 영외 외출·외박 금지를 '락다운(Lockdown)'이라고 하며 사건 사고가 발생했을 때 한국군 또는 미군이 걸 수 있다.)이 언제까지 지속될지 알 수 없었을 뿐더러 외부의 상황에 대해 막연한 두려움이 생겼기 때문이었다.

일부 전역을 앞둔 병장들의 경우를 제외하면 사실상 휴가 역시 모두 금지돼 이미 휴가계획을 세워놓았던 카투사들은 아쉬운 마음을 감추지 못했다. 지원대장에 이어 점호시간 같은 내용을 전해야 하는 내 마음도 무거웠다. 게다가 연이어 들려온 또 다른 소식은 우리를 다시 한번 충격에 빠뜨렸다. 한국군 측 상부에서 카투사들이 반드시 '결식 없이' '디팩에서만' 식사를 해야 한다는 지시사항이 내려왔던 것이다.

그렇지 않아도 한국군 측만 외출·외박 제한조치를 받아 조금씩 불만이 쌓여가고 있던 카투사들은 푸드코트 등에서 식사를 하면서 그나마 스트레스를 풀고 있었기 때문에 이러한 조치를 쉽게 받아들이지 못했다.

여전히 부대 밖을 자유롭게 출입하고 있었던 미군들과 달리 카투사들만 부대 내에 멀쩡히 자리한 푸드코트조차 이용할 수 없게 한 것은 이해하기 어려웠다. 미군 간부가 종종 푸드코트에서 점심을 사겠다거나 회식을 하자고 제안하기도 했지만 한국군 측의 제지로 이마저 할 수 없었기 때문이다. 이는 업무상 필요한 외출의 경우도 마찬가지였다.

실제로 일부 카투사들은 위와 같은 조치들에 반발했고 한국군 측이 위의 조치들을 모두 제대로 지키는지 확인할 수 없을 것이라며 공공연하게 떠들기도 했다. 나는 한국군 측이 밝힌 나름의 이유들을 부대원들에게 전했지만 역시나 반응은 신통치 않았다. 고심 끝에 나는 저녁점호시간 미연에 발생할 수 있는 사고를 방지하기 위해 한국군 측의 '디팩 이용 강제 조치'를 공지한 뒤 의미심장한 미소와 함께 한마디를 덧붙였다.

"어차피 이 말을 하는 저도 일일이 여러분들이 무엇을 먹는지 감시할 수 없습니다. 그러니 부디 매 식사시간 디팩 카운터에 있는 서명지에 사인만 잊지 말고

해 주십시오. 여러분은 모두 제 말이 무슨 뜻인지 아실 거라고 믿습니다."

그렇게 맞이한 첫 주말, 다행히 부대원들은 외박 및 외출 제한이 곧 풀릴 것이라고 기대하며 조용히 부대 안에서 주말을 보내는 것 같았다. 식사시간이 되면 서로 디팩에서 '사인'을 해야 한다는 사실을 잊지 않고 챙겨주기도 했다.

그리고 두 번째 주말이 되자 나와 동기, 맞후임들은 부대 안에서 나름대로 재미있게 주말을 보낼 수 있게 되었다. 굳이 외출·외박을 하지 않더라도 미군부대 안에는 할 수 있는 것들이 정말 많았기 때문이었다. 우리는 수영장에서 유유자적 수영을 하고 영화관에서 어린아이처럼 박수를 치고 환호성을 지르는 미군들과 실컷 웃으며 '쥐라기 월드'를 보았다.

세 번째 주가 되자 락다운이 금방 끝날 것으로 기대했던 부대원들은 외출·외박 제한조치가 장기화 되어가는 것에 대해 불안해하기 시작했다. 카투사들은 그동안 별일이 없으면 매주 당연하게 외박을 나가고 외출을 해왔기 때문에 처음 겪어보는 이런 상황에 당황할 수밖에 없었던 것이다.

처음에는 일주일 뒤에 락다운이 풀릴 것이라고 생각했지만 그것이 2주, 3주가 되자 부대원들 사이에서는 이 조치가 이대로 언제까지 계속될지 모른다는 막연한 두려움이 커져갔다. 그러나 한국군 인사과에서 일하는 나조차도 상부의 지시가 있기 전까지는 락다운이 언제 끝날지 알 수 없었기에 부대원들에게 추가적으로 말을 해줄 수 있는 것이 없었다.

이후 업무상 필요한 경우에 한해 외출 등의 조치들이 조금 완화되긴 했지만 여전히 메르스 사태는 완전히 진정되지 않은 듯 했다. 나는 무거운 분위기를 바꿔보기 위해 혹시 알고 보니 밖에 '좀비 바이러스'가 돌고 있는 것이 아니냐며 부대원들에게 농담을 건네기도 했다.

"만약 밖에 좀비 바이러스가 돌고 있다면 온갖 무기가 가득한 미군부대 안에 있는 우리만큼 안전한 사람은 없을 거야!"

그러나 세 번째 주에는 내 생일이 있었기에 나도 마음이 조금 침울해졌다. 그러나 그렇게 부대 안에서 맞이한 나의 생일날, 용호 상병은 부대 내 스타벅스에서 초콜릿 케이크를 한 조각 사가지고 와서 내 생일을 축하해 주었다. 덕분에 나는 방 안에서 동기, 맞후임들과 조촐한 생일파티를 할 수 있었다.

그렇게 갑자기 시작되었던 락다운은 우여곡절 끝에 결국 한 달을 다 채우고서야 끝났던 것으로 기억한다. 메르스 사태가 비로소 진정 국면에 접어들었기 때문이었다. 그리고 다행히 이 기간 우리 부대에서 불미스러운 일로 처벌을 받은 카투사는 없었다. 나는 카투사들이 서명한 디팩 명부에 문제가 없는지 확인하러 디팩 내의 사무실까지 찾아가는 등 걱정을 했었지만 다행히 부대원들은 '센스 있게' 행동하며 규칙들을 어기지 않았다.

그러나 다른 부대에서는 락다운 기간 여러 사건·사고들이 발생하기도 했다. 실제로 이때 외출·외박 통제 명령을 어기고 무단 외출을 했다가 새벽에 부대로 복귀했던 다른 부대의 카투사들은 이후 징계처분을 받기도 했다.

대다수의 카투사들은 이 4주를 악몽과도 같은 시간으로 여겼지만 내게는 부대원들과 좋은 추억들을 쌓을 수 있어 오히려 즐거웠던 기간이기도 했다. 우리는 '락다운'을 통해 많은 이야기들을 나누며 더욱 가까워졌고 서로를 더 잘 이해할 수 있게 되었기 때문이다.

이미 메르스 사태 때부터 나는 지원대장과 온 심혈을 기울여 매우 중요한 한 가지 행사를 준비하고 있었다. 그것은 바로 '부대재편행사'로 우리 부대는 곧 역사의 뒤안길로 사라지고 미 2사단 예하의 여단으로 새롭게 재편될 예정이었다. 이 행사에는 한국군 장성은 물론 3스타(중장)인 미8군 사령관과 2스타(소장)인 2사단장도 참석할 예정이었기에 나와 지원대장은 이 행사의 성공을 위해 최선을 다하고 있었다.

부대재편행사는 우리 부내에서 열릴 예정이었다. 따라서 나는 가장 먼저 장성들을 맞이할 준비를 해야 했다. 나는 한국군 측 장성인 김 사령관을 전담 마크해 준비했는데 처음부터 어려운 문제에 봉착했다. 사령관인 김 준장의 참석 여부가 불투명했기 때문이었다.

어찌된 일인지 한국군 측에서는 김 준장이 반드시 헬기를 타고 올 것을 고집했고, 만약 비가 오는 등 당일의 기상 여건이 좋지 않아 헬기가 뜰 수 없게 되면 김 준장 대신 대령인 부사령관이 차를 타고 행사에 참석할 것이라고 통보했다.

지원대장과 나, 미군 측은 김 준장이 직접 행사에 참석하기를 바랐지만 참석 여부는 결국 행사 당일 새벽 5시의 기상 상황에 달려 있었기 때문에 RSO에서 사령관의 참석 여부를 미리 알 수 있는 방법은 없었다. 한국군 측에서는 우리에게 행사 당일 새벽까지 이에 관한 어떠한 정보도 줄 수 없다고 일관되게 말했다.

그러나 문제는 장군의 참석 여부를 알아야 내가 부대 내의 헬기장을 예약할 수 있었다는 것이다. 용도도 불명확한 상태에서 헬기장을 예약하기 위한 서류작업을 진행할 수는 없었다.

나는 일단 이 머리 아픈 문제를 잠시 제쳐두고 미군 측과 행사에 관한 제반사항들을 준비했다. 지원대장은 한국군과의 연락 업무를 담당했고 나는 미군 측과 각종 회의에 참여해 행사 진행을 준비했다. 회의는 주로 여단 작전과에서 이루어졌기에 모처럼 자주 여단 건물을 방문할 수 있었다. 회의에서 내 임무는 주로 한국군 측의 요구 사항 등을 미군 측에 전달하고 회의 내용을 기록해 지원대장에게 전달, 설명하는 것이었다.

평소 카투사들 사이에서 악명이 높았던 작전과 간부들답게 이들은 한국군 측을 대표해 회의에 참여하는 나를 불친절하게 대했지만 다행히 내게는 든든한 미군 측 지원군들이 있었기에 이를 크게 걱정할 필요가 없었다.

먼저 미군들에 관한 각종 정보가 필요한 경우 나는 언제든 여단 인사과에 전화를 걸어 협조를 구했다. 과거 나와 함께 일했던 인사과 식구들은 나와 관련된 일이라면 항상 마다하지 않고 도와주었기 때문에 이들을 통해 매번 큰 도움을 받을 수 있었다.

또 작전과의 오 중위를 비롯한 한국계 미군 간부들은 행사를 준비하는 나를 적극적으로 도와주었다. 특히 최 소령, 송 원사와 같은 고위급 한국계 미군 간부들은 어려운 일이 생겨 내가 도움을 요청할 때마다 불가능할 것 같은 일들도 가능하게 만들어 주는 놀라운 능력을 보여주기도 했다.

그렇게 행사 준비는 나름대로 순조롭게 진행되고 있었지만 행사일이 다가오자 내 마음은 점점 초조해지기 시작했다. 왜냐하면 아직까지 김 준장의 참석 여부가 불확실한 상황에서 헬기장을 예약할 수가 없었기 때문이다. 일기 예보에 따르면 행사 전날과 다음 날에는 비가 올 예정이었고 행사 당일의 예상 날씨는 '흐림'이었기에 김 준장의 참석 여부는 마지막까지 알 수 없었다.

미군 측과 관련된 세부적인 업무는 지원대장의 지시 없이 나 혼자 해야 했기 때문에 걱정스러운 마음이 들긴 했지만 나는 결국 과감한 결정을 내렸다. 김 준장이 부대를 방문하는 것을 가정하고 헬기장을 예약했던 것이다. 문제가 생기더라도 일단 헬기장을 예약하는 것이 맞다는 당연한 사실을 깨달았다.

김 준장이 아닌 부사령관이 차를 타고 부대를 방문해 헬기장 예약이 필요 없어짐으로써 생기게 될 문제보다, 김 준장이 실제로 헬기를 타고 부대에 올 경우 헬기장 예약되어 있지 않아 발생할 문제가 훨씬 심각했기 때문이다. 그렇게 일단 헬기장을 예약한 뒤 행사 당일의 날씨가 좋기만을 바랐다.

헬기 외에 김 준장이 부대에 도착해 이용할 의전차량과 운전병은 미군 측이 알아서 준비하겠다고 먼저 제안했으므로 내가 걱정할 필요가 없었다.

나는 행사 당일 김 준장(또는 부사령관)의 '수행 통역'(장소에 구애받지 않고 대상자와 상시 동행하며 통역하는 방식을 말한다.)을 맡았다. 그리고 다른 한 선임은 행사장에서 미군 측 연사들의 축사 내용을 미리 번역한 스크립트를 마이크에 대고 읽음으로써 '동시통역'을 하기로 되어 있었다. 한국군 측 간부들은 헤드폰을 통해 해당 선임이 읽어주는 통역 내용을 들을 예정이었다.

한국군 인사과는 이처럼 행사 전까지 미군 측과 협의해 참석 인원의 행사장 자리 배치, 행사 일정 등 부대재편행사를 위한 만반의 준비를 갖출 수 있었다. 지원대장과 나에게 마지막으로 남은 일은 행사 당일 새벽 김 준장의 헬기가 뜰 수 있을지를 살피는 것뿐이었다.

"대장님, 정말입니까?"

"그래, 오늘 헬기를 타고 오신단다!"

그리고 마침내 행사 당일 새벽, 나는 지원대장으로부터 김 준장이 헬기를 타고 행사에 참석한다는 기분 좋은 소식을 들을 수 있었다. 다행히 행사 당일 새벽에는 날씨가 괜찮았기 때문이다.

덕분에 나는 기쁜 마음으로 아침 PT에 나갈 수 있었다. 그날의 PT는 사실 조금 특별했다. 여단장 등 최고위급 간부들이 함께 PT에 참여했기 때문이었다. 그날의 PT는 'Brigade Run(여단 달리기)'으로 여단 예하의 수많은 사람들은 함께 부대별로 대열을 맞춰 달리기를 했다. 그런데 놀라웠던 것은 머리가 하얗게 센 나이 지긋한 미8군 사령관이 다른 지휘관들과 함께 가장 선두에서 달렸다는 것이었다.

20대 사병들 중에서도 그날 달리기를 하며 힘들어 했던 사람들이 있었는데 당시 60대 초반의 '3성 장군'이 PT에서 빠지지 않고 거뜬히 모든 구간을 달리는 것을 보고 나는 정말 대단하다는 생각을 했다. 역시 노장은 죽지 않는다.

PT가 끝난 뒤 간단히 샤워를 마친 나는 부랴부랴 RSO에서 미군 장성들과 마찬가지로 김 준장이 탈 차에도 부착되어야 했던 계급 명판을 만들었다. 그리고 곧바로 장군이 부대 내에서 타게 될 차를 확인하기 위해 행사가 시작되기 전 미군 측이 지정한 운전병 K 중사와 함께 TMP 차고지로 향했다.

그러나 K 중사와 함께 TMP 차고지에 도착해 김 준장이 탈 차량을 확인한 나는 제자리에서 굳어버리고 말았다. 군무원 선생님의 안내를 받아 도착한 자리에는 유치원생들도 등원용으로 타기를 단호히 거부할 것 같은 매우 낡고 오래된 구형 스타렉스 한 대가 덩그러니 놓여 있었기 때문이다.

군무원 선생님이 사라지자 나는 황당하다는 표정으로 K 중사를 바라보며 물었다.

"이 차가, 정말 이 차가 한국군 준장이 타게 될 차가 맞습니까?"

그러자 K 중사는 망연자실한 얼굴로 내게 대답했다.

"뭐? 준장이 타게 될 차라고? 난 그건 몰랐는데… 이런, 이거 어떡하지?"

나는 분명 미군 측에 차량은 헬기를 타고 오게 될 장군이 탑승할 것이라고 통보했던 것으로 기억했지만 K 중사는 어찌된 일인지 해당 차량을 누가 타게 될 것인지도 알지 못했던 것이다. 누가 되었든 해당 차량은 고위급 간부가 타기에는 분명 너무도 부적합해 보였다.

나는 K 중사에게 이 상황을 해결할 방법이 전혀 없음을 직관적으로 깨달은 뒤 곧바로 배차센터로 향했다.

"선생님 안녕하세요? 혹시 저 차 말고 근처에 주차되어 있는 다른 새 스타렉스를 빌릴 수는 없을까요?"

나는 군무원 선생님께 간곡히 부탁했다.

"미안하지만 안 돼. 저 스타렉스 말고는 이미 전부 예약이 됐거든. 오늘 높으신 분들이 부대에 많이 오신다잖냐."

군무원 선생님은 단호히 내 부탁을 거절했다. 김 준장의 것으로 예약된 차량은 주변에 주차된 미군 장성들의 깨끗한 신형 스타렉스와 비교돼 더욱 초라해 보였다. 나는 급히 배차센터 창문 너머로 나와 안면이 있는 다른 한국인 군무원 선생님을 찾기 시작했다. 지휘부에서 운전병으로 일할 때 이곳에서 자주 배차를 받았었기 때문이다. 그렇게 겨우겨우 내 얼굴을 아는 군무원 선생님을 찾은 나는 곧바로 그분에게 말을 붙였다.

"안녕하세요, 선생님! 저 기억하시죠? 예전에 지휘부에서 운전병으로 일했었던 박찬준입니다!"

"어 그래, 오랜만에 보네! 무슨 일이야?"

나는 그동안의 상황과 자초지종을 설명한 뒤 가능한 한 간곡한 목소리로 군무원 선생님께 외쳤다.

"선생님 저기 저 구형 스타렉스는 너무 낡은 것 같은데 다른 차로 좀 바꿔주실 수 없을까요? 장군이 타게 될 차인데 너무 오래된 것 같습니다!" 나는 의도적으로 뭉뚱그려 김 준장을 '장군'이라고 언급했다.

"뭐? 저 차가 장군이 타게 될 차란 말이야?"

군무원 선생님은 그제야 내 이야기에 귀를 기울이기 시작했다.

"네 선생님, 미군 측에서 차량을 예약했는데 뭔가 착오가 있었던 것 같습니다. 장군이 탈 차를 저렇게 준비했다간 제가 성실의무 위반 등으로 정말 영창에 가게 될지도 모릅니다. 한 번만 도와주십시오. 지금까지 한 번도 제가 배차 받았던 차량에 문제가 있었던 적은 없지 않습니까."

사실 내가 이런 일로 영창에 가게 되지는 않을 것이라고 생각하고 있었지만 내가 처한 상황을 가능한 한 과장해 군무원 선생님에게 호소했다.

"행사하는 동안만 쓰는 거지?"

"네 저녁 전까지는 충분히 반납해드릴 수 있습니다!"

그러자 놀랍게도 군무원 선생님은 곧 내게 차 키를 하나 가져다주며 이렇게 말했다.

"이게 제일 깨끗한 스타렉스야. 사실 이미 예약이 돼 있는 건데 예약한 사람이 쓰기 전까지 행사 동안만 빌려줄게. 깨끗이 쓰고 행사가 끝나면 바로 갖다 줘야 한다."

군무원 선생님은 행사 이후이긴 했지만 이미 예약이 되어 있는 차를 내게 빌려주었고, 그렇게 나는 무사히 미군 측 장성들이 탈 차량과 같은 종류의 깨끗한 스타렉스를 빌릴 수 있었다.

차량을 대기시킨 뒤 한국군 측 간부들과 나는 예정된 시간이 되기 전 미리 헬기장에 나가 김 준장을 기다렸다. 그렇게 얼마나 지났을까 마침내 저 멀리 하늘에서 군용 헬기가 날아오는 것이 보였다. 헬기는 부대에 가까워올수록 굉음을 냈고 이 소리를 들으며 다시 한번 긴장한 채 자세를 정비했다. 이윽고 헬기가 바람을 일으키며 헬기장에 무사히 착륙해 요란했던 프로펠러 소리가 잦아들자 앞쪽에서 군인들이 내려 뒤쪽의 문을 열어주었다. 헬기에서 내리는 김 준장을 본 우리는 일제히 경례를 했다. 김 준장의 베레모에서는 선명한 별 하나가 번쩍였다.

김 준장은 이후 K 중사가 운전하는 차를 타고 행사가 열리는 체육관으로 이동했다. 조수석에 앉은 나는 그동안 할 일이 별로 없었다. 한국군 간부들이 나서서 부대에 관해 자세히 설명했기 때문이다.

그렇게 체육관에 도착한 뒤 시작된 행사는 순조롭게 진행되었고 나는 김 준장의 바로 뒷자리에 앉아 수시로 필요한 도움을 주었다. 행사장 내에는 3성 장군(중장)인 미8군 사령관과 2성 장군(소장)인 미2사단장을 비롯한 많은 장성들이 있었다. 나는 이제껏 보기 힘들었던 이들이 신기하게 느껴졌고, 가끔씩은 김 준장 근처에 앉았던 미8군 사령관의 베레모에서 반짝이는 별들을 보기 위해 눈을 흘깃거리기도 했다.

그러나 사실 나는 다른 사람들에게 한눈을 팔 여유가 거의 없었다. 행사가 진행되는 동안 김 준장을 전담해 수행 통역을 하며 계속 긴장한 채로 눈치 빠르게 움직여야 했기 때문이다. 나는 가능한 한 성심성의껏 김준장을 보좌하려고 노력했다.

큰 행사마다 빠지지 않는 기도와 양국의 국가제창 등이 끝나자 미군 지휘관들의 축사가 이어졌다. 그러나 이때 전혀 예상치 못한 문제가 발생했다. 축사 도중 갑자기 김 준장을 비롯한 한국군 측 간부들이 귀에 끼고 있던 헤드폰에서 한국어 통역이 들리지 않았던 것이다.

한국군 측 간부들은 당황한 채 주위를 두리번거리기 시작했다. 내가 이 사실을 깨닫고 스크립트 통역을 준비한 선임 쪽을 쳐다보았을 때 나는 아무런 설명을 듣지 않고도 모든 상황을 충분히 파악할 수 있었다. 마이크에 대고 통역을 하고 있어야 할 해당 선임과 지원대장이 혼비백산한 채 양손으로 A4 용지 무더기를 마구 뒤지며 없어진 스크립트를 찾고 있었기 때문이다.

이윽고 들리지 않는 헤드폰을 착용한 채 제자리에 가만히 앉아 있던 김 준장이 뒤를 돌아봤다.

"박 상병, 이거 안 나오는데?"

"뭔가 착오가 생긴 것 같습니다, 잠시만 기다려 주시면…"

"자네가 한번 통역해봐."

나는 김 준장의 말을 듣고 당황했다. 몇 가지 이유들로 인해 당시 나는 연사들이 말하고 있는 내용을 통역해 줄 수 없었기 때문이다.

먼저, 나는 동시통역을 할 줄 몰랐다. 바로 옆에서 쉬지 않고 떠드는 한국 사람의 말조차 동일하게 한국어로 전달할 수 없을 것 같던 내게 영어 동시통역은 사실상 불가능에 가까운 일이었다. 본래 내가 맡았던 통역은 사람 사이의 말을 한 템포 쉬고 통역해 전달하는 것이었기 때문에 나는 이에 대한 대비가 전혀 되어 있지 않았다.

그러나 더 큰 문제는 김 준장과 내가 있는 자리에서는 아예 마이크 소리가 잘 들리지 않았다는 것이었다. 멀리 떨어진 스피커에서 나오는 마이크 소리는 체육관 안에서 심하게 울려 퍼졌고 연사가 하는 말을 제대로 알아듣기가 매우 힘들었다. 그러나 나는 미처 이런 생각을 하기도 전에 김 준장에게 이렇게 대답을 하고 말았다.

"예 알겠습니다."

그리고 무슨 생각이었는지 모르겠지만 나는 곧바로 통역을 하기 시작했다. 사실 그건 통역이라기보다는 즉석에서 만들어낸 문장들을 불러주는 것에 가까웠다. 나는 마이크를 통해 희미하게 들리는 단어들을 적당히 조합해 문장을 만들어냈고 이를 김 준장에게 불러줬다.

"○○사령부... 감사..."

"오늘 행사에 참석해 주신 ○○사령부 김 준장님께 감사드린다고 합니다."

"…한미동맹…노력"

"굳건한 한미동맹을 유지하기 위해 앞으로도 함께 노력하자고 하십니다."

그렇게 내 이상한 통역은 조금 뒤 끝났고 다행히 김 준장은 만족한 듯 보였다. 행사가 모두 끝난 뒤 김 준장은 리셉션(Reception, 연회)을 위해 연회장으로 이동하기 전 행사장 곳곳을 돌아다니며 미군 측 장성들과 자유롭게 이야기를 나누었고, 나는 김 준장의 뒤를 따라다니며 통역을 했다. 김 준장은 내게 가장 먼저 미8군 사령관과 이야기를 나누고 싶다고 했다.

내가 김 준장의 지시에 따라 영어로 미8군 사령관에게 말을 붙이려는 순간, 갑자기 미군 이병과 일병이 미8군 사령관 앞으로 끼어들었다. 그리고 곧 놀라운 광경이 펼쳐졌다. 미군 이병과 일병이 미8군 사령관 앞으로 쪼르르 달려와 스마트폰을 들이밀며 함께 '셀카'를 찍자고 요청했던 것이다. 그리고 놀랍게도 3성 장군이자 미8군 사령관인 샴포 중장은 환한 미소를 지으며 흔쾌히 이 요청에 응했다. 그렇게 그들은 미군 이병의 핸드폰으로 셀카를 찍었고 내내 화기애애한 모습이었다. 샴포 중장은 심지어 이들에게 직접 어깨동무를 해보이기도 했다.

나와 김 준장 그리고 김 준장을 보좌하던 한국군 측 간부들은 모두 함께 이 광경을 지켜보고 있었다.

"저 미군들 계급이 뭔가?" 그중 한 간부가 내게 물었다.

"이병, 일병입니다."

"이병, 일병?"

한국군 측 간부들은 내 말을 들은 뒤 모두 하나같이 놀라고 황당한 얼굴이었다.

"아니 박 상병, 저게 말이 되나?" 한 간부는 특히 놀라며 내게 이렇게 묻기도 했다.

"하하, 미군들 문화에서는 아마 가능한 것 같습니다."

나는 미군과 한국군 사이에서 나타나는 이와 같은 차이를 보며 위계와 권위에 대해 한 번 생각해보게 되었다.

평소 한국군에 비해 위계질서가 덜 엄격했던 미군들도 공적인 시간에는 엄격히 적용되는 '군법'에 따라 당연히 상관의 명령에 복종하며 임무를 수행한다. 미군 사회는 전반적으로 규정에 근거한 체계적인 시스템에 의해 돌아가는 것 같은 느낌을 주었다. 미군부대에서 거의 모든 경우 명령과 지시의 근거는 '막연한 권위'가 아닌 세세하게 정해진 '규정'에 있었다.

하지만 동시에 위계질서가 한국군에 비해 상대적으로 느슨했던 미군의 개인주의적인 문화는 한국군에서는 찾아보기 힘든 '셰머'들을 양산해내기도 했다. 따라서 한국군과 미군의 문화 중 어느 쪽이 옳고 그른지 단정 지어 말할 수는 없을 것이다. 아마 그보다는 둘 사이에서 알맞은 지점을 찾아나가는 것이 우리의 과제가 되지 않을까 싶다.

우리에게 적잖은 충격을 선사한 미군 이병과 일병이 사라진 뒤 나는 긴장한 채 미8군 사령관에게 말을 붙였고 김 준장과의 대화를 통역했다. 다행히 대화 속에 전문적이고 복잡한 내용은 없었기에 통역은 그렇게 어렵지 않았다.

그리고 미8군 사령관과 김 준장 사이에서 통역을 마친 나는 이후 미2사단장과 김 준장의 대화를 통역하며 미군 고위간부의 보편적인 특징을 다시 발견할 수 있었다. 전임 미2사단장이었던 밴달 소장과 마찬가지로 신임 마틴 소장 역시 '위트'가 있었기 때문이다. 마틴 소장은 김 준장과의 첫 만남에서 인사를 나눈 뒤 곧바로 환한 미소를 지으며 자기 나름의 유머를 던졌다.

"하하하 행사장에서 마이크 소리가 하도 울려서 지금 귀가 다 먹먹하네요, 귀를 좀 뚫어야겠어요!"

말을 마친 마틴 소장은 마치 귀에 물이라도 들어간 것처럼 한 손으로 귀를 막은 채 제자리에서 한 발로 몇 번을 뛰어보였다.

나는 이 말을 그대로 통역한 뒤 김 준장이 농담임을 알아차리지 못할까봐 다시 한번 "농담을 하신 것 같습니다."라고 덧붙였다.

그러나 김 준장은 역시 참된 군인이었다. 김 준장은 자세 한번 흐트러뜨리지 않은 채 옅은 웃음을 보인 뒤 곧바로 경직된 표정으로 군사협정에 관한 말을 시작했기 때문이다.

"그럼, 부대가 재편되어도 ○○협정은 변함이 없는 겁니까."

"하하하, 아무런 변화도 없을 거예요, 걱정 붙들어 매셔도 됩니다!" 마틴 소장은 김 준장 쪽으로 상체를 약간 숙인 뒤 다시 한번 환한 미소를 지으며 확신에 찬 목소리로 말했다.

둘의 대화에서는 생각보다 어려운 용어들이 나왔기 때문에 나는 통역이 막힐 것 같으면 해당 내용을 재빨리 머릿속에서 한국어로 먼저 생각한 뒤 영어로 번역해 말하는 방법을 사용했다. 이 덕분인지 다행히 통역은 큰 문제없이 끝났고 나는 짧은 순간이었지만 마틴 소장이 꽤 괜찮은 사람인 것 같다는 느낌을 받았다.

이후 나는 김 준장과 함께 부내 내에 마련된 연회장으로 향했다. 행사가 끝난 뒤 연회장에서 점심을 먹기로 되어 있었기 때문이다.

식사는 뷔페식이었고 연회장에는 다양한 요리들이 준비되어 있었다. 나는 만약 내가 긴장한 상태로 주변에 있는 다른 장교들의 눈치를 볼 필요가 없는 상황이라면 이 음식들을 더욱 맛있게 먹을 수 있을 것 같다는 생각을 했다. 나는 한국군 측 간부들끼리 따로 식사를 하기로 한 김 준장과는 다른 테이블에서 식사를 하게 되었다.

테이블들은 이미 대부분 얼굴을 잘 알지 못하는 고위급 간부들로 가득 차 있어서 나는 접시에 음식들을 담은 뒤 제자리에 서서 어느 테이블에 자리를 잡아야 할지 고민하고 있었다. 다행히 그때 한 장교가 내게 "이 자리에 앉으라."며 친절하게 말을 걸어주었고 덕분에 나는 해당 장교가 있는 원형 테이블에서 점심식사를 할 수 있었다. 그렇게 감사인사를 한 뒤 장교의 옆자리에 앉고 나자 나는 비로소 중령 계급장을 달고 있던 백인 장교의 익숙한 얼굴이 눈에 들어왔다.

그 장교는 바로 내가 동두천에서 훈련을 할 때 채플에서 보았던 하얀 머리의 '짐 캐리 군종목사님'이었다. 나는 즉시 짐 캐리 목사님에게 당시 예배 시간에 들었던 목사님의 유머 가득한 설교 덕분에 훈련지에서 힘을 낼 수 있었다는 말을 해 주었다. 목사님은 이에 유쾌하게 웃으며 기뻐했다. 그 뒤에도 우리는 함께 식사를 하며 여러 이야기들을 나누었고 나는 목사님에게 앞서 본 미8군 사령관과 미군 사병들의 이야기도 해 주었다.

"저도 저기 있는 마틴 소장님과 사진을 찍을 수 있다면 참 좋을 텐데 말입니다."

"뭐? 하하하, 그럼 당장 사진을 찍으러 가면 되지!"

"네? 그게 무슨….'

그러자 짐 캐리 목사님은 곧장 내 팔을 부여잡고 마틴 소장에게로 간 뒤 등을 떠밀며 이렇게 말했다.

"여기 이 친구가 소장님에게 뭔가 드릴 말씀이 있는 것 같은데요?" 사단 군종장교였던 짐 캐리 목사님과 미2사단장인 마틴 소장은 이미 서로 꽤 친분이 있는 것 같았다.

"소장님 안녕하십니까? 여단 시니어 카투사인 상병 박찬준입니다."

그렇게 나는 연회장 앞쪽에 서 있던 마틴 소장에게 갑자기 자기소개를 하게 되었다.

"오 그런가? 아까 자네가 통역을 했었지?" 다행히 마틴 소장의 반응이 괜찮아서 나는 이번이 아니면 기회가 없을 것 같다는 생각에 용기를 내어 함께 사진을 찍어도 되는지 물어보았다.

"혹시, 혹시 정말 괜찮으시면 사진을 한 장 같이 찍어도 되겠습니까?"

"하하하 물론이지, 이리 오게!" 마틴 소장은 내 요청을 받고 호탕하게 웃으며 사진 요청을 수락했다.

그렇게 상병이었던 나는 주변에 부탁해 RSO에서 가져온 카메라로 '사단장' 과 함께 사진을 찍었고 경북 지역 방문이 처음이었던 마틴 소장과 짧게나마 이야기도 나눌 수 있었다.

행사가 모두 끝난 뒤 나는 하루 종일 일정을 함께 수행한 김 준장과 함께 연회 장 밖으로 나왔다. 내게 마지막으로 남은 일은 김 준장을 헬기장까지 데려다줄 스타렉스가 있는 곳으로 안내하는 것이었다. 나는 김 준장과 함께 걸으며 김 준 장의 알듯 말듯 한 표정을 살폈다. 김 준장의 표정은 약간 굳어 있는 것 같았기에 혹시라도 내가 행사 도중 실수한 것이 있을까봐 조금 염려가 되었다. 이에 김 준 장의 의중을 살피기 위해 용기를 내 먼저 말을 붙였다.

"준장님, 점심은 혹시 괜찮으셨습니까?"

"어, 그래. 괜찮았어. 자네는 대학에 다니다 입대한 건가?"

"예 그렇습니다!"

"그럼 학과는 어떻게 되나?"

나는 이 시간 김 준장과 이런저런 이야기를 나누며 다행히 김 준장이 특별히 행사에 불만족한 점은 없는 것 같다는 나름의 결론을 내렸다. 그리고 마침내 나 와 김 준장은 곧 스타렉스 앞에 도착했다.

"박 상병이 오늘 수고가 많았어."

"아닙니다. 저는 혹시라도 불편하셨던 것이 있으실까봐 걱정했습니다."

그때 김 준장은 갑자기 뒤에서 자신을 수행하던 한 한국군 간부를 불렀다. 나 는 당시 이 간부가 우리 근처에 있다는 사실조차 알지 못했다.

"가방 좀 가져와봐."

그러자 한국군 간부는 곧바로 우리 쪽으로 다가와 자신이 가지고 있던 007 가 방을 열었다. 가방 속에는 꽤 고급스러운 사각형 케이스들이 열을 맞춰 가득 담 겨 있었다. 김 준장은 케이스를 하나 집어 든 뒤 안에 '코인'이 제대로 들어 있는 지를 확인했다. 그런 후 이번에는 '자신의 명함'을 꺼내 케이스 안에 담긴 코인과 함께 내게 건네며 이렇게 말했다.

"박 상병 오늘 고마웠네. 혹시 기회가 되면 연락하게, 다음에 같이 차나 한 잔

하지."

"상병 박찬준, 감사합니다!"

스타렉스에서 대기하던 K 중사는 코인과 명함을 받는 내 모습을 보며 미소를 지었다. 표현 방식은 달랐지만 김 준장 역시 마틴 소장 못지않게 좋은 사람이었다.

김 준장이 나와 작별한 뒤 스타렉스를 타고 떠난 후에도 한참 동안 제자리에 서서 그동안 열심히 준비해왔던 행사가 무사히 끝난 것에 대한 기쁨을 만끽했다. 그때는 한여름으로 따가운 햇볕이 내리쬐고 있었지만 하나도 덥지 않고 오히려 상쾌하게 느껴졌다.

부대재편행사를 준비하는 동안 나는 여러 우여곡절을 겪으며 벽과 같은 장애물을 마주칠 때마다 어떻게든 겁을 먹지 않고 부딪쳐 당면한 문제를 해결하는 방법을 배울 수 있었다.

나는 문제를 해결해야 하는 상황에서 결의를 다질 때면 스스로 내가 방 안에 갇혔다고 생각하곤 했다. 일단 방에 갇혔다면 소리를 지르든 집기로 문을 부수든 가능한 모든 방법을 동원해 어떻게든 빠른 시간 내에 탈출하기 위해 노력해야 하듯이 문제를 해결하기 위해서도 가능한 한 최대한의 노력을 해봐야 했기 때문이었다.

나는 열심히 문을 두드리고 소리치다 보면 결국은 문이 열리거나 소리를 들은 누군가에게 도움을 받는 등 풀리지 않을 것 같던 문제가 해결되는 경험들을 할 수 있었다. 그리고 이를 통해 결과와 상관없이 적어도 문제를 해결하기 위해 이 정도의 노력은 해볼 필요가 있다는 것을 깨달았다. 이는 문제를 미리 걱정하고 마음속으로 쉽게 낙담하던 소심한 지난 내 모습과는 상당히 달라진 것이었다.

나는 이처럼 다행히 성공적으로 마무리할 수 있었던 부대재편행사를 통해 큰 성취감과 자신감을 얻을 수 있었다. 또 그 뒤로 한 번도 김 준장에게 연락을 취한 적은 없지만 그날 받은 김 준장의 명함은 코인과 함께 내 소중한 기념품으로 남게 되었다.

위기 속 책에서 길을 찾다

우리는 1917년 프랑스에서, 제1차 세계대전의 참화 속에서 태어났네
사람들은 우리를 "최고(SECOND TO NONE)"라고 불렀지
대한민국과 함께 굳건하고 용맹하게 나아가며
우리는 적의 포화를 두려워 않네
너도 알다시피 우리는 "최고(SECOND TO NONE)"니까!

RSO 사무실에 미2사단가가 울려 퍼졌다.

"아니, 또 트는 겁니까." 준 상병이 말했다.

"그럴 거면 차라리 걸그룹 노래를 틀지 그래?" 유 상병도 거들었다.

"하하하, 걸그룹 노래를 틀었다가 지원대장님이 듣기라도 하면 어쩌려고 그래. 어차피 외워야 할 사단가인데 많이 들어두면 좋잖아. 난 신나는데!"

나는 RSO에 부대원들이 찾아오면 컴퓨터로 미2사단가를 틀어 부대원들이 노래를 외울 수 있도록 도움을 주었다. 어차피 부대가 재편된 뒤 미2사단가를 외워야 했던 건 시니어 카투사인 나도 마찬가지였기 때문이다. 부대가 미2사단 예하로 들어간 뒤 카투사와 미군들은 모두 매일 아침점호 때마다 미2사단가를 불러야 했다.

나는 이미 미국 영화들을 통해 미2사단을 상징하는 인디언 헤드 패치를 알고

있었기 때문에 미2사단 예하 부대의 일원이 되었다는 사실에 은근히 기분이 좋았다. 내가 가장 좋아하는 영화 중 하나인 '포레스트 검프'에서도 존 레논이 인디언 헤드 문양이 박힌 자켓을 입고 나오기도 했다.

부대가 재편된 뒤 당장 크게 달라질 것은 없어보였지만 일부 부대원들은 전투부대의 예하부대가 된 만큼 앞으로 훨씬 강해진 강도의 훈련을 더욱 자주 경험하게 될 것이라고 말하기도 했다.

얼마 뒤 나는 미촘 하사와 작별 인사를 나누어야 했다. 내가 인사과에 있을 때부터 독학으로 독일어를 배우며 다음 파견지인 독일로 갈 준비를 하던 미촘 하사가 마침내 한국을 떠날 때가 되었기 때문이다. 나는 미촘 하사가 떠나기 전 인사과를 방문해 미촘 하사에게 미리 준비한 감사장과 코인을 수여했다.

"당케 당케~!" 미촘 하사는 그동안 배운 독일어로 내게 감사 인사를 했다. 미촘 하사 역시 나만큼이나 작별을 아쉬워했지만 우리는 프레이저 상사 때와 마찬가지로 서로 계속 연락하기로 약속했고 또 SNS 친구 추가까지 했기에 조금 마음이 놓였다. 나는 이후 미촘 하사에게 그동안 인사과에서 함께 일한 시간이 정말 소중했다는 내용을 담은 메일을 보내 다시 한번 감사 인사를 전했다.

그리고 이즈음 나는 마침내 '병장(Sergeant)'으로 진급했다. 비로소 미군이 인정하는 확실한 간부 계급인 'Sergeant'가 되자 나는 시니어 카투사로서 더욱 당당하게 활동할 수 있었다. 나를 구태여 '시니어 카투사 Park'이라고 부르지 않는 미군들도 이제는 나를 'Park'이 아닌 'Sergeant Park'으로 불러주며 호칭에 있어 예의를 갖춰 주었다.

또 병장이 된 나는 그동안 군 생활을 하며 얻은 최고의 참모진 덕분에 부대가 돌아가는 상황을 항상 미리 파악하고 있을 수 있었다. 이제는 고참이 된 든든한 맞후임들과 동기 등이 내게 수시로 미군 측, 또는 부대원들 내부에서 벌어지는 일들을 알려주었기 때문이다.

종현 상병과 고 상병 등은 여단에서, 용호 상병과 정 병장 등은 중대에서, 컬러가드로 인연을 맺은 후임 장 일병 등은 대대에서 현재 무슨 일이 일어나고 있는지를 내게 전해 주었다. 나는 이들과 자주 내 방에서 간식을 먹고 이야기를 나누며 즐거운 시간을 보냈고 때로 어떤 사안에 관해 고민이 있을 때에는 이런 시간을 빌려 이들에게 의견을 묻기도 했다.

그러나 병장이 된 기쁨은 그리 오래가지 못했다. 잠시의 평화가 지나자 곧 큰 사건들이 터졌기 때문이다.

먼저 DMZ에서 목함지뢰가 터져 한국군 하사 두 명이 크게 다치는 사건이 발생했다. 그리고 얼마 뒤 또다시 북한이 연천 서부전선에서 포격 도발을 하자 육군은 장병들의 외출 및 외박을 금지했다. 그렇게 다시금 우리 부대에는 락다운이 걸리고 결식이 금지되는 등 긴장된 분위기가 조성되었다.

그리고 이는 미군들도 마찬가지였다. 특히 남북관계에 대한 사전 지식이 거의 없어 이 같은 남북 간 갈등 상황에 면역이 되어 있지 않았던 미군들은 이대로 전쟁이 날 것이라고 생각하기도 했다. 물론 자세히 말할 수는 없지만 미군부대 내에 있는 사람들이라면 그렇게 느낄 수도 있는 정황들이 있었다.

한번은 락다운이 걸린 주말 밤에 배럭 밖을 나서려던 나를 CQ룸에 있던 한 부사관이 갑자기 불렀다.

"이봐! 네가 시니어 카투사지?"

"네 제가 시니어 카투사입니다."

"만약 오늘 밤 북한과 전쟁이 난다면 자네는 전투에 임할 자신이 있나?" 나이가 꽤 많았던 그 부사관은 사뭇 진지한 표정을 한 채 내게 물었다.

나는 1초도 망설이지 않고 바로 대답했다.

"당연합니다. 저를 포함한 카투사들은 모두 언제든 전투에 임할 준비가 되어 있습니다! 제 할아버지도 한국전쟁에 참전했었는데 저라고 못 할 게 뭐가 있겠습니까."

"하하하하, 역시 카투사들이구만!" 부사관은 비로소 만족한 듯 호탕하게 웃었다.

솔직히 말하면 나는 사실 그때 실제로 전쟁이 날 것이라고 생각하지 않았다. 그저 미군 간부에게 카투사를 대표해 자신 있는 모습을 보여주고 싶었을 뿐이었다. 그리고 만약 그날 밤 실제로 전쟁이 난다면 어차피 내게 선택의 여지는 없을 것 같았기에 그렇게 대답했던 것이다.

락다운 조치는 오래가지 않았지만 이 기간 부대 내 선후임들 사이에서는 점차 갈등의 싹이 트고 있었다. 여러 가지 일로 스트레스를 받는 상황에 처하자 KTA에서 그랬듯 사람들의 마음속에서 이해와 관용이 사라지기 시작했던 것이다.

락다운 조치가 끝난 후에도 다른 부대에서 사건 사고들이 발생해 한국군 측의 제재조치가 강해지는 등 당시 부대에는 계속해서 부대원들을 긴장하게 만드는 여러 가지 일들이 벌어지고 있었다. 그러나 더 큰 문제는 바로 일부 선후임들 간의 갈등이었다.

그 시기 후임들은 나를 찾아와 고충을 털어놓았고, 선임들은 주로 이 시카에게 고민을 이야기했다. 일부 후임들은 선임들이 불필요한 선임 대우를 요구한다고 생각하고 있었고 반대로 어떤 선임들은 후임들이 너무 '빠졌다(기강이 해이해졌다.)'고 생각하고 있었다.

나는 규칙을 위반한 것이 아니라면 단순히 '빠져 보인다'는 이유로 후임들에게 질책을 하지 않았기에 선임들은 내가 아닌 이 시카를 공략했던 것이다.

일부 선임들이 말하는 빠져 보이는 후임은 얼굴을 보고도 인사를 아예 하지 않는 등 선임들을 무시한다든가 일을 게을리 해 카투사 전체를 욕보이는 사람이 아니었다. 그들이 말하는 '빠진 후임'은 사실 자신들이 정한 기준에 도달하지 못하는 후임들을 지칭하는 것이었다.

선임들 중 무리한 요구를 압도적으로 많이 했던 것은 나 병장이었다. 최고참이 된 나 병장은 전역일이 가까워 옴에 따라 가능한 한 모든 편법을 동원해 누릴 수 있는 모든 편익을 누리고자 했다.

최 시카가 전역을 하기 전까지만 해도 나 병장은 시니어 카투사 선에서 충분히 통제가 가능한 수준이었다. 그는 선임인 최 시카의 말을 들었고 최 시카는 나 병장이 잘못을 저질렀을 때 실제로 외박을 잘라 본보기로 삼기도 했기 때문이다. 그러나 최 시카가 전역하고 자신보다 후임인 이 시카와 내가 시니어 카투사가 되자 나 병장은 비로소 고삐 풀린 말이 되었다. 나 병장은 시도 때도 없이 RSO에 전화를 걸거나 사무실에 직접 찾아와 무리한 요구를 했고 부대 어디서든 시니어 카투사를 만나면 요구를 들어달라고 독촉했다.

나는 다른 선임들이 무리한 요구를 하면 그 편법이 통하지 않을 경우 감수해야 할 개연성 높은 리스크를 설명해 줌으로써 그들을 달래곤 했는데 그에게는 이마저도 통하지 않았다. 그리고 이런 나 병장은 마침내 그동안 후임들을 못마땅하게 여기던 소수의 선임들을 대표해 후임들과의 갈등을 수면 위로 드러냈다.

하루는 체육관에서 마주친 G 상사가 내게 말을 걸었다.

"이봐, 네가 시니어 카투사지?"

"네 그렇습니다."

"그럼 우리 섹션에서 일하는 나 병장을 알고 있겠지?"

"네 알고 있습니다."

"내가 나 병장을 감옥에 보낼 수 있나?"

"감옥 말입니까?"

"응, 그래."

"카투사는 한국 군법에 따르기 때문에 그렇게 하실 수는 없습니다. 혹시 무슨 일 때문에 그러십니까?"

"나 병장의 근무 태도가 심각해."

"무슨 말씀이신지 알겠습니다. 제가 그 부분에 있어서 나 병장과 이야기를….."

"그래, 그런데 만약 나 병장이 한 번만 더 그런 모습을 보이면 그땐 자네가 아니라 지원대장을 찾아갈 거야."

나는 갑작스럽게 듣게 된 G 상사의 말에 적잖이 당황했고 무언가 빨리 조치를 취하지 않으면 일이 상당히 커질 것 같다는 느낌을 받았다. 한국군 측에 이 이야기가 들어갈 경우 부대원 전체가 피해를 볼 수 있었기 때문이다.

그러나 이 문제로 내가 고민을 하는 동안에도 나 병장의 무리한 요구들은 계속되었고 불성실한 업무 태도가 바뀔 기미는 보이지 않았다. 혹자는 이전처럼 나 병장의 외박을 자르면 되지 않겠냐고 생각할 수도 있겠지만 그것은 결코 문제를 해결할 수 있는 방법이 아니었다. 감옥에 갈 위기에 처한 나 병장이 '벼랑

끝 전술'을 사용했기 때문이다.

"만약 내가 영창에 가게 된다면 결코 혼자 가지 않고 규정을 위반한 다른 부대원들을 모조리 신고해 함께 감옥에 가겠다."

나는 부대원들로부터 나 병장이 공공연히 이와 같은 말을 했다는 첩보를 입수했다. 아마 내가 말을 하지 않았음에도 미군을 통해 자신이 처벌을 받을 수 있다는 사실을 들은 모양이었다.

나 병장이 말한 부대원들은 사실상 최고참인 자신을 제외한 후임들을 의미했다. 나 병장은 자신을 잘 따르지 않는 후임들에게 불만을 가지고 있었고 여러 상황이 맞물리면서 밖으로 표출되었던 것이었다.

사실 카투사들은 한국군 규정에 비추어 보면 아주 사소한 것이라도 규정위반이 하나쯤 있을 수 있었다. 군법, 규정이 전혀 다른 미군부대에서만 생활했기에 한국군의 규정을 완벽히 제대로 알 수는 없었기 때문이다. 심지어 미군 상관들은 때로 카투사들에게 한국군의 입장에서는 규정위반이지만 미군부대에서는 합법인 것을 하도록 부탁하기도 했다.

어찌 되었든 나 병장이 자신 있게 규정 위반자를 찾아내 신고하겠다고 말할 수 있었던 데에는 이유가 있었다. 현미경을 가지고 엄격히 들여다보면 다른 후임들 역시 정도의 차이는 있을지라도 규정을 위반한 사실들이 있을 수 있었기 때문이었다. 나는 규정위반의 소지에서 어느 정도 자유로운 사람에 속했지만 부대원들이 볼모로 잡힌 상황에서는 어찌할 도리가 없었다.

나 병장의 이런 발언이 알려지자 후임들 사이에서는 곧바로 "나 병장이 자신들을 신고하기 전에 그동안 나 병장이 저지른 부조리들을 모아 선제적으로 신고하자."는 의견이 득세했다. 게다가 이런 상황에서 일부 선임들이 나 병장을 앞에 내세워 은근히 자신들의 편익을 취하고자 노력하면서 부대는 분쟁의 소용돌이에 휘말릴 일촉즉발의 위기에 처하게 되었다.

조용히 전역을 기다리다 갑작스럽게 폭탄을 맞은 이 시카는 나 병장에게 매우 강경한 태도를 보였다. 그리고 나 병장 역시 이에 질세라 이 시카에게 더욱 강경하게 대처했다. 두 사람이 이렇게 강 대 강으로 맞서는 상황에서 문제가 해결될 기미는 보이지 않았다.

　이런 상황들을 지켜보며 내 머릿속은 매우 복잡해졌다. 내가 이런 상황에서 무엇을 할 수 있는지 알 수 없었고 이대로라면 곧 벌어질 사태에 책임을 지고 시니어 카투사 자리에서 물러나야 할 수도 있겠다는 생각마저 들었기 때문이다.

　어느덧 가을이 되어 날이 쌀쌀해지던 이 시기 머릿속이 복잡해지면 일과가 끝난 뒤 잠자리에 들기 전 '헬기장'을 찾곤 했다. 헬기장은 나만 아는 '비밀 장소'와도 같았는데 늦저녁 노을이 질 무렵 헬기장에 가면 정말 멋진 장관을 볼 수 있었다. 헬기장 너머로는 풀숲을 지나 저 멀리 아파트 불빛들이 보였고 이는 지는 노을과 함께 환상적인 풍광을 만들어냈다. 아무도 없는 헬기장에 가서 가을바람을 맞으며 탁 트인 경관을 보고 있자면 기분이 한결 나아지고 생각도 정리되곤 했다.

　가끔씩은 추억의 장소인 Driver's room을 찾아 남 선생님과 이야기를 나누기도 했다. 처음부터 나를 지켜봐왔던 남 선생님이 계시는 Driver's room은 마치 내 고향과도 같았고 그곳에서 시간을 보내다 보면 마음이 편안해졌기 때문이다. 또 과거 W 병장에게 시달리던 시절을 떠올리면 적어도 지금 상황이 그렇게 나쁘지는 않다는 심리적인 위안을 얻을 수도 있었다. 그리고 당시 화장실에서 그랬던 것처럼 어떻게든 현재 상황을 타개해야겠다는 의지도 다질 수 있었다.

　사실 너무 복잡하게 생각할 것 없이 문제를 해결하는 방법은 간단했다. 나 병장이 바뀌면 되었던 것이다. 이 모든 사건의 원인은 나 병장이었고 나 병장이 스스로 생각을 바꿔 행동을 개선한다면 모든 문제들이 해결될 수 있었다.

　따라서 나는 나 병장과 가능한 한 많은 시간을 보내며 이야기를 나눠보기로 했다. 물론 나는 가만히만 있어도 되었다. 이 시카와 사이가 틀어진 나 병장이 먼저 시도 때도 없이 내게 접근해왔기 때문이다. 적어도 나는 화를 내지는 않았기에 나 병장은 나와 이야기하기를 더 선호했다.

　그 뒤로 나는 한 달이 넘는 기간 동안 매일 나 병장과 단둘이 식사를 했고 사무실을 찾아오는 나 병장과 이야기를 나누었으며 방에서 나 병장의 '상담'을 받아주었다.

"나 병장이 무슨 네 여자친구도 아니고 어떻게 매일 같이 식사를 하고 시간을 보내냐?" 동기 유병장이 말했다.

"나 병장이랑 데이트 하시느라 요즘 저랑 식사도 같이 못하지 않습니까."

나 병장이 불편해 같이 식사를 하지 못하는 것이 불만이었던 종헌 상병도 거들었다. 나는 이런 말을 들으며 그저 웃어 보일 수밖에 없었다.

물론 나 병장의 반복되는 이야기와 불평을 들어주는 것이 결코 쉽지는 않았지만 나는 사실 나 병장이 밉지만은 않았다. 나는 나 병장에게 일종의 '연민'을 가지고 있었기 때문이다. 나 병장은 기본적으로 사람과의 관계에 있어 서툰 사람이었다.

나 병장은 "카투사에 지원한 것은 편하게 군 생활을 하기 위해서고, 온갖 수단을 동원해 가능한 한 편하게 군 생활을 하는 것만이 나의 유일한 목표"라는 본인의 신조에 따라 행동했던 사람이었다.

이는 개인의 생각이므로 무조건 나쁘다고 할 수는 없는 것이었지만 나 병장이 비슷한 사고방식을 가지고 있었던 다른 부대원들과 달랐던 점은 영리하게 행동하지 못했다는 것이었다. 나 병장은 영리하게 정해진 선을 지키지 못했고 드러내지 않고 교묘히 이익을 취하는 방법을 알지 못했다.

오히려 미숙했던 탓에 자신이 원하는 바를 숨기지 못하고 바로 드러냈고 이는 부대원들이 나 병장으로부터 등을 돌리게 만들었다. 이야기를 나눠 본 결과 나 병장은 악한 의도를 가진 사람이라기보다는 미숙한 사람이었다. 때문에 같은 행동을 하더라도 다른 사람보다 더 크게 욕을 먹었던 것이다.

규정을 위반하고자 했던 나 병장의 행동들을 변호하는 것은 결코 아니지만 어찌 되었든 혼자가 된 나 병장에게 안타까운 마음이 들었던 것은 사실이었다. 그러자 이해하기 힘들었던 행동들도 조금씩 이해되기 시작했다. 가령 나 병장이 유독 시니어 카투사들에게 어린아이처럼 투정을 부렸던 배경에는 어쩌면 외로움이 크게 자리 잡고 있을지도 모르는 일이었다.

그러나 여전히 나 병장을 대할 때면 티를 내지는 않았지만 답답한 마음에 화가 나기도 했고 어떻게 다뤄야 할지 몰라 항상 같은 식으로 대응하곤 했다. 앞서 말했듯 왜 그렇게 하면 안 되는지, 그렇게 할 경우 어떤 부정적인 결과가 따를지를 설명해 주는 것이었다.

"아시다시피 그건 규정위반이라 요즘 같은 시기에 한국군 측에서 알게 되면 정말 큰일이 납니다. 실제로 얼마 전 옆 부대에서는…."

"아니, 그러니까 네가 그렇게 안 되게 도와주면 되잖아."

그러나 나 병장은 막무가내였고 내 말을 듣고도 크게 달라지지 않았다. 나 병장은 섹션 간부들이 본인을 징계하지 못하게 하는 것을 비롯해 자신이 전역하기 전까지 요구하는 무리한 것들을 들어달라고 재촉했다. 그리고 그 뒤에 생략된 말은 만약 그렇게 해 주지 않는다면 부대원들을 신고하겠다는 것이었다.

그동안 나 병장과 사이가 가까워진 덕분에 나 병장이 현재 무슨 생각을 하고 있는지는 대강 파악할 수 있게 되었지만 여전히 근본적인 문제가 해결되지 않았기에 나는 마치 내가 언제 터질지 모르는 시한폭탄을 손에 들고 폭발하기만을 기다리고 있는 것 같은 불안한 마음이 들었다.

그러나 곧 상황을 놀랍게 반전시키는 계기가 생겼다. 그리고 그 일은 단 하룻밤 사이에 일어났다. 그즈음 나는 나 병장과 씨름하며 무엇이라도 도움이 될까 싶어 인간관계에 관한 책들을 빌려 읽고 있었다. 특히 그중에서도 데일 카네기의 '인간관계론'이라는 책 속에는 인간관계에 관한 유용한 내용들이 정말 많았다.

그날도 어김없이 나 병장은 내 방을 찾아와 방문을 두드렸다. 침대에 엎드려 '인간관계론'을 읽고 있던 나는 얼른 책을 덮고 문을 열어주었다. 그때 내가 읽고 있었던 내용은 "진심으로 흥미를 느끼며 상대방의 이야기를 경청하라."는 것이었다.

"나 상담 좀 하러 왔어." 나 병장은 어색한 미소를 지으며 내 방에 들어왔다.

나 병장과 나는 방에 있던 작은 원탁을 사이에 두고 마주 앉았다. 그리고 나는 그 순간 책의 내용을 한번 적용해봐야겠다는 생각이 들었다. 마침 경청과 관련해 책에 나와 있던 수많은 사례들 중 신기하게도 나 병장의 경우와 비슷한 것들이 많았기 때문이다. 어차피 평소대로라면 앞으로 어떤 이야기들이 오가고 어떻게 결론이 날지는 불을 보듯 뻔한 상황이었다.

그러나 나는 불평에 반응하지 않고 침묵을 지키는 등 다른 것은 모두 할 수 있더라도 '진심 어린' 관심을 가지고 나 병장의 이야기를 경청하는 것은 도저히 불가능할 것 같다는 생각이 들었다. 솔직히 말하면 나는 불평으로 가득 찬 나 병장의 이야기를 '진심으로' 듣고 싶지는 않았기 때문이다. 그래서 나는 그냥 내 앞에 앉아 있는 사람이 나 병장이 아니라 존경하는 선임이었던 수송과의 김 병장이라고 생각하기로 했다. 일종의 자기최면을 걸었던 것이다.

일단 나 병장을 김 병장이라고 생각하고 나자 신기하게도 나 병장의 이야기가 다르게 들리기 시작했다. 내 앞에 있는 것이 김 병장이라고 생각하니 나 병장이 억지스러운 말을 하더라도 '결코 이런 말을 할 분이 아닌데 도대체 무슨 일이 있었던 것일까…'와 같은 생각이 들었던 것이다.

또 자연스럽게 나 병장의 말을 끊기보다는 진심 어린 관심을 가지고 이야기를 듣게 되었다. 그 순간만큼은 단순히 형식적으로 대답만 하는 것이 아니라 온 표정과 마음을 다해 나 병장의 이야기에 공감할 수 있었다.

"요즘 진짜 힘들다. 미군들도 하나같이 나를 싫어하고….'"

"아, 그러셨습니까?"

"그러니까 이제라도 네가 편의를 좀 봐달라는 거 아냐."

나는 결코 이전처럼 말을 끊고 나 병장에게 왜 그럴 수 없는지 설명을 하지 않았다. 오히려 침묵했다. 그러자 나 병장은 계속 말을 이어갔다.

"미군들은 한시도 나를 가만히 안 두려고 해, 또 후임들은 어떤 줄 알아….'"

"네… 정말로 힘드셨겠습니다."

"그뿐만이 아니야…"

한참 동안 자신의 이야기를 계속하던 나 병장은 이후 말을 멈추고 잠시 쉬더니 할 말은 모두 했다는 듯 밖으로 나갈 준비를 했다. 그리고 방문을 나서기 직전 문 앞에서 평소답지 않은 진지한 목소리로 내게 놀라운 말을 했다.

"선임으로서 좋은 모습 못 보여줘서 미안하다. 지금까지 너한테 말했던 것들 다 없던 일로 할게."

나는 도무지 나 병장이 그런 말을 했다는 것이 믿어지지 않았다. 그날 30분이 넘는 시간 동안 나 병장과 대화를 나누며 내가 했던 말은 고작 "아 그러셨습니까?" "네… 그러셨겠습니다." "정말 힘드셨겠습니다." 이 세 마디가 전부였기 때문이다.

그러나 나 병장은 신기하게도 놀랍게 변화되었다. 그 일이 있은 뒤 나 병장은 실제로 변했고 어떠한 문제도 일으키지 않은 채 조용히 전역했다. 전역하기 전까지 나 병장은 징계를 받지 않았고 부대원들을 신고하지도 않았다. 당연히 부대원들 역시 나 병장을 신고하지 않았음은 물론이다.

데일 카네기는 '인간관계론'에서 "상습적인 불평론자, 심지어는 가장 거친 비평가까지도 종종 인내심 있고 동정적인 태도를 지닌 경청자 앞에서는 유순해지고 성질을 부리지 않는 법이다. 경청자는 성난 불평꾼이 코브라처럼 몸을 빳빳이 세우고 입으로 독을 내뿜는 동안 조용히 침묵을 지키는 것이다."라고 말한다.

나는 이처럼 책에 나온 대로 진심 어린 관심을 가지고 나 병장의 이야기를 경청하며 공감을 표시하는 피드백을 준 결과 놀라운 변화를 이끌어낼 수 있었고, 크게 배웠다. 많은 경우에 우리는 몰라서가 아니라 알고 있으면서도 실행하지 않아서 변화를 이끌어내지 못한다. 상대의 말을 경청하라는 조언은 수없이 많은 책들이 말하고 있기 때문이다.

잭 우드포드는 '사랑의 이방인'에서 이렇게 말했다고 한다.

"자신의 이야기를 열중해서 들어주는 것과 같은 은근한 찬사에 저항하는 사람은 없다."

때로 논리가 통하지 않거나 규정대로 행할 수 없는 상황에서는 이처럼 진심 어린 관심을 가지고 상대의 말을 경청해 주는 것이 큰 효과를 발휘할 수 있을 것이라고 생각한다.

나 병장과 선임들이 전역한 뒤 나는 이 시카와 함께 복장, 인사 규칙 등 부대 내 불필요한 일부 규칙들을 없애거나 바꾸었고 마음속에 있던 큰 짐을 덜게 되었다.

슈퍼카투사

'PCJ'라는 내 이름의 이니셜을 딴 폴더를 만들고 그 안에 내가 그동안 해왔던 업무 파일들을 정리해 넣었다. 시니어 카투사들은 예전부터 전역하기 전에 후임 시니어 카투사를 위해 컴퓨터에 본인의 이름을 딴 폴더를 만들고 그 안에 업무에 대한 것들을 보기 좋게 정리해 놓았었다.

이 폴더들은 시간이 지남에 따라 자주 통합되었고 이 과정에서 미처 삭제되지 않고 남은 오래된 흥미로운 파일들이 발견되기도 했다. 가령 때로 나와 계원들은 과거 부대에서 일어났던 사건 사고와 관련된 파일들이나 최고참의 이병 시절 모습이 담긴 사진 등을 볼 수 있었다.

나는 선임 시니어 카투사들이 자체적으로 만들어 놓은 '비공식 OJT 북' 문서를 켜고 부대 재편 후 변경된 내용 등을 추가해 업데이트했다. 이전부터 후임 시니어 카투사를 위해 메모해 둔 내용들이 있었기 때문이다. 그리고 부대원들이 요청한 '부대 열차'의 최신 버전을 모두에게 업무용 메일로 보내 주었다. 부대 열차는 선임 시니어 카투사들이 엑셀을 이용해 제작한 것으로 부대원들의 남은 군 생활 일수를 퍼센트 등으로 계산해 왜관역~서울역까지의 구간 중 현재 자신이 어디에 있는지를 자동으로 보여주는 프로그램이었다.

시니어 카투사들은 새로 전입해 오는 병사들을 추가하거나 전역병들을 제외한 뒤 디자인 등을 약간 변경해 새롭게 업데이트한 부대 열차를 주기적으로 부대원들에게 보내주곤 했다.

"아직도 경북을 못 벗어난 거야?"

"마침내 수도권에 진입했다!"

부대원들은 부대 열차를 보며 자신의 남은 군 생활 기간을 가늠해볼 수 있었다. 부대 열차를 보니 나는 어느덧 서울역에 점차 가까워지고 있었다.

'벌써 이런 날이 오다니…' 나는 내 전역이 몇 달 앞으로 다가왔다는 사실에 감회가 새로웠다.

내 맞선임이었던 이 시카의 열차는 이제 서울역에 거의 도착하고 있었다. 그리고 이 시카의 전역이 가까워지면서 RSO에서는 마침내 후임 시니어 카투사를 선발하게 되었다. 새 시니어 카투사 모집에는 후임들 몇 명이 지원했는데 그중에는 인사과 후임인 고 상병도 있었다.

나는 이전부터 새 시니어 카투사를 선발하게 되면 정말 특별한 이유가 없을 경우 오로지 부대원들의 투표 결과에 따르겠다는 생각을 가지고 있었다. 그리고 다행히 지원대장과 이 시카는 후임 시니어 카투사 선발과 관련해 별다른 의견이 없었기 때문에 새로운 시니어 카투사는 부대원들의 투표에서 가장 많이 득표한 사람으로 결정되었다.

시니어 카투사들의 의견을 반영할 경우 무의식적으로 친분이 있는 사람에게 유리할 수 있다고 생각해 부대원들의 투표 결과에 따르기로 했던 것이었지만, 아이러니하게도 후임 시니어 카투사는 나와 친분이 가장 깊은 '고 상병'이 되었다. 고 상병이 부대원 투표에서 가장 많이 득표했기 때문이었다.

나는 이미 인사과에서 함께 일을 해보았던 고 상병이 시니어 카투사가 되었다는 사실에 한결 마음이 놓였다. 이미 잘 알고 지내는 사이였던 데다 인사과에서 그랬듯 금방 업무를 익힐 것이었으므로 달리 가르쳐 줄 것도 거의 없을 것 같았기 때문이다. 나는 오히려 고 상병이 과거의 나와는 달리 실수 하나 없이 업무들을 모두 척척 수행하는 모습을 보게 되면 스스로 약간 자괴감이 들 것 같기도 했다. 그는 과학고를 조기 졸업하고 국내에서 최고로 손꼽히는 명문대학교에 재학 중이었던 영재였기 때문이다.

그러나 막상 고 시카가 RSO에서 업무를 시작하자 나는 놀라운 현상을 목격하게 되었다. 고 시카가 나와 '동일한' 부분들에서 실수를 한 뒤 내게 도움을 요청해왔기 때문이다. 나는 고 시카를 통해 과거의 내 모습을 보았고 동시에 이 시카가 내게 했던 말이 떠올랐다.

"걱정 마, 나도 어차피 똑같은 데서 실수했었어!"

나는 군 생활을 통해 그 사람의 배경과 상관없이 처음 주어진 환경에 적응하는 모습은 누구나 본질적으로 똑같다는 것을 배울 수 있었다. 물론 그 분야에 상대적으로 타고난 재능을 가진 사람이 있을 수도 있었지만 어쨌거나 세상에 완벽한 사람은 없기 때문이다.

그리고 어차피 시니어 카투사들이 저마다의 개성을 살려 서로 다른 방식으로 부대를 이끌었듯 세상의 모든 일들을 일률적으로 평가할 수는 없는 것이었다.

"걱정 마, 나도 똑같이 실수했었어!"

나는 앞서 이 시카가 그랬듯 고 시카에게 이렇게 말한 뒤 기회가 될 때마다 그동안 배웠던 것들을 조금씩 알려주었다.

그렇게 고 시카가 점차 업무에 익숙해지자 나는 아쉬운 마음을 뒤로한 채 지금껏 그 무엇보다 보람차고 즐겁게 수행해왔던 시니어 카투사 업무들을 내려놓고 가능한 한 고 시카가 원하는 방식대로 대내외 업무들을 수행할 수 있도록 도와주었다.

새롭게 시니어 카투사가 된 고 시카는 금세 업무들에 적응했고 나는 이미 내가 진행해오던 프로젝트들을 위주로 고 시카와 함께 업무를 수행했다. 그리고 얼마 뒤 나는 지역대로부터 내가 '우수 시니어 카투사'에 선발되었다는 기분 좋은 소식을 들을 수 있었다. 앞서 동기 유 병장의 강력한 요청을 받고 그간의 성과들을 나름대로 열심히 적어 상부에 올려 보냈던 것이 좋은 결과로 이어졌던 것이다.

아마 여기에는 서류에 적었던 미군 측 관련 성과들 외에도 부대 내 사고가 없었던 것이 중요하게 작용했던 것 같았다. 우리 부대는 내가 아는 한 당시 지역대 예하에서 사실상 유일하게 남아 있던 '무사고 지원대'였기 때문이다. 나는 문득 나 병장의 무사 전역이 아니었다면 이 상도 받을 수 없었을 것이라는 생각이 들었다. 그렇게 나는 감사하게도 사고를 일으키지 않았던 부대원들과 나를 지원해 주었던 미군들 덕분에 지역대 본부에서 우수 시니어 카투사 표창장을 받을 수 있었다.

그리고 이는 내가 마침내 모든 임무를 마치고 물러날 때가 되었음을 알려주는 상징과도 같은 사건이었다. 실제로 나는 이후 일선에서 완전히 물러났고 고 시카에게 주요 업무들을 모두 맡긴 뒤 전역을 준비하기 시작했다. 비슷한 시기 이시카가 전역하고 내 동기들과 맞후임들 또한 서서히 업무에서 손을 떼기 시작하면서 내 세대는 사실상 고 시카를 필두로 한 새로운 세대로 교체되었다.

나는 보람찬 시니어 카투사 업무들에서 물러나야 했지만 전역 때까지 즐겁게 시간을 보낼 취미들을 가지고 있었기 때문에 남는 시간이 크게 두렵지는 않았다.

앞서 말했듯 나는 당시 시간이 날 때마다 책들을 읽고 있었다. 우연히 RSO에서 집어든 책 한 권을 읽다 "100일 동안 33권의 책을 읽어보라"는 내용을 본 뒤 왠지 모를 오기가 생겨 곧바로 이를 실행에 옮겼던 것이 시작이었다. 어차피 시간도 많고 마음에 여유가 생긴 지금이 아니라면 전역한 뒤 사회에 나가서는 바쁜 생활 탓에 독서를 하기가 쉽지 않을 것 같았기에 나는 가능한 많은 책을 읽어보기로 다짐했다.

결국 전역 전까지 독서 기록장을 만들어가며 '100일 동안 33권을 읽는다.'는 목표를 초과 달성할 수 있었고 이 과정에서 초등학교 시절부터 가지고 있었던 작가의 꿈을 이루기 위한 책을 집필하는 데까지 나가게 되었다.

독서 외에 내가 새로 만든 취미는 '운동'이었다. 나는 예전부터 상당히 마른 체격에 약간은 콤플렉스가 있었다. 입대 전 헬스장에 등록해 단백질 보충제를 마셔가며 개인 PT까지 받았었지만 요지부동인 몸무게를 크게 늘릴 수는 없었다. 그런데 시니어 카투사가 된 이후 우연히 체육관에 들렀다가 운동을 하고 있는 프레드릭 병장을 만났던 덕분에 반전의 계기를 맞을 수 있었다.

나만큼이나 마른 몸의 소유자였던 프레드릭 병장이 그동안 그토록 바라던 대로 체중을 크게 늘려 마른 몸에서 탈피해 멋진 근육질 몸을 가지고 있었기 때문이다. 나는 이날 프레드릭 병장에게 용기를 내어 어떻게 그처럼 몸무게를 늘릴 수 있었는지 물어보았고 일종의 깨달음을 얻을 수 있었다. 그것은 바로 내가 체중 증량에 실패했던 것이 '운동' 때문이 아닌 '영양' 때문이었다는 것이었다.

프레드릭 병장이 몸무게를 늘리기 위해 했던 방법들은 나와 모두 동일했지만 유일한 차이는 프레드릭 병장이 내 생각보다 훨씬 많은 영양(단백질 위주)을, '적당한' 시간대에 나눠서 섭취했다는 것뿐이었다. 프레드릭 병장은 내가 과거 그랬듯 개인용 단백질 보충제를 섭취했는데 대략 두 스쿱씩을 물에 타 식간, 그리고 운동 직후에 나눠서 먹었다. 그리고 그렇게 프레드릭 병장의 조언을 충실히 따라 왜관역 근처에 있던 스포츠용품점에서 '푸시업 바'를 하나 구입한 뒤 충분한 단백질을 섭취하며 하루도 빼놓지 않고 근력 운동을 하기 시작하자 신기하게도 마침내 몸무게가 증가하기 시작했다. 매일 운동을 하고 단백질 셰이크를 마신 뒤 충분히 숙면을 취하고 나면 다음날 근육이 생긴 것 같은 기분 좋은 느낌을 받을 수 있었다.

몇 개월 뒤 놀랍게도 내 몸무게는 10kg 이상 크게 늘어 어느덧 '73kg'이 되어 있었다. 오랜 기간 헬스 트레이너도 해내지 못했던 일을 프레드릭 병장의 조언을 듣고 따른 지 얼마 되지 않아 맨몸 운동만으로 이루어냈던 것이다. 이는 독서 프로젝트의 성공과 더불어 전역 전 내게 큰 성취감과 자신감을 주었다.

이런 소중한 취미들 덕분에 업무에서 물러난 아쉬움을 달래며 방 안에서 정말 행복한 나날들을 보낼 수 있었다. 먼저 일과를 마친 뒤 배럭에 돌아와 저녁점호 전까지 책을 읽으며 스트레스를 풀고 기분 좋게 Day room으로 향할 수 있었다. 특히 어떤 일 때문에 근심이 생기거나 울적한 기분이 들 때면 침대에 엎드려 편안히 독서를 하는 것이 정말 큰 도움이 되었다. 조용히 책의 내용에 집중하다 보면 왠지 저절로 마음이 풀어졌기 때문이었다. 더불어 때로는 책의 내용을 통해 문제 해결의 실마리를 찾거나 위로를 받을 수도 있었다.

또 가끔은 CD 플레이어를 외장 스피커에 연결해 좋아하는 노래를 틀어놓고 혼자 신이 나 방 안 이곳저곳을 돌아다니며 음악에 빠져들기도 했다. 그리고 마지막으로 혹시라도 답답하고 화가 나는 일이 있으면 오히려 그 에너지를 이용해 운동을 하며 스트레스를 풀었다.

이 모든 취미들은 매번 힘든 일이 있을 때마다 내 기분을 전환시켜 주었고 전역 후에도 최고의 스트레스 해소법으로 남게 되었다. 이처럼 나는 다행히도 전역 전 남는 시간을 나름대로 지루하지 않게 보낼 수 있었다.

격투기 학교에서 배운 교훈

"저 오늘 정말로 죽을 뻔 했심더, 저 말고도 코피 터진 애들이 한둘이 아입니더!"

한쪽 코를 휴지로 틀어막은 현 상병이 흥분된 목소리로 말했다.

"뭐? 왜? 무슨 일인데?"

"저희 지금 컴배티브(Combatives) 듣고 있다 아입니꺼."

그날 디팩에 모여 대단히 지친 표정으로 식사를 하고 있던 이들은 모두 강제로 미군의 격투기 학교(Combatives School)에 보내진 최초의 부대원들이었다. 담당 NCO의 명을 받고 컴배티브 과정을 수강하게 된 부대원들이 생긴 것은 여단이 전투부대의 예하로 바뀐 뒤 나타났던 변화들 중 하나였다.

강한 경상도 사투리를 구사하던 현 상병은 식사를 하는 동안 내게 지금 배우고 있는 컴배티브 과정이 생각보다 얼마나 힘든지를 열성적으로 설명했다. 현 상병은 부대에서 가장 큰 덩치를 자랑하는 카투사 중 한 명이었는데 하는 행동이나 체격 등이 마치 과거에 조직생활이라도 한 것처럼 보였다.(물론 이는 사실이 아니다.)

나는 킥복싱을 배운 경력까지 있는 현 상병이 이 정도로 불평을 토로할 정도면 컴배티브 과정이 꽤 힘들 것 같다는 생각을 했다. 이는 아마 컴배티브 1과정이 익숙하지 않은 '주짓수(일본의 유술을 바탕으로 만들어진 격투기로 관절 꺾기나 조르기 등을 이용해 상대를 제압하는 무술이다.)' 위주로 구성되어 있었기 때문인 것 같았다.

컴배티브 과정은 총 4단계로 구성되어 있었고 주짓수 위주의 1단계에서 시작해 단계가 올라갈수록 점차 타격이나 킥 등이 추가되었다. 그리고 3단계를 수료하면 교관이 될 수 있었다.

나는 현 상병의 이야기를 들으며 힘이 들긴 하겠지만 컴배티브 학교에 들어가 격투기를 배워보는 것도 나름대로 잊을 수 없는 재미있는 추억이 될 것 같다는 생각이 들었다. 당시 전역을 앞두고 사실상 거의 모든 업무에서 물러났던 탓에 업무시간이 조금은 지루하게 느껴지고 있었기 때문이다. 나는 내가 부대에 별 도움은 되지 않으면서 하루하루 전역 날짜만 기다리고 있는 것처럼 느껴졌다. 일과 시간 후에는 드럼을 치거나 책을 읽고 운동을 하면 되었지만 업무시간에는 할 일이 많지 않았다. 차라리 업무시간에 카투사를 대표해 컴배티브 과정을 멋지게 수료해내는 것도 의미 있을 것 같았다.

당시 부대에는 이미 내 전역이 가까워 왔음을 상징이라도 하듯 눈에 띄는 여러 변화들이 목격되고 있었다. 먼저 회색 PT복이 새롭게 검정색 디자인으로 바뀌었고 내가 그동안 군 생활 내내 입어왔던 회백색의 ACU 미군 군복 또한 초록색의 OCP(Operational Camouflage Pattern Army Combat Uniform)로 바뀌었다.

이에 시간이 지날수록 자연스럽게 회색 PT복과 회백색 군복을 입은 사람들은 줄어들었고 검정색 PT복과 초록색 군복을 입은 사람들은 늘어갔다. 그리고 이는 점차 새로운 세대와 이전 세대의 사람들을 분명히 나뉘어 보이게 했고 내 전역이 가까이 왔음을 더욱 실감하게 만들었다. 또 이 시기에는 차츰 디팩 등에서 아는 얼굴의 미군들을 만나기가 어려워졌다.

오히려 나는 이때 뜬금없이 디팩에서 훈련차 왜관을 방문한 훈련지 KP 동지 우준 상병을 다시 만날 수 있었다. 나는 우준 상병과 반갑게 인사를 나누며 역시 사람은 어디서 다시 보게 될지 알 수 없다는 생각을 했다. 동시에 지금 작별한 미군들 역시 언젠가 다시 볼 수 있을지도 모른다며 스스로를 위로했다.

그러나 이 시기 내 무료함을 달래주었던 가장 흥미로운 일은 내 후임 시니어 카투사를 선발하는 것이었다. 어느덧 내 후임 시카를 뽑아야 하는 시기가 되자 나는 싱숭생숭한 마음을 안고 시니어 카투사 지원자를 받았다.

이전처럼 후임들 몇 명이 후보자 명단에 이름을 올렸고 그중에는 상병으로 진급해 지원 요건을 갖추게 된 컬러가드 후임 장 상병도 있었다. 사실 장 상병은 지원 기간이 거의 끝날 때까지 지원 여부를 결정하지 못하고 있었다. 그리고 결국 지원 마감일을 며칠 앞두고 내 방에 찾아와 고민을 토로했다. 내가 박 시카에게 시니어 카투사 지원에 대한 고민을 이야기하던 바로 그 방에서 말이다.

"제가 과연 시니어 카투사에 지원할 자격이 있는지 모르겠습니다. 지원했다가 떨어지기만 할지도 모르는데 그냥 지원하지 않는 게 낫지 않겠습니까?"

나는 과거의 내 모습을 떠올리며 내가 들었던 것과는 정반대의 이야기를 해주었다.

"나도 똑같은 고민을 했었는데 그때 지원하길 정말 잘한 것 같아. 지금까지 겪었던 세 가지나 되는 보직 중에 시니어 카투사가 최고의 보직이었거든. 지원하지 않았으면 크게 후회할 뻔했어. 떨어지더라도 후회가 남지 않게 지원해 보는 게 낫지 않을까? 너는 자격이 충분하지만 혹시 떨어지더라도 너한텐 아직 기회가 많잖아! 나도 재수 했는걸?"

장 상병은 이후에도 수차례 내 방에 들러 내게 시카 지원과 관련된 자신의 고민을 이야기했다. 나는 이전처럼 시니어 카투사의 선발은 전적으로 부대 투표 결과에 맡기겠다는 생각을 가지고 있었기에 장 상병의 선발 여부를 미리 알 수는 없었지만, 솔직한 마음으로 장 상병에게 용기를 북돋아줬다. 장 상병의 고민을 들으며 내가 떠나야 할 때가 정말 가까워 왔음을 느낄 수 있었다.

그리고 얼마 뒤 친한 후임이자 여단 군종병이었던 박 상병으로부터 흥미로운 소식을 들을 수 있었다. 그것은 바로 빌라허모사 병장이 다시 한번 컴배티브 과정을 개설하기로 했다는 것이었다. 우리 부대의 컴배티브 교관이었던 빌라허모사 병장은 대대 '군종 부사관'이었기에 박 상병은 이 소식을 남들보다 먼저 접할 수 있었다.

나는 이번 기회에 미군 격투기 학교에 들어가 컴배티브를 한번 제대로 배워보고 싶었다. 컴배티브 과정에 참여해 카투사의 위상을 제고한다는 목적을 차치하더라도 이전부터 컴배티브 자체를 꽤 재미있어 했기 때문이다.

미군부대에서는 종종 STT 등의 시간에 컴배티브를 체험해볼 수 있었다. 이러한 시간을 이용해 새로운 무술을 배우는 것은 재미있는 일이었지만 때로는 익숙하지 않은 대련 때문에 곤란을 겪어야 했다.

갑자기 처음 보는 사람과 배운 기술을 가지고 대련을 하는 것은 꽤나 당황스러운 일이었는데 카투사들은 특히 더 그랬다. 미군들과 달리 모두 서로 촘촘한 위계로 구성되어 있던 카투사들은 제대로 대련을 할 수 없었기 때문이었다.

대련은 서로 무릎을 꿇은 채로 시작해 타격이나 발차기 없이 그라운드 기술을 이용해 상대로부터 '항복'을 의미하는 탭을 받아내는 방식이었다. 그러나 한국군의 위계 하에서 이병이 병장의 목을 조르고 팔을 꺾어 탭을 받아내는 모습을 상상하기는 결코 쉽지 않았다. 따라서 카투사들은 대부분 대련이 시작되면 서로 귓속말로 조용히 즉흥적인 각본을 짜 가며 한 명이 기술을 걸면 곧 다른 한 명이 탭을 치는 연기를 선보였다. 이는 서로 격렬히 대련을 하고 싶어 하지 않는 미군들도 마찬가지였다.

또한 이성과 대련을 하게 되면 신체 접촉 등의 이유로 당황스러운 일이 발생할 수 있었기 때문에 노심초사하며 '적당히' 대련을 마쳐야 했다.

그러나 미군들 중에는 엄청난 승부욕과 자신감으로 온 힘을 다해 대련에서 이기고자 하는 이들도 있었다. 패튼게일은 바로 그런 유형의 미군이었다.

꽤 큰 키의 소유자였던 패튼게일은 전형적인 백인 악동처럼 생긴 미군 사병이었다. 그날 패튼게일과 대련을 하게 되었던 나는 대련을 시작하기 전부터 불편한 기색을 감출 수 없었다. 패튼게일이 카투사인 나와 대련을 하게 되자 갑자기 괴상한 표정을 지은 채 나를 쳐다보며 마치 동물처럼 네 발로 체육관 매트 위를 기어 다니기 시작했던 것이다. 패튼게일은 그것도 모자라 덤벼볼 테면 덤벼보라는 제스처를 취하며 내게 도발 아닌 도발을 해왔다. 패튼게일은 시종일관 매우 자신 있다는 표정을 지었고 자신에게 덤벼보라며 도발을 이어갔다.

그렇게 평소 배운 기술을 바탕으로 서로 '적당히' 대련하기를 선호해왔던 나는 이날만큼은 카투사를 무시하는 듯한 패튼게일의 태도에 갑자기 이상한 오기가 생겨 최선을 다해 대련에 임했다. 일단 어떻게든 상대의 관절을 꺾거나 목을 조르겠다는 생각으로 패튼게일과 대련을 시작한 지 얼마 되지 않아 나와 패튼게일은 반대 방향으로 누워 다리 등으로 서로를 움직이지 못하게 제압한 채 뒤엉킨 이상한 자세로 대련을 마치게 되었다.

패튼게일은 결국 내게 탭을 받아내지 못해 상당히 당황했고 다리로 패튼게일의 목을 조르고 있었던 나는 시간이 조금만 더 있었다면 패튼게일의 탭을 받아낼 수 있었을 것이라고 생각하며 아쉬워했다.

그리고 이처럼 도발하는 미군들에게 지기 싫었던 카투사들은 의외로 컴배티브에서 좋은 모습을 보여주는 경우가 많았다. 가령 PT 마스터였던 수송과의 김 병장이 컴배티브 시간 대련에서 일등상사를 초크로 완전히 제압한 뒤 일등상사의 민머리를 쓰다듬었던 사건은 카투사들 사이에서 이미 유명했다. 물론 쿨했던 일등상사는 멋쩍은 웃음과 함께 별말 없이 자신의 패배를 인정했다.

패튼게일을 제압했던 것은 내가 컴배티브 학교에 들어가게 된 중요한 계기가 되었다. 나는 그와의 대련 후 인사과에서 업무상의 이유로 패튼게일의 서류를 확인하다 패튼게일이 '컴배티브 1단계' 수료자라는 것을 알게 되었기 때문이다.

아마 패튼게일은 자신이 컴배티브 1 과정을 수료한 '실력자'라는 생각에 그토록 자신 있는 모습을 보였던 것 같다. 그러나 미군부대에는 격투기 등에서 상대를 막론하고 일단 이유 없이 과할 정도로 자신감 있는 모습을 보였던 미군들이 꽤 많았다.

내 일병 시절, 서로가 상대방을 이길 수 있다며 끊임없이 입씨름을 하던 컴배티브 2단계 수료자 콜리 상병과 컴배티브 3단계 수료자이긴 했지만 그보다 나이가 훨씬 많았던 작전과 원사 역시 바로 그런 미군들이었다. 이는 일단 매우 겸손한 태도를 보였던 카투사들과는 상당히 대조되는 모습이었다. 나는 문득 미군들의 이런 무조건적인 자신감은 어디에서 오는 것인지 궁금해졌다.

어찌 되었든 컴배티브 과정에 대해 막연한 두려움을 가지고 있었던 나는 패튼게일 덕분에 두려움을 물리치고 자신감을 가질 수 있게 되었다. 패튼게일이 컴배티브 1과정을 수료할 수 있었다면 나라고 못할 이유가 어디 있겠느냐는 생각이 들었기 때문이다.

내가 패튼게일과 대련을 했던 것은 시니어 카투사가 되기 훨씬 전의 일이었지만 이때의 기억은 이후 박 상병으로부터 컴배티브 과정이 열린다는 소식을 듣고 지원을 고민할 때 용기를 낼 수 있게 해 주었다.

그렇게 컴배티브 학교에 들어가 미군의 격투기를 배워보기로 결심하고 지원 대장의 허락까지 받았지만 한 가지 문제에 봉착하고 말았다. 내 말년 휴가가 컴배티브 학교 기간과 겹쳤던 것이다. 결국 나는 휴가를 일부 포기하기로 결심했고 일단 빌라허모사 병장에게 전화를 걸어보기로 했다. 빌라허모사 병장은 매우 따뜻한 성격을 가지고 있었을 뿐더러 내가 일병이었던 시절부터 이미 나와 서로 친분이 있었기 때문이다.

당시 20대 중반이었던 빌라허모사 병장은 '전투 유전자'를 타고 났다는 사모아인의 혈통이라고 했다. 그래서인지 그는 컴배티브 교관 과정을 수석으로 수료하는 등 대단한 격투기 실력의 소유자였고 키가 크거나 매우 거대한 몸의 소유자는 아니었지만 상당히 단단한 체격을 가지고 있었다. 그럼에도 성격은 전혀 거칠지 않아서 카투사들과 가장 친한 부사관 중 한 명이었다.

나는 박 상병을 통해 빌라허모사 병장의 연락처를 알아낸 뒤 일과 후 배럭에 돌아와 전화를 걸었다.

"빌라허모사 병장님, 잘 지내셨습니까?"

"헤헤헤, 시니어 카투사 박! 무슨 일이야?"

"이번에 모집하는 컴배티브 학교에 꼭 들어가고 싶은데 문제가 하나 생겼습니다."

나는 그 뒤 빌라허모사 병장에게 컴배티브 1과정에 지원하고 싶지만 미룰 수 없게 된 마지막 휴가로 인해 컴배티브 일정을 모두 소화할 수 없을 것 같다는 이야기를 했다. 그리고 양해를 해 준다면 휴가를 일부 포기할 수도 있다고 진심을 담아 덧붙였다.

"전역하기 전까지 더 이상은 기회가 없을 걸 알기에 이번 컴배티브 학교에 꼭 참여하고 싶습니다."

"오 그렇단 말이지?"

다행히 빌라허모사 병장은 내가 컴배티브 과정에 참여하는 것을 흔쾌히 허락했다. 어차피 교육과정은 사실상 목요일까지 모두 끝나기 때문에 금요일에 볼 시험을 목요일 일과 후에 쳐서 통과하기만 한다면 수료증을 주겠다는 것이었다.

"감사합니다!"

그렇게 나는 기분 좋게 휴가를 하루 반나절 정도만 포기하고 컴배티브 학교에 들어갈 수 있게 되었다. 그러나 이 소식을 들은 동기들은 휴가를 포기하고 컴배티브 학교에 스스로 자원하는 것이 제정신이냐며 황당해 하기도 했다.

"휴가를 다 안 나가고 컴배티브 학교에 들어가기로 했다고? 제정신이야? 나는 도무지 이해를 할 수가 없다…." RSO에서 휴가를 담당하는 동기 유 병장은 이렇게 말했다.

이때 컴배티브 과정에 참여하게 된 카투사는 나 외에도 두 명이 더 있었다. 첫 번째로 나보다도 먼저 격투기 학교에 들어가는 것이 확정되었던 사람은 바로 훈 이병이었다. 상대적으로 왜소한 체격을 가지고 있었던 훈 이병은 컴배티브 과정에 참여할 생각이 '전혀' 없었지만 '반강제로' 컴배티브 학교에 들어가게 되었다.

빌라허모사 병장이 대대 군종병이었던 훈 이병의 '직속상관(NCOIC)'이었기 때문이다. 평소 특별한 일 없이 평화롭게 군종병 업무를 수행하고 있던 훈 이병은 그렇게 느닷없이 빌라허모사 병장의 압력에 격투기 학교에 들어가게 되었던 것이다. 빌라허모사 병장은 지원을 망설이는 훈 이병에게 끊임없이 '할 수 있다.'며 격려를 해 주었다.

나와 컴배티브 1과정을 함께 하게 된 또 다른 한 명은 시니어 카투사에 지원한 장 상병이었다. 의욕이 넘쳤던 장 상병은 나와 함께 카투사의 위상을 제고하겠다며 컴배티브 학교에 자원했다.

그렇게 모인 카투사 세 명은 컴배티브 과정이 시작되는 첫날 결연한 표정으로 함께 격투기 학교로 향했다. 우리는 아침 PT도 생략한 채 PT복 대신 군복을 입고 아직 날이 어두운 새벽 'Fight House(격투의 집)'에 도착했다. 오래전 체육관으로 사용했었다는 Fight House는 부대 내 약간 외진 곳에 따로 떨어져 있었기에 약간은 음침한 분위기를 풍겼다. 그러나 더욱 음침했던 것은 Fight House 의 내부였다.

먼저 도장 안으로 들어가는 입구의 위쪽에는 커다랗게 칠해진 검은색 페인트 바탕 위에 하얀색의 오싹한 글씨체로 "House of Pain(고통의 집)"이라는 무시무시한 문구가 휘갈긴 채 쓰여 있었다. 나는 순간 긴장감에 침을 한번 꿀꺽 삼켰다.

긴장한 상태로 안으로 들어가 살펴본 도장의 내부는 일반적인 체육관과 같이 바닥에 매트가 깔려 있고 마찬가지로 매트가 붙어 있던 벽에 거울과 샌드백, 스피드볼 등이 걸려 있는 모습을 하고 있었다. 그러나 매우 어두웠던 하얀 색 조명 탓에 도장은 전체적으로 매우 음산한 분위기를 자아냈다. 카투사들은 하나같이 이곳의 분위기에 대해 한마디씩을 했다.

"여긴 어떻게 분위기가 이렇습니까? ….."

도장에 모인 우리는 이후 빌라허모사 병장의 지시에 따라 마치 방공호 같았던 건물 내부의 깊숙한 탈의 공간으로 들어가 군복에 붙어 있던 패치들을 모두 뗀 뒤 군복을 도복처럼 만들었다.

나는 이때까지만 해도 어차피 컴배티브 학교 역시 결국은 다른 도장들처럼 동작들을 배우고 이를 실습하는 과정에 불과할 것이라고 생각하고 있었다. 그러나 이러한 내 기대는 곧 처참히 무너지고 말았다.

빌라허모사 병장이 웃는 얼굴의 '악마 조교'로 변신해 교육생들을 쉴 새 없이 몰아붙이기 시작했기 때문이다. 컴배티브 과정은 아침 PT를 대신하는 컴배티브 PT로 시작했고 이는 일반 PT보다 더욱 근육을 혹사시키는 새로운 종류의 운동들로 구성되어 있었다. PT는 주로 새우처럼 누워서 바닥을 계속 기어다녀야 했던 '새우빼기' 등의 주짓수 기술들로 구성되어 있었는데 익숙하지 않았던 탓인지 상당히 힘이 들었다.

그러나 더 큰 문제는 '얼차려'였다. 빌라허모사 병장은 도장 안에 있는 동안 자신이 정한 규칙을 어기는 교육생이 하나라도 있으면 전체에게 무지막지한 얼차려를 부과했다.

가령 자리에 앉을 때는 반드시 한쪽 다리를 펴고 나머지 다리는 굽힌 채 앉아야 했는데 한 명이라도 이를 어기면 곧바로 네 발로 체육관을 계속 빙글빙글 도는 등의 얼차려가 부과되었다. 그리고 이와 같은 얼차려는 여기저기서 신음소리가 터져 나오고 도저히 버틸 수 없어 여러 명이 제자리에 쓰러지고 나서야 끝이 났다.

"그러게 다음부터는 꼭 규칙을 지키라고! 하하하하."

이 외에도 목소리가 작거나 사소한 규칙을 어겼을 때 빌라허모사 병장이 '스프롤(Sprawl)!'을 외치면 모두는 언제든 곧바로 두 손을 짚은 채 땅에 엎드린 자세로 바닥에 엎어져야 했다. 컴배티브 학교에서는 설사 교육생이 빌라허모사 병장보다 계급이 높더라도 교관인 빌라허모사 병장의 지시를 따라야 했다.

나는 마치 내가 다시 KTA에 입소한 것 같은 느낌을 받았다. 그러나 아무리 힘이 들어도 빌라허모사 병장이 시니어 카투사를 언급할 때면 억지로 힘을 내 버틸 만한 것처럼 보이고자 노력했다.

"어이 시니어 카투사 박! 아직은 할 만하겠지?"

"물론이죠!"

나는 차라리 새로운 기술을 배운 뒤 파트너와 서로 돌아가며 상대방에게 배운 기술을 연습해보는 시간이 가장 편하게 느껴졌다. 내 파트너는 히스패닉계 사병 산체스였는데 매우 강한 강도의 컴배티브 과정에 당황하긴 했지만 나와 함께 열심히 기술들을 연습했다. 나는 성실해 보이는 산체스와 파트너가 되어 다행이라고 생각했다.

그러나 산체스는 나와 대화를 나누던 중 나로부터 한 가지 말을 듣고 예상치못하게 큰 충격을 받았다.

"우리처럼 열심히 해야 시험에 통과해서 수료증을 받을 수 있을 거야. 이걸 또다시 할 순 없잖아?"

"뭐? 우리가 시험을 봐야 한다고? 그거 정말이야?" 산체스는 갑작스레 아연실색한 표정을 지으며 믿을 수 없다는 반응을 보였다. 아마 산체스는 앞서 컴배티브 과정을 수료하기 위해 시험을 봐야 한다는 사실에 관해 전혀 듣지 못한 것같았다.

그렇게 그날 이후 내 파트너인 산체스는 갑자기 실종되었고 다시는 컴배티브 도장에서 모습을 볼 수 없었다. 때문에 나는 첫날 이후 여러 미군 및 카투사 파트너들과 돌아가며 동작을 익혀야 했다.

첫날 힘겹게 컴배티브 학교의 일정을 모두 마친 카투사 세 명은 강습이 끝나자마자 그대로 매트에 쓰러져 황당하다는 듯 한참을 웃었다.

"아니 이게 말이 됩니까? 전 이럴 줄 몰랐습니다."

"하하하, 그러게 나도 이런 건 전혀 예상 못했다!"

나는 고작 일주일 동안의 컴배티브 1과정이 혹여나 너무 짧은 것은 아닐까 걱정했었지만 곧 하루가 마치 한 달처럼 느껴지는 신비한 경험을 하게 되었다. 비록 컴배티브 1과정은 일주일 동안만 이어졌지만 매일 '12시간' 동안 쉴 새 없이 강도 높은 격투기를 계속해서 배우는 것은 생각보다 훨씬 쉽지 않은 일이었기 때문이다.

점심을 먹기 전 이미 군복은 땀에 흠뻑 젖었으므로 우리는 매일 세탁을 하며 군복을 갈아입었고 순식간에 지나가버린 점심시간 이후 떨어지지 않는 발길을 내딛으며 '고통의 집'으로 향했다. 첫날 이후 온몸은 근육통으로 인해 제대로 말을 듣지 않았기 때문에 우리는 말 그대로 떨어지지 않는 발걸음을 겨우겨우 내딛으며 걸어 다녀야 했다.

나는 가장 선임이자 시니어 카투사로서 함께 컴배티브를 듣는 두 후임들이 힘을 낼 수 있도록 최선을 다했다. 매일 억지로라도 스스로 힘을 낸 후임들을 격려해가며 끊임없이 동기부여를 해 주었다.

"하하하 그래도 또 하루가 지났네! 여길 매일 제 발로 걸어가는 우리도 진짜 대단한 것 같지 않아? 남들은 이 뜨거운 맛을 영원히 모를 거야!"

"의도치 않게 강제로 영원히 잊지 못할 추억을 만들게 됐네!"

나 역시 상당히 힘이 들었지만 괜찮은 척을 하며 후임들을 위로하는 과정에서 오히려 힘을 낼 수 있었다. 그리고 KTA에서처럼 시간이 지남에 따라 내 몸과 마음은 곧 저절로 컴배티브 학교에 조금씩 적응해나가기 시작했다.

컴배티브 과정이 이처럼 카투사들을 힘들게 했던 데에는 무엇보다 '대련'이 가장 큰 영향을 미쳤다고 해도 과언이 아니었다. 교육생들은 매일 하루에도 몇 차례씩 원을 그린 채 2분씩 돌아가며 모두와 서로 '격렬한' 대련을 해야 했다. 우리는 서로 마주한 채 무릎을 꿇고 앉은 상태에서 다음과 같은 구령 소리에 맞춰 대련을 시작했다.

"Get ready~!(준비~!)"

"Hands up(손 올리고)"

"Fight!(시작!)"

승부욕이 강했던 미군들은 사력을 다해 대련에 임했고 그렇지 않았던 교육생들도 "최선을 다하라!"는 빌라허모사 병장의 호통 소리를 들으며 어쩔 수 없이 가능한 한 열심히 대련을 해야 했기 때문에 대련은 어느 정도 격렬해지기 마련이었다.

물론 앞서 말한 것처럼 들키지 않게 파트너와 각본을 짜는 경우도 있었지만 빌라허모사 병장이 이러한 행동을 용납하지 않았기 때문에 결코 쉽지 않았다.

당시 체중 증량에 힘입어 이전보다 상대적으로 편하게 대련에 임할 수 있을 것이라고 생각했지만 이는 내 착각에 불과했다. 대련에는 '체급의 구분'이 전혀 없었기 때문이다.

나는 고작해야 종합격투기를 기준으로 '웰터급'에 해당했으나 대련 파트너들 중에는 '미들급', '라이트 헤비급', 심지어는 '헤비급'으로 추정되는 사람들도 더러 있었다. 게다가 헤비급에 해당하는 미군들 중에는 빌라허모사 병장이 섭외한 조교들이 다수 포진해 있었다. 이후 알고 보니 이들은 앞서 열린 부대 내 컴배티브 대회에서 우승했던 수재들이었다.

연마한 기술 수준이 크게 차이가 나지 않는 상황에서는 체급에 따라 승부가 결정되는 경우가 많았기 때문에 가끔 말도 안 되게 큰 체급 차이가 나는 미군을 대련에서 만나면 시작 전부터 맥이 빠지기도 했다.

이 때문에 몸무게가 적게 나갔던 미군들은 아예 대련이 시작되기 전부터 상대방에게 "너 솔직히 몸무게가 얼마나 나가?"라는 질문을 습관적으로 하곤 했다. 특히 '플라이급'이나 '밴텀급'에 해당했던 훈 이병은 상황이 더욱 심각해서 때로는 자신보다 신장이 훨씬 크고 몸무게가 본인의 2배에 달하는 거대한 미군들과도 대련을 해야 하는 웃지 못할 상황이 펼쳐지기도 했다.

"하…이건 정말 아닌 것 같습니다."

가끔 훈 이병이 모든 것을 내려놓은 듯한 표정으로 거대한 미군 앞에서 대련을 준비하는 모습을 보고 있자면 훈 이병이 매일을 버티고 있는 것이 정말 대단하다는 생각마저 들었다.

그나마 다행이었던 것은 대련에서 타격, 들어서 내려치기 등이 금지되어 있었다는 것이었다. 만약 그렇지 않았다면 훈 이병뿐 아니라 모두에게 대련은 분명 더욱 힘든 일이 되었을 것이다.

심지어 내가 신청했던 컴배티브 과정에는 '여성'이 단 한 명도 없었다. 현 상병의 말에 따르면 매번 최선을 다해야만 하는 컴배티브 학교의 대련에서 이성과 만나는 것은 서로에게 마치 소중한 '쉬는 시간'과도 같았다고 했다. 이성과 대련을 할 경우 여러 가지 불편한 점들 때문에 서로 격렬히 대련을 하지 않는 것이 어느 정도 용인되었기 때문이다. 그러나 나는 이마저도 기대할 수 없었다.

이런 상황 속에서 존재 자체가 대단했던 훈 이병뿐 아니라 나와 나보다 체급이 더 높았던 장 상병은 미군들과의 대련에서 상당히 좋은 모습을 보여주고 있었다. 나 역시 탭을 받아내지는 못하더라도 오기로 탭을 내주지는 않았으며 이것은 장 상병도 마찬가지였다.

그러다 하루는 내가 헤비급 미군에게 탭을 받아내는 놀라운 일이 생기기도 했다. 사실 그것은 카투사 세 명이 모두 함께 이뤄낸 것이었다. 체급이 높은 미군들에게는 한 가지 공통적인 특징이 있었다. 그것은 바로 PT 시간 오래달리기를 할 때와 마찬가지로 지구력이 가벼운 체중의 사람들보다 상대적으로 떨어진다는 것이었다. 그리고 이는 F 일병도 마찬가지였다. 가장 큰 덩치를 가진 미군들 중 한 명이었던 F 일병은 힘이 아주 좋았지만 대련이 반복될수록 유독 힘든 기색이 역력했기 때문이다.

그날 F 일병은 공교롭게도 카투사 세 명을 연달아 상대하게 되었다. 그리고 그중 마지막 상대가 바로 나였다. F 일병은 이미 앞서 훈 이병과 장 상병을 거치며 상당히 지친 상태였다. 그리고 F 일병이 대련을 위해 내게로 오는 것을 보고 있던 장 상병은 지친 모습으로 내게 말했다.

"쟤 지금 힘 빠졌습니다."

장 상병의 말을 들은 뒤 F 일병의 지친 표정을 본 나는 순간 해 볼 만하겠다는 생각이 들었고 왠지 모를 용기가 생겼다. 그렇게 평소와 달리 자신감을 가지고 대련에 임한 나는 F 일병의 공격들을 요리조리 피하며 지친 F 일병의 힘을 잔뜩 뺀 뒤 기술을 걸 기회를 노렸다. 그리고 빠르게 기습하며 '사이드 키락', '암바' 등의 기술들을 열심히 시도한 끝에 나는 놀랍게도 그날 F 일병으로부터 '두 번'이나 탭을 받아낼 수 있었다.

이날의 경험은 내게 잊을 수 없는 짜릿한 기억을 선물해 주었고 각자가 가진 장점을 제대로 살리기만 한다면 불가능해 보이는 일도 해낼 수 있다는 교훈을 얻게 되었다. 물론 만약 F 일병의 몸이 윌리엄슨 준위처럼 모두 근육으로만 되어 있었다면 지구력만으로 승부를 볼 수 없었을지도 모를 일이지만 말이다.

어찌 되었든 나는 이날 컴배티브 학교에서 카투사들이 함께 협력해 모두가 두려워했던 상대 중 한 명인 F 일병에게 탭을 받아냈다는 생각에 뿌듯한 마음이 들었다.

"걱정 마십쇼, 제가 하라는 대로만 하면 됩니더! 살짝 주먹을 쥐고 두 손을 여기, 관자놀이 쪽에, 이렇게 올리시고, 가드 자세를 취해 얼굴을 보호하면 턱 맞고 기절할 일은 없을 겁니더!"

이즈음 킥복싱을 배웠던 현 상병은 디팩에서 만난 우리에게 '맞는 날' 살아남기 위한 팁들을 전수해 주었다.

컴배티브 과정에는 일명 '맞는 날'이 하루 있었다. '맞는 날'의 존재 이유는 다음과 같았다.

컴배티브 1과정에서 배운 주짓수 기술들은 일단 상대방을 쓰러뜨려야 사용할 수 있는 것들이었기에 일단 상대방을 붙잡고 제압할 때까지는 주먹에 맞아 기절하면 안 된다는 것이었다. 따라서 우리는 상대방의 주먹세례를 맞고도 쓰러지지 않고 버틴 채 상대를 붙잡아 제압하는 시험을 치러야 했다.

마침내 결전의 날 도장에 들어선 우리는 꽹장히 당황할 수밖에 없었다. 분위기가 매우 심각했기 때문이다.

"탕! 타당! 탕! 탕!"

교육생들은 샌드백을 치고 있는 거대한 덩치의 조교들에게 맞을 생각에 풀이 죽은 채 조용히 도장에 앉아 있었다. 조교들이 샌드백을 치는 소리가 얼마나 컸던지 나는 그 소리가 마치 총소리처럼 들렸다.

나는 교육생들보다 키가 훨씬 크고 엄청난 덩치를 자랑하는 조교들이 '우리를 때리기 위해' 글러브를 끼고 있는 모습을 보며 마음속에 떠오르는 의문을 지울 수가 없었다.

"과연 백병전에서 상대해야 하는 적들은 모두 저런 거구의 몸을 가지고 있는 것일까…. 한 명쯤은 아담한 체격을 가지고 있을 수도 있는 것 아닌가."

의무병이 대기하는 가운데 시작된 실전의 결과는 참혹했다. 많은 미군들이 주먹을 맞고 쓰러지거나 코피가 나 시험을 일시 중단하고 이후 다시 시험을 치르게 되었기 때문이다.

카투사들 중 가장 먼저 시험을 보았던 장 상병 또한 조교에게 몸 쪽을 제대로 맞고 쓰러지고 말았지만 이후 회복한 뒤 조교를 제압하는 데 성공했다. 나 역시 복부 쪽을 맞고 시험을 포기할 뻔 했지만 결국 주먹세례를 뚫고 어떻게든 조교를 제압하는 데 성공했다. 오히려 훈 이병은 참혹한 앞선 사례들을 보며 약간은 두려움이 생겼던 탓에 머뭇거리긴 했지만 빌라허모사 병장의 격렬한 응원을 받으며 큰 문제없이 시험을 치러낼 수 있었다.

컴배티브 학교의 마무리는 역시 대련이었다. 이날 흥미로웠던 것은 바로 '진정한 강자의 여유'를 지켜보는 일이었다. 마지막 대련에서는 결국 본인의 화를 이기지 못해 폭발해버린 미군이 생겼다. 그리고 그 주인공은 바로 Z 일병이었다. 승부욕이 강했던 Z 일병은 그날 교육생들 중 가장 체급이 높았을 뿐 아니라 실력까지 겸비하고 있었던 톰슨 일병을 대련에서 만나게 되었다.

역시나 Z 일병은 톰슨 일병의 상대가 되지 못했고 일방적으로 탭을 치게 될 위기에 처했다. 그러나 그때 Z 일병은 갑자기 폭발했고 톰슨 일병을 밀친 뒤 자리에서 일어나 씩씩대기 시작했다. 그리고 이런 상황 속에서 모두의 시선은 자연스럽게 톰슨 일병에게 향했다. 그러나 놀라웠던 것은 자신의 화를 주체하지 못하고 톰슨 일병에게 금방이라도 덤빌 듯한 태세를 취하던 Z 일병과 달리 톰슨 일병은 놀라울 정도로 침착한 태도를 보였다는 것이었다. 톰슨 일병은 대련을 하던 자세 그대로 제자리에 무릎을 꿇고 앉아 침묵을 지키며 평온한 표정으로 돌아가는 상황을 바라보았다.

톰슨 일병은 화를 억지로 억누르며 '침착한 척'을 하는 것이 아니라 실제로 침착한 것처럼 보였다. 톰슨 일병은 마치 잠깐의 쉬는 시간이 주어진 것이 고맙기라도 한 듯 천천히 땀을 닦으며 상대가 진정될 때까지 쉬는 시간을 가졌다. 그리고 이처럼 상대가 아무런 반응을 보이지 않자 Z 일병은 곧 빌라허모사 병장과 조교들의 제지를 받아 진정되었고 대련을 재개할 수 있게 되었다.

톰슨 일병은 그 후에도 앞서 생긴 분쟁을 개의치 않고 특별히 감정을 싣거나하지 않은 채 평소처럼 대련에 임해 모두의 예상대로 승리를 거두었다. 나는 이후 우락부락해 보이는 외모와 달리 순박한 성격을 가지고 있었던 앨라배마 출신의 톰슨 일병과 친해지게 되었고 현재까지도 SNS 친구로 지내고 있다. 그리고 이와 같은 강자의 여유를 보여주었던 것은 빌라허모사 병장도 마찬가지였다. 과거 STT 때 빌라허모사 병장이 본인의 화를 참지 못하고 자신에게 격렬하게 대드는 미군에게 웃으며 차분하게 대처하는 모습을 보았던 적이 있었기 때문이었다.

나는 당시 빌라허모사 병장이 "나와 싸우고 싶은 거라면 당장 이 자리에서 대련으로 승부를 보자."고 제안한 뒤 실력으로 본때를 보여줄지도 모르겠다는 생각까지 했었다. 누가 뭐래도 빌라허모사 병장의 격투기 실력이 훨씬 뛰어났고 다른 교육생들이 지켜보는 가운데 자존심을 세우고자 했을 수도 있었기 때문이다. 그러나 분노한 미군보다 훨씬 성숙했던 빌라허모사 병장은 굳이 자신의 실력을 보여주지 않고도 어린아이 같았던 교육생을 타일러 가라앉히는 데 성공했다.

이들을 보며 과거 자신에게 대드는 하급자에게 침착하게 대응했던 김 시카의 모습이 떠올랐다. 동시에 진정으로 강한 사람은 폭력이나 권위에 기대지 않고도 상대방을 통제할 수 있는 사람인 것 같다는 생각을 했다.

그리고 내가 마지막이 되어서야 깨달았던 것은 지금까지 그렇게 고생하며 빌라허모사 병장으로부터 받았던 얼차려들과 PT들이 사실은 모두 격투기에 반드시 필요한 유용한 기술들과 훈련들이었다는 것이었다.

가령 빌라허모사 병장이 교육생들에게 반드시 한쪽 다리를 굽히고 앉으라고 요구했던 것은 사실 이것이 누워 있는 상태에서 공격해오는 상대를 맞아 일어설 때 반드시 필요한 자세였기 때문이었다. 한쪽 다리를 굽히고 앉은 상태에서는 같은 쪽 손으로 머리를 방어하고 다른 쪽 손으로 땅을 짚은 뒤 굽히지 않은 발로 상대방을 가격하며 안전하고 신속하게 일어날 수 있었다.

수시로 주어졌던 '스프롤' 얼차려 역시 알고 보니 격투기에서 테이크 다운(넘어뜨리기)을 방어하는 유명한 기술이었다. 빌라허모사 병장은 이처럼 중요한 기술들을 얼차려로 만들어 수시로 부여함으로써 기술들이 몸에 익을 수 있도록 했던 것이었다. 이러한 사실을 깨달은 뒤 설사 의미 없어 보이고 힘들지라도 평소 꾸준히 만들어 놓은 좋은 습관은 반드시 결정적인 순간에 큰 도움이 될 수 있다는 것을 몸소 배울 수 있었다.

나는 이날 모든 일정을 마친 뒤 하루 앞서 빌라허모사 병장 앞에서 따로 최종 시험을 보았다. 다행히 갑자기 사라져버린 산체스만큼 시험이 두렵지는 않았다. 그동안 기술들이 자연스럽게 몸에 익었을 뿐 아니라 이미 전날 저녁점호시간 카투사 후임들과 서로 파트너가 되어 기술들을 시험해 보았기 때문이었다. 그리고 이 덕분인지 빌라허모사 병장 앞에서 모든 기술들을 무사히 시연해 시험에 통과할 수 있었다.

공교롭게도 이날 내 시험 파트너는 F 일병이었다. 나는 시험에 통과한 후 빌라허모사 병장, F 일병과 기쁨의 하이파이브를 나눈 뒤 가벼운 발걸음으로 마지막 휴가를 떠났다.

Fight House는 'House of Pain(고통의 집)'이라는 별명에 걸맞게 내게 충분한 고통을 안겨주었다. 일단 그곳에 들어간 이상 고통을 느끼지 않고서는 나갈 수 없었기 때문이다. 실제로 컴배티브 과정이 끝날 무렵부터는 팔이 제대로 움직이지 않아 얼음찜질 등을 받아야 했다. 그럼에도 나는 결코 컴배티브 과정에 자원한 것을 후회하지 않았다. 받은 고통 이상으로 더 큰 보상을 받았기 때문이었다.

컴배티브 학교는 내게 돈도 받지 않고 격투기를 가르쳐주었을 뿐 아니라 평생 잊지 못할 소중한 경험들과 성취감까지 선물해 주었다. 또한 고통의 역치를 높여준 탓에 이전보다 작은 고통에 크게 반응하지 않을 수 있게 되었다. 나는 분명 컴배티브 학교를 통해 한층 더 성장한 것 같은 느낌을 받았다. 다행히 카투사 후임들 역시 모두 나와 마찬가지로 큰 문제 없이 시험에 합격해 수료증을 거머쥘 수 있었다.

그렇게 컴배티브 과정이 무사히 끝나고 얼마 뒤 Day room에서는 내 후임 시니어 카투사를 뽑기 위한 부대원 투표가 열렸다. 그리고 본인의 걱정과 달리 나와 함께 컴배티브 과정을 수료했던 장 상병이 투표에서 가장 많은 득표수를 얻어 쟁쟁한 후보들을 제치고 새롭게 시니어 카투사가 되었다. 그리고 장 상병이 시니어 카투사가 되자 부대에서는 인사과 출신이 시니어 카투사가 되기에 유리하다는 우스갯소리가 나오기도 했다. 신기하게도 여단 인사과 출신이었던 박 시카와 나, 고 시카에 이어 새롭게 시니어 카투사가 된 장 상병마저 대대 '인사과' 출신이었기 때문이다.

그렇게 이 시카가 전역한 뒤 시니어 카투사는 3인 체제로 유지되었고 왜관에서 출발한 내 부대 열차는 서울역을 눈앞에 두게 되었다.

평소와 다름없었던 저녁점호가 끝난 뒤 나는 무엇인가 달라졌음을 느꼈다. 부대원들이 내가 아닌 고 시카와 장 시카에게 찾아가 문제를 논의하기 시작했던 것이다. 나는 옆자리에 앉아 이들의 이야기를 들으며 왠지 모를 씁쓸함을 느꼈다.

부대원들이 곧 전역을 앞둔 내가 아닌 고 시카와 장 시카에게 보고를 하고 문제를 이야기하는 것은 지극히 당연한 일이었지만, 나는 이제 내가 정말 떠나야할 때가 되었다는 생각에 아쉬운 마음이 들었다. 물론 아직도 내게 문제를 털어놓는 후임들도 있었지만 이것이 결코 바람직하다고 할 수는 없었다.

그리고 이 무렵 시니어 카투사들은 마침내 숙원사업이었던 '전산과로부터 듀티폰 받아내기'에 성공해 조금 더 수월하게 업무를 수행할 수 있게 되었다.

사실 이는 이미 예전에 합의된 것이었지만 전산과는 일을 차일피일 미루다 베이커 대대장의 서명이 담긴 공문서를 제시하고 나서야 비로소 듀티폰을 지급했다. 이 과정에서 전산과의 카투사 후임들이 고생하는 등 나는 그동안 마지막 프로젝트와도 같았던 듀티폰 문제 때문에 골머리를 앓았었기에 시니어 카투사들이 마침내 듀티폰을 받게 되자 부대를 떠나기 전 조금이나마 마음을 놓을 수 있었다.

그리고 시니어 카투사로서 마지막으로 의미 있는 감사장을 수여하기도 했다. 그 주인공은 바로 카투사들의 든든한 후원자였던 실호스트 대대 주임원사였다.

나와 지원대장은 그동안 카투사들을 위해 물심양면으로 힘을 써 주었던 실호스트 대대 주임원사의 전역을 앞두고 어떤 선물을 주어야 할지를 진지하게 고민했다. 그리고 얼마 뒤 우리는 결국 감사장과 함께 지원대장이 마련한 지휘봉, 한국군 주임원사 마크가 달린 전역모, 코인 등의 선물을 실호스트 주임원사에게 전달하기로 결정했다.

그렇게 우리는 하루 부대 채플의 예배당을 통째로 빌려 전역하는 실호스트 주임원사에게 선물을 전달하며 감사의 마음을 표현하는 시간을 마련했다. 부대원들은 이미 그동안 실호스트 주임원사가 소수자이자 약자였던 카투사들을 위해 보이지 않는 곳에서 여러 도움을 주었음을 익히 알고 있었기에 모두 한마음 한뜻으로 송별 행사에 참여했다.

부인과 함께 카투사들이 마련한 행사에 참여한 실호스트 주임원사는 크게 감동하며 기쁨을 감추지 못했다. 나는 실호스트 주임원사에게 직접 선물을 전달하며 "그동안 카투사들을 위해 여러 도움을 주신 데 진심으로 감사하며 전역을 축하드린다."는 이야기를 전했다.

마침 당시 지원대장 역시 미군부대에서의 임기를 마치고 전출을 앞두고 있었기에 실호스트 주임원사는 지원대장에게도 감사패(Plaque)를 선물했다. 감사패는 금색 용문양과 성조기, 태극기로 장식된 깔끔한 액자 안에 부대 마크가 새겨진 도끼가 들어있는 고급스러운 모양을 하고 있었다.

게다가 실호스트 주임원사는 놀랍게도 '이것이 군을 떠나기 전 자신이 해 줄 수 있는 전부'라며 카투사 전원에게 미리 준비한 감사장을 수여했다. 이는 실호스트 주임원사가 오직 카투사들만을 위해 특별히 준비한 것이었다. 실호스트 주임원사는 카투사 한 명 한 명의 이름을 불러가며 모두에게 감사장을 수여했고 따뜻한 말 한마디까지 덧붙여 주었다.

군 생활 초반부터 인연을 쌓아온 실호스트 주임원사와 마지막 작별의 악수를 나누다 순간 울컥하는 마음에 눈물이 찔끔 나올 뻔하기도 했다. 그렇게 실호스트 주임원사의 연락처를 받은 후 아쉬운 마음을 뒤로한 채 미군부대에서의 친할 아버지와도 같았던 실호스트 주임원사를 떠나보냈다.

나는 문제가 생길 때마다 늘 마음 한구석에 '만약 이대로 해결의 기미가 보이지 않는다면 실호스트 주임원사를 한번 찾아가보자'는 생각을 최후의 보루로 가지고 있었다. 이처럼 군 생활 내내 카투사들의 '믿는 구석'이 되어주었던 실호스트 주임원사가 떠나기 전 마지막으로 이와 같은 행사를 기획할 수 있었음에 감사했다.

나는 그 뒤 전역을 일주일(근무일 기준) 남기고 클리어링(Clearing) 기간에 돌입해 사무실로 출근하지 않고 본격적으로 전역을 준비하기 시작했다. 물론 사무실을 떠나기 전 내가 마지막으로 잊지 않고 한 일이 있었는데 그것은 바로 전역 전 나의 군 생활 은인들에게 감사 인사를 남기는 것이었다.

먼저 최고의 직속상관이었던 프레이저 상사에게 군용 메일을 한 통 보냈다. 프레이저 상사에게 결국은 내가 시니어 카투사가 되었음을 알리며 그동안 나를 잘 훈련시켜줘서 진심으로 감사하다는 말과 함께, 덕분에 리더십을 비롯해 정말 많은 것들을 배울 수 있었다는 내용을 담아 메일을 보냈다. 그리고 다음 날 나는 곧바로 프레이저 상사의 답장을 받을 수 있었다. 답장에 포함된 서명을 보니 프레이저 상사는 그새 '일등상사'가 되어 있었다.

"와! 아들 잘 지내고 있니? 시니어 카투사가 되었다니 정말로 자랑스럽구나. 나는 잘 지내고 있어. 너희 카투사들을 그리워하는 탓에 하루 종일 내 카투사들에 대해 이야기하고 있단다. 나야말로 너를 가르칠 수 있어서 고마웠어. 그리고 나는 여전히 미국

에서 이것저것 여러 가지 도움을 필요로 하고 있단다. 네가 이번 달에 전역을 한다
니 이제 미국으로 와서 나를 위해 다시 일해 주면 되겠구나. 몸 건강히 지내고 계속
연락을 이어가자꾸나. 내 개인 이메일은 ―@gmail.com이란다.

― 일등상사 프레이저"

또 나는 전역을 맞아 김 시카에게도 SNS 메시지를 남겼다. 한참 미숙했던 신
병 때 내게 좋은 모습을 보여주었던 덕분에 이렇게 기분 좋게 전역을 할 수 있게
된 것 같다는 나의 메시지에 김 시카는 곧 답장을 보내왔다. 김 시카는 여전히 특
유의 '반존댓말'을 사용하며 나의 전역을 축하해 주었다.

"종종 권위적인 모습을 보였을지도 모르는데 잘 봐줘서 고맙고 무엇보다 전역 축하
해! 이제 군인 티를 벗고 실컷 즐기세요! 때가 잘 맞으면 언제 한 번 봐!"

그렇게 나름의 임무를 모두 마치고 사무실을 떠난 나는 얼마 뒤 갑옷 같았던
IOTV를 포함해 정든 군용품들을 모두 반납했다. 군용품 반납은 신병 때 군용물
품들을 받았던 CIF(Central Issue Facility)에서 이루어졌다.

이처럼 그동안 군 생활을 함께 해 온 군용물품들을 대부분 반납해야 했지만
비슷한 시기 오히려 새로운 물품들을 얻기도 했다. 그동안 쌓아온 피복 구매비
(CMAS, Clothing Monetary Allowance System, 시마스) 덕분에 전역 전 '미군 물품 쇼핑'
을 할 수 있었기 때문이다.

미군과 달리 원칙적으로 월급으로 피복을 구입할 수 없는 카투사들은 매달 얼
마씩 적립되는 피복 구매비를 통해 원하는 옷을 구매할 수 있었다. 덕분에 나와
동기들은 전역 전 부대 내 가게에 들러 그동안 쌓인 피복 구매비로 각종 물품들
을 구입했다.

생각보다 많은 돈이 쌓여 있었기에 우리는 마치 부자라도 된 것처럼 원하는
물품들을 이것저것 구입한 뒤 양손 가득 물품들을 들고 가게 밖을 빠져나올 수
있었다. 나는 새로운 군복인 OCP를 사고 싶었지만 CMAS로 구입할 수 있는 물

품 목록에 아직 포함되지 않았던 관계로 새로운 디자인의 검정색 PT복과 군화, 타월 등을 구입했다.

나는 이처럼 더욱 늘어난 방 안의 짐들을 전역 전 서울에 있는 집으로 옮겨야 했는데 그 양이 많아 꽤 고생을 해야 했다. 외박을 나갈 때마다 짐을 조금씩 옮기긴 했지만 기차나 고속버스에 싣고 갈 수 있는 양에는 한계가 있었기 때문이다. 이에 전역 전 가족들은 미군부대도 둘러볼 겸 부대를 방문해 짐 옮기는 것을 도와주기로 했다.

당시 우리 부대에는 무려 8층 높이의 새 배럭이 완공을 앞두고 있었다. 이 때문에 부대원들은 내가 전역하기 직전 힘겹게 새로운 배럭으로 이사를 마친 뒤 곧바로 짐들을 다시 집으로 옮겨야 할지도 모른다고 겁을 주기도 했다. 그러나 다행히도 나는 새로운 배럭으로 이사를 하기 전 전역을 할 수 있었다. 후일담에 따르면 새로운 배럭으로의 이사는 차량이 동원되어 그다지 힘들지 않았다고 한다. 어찌 되었든 나 역시 가족들 덕분에 어렵지 않게 짐을 옮길 수 있게 되었다.

첫 에스코트 때와 달리 나는 CQ에 부모님과 남동생이 방에 들어와 짐을 옮기는 것을 도와줘도 되는지 웃는 얼굴로 당당하게 물어보았고 가족들은 마침내 방에 들어와 내가 살았던 곳을 직접 볼 수 있었다.

"이 방을 혼자 사용한다고? 호텔방이 따로 없네!" 현역 육군으로 입대할 예정이었던 동생이 방을 둘러보며 신기하다는 듯 말했다.

이번에는 모든 것이 낯설고 어색했던 첫 번째 가족 에스코트 때와는 조금 달랐다. 가족을 이제 나에게 익숙해진 미군부대에서 만나는 것은 생각보다 굉장히 이질적인 느낌을 주었다. 마치 서로 공존하면서도 섞일 수 없는 두 개의 다른 세계가 갑자기 한 곳에서 만난 것 같은 느낌이었다. 그리고 이제 나는 그중 한 세계를 떠나 다른 세계로 갈 준비를 하고 있었다.

전역 전 마지막 근무일에 나는 동기들과 지역대 본부에서 열린 '전역자 교육'에 참가했다. 우리는 이날 매우 오랜만에 방 안 깊숙한 곳에 묻혀 있던 한국군 군복을 꺼내 입었다. 한국군 군복을 입어보는 것은 논산훈련소를 수료한 뒤 처음이었다.

부대로 돌아온 나는 기다리던 '전역 인사'를 할 생각에 들떠 있었다. 사수인 안 병장과 김 시카가 그랬듯 나 역시 마침내 한국군 군복을 입고 미측 섹션을 돌며 정든 미군, 카투사들과 웃는 얼굴로 작별 인사를 할 때가 되었던 것이다. 당시는 이미 가을을 지나 겨울로 접어들며 쌀쌀한 날씨가 계속되고 있었지만 나는 추위에 상관없이 어서 건물들을 차례로 돌며 인사를 건네고 싶은 마음뿐이었다.

그러나 왠지 이 전통은 이즈음 이미 시들해져서 나를 제외한 동기들은 미군 섹션을 도는 대신 배럭에 들어가 낮잠을 자는 것을 택했다. 오직 배럭에 가는 길에 나를 만난 동기 정 병장만 잠시 중대 건물을 방문해 같은 소대 미군들과 작별 인사를 나누었다.

나는 먼저 대대 건물과 중대 건물을 방문했지만 그동안 시니어 카투사로 일하며 업무상 만났던 소수의 간부들을 제외하면 내가 아는 익숙한 얼굴의 미군들은 전혀 보이지 않았다. 오직 사무실에서 일하던 카투사들과 군무원 선생님들만 가끔씩 나를 알아보고 따뜻한 작별의 말을 건네줄 따름이었다.

그리고 기대하는 마음으로 여단 건물의 인사과 사무실을 찾아갔을 때 나는 매우 민망한 반응을 마주하게 되었다. 분명 익숙한 사무실이었지만 그 어떤 미군도 나를 알아보지 못했기 때문이었다. 심지어 당시 인사과에는 카투사 후임조차 자리에 없었다.

처음 보는 낯선 미군들은 대부분 내게는 아무런 반응도 보이지 않은 채 업무에만 열중했고, 일부는 네 정체가 무엇이냐는 눈빛으로 한국군 군복 차림의 나를 멀뚱멀뚱 쳐다보고만 있었다. 나는 이에 당황하며 사무실 내부를 이리저리 둘러보았지만 내가 아는 미군들은 아무도 없었다.

인사과로 전입을 온 첫날 내게 따뜻한 위로의 말을 건네주었던 윌리엄슨 준위도, 매일 농담을 하며 잊지 않고 내게 체육관을 갈 것인지 물어보던 프레드릭 병장도, 아빌라와 루이스, J 훈병과 후세인 중위도 보이지 않았다. 이들의 모습은 하나같이 눈에 선했지만 단 한 명도 더는 사무실에 남아 있지 않았다.

나는 이미 때가 늦었음을 직감적으로 깨달았다. 마음속으로 막연하게 예전 그대로의 인사과를 기대하고 있었지만, 미군들은 모두 1년 뒤 한국을 떠나야 했기에 내가 시니어 카투사로 정신없이 시간을 보내는 사이 인사과를 떠났음은 당연한 일이었기 때문이다.

시니어 카투사 패치를 달지 않은 나는 이제 인사과에서조차 그저 정체를 알 수 없는 불청객에 불과했다. 한국군 군복을 입고 인사과 식구들 앞에 멋있게 나타나려던 내 계획은 그렇게 수포로 돌아갔고 나는 조용히 사무실을 나섰다. 그러나 한숨을 내쉬며 밖으로 나가려던 그때 누군가 나를 불렀고 뒤를 돌아보니 저 멀리 자신의 사무실에 있던 머카도 소령이 나를 알아보고 방에서 나오고 있었다.

나는 내게 관심 없는 미군들 틈에서 머카도 소령과 잠시나마 작별 인사를 나누었고 곧 인사과 사무실을 떠났다. 사실 OIC(책임 장교)였던 머카도 소령은 인사과에서 나와 가장 덜 친했던 미군이었지만 아이러니하게도 나와 마지막으로 작별 인사를 나눈 유일한 인사과 식구가 되었다.

사무실 밖으로 나온 뒤 무언가 서글프고 쓸쓸한 기분에 둘러싸인 채 터벅터벅 'Driver's room'으로 향했다.

Driver's room으로 향하는 짧은 시간 나는 내가 마치 과거로 걸어 들어가고 있는 듯한 기분이 들었다. 과거 W 병장에게 시달리며 힘들었던 순간들이 순식간에 머릿속을 지나갔기 때문이다. 그러자 곧 그래도 이처럼 무사히 군 생활을 마칠 수 있다는 사실 자체에 감사하는 마음이 들었고 입가에 조금씩 미소가 번졌다.

마침내 복도 끝에 꽁꽁 숨겨져 있던 Driver's room에 도착했을 때 방 안에는 남 선생님이 예전 그대로의 모습으로 앉아 계셨다. 박 형님은 자리에 없었기에 우리는 함께 편안히 둘만의 이야기를 나눌 수 있었다.

"찬준아, 너는 잘 될 끼다. 지휘부에서 고생도 하고 힘들었지만 그래도 컬러가드도 해보고 잘 극복해서 시카도 됐잖냐."

나는 김 시카가 그랬듯 남 선생님과 좁은 사무실 안에 앉아 이런저런 이야기를 나누며 큰 위로를 받을 수 있었다. 그리고 그렇게 힘을 얻은 나는 지휘부로 향했다. 내가 처음 군 생활을 시작했던 바로 그곳이었다.

지휘부 사무실은 텅 비어 있는 것 같았다. 나는 순간 이곳에 앉아 있는 W 병장과 권 중령을 떠올렸지만 곧 그때와는 상황이 전혀 달라졌음을 깨달았다. 이병 시절과는 달리 이제는 W 병장과 권 중령을 대면한다고 하더라도 당당한 태도로 문제를 이야기하고 상황에 대처할 수 있을 것이었기 때문이다. 물론 내 군생활이 그랬듯 삶이 의지대로만 흘러가지는 않겠지만, 적어도 나는 이전보다는 담대하게 시련에 대처할 수 있게 되었음을 느낄 수 있었다.

여단장과 새 부여단장은 지휘부를 비운 상태였지만 다행히 윌렛 여단 주임원사는 본인의 사무실에 있었다. 한국군 군복을 입은 나를 본 윌렛 주임원사는 곧바로 자신의 사무실 밖으로 나와 나에게 웃으며 악수를 청했다.

"전역하는 건가 Park?"

"네 마침내 그날이 됐는데 왠지 아쉬운 마음이 더 큰 것 같습니다."

윌렛 여단 주임원사는 '공룡'이라는 별명을 가지고 있었다. 2미터 가까이 되는 엄청난 키에 상대적으로 마른 체격을 가지고 있었기 때문이다. 이처럼 큰 키와 날카로운 얼굴의 소유자였던 그는 업무에 있어서는 철저한 사람이었지만 나를 늘 인간적으로 대해 주었기 때문에 카투사와 관련된 문제를 함께 논의할 수 있었다. 윌렛 여단 주임원사는 백인으로 전임자인 모튼 원사와 인종은 달랐지만 그와 마찬가지로 겉과 속이 다르지 않은 멋진 사람이었다.

윌렛 주임원사는 내게 칭찬과 함께 진심 어린 관심이 섞인 여러 질문들을 던졌다.

"자네 전공이 뭐지? 앞으로 무슨 일을 할 생각인가?"

나는 앞으로 하고 싶은 일들을 말했고 윌렛 주임원사는 시종일관 매우 진지한 표정으로 내 이야기를 들어주었다.

"그것 참 좋은 일이군!"

그렇게 서로 한참 이야기를 한 뒤 윌렛 주임원사는 갑자기 자신의 방에서 무엇인가를 가져와 내게 건넸다.

"여기 이거 받게."

주임원사의 손에는 큼지막한 코인과 함께 명함이 들려 있었다.

"그동안 한미동맹을 위해 힘써 줘 정말로 고마웠네. 그리고 어려운 일이 생기면 반드시 여기로 연락하게 내가 꼭 도와주지, 진심으로 말하는 걸세."

월렛 주임원사는 명함에 있는 자신의 연락처를 가리키며 매우 진지하게 이 말을 했다. 월렛 주임원사는 내가 전역을 해 직장을 잃으면 내 생활이 매우 어려워질 것을 진심으로 걱정해 주고 있는 것 같아 보였다.

"네, 알겠습니다! 그동안 카투사들을 위해 애써 주셔서 감사했습니다."

나는 월렛 주임원사와 악수를 한 뒤 미측 섹션에서의 '전역 인사'를 모두 마쳤다. 그리고 이 같은 월렛 여단 주임원사의 따뜻한 말들은 내가 그동안 해 온 군 생활에 대해 뿌듯한 마음을 가질 수 있게 해 주었다. 나는 월렛 주임원사 덕분에 아쉬운 마음을 뒤로한 채 기분 좋게 전역 인사를 마칠 수 있었다.

이날의 전역 인사는 내게 '이제 내가 아는 미군들은 더 이상 그 자리에 없다'는 사실을 확인시켜줌으로써 비로소 내가 남아 있던 미련을 버리고 부대를 떠날 수 있게 해 주었다.

전역 전날에는 마지막으로 채플에 들러 예배를 드렸고 이곳에서도 전역을 기념해 코인을 받을 수 있었다. 나는 이날 받았던 코인을 포함해 이러저러한 이유로 군 생활 동안 8개의 코인을 받아 소중한 기념품으로 남길 수 있었다.

이날 저녁점호시간에는 어김없이 '전역자의 한마디' 시간이 있었다. 나는 부대원들에게 어떤 말을 할지를 미리 곰곰이 한 번 생각해 보았다. 어찌 되었든 '진심'을 담아 이야기하는 것이 가장 중요하다고 생각했다.

나를 포함한 동기들은 모든 부대원들이 지켜보는 가운데 일어나 한쪽 벽에 자리를 잡고 서서 한마디씩 전역 소감을 말했다. 그리고 마침내 내 차례가 되었다.

"먼저 혹시 그동안 의도하지 않았더라도 어떤 방식으로든 누군가에게 상처가 되는 일을 했다면 죄송하다는 말씀을 드리고 싶습니다. 그리고 부대원 한 명 한 명에게 진심으로 고마웠다는 말을 하고 싶습니다. 여러분들 덕분에 이렇게 행복하게 전역할 수 있게 되었습니다. 솔직히 말하면 지금 전역하는 것이 기쁘기보다는 오히려 너무 슬프고 아쉽습니다. 마지막으로 혹시 제가 사는 동네에 오게 되는 부대원에게는 밥을 사겠습니다. 연락하세요!"

"아니 그럼 가격은 상관없다는 말입니까!" 현 상병이 갑자기 끼어들었다.

"그래!"

"지금 여기 있는 사람 다 들었습니다!" 부대원들은 이 말에 모두 박수까지 치며 좋아했다.

그 뒤에는 반대로 후임들이 돌아가며 우리에게 한마디씩을 했는데 다들 너무도 좋은 말들을 해 주어 약간은 쑥스럽기도 했다.

"군 생활처럼만 한다면 사회에서도 꼭 성공할 겁니다!"

한 가지 놀라웠던 것은 생각 외로 나에게 전혀 관심이 없을 줄 알았던 후임들이 나의 사소한 행동들을 기억하고 이야기해 주었다는 것이었다. 그중에는 내가 한참 동안이나 생각해야 기억해낼 수 있었던 것들도 있었다. 나한테는 별것 아니었던 것들이 후임들에게는 굉장히 특별한 기억으로 남기도 했던 모양이었다.

"그때 제게 선물로 주셨던 식물은 지금까지 잘 자라고 있습니다. 앞으로도 제가 잘 키울 테니 걱정 마십시오! 감사합니다."

"그때 좋은 말씀 해주셔서 고마웠습니다!"

그렇게 대다수의 후임들이 저마다 한마디씩을 한 뒤에는 자연스럽게 최후임들의 순서는 건너뛰고 '전역자의 한마디'를 마무리하는 것이 일반적이었다. 자대에 배치받은 지 얼마 지나지 않은 신병들의 경우는 전역자들에게 할 말이 없었기 때문이다. 그러나 그날은 한 신병이 전역자의 한마디 시간이 끝나기 전 갑자기 손을 들고 할 말이 있다고 말했다. 떨리는 목소리로 용기를 낸 신병은 바로 전입 후 한 달이 지나 일병으로 갓 진급한 훈 일병이었다.

훈 일병은 나를 콕 집어 말했다.

"박찬준 시카님! 컴배티브 때 박 시카님 때문에 버틸 수 있었습니다. 진심으로 감사했습니다!" 훈 일병은 약간은 떨리는 목소리로 내게 말했다. 나는 훈 일병의 목소리와 표정에서 진심을 느낄 수 있었고 정말로 뿌듯한 마음이 들었다.

그렇게 부대원들로부터 들은 좋은 말들로 기운을 얻은 나는 점호가 끝난 뒤 후임들과 함께 미리 준비해 둔 맛있는 음식들을 먹으며 아쉬움을 달랬다. 나는 감사의 의미를 담아 일부 후임들에게 향이 가장 좋다고 생각했던 로션을 선물했고, 종헌 병장과 두 후임 시니어 카투사들을 필두로 한 3소대 및 RSO 후임들은 직접 제작한 전역모를 준비해 나에게 깜짝 선물을 해 주었다.

우리 부대에는 같은 소대 후임들이 '원할 경우' 전역하는 선임을 위해 예비군 훈련 때 착용할 전역모를 선물해주는 전통 같은 것이 있었다. 그러나 나는 이제 3소대를 떠나 RSO 소속이었기에 이를 크게 기대하지 않고 있었고 우리 소대 후임들 역시 내게 전역모는 없다며 연막을 쳐놓은 상태였기에 선물이 더욱 반갑게 느껴졌다. 전역모에는 카투사들의 이름뿐만 아니라 프레이저 상사, 미촘 하사 등 나와 인연이 깊은 미군들의 이름까지 적혀 있었다.

나와 동기들은 우리의 부사수들과도 짧은 대화를 나누었다. 물론 앞서 지원대장과 합의했던 대로 내 부사수인 지휘부 운전병 후임은 없었지만 나는 여단 인사과에 배치받은 후임 등에게 간단히 인사와 격려를 건넸다. 이들은 우리의 2년 전 모습과 크게 다를 것이 없어 보였다. 나는 이들 역시 곧 우리와 똑같은 곳에서 약 2년 동안 군 생활을 할 것이라고 생각하니 기분이 이상했다. 과거의 나를 다시 보는 것 같았기 때문이다.

그날 부대원들과 와자지껄 떠들며 즐거운 시간을 보낸 후 혼자 방에 들어가 앞서 선임 시니어 카투사들이 그랬듯 앞으로 내 방에서 살게 될 후임 시니어 카투사를 위해 쪽지를 남겼다.

"너무 걱정하지 마, 넌 충분히 잘할 수 있을 거야! 냉장고에 있는 간식은 내 선물이
니까 맛있게 먹어…"

나는 시니어 카투사가 된 뒤 약간은 불안해 하던 후임이 용기를 가질 수 있도록 쪽지에 주로 격려의 내용을 담았다.

쪽지를 쓰고 난 뒤 잠을 청했지만 쉽게 잠이 들지 못했다. 지금의 나를 만들어준 미군부대에서의 추억들이 떠오르며 이 밤이 지나면 이토록 나에게 많은 영향을 끼친 미군부대 생활이 완전히 끝난다는 생각에 잠이 오지 않았기 때문이다.

싱숭생숭 뒤척이던 밤이 지나고 마침내 전역일이 밝았다. 전날 잠을 설친 탓

에 이날 알람을 듣지 못하고 제때 일어나지 못할 뻔하기도 했다.

나는 부대 전통에 따라 막 PT가 끝난 부대원들과 배럭 앞에서 다 같이 단체 사진을 찍은 뒤 작별 인사를 나누었다. 종헌 병장과 용호 병장 등은 나와 동기들이 전역 신고를 위해 지역대로 가는 버스에 탈 때까지 배웅을 해 주었다. 이제 버스를 타면 스스로는 다시 이곳에 들어올 수 없다는 생각에 차마 발길이 떨어지지 않았다.

그렇게 배웅을 뒤로 하고 버스에 탄 뒤에는 창문으로 손을 흔드는 후임들을 보며 눈물이 나올 뻔하는 것을 억지로 참았다. 원래 전역이 기쁘기보다는 이렇게도 슬픈 것인가 하는 생각이 들었다. 지긋지긋한 군 생활이 끝난다는 느낌보다는 오히려 정말 사랑하는 조직에서 떠나야만 하는 것 같은 느낌을 받았기 때문이다.

전역 신고를 마친 나와 동기들은 역 근처에서 함께 마지막 식사를 한 뒤 예정된 시간에 맞춰 짐이 담긴 더플백을 들고 기차에 올랐다. 그러나 얼마 지나지 않아 동기들은 각자 아쉬움의 인사를 나누며 하나씩 기차에서 내렸고 서울역까지 가는 나는 혼자 남게 되었다. 나는 CD 플레이어로 노래를 튼 뒤, 조금씩 비가 내리고 있는 창밖을 바라보며 자연스럽게 회상에 잠겼다.

나는 어느 날 진지한 표정으로 이야기를 나누고 있는 미군들 근처에 앉아 휴식을 취하다 다음과 같은 이야기를 들은 적이 있다.

"그 지역에서는 지금 IS(Islamic State. 이슬람 극단주의 무장단체)와 격렬한 전투가 벌어지고 있어."

"나도 들었어, 혹시 내가 다음에 그곳으로 배치받으면 어떻게 하지?"

나는 교전 지역으로 배치될 일이 없었기에 조용히 그들의 이야기를 듣고만 있었지만 미군들은 근심 어린 표정으로 본인들이 교전 지역에 파견될 것을 걱정하고 있었다. 그리고 얼마 뒤 종헌 병장을 통해 군수과에서 일하던 락클레어 상병의 이야기를 듣게 되었다.

"교전 상황이 발생했을 때 난 솔직히 너무 무서워서 근처에 있던 책상 밑으로 들어가 땅에 머리를 박고 벌벌 떨고만 있었어. 그땐 정말 죽을 뻔 했지."

나는 이 이야기를 들으며 총성이 들리는 가운데 락클레어 상병이 두 손을 머리 위에 올린 채 쪼그려 앉아 머리를 두 다리 가운데 박고 떨고 있는 모습이 머릿속에 생생히 그려졌다.

당시 락클레어 상병은 동료들의 도움으로 '운 좋게' 위기를 무사히 넘길 수 있었지만 이 같은 상황에 처했다면 벌벌 떨고만 있는 것이 아니라 우선 자신감을 가지고 정신을 붙든 뒤 총을 장전하고 대책을 세우는 것이 생존 확률을 더 높일 수 있는 확실한 방법이었다.

이러한 관점에서 컴배티브 학교에 있을 때 대련에 앞서 무조건 자신감 있는 태도를 보였던 많은 미군들을 비로소 약간은 이해할 수 있게 되었다. 어차피 대련을 해야 한다면 자신감을 가지고 최선을 다할 때는 상대에게 탭을 받아낼 몇 퍼센트의 가능성이라도 생길 수 있지만 시작 전부터 포기해 버린다면 반드시 승률은 제로가 될 것이기 때문이었다.

매사에 자신만만했던 운전학교의 클라크 중사를 비롯해 전투 경험이 있는 미군들이 가지고 있었던 무조건적인 자신감은 사실 생존과 승리를 위해 필수적인 것이었다. 이들은 아무리 절망적인 상황에 처하더라도 일단 희망을 가져야만 생존 확률을 높일 수 있다는 것을 잘 알고 있었던 것이다.

내 의사와는 상관없는 외부의 요인들로 인해 다른 곳으로 옮겨질 때마다 그 뒤에 더 행복한 일이 기다리고 있음을 전혀 예측할 수 없었던 것처럼 누구도 미래를 완벽히 알 수는 없다. 그리고 그렇기에 여전히 희망은 있는 것이다.

그러나 내가 우여곡절 끝에 보람찬 군 생활을 할 수 있었던 것은 단순히 희망을 가지고 포기하지 않았기 때문만이 아니라 나름대로 처한 상황에서 할 수 있는 최선을 다했기 때문이었다. 만일 내가 인사과에서 업무를 시작한 첫날, 윌리엄슨 준위의 따뜻한 위로를 들은 뒤 한번 최선을 다해 열심히 일해보기로 굳게 다짐하지 않았다면 나는 인사과 미군들로부터 결코 인정받지 못했을지도 모른다. 만약 내가 자발적인 초과 근무를 하기는커녕 온갖 편법을 사용해 편의만 누리려고 했다면 나는 프레이저 상사를 비롯한 최고의 미군 상관들을 놓치고 말았을 것이다.

또 내가 인사과를 떠나야 할 위기에 처했을 때 객관적인 현실을 직시하고 단풍나무 아래에서 냉철히 할 수 있는 대응 방안을 고민해보지 않았다면 시니어 카투사가 되어 보람찬 업무들을 해볼 기회조차 얻지 못했을 것이다.

'하늘은 스스로 돕는 자를 돕는다.'는 속담처럼 아무것도 하지 않는다면 삶이 주는 기회를 받을 수 없다. 눈을 뜨고 손으로 받을 준비를 하고 있어야 예상치 못한 시점에 삶이 내게 던져주는 기회의 공을 잡을 수 있을 테니 말이다.

나는 신병 때부터 '슈퍼카투사'라는 단어를 꽤 많이 들어왔다. 본래 슈퍼카투사는 시니어 카투사 패치, EIB(Expert Infantryman Badge, 우수 야전보병 휘장), Air Assault Badge(공중강습 휘장) 등 가능한 모든 휘장들을 따낸 카투사를 지칭했었다고 한다. 하지만 보통은 뛰어난 능력으로 특히 미군과 카투사들로부터 널리 인정받는 카투사를 의미했다. 어차피 EIB 등의 휘장은 전투병 보직을 받지 않았거나 상황이 여의치 않으면 아예 취득할 수 없는 경우가 많았기 때문이다.

그리고 이처럼 미군과 카투사들에게 인정받는 카투사가 되는 데에는 사실 보직이 그렇게 중요하지 않았다. 가령 여단 군종실에서 일했던 박상병은 원래 아무것도 하지 않고도 편하게 전역할 수 있었지만, 스스로 한미 연합 군종병 훈련, 훈련 학교, 행사 통역 등 각종 대외적인 일들에 적극적으로 자원함으로써 미군들로부터 인정받고 보람찬 군 생활을 할 수 있었다.

소위 말하는 '편한 보직'을 받았다고 해서 꼭 지루한 일상에 안주하게 되리라는 법은 없었다. 오히려 정해진 업무가 많지 않다면 대외적인 활동들에 자원할 기회가 더 많다는 것을 의미하기도 했다. 반대로 많은 기회가 주어지는 보직을 배정 받더라도 스스로 기회들을 잡지 않는다면 아무것도 얻어가지 못할 수도 있었다. 결국 군 생활은 보직과 상관없이 자기가 하기에 달려 있었다.

사실 남들에게 인정받는 것 자체가 중요한 것은 아니었다. 다른 사람들에게 인정받을 정도로 열심히, 보람차게 군 생활을 하는 것은 나의 경우처럼 어차피 보내야 하는 2년을 다른 무엇과도 바꾸지 않을 소중한 성장의 기회로 만들 수 있다는 점에서 큰 의미가 있다고 생각한다.

따라서 슈퍼카투사를 '스스로 군 생활에 보람을 느끼며 다른 사람들에게 선한 영향을 끼치는 카투사'로 정의한다면 누구나 슈퍼카투사가 될 수 있다. 그리고 감사하게도 나는 군 생활 동안 많은 슈퍼카투사들을 만날 수 있었다.

내가 보람찬 군 생활을 보낼 수 있었던 것 또한 이런 슈퍼카투사들 덕분이었다고 해도 과언이 아니었다. 슈퍼카투사들은 내 마음속 '롤모델'로서 위기 때마다 내게 군 생활의 방향성을 제시해 주었기 때문이다. 또 나는 작은 일에 개의치 않는 터프한 미군들과 함께 생활하며 자연스럽게 그들의 대범한 삶의 태도를 익힐 수 있었다. 그리고 그렇게 롤모델을 나침반 삼아 군 생활을 해나가다 어려운 상황에 처했을 때는 '결과는 희망차게, 과정은 냉철하게'를 생각하며 포기하지 않고 일단 미군 사병 친구들처럼 무조건적인 자신감(희망)을 가진 뒤, 스스로에게 이 같은 질문을 했던 것이 큰 도움이 되었다.

"자, 그럼 이제 난 뭘 하면 되지?"

이 질문은 내가 인사과에 배치받은 첫날 화장실에서, 인사과를 떠나야 만하는 상황에 처했을 때 커다란 단풍나무 아래에서 그랬던 것처럼 가능한 한 빠른 시간 내에 정신을 차리고 더 나은 미래를 만들어갈 수 있도록 도와주었다.

나는 스스로 보람찬 군 생활을 했으니 앞서 말했듯 군 복무 기간 동안 다른 사람들에게 선한 영향력을 끼칠 수 있었다면 나 역시 적어도 그런 의미에서는 슈퍼카투사라고 할 수 있을지도 모른다.

기차는 과거 논산훈련소를 수료한 뒤 KTA로 향하고 있을 때처럼 북쪽을 향해 달려가고 있었다. 비록 호송원과 동기들은 더 이상 같은 칸에 타고 있지 않았지만 말이다.

에필로그

전역을 한 뒤 나는 한동안 알 수 없는 허무감에 시달려야 했다. 약 2년간 전부였던 세계에서 나와 전혀 달라진 일상에 적응하는 것이 쉽지만은 않았기 때문이다. 그 괴리는 결코 작지 않았지만 다행히 나는 곧 새로운 일상에 적응해 또 다른 크고 작은 행복과 보람들을 찾을 수 있게 되었다.

그럼에도 꾸준히 이 책을 쓰며 종종 카투사 전우들과 만나는 동안 카투사 생활은 내 머릿속에 생생하고 아름다운 기억으로 남았다. 전역 후 아쉬움이 컸던 것은 오히려 내가 그만큼 행복한 군 생활을 했다는 반증일 것이다.

나를 오랜만에 만난 사람들은 하나같이 내가 전역 후 긍정적으로 변했다고 말해 주었다. 분명 입대 전과 전역 후의 나는 달라진 점들이 있었다. 매일 운동을 하는 습관이나 꾸준히 독서를 하는 습관을 가지게 된 것 외에도 미군부대에서의 시간은 내 가치관과 삶에 대한 태도를 완전히 바꿔 놓았기 때문이다. 군 생활을 통해 얻은 희망과 자신감, 다양한 성취 경험들은 나를 전혀 다른 사람으로 만들어 주었다.

무엇보다 나는 군 생활을 통해 어떤 것과도 바꿀 수 없는 최고의 친구들을 얻을 수 있었다. 나는 요즘도 이제는 예비역이 된 종헌 병장과 용호 병장 등을 주기적으로 만나고 있으며 만날 때마다 매번 즐거운 시간을 보내고 있다. 참고로 동기인 정 병장은 놀랍게도 아직까지 요요현상을 겪지 않았고 전역 후에도 꾸준히 운동을 하며 줄어든 몸무게를 유지하고 있다. 더불어 연락이 쉽지는 않지만 여전히 미촘 하사나 프레드릭 병장 등과도 이따금 안부를 주고받고 있다. 또 전역 직후에는 외박을 나온 부대원들이나 미군들로부터 고마웠다는 내용의 연락을 받기도 했는데 정말로 기분 좋은 일이었다.

몇 개월 전에는 전역 후 두 번째로 왜관의 미군부대를 방문해 비록 얼굴도 본 적 없지만 같은 부대에서 근무하는 카투사 병사를 만나 부대와 관련된 이야기를 듣기도 했다. 물론 이때 엘리트 아이들을 만나 밥을 사 주는 것도 잊지 않았다.

내가 그 카투사 병사의 말을 들으며 놀랐던 것은 부대가 내 세대로부터 생각보다 훨씬 큰 영향을 받았다는 것이었다. 또 전역 후 부대에서 다시 만났던 남 선생님이나 박 시카와 이야기를 나누며 윗세대가 우리 세대에게 끼친 영향 또한 적지 않았음을 깨닫게 되었다. 이처럼 보이지는 않더라도 우리는 서로 시간 간격을 두고 영향을 주고받으며 살아가고 있었다.

전역 전 다른 부대의 지휘관 이취임식에 참석했던 나는 행사장에 있던 50대로 추정되는 한 한국인 아저씨와 대화를 나누었던 적이 있었다.

"자네가 시니어 카투사인가?"

"예 그렇습니다."

"하하 나도 카투사였는데 말야." 알고 보니 그분은 카투사 전우회에서 나오신 분이었다.

"내가 미군부대에 있을 때는 미군들과 농구 경기를 하다 혹여 지기라도 하면 곧바로 그날 선임들한테 실컷 얼차려를 받아야 했어. 미군들이 카투사를 얕보게 만들었다고 말이야. 하하하."

미군과의 농구 경기에서 졌다고 얼차려를 부여하는 것은 지금으로서는 상상하기 힘든 일이었다. 분대장을 제외한 사병 간의 얼차려가 금지되어 있는 데다 분대장 권한을 가진 시니어 카투사조차 사병들에게 얼차려를 부여하는 일은 사실상 없기 때문이다. 그리고 이제는 만약 농구경기를 한다고 해도 미군 대 카투사로 나뉘어 피 튀기는 경쟁을 하기보다 카투사와 미군이 적절히 섞여 팀을 구성하는 것이 일반적이었다.

이처럼 그동안 카투사들에게는 많은 변화가 있었다. 그러나 분명 아직까지 달라지지 않은 것들도 있었다. 여전히 카투사들은 하나의 팀으로 묶여 있었으며 군사 외교관으로서 미군들에게 한국군의 좋은 모습을 보여주고 싶어 했기 때문이다. 미군들에게 얕보이거나 한국을 욕 먹이고 싶지 않다는 마음은 달라진 것이 없었다.

그것이 바로 내가 종헌 병장과 매일 아침 최선을 다해 달리고 장 상병과 함께 격투기 학교에 자원했던 이유이기도 했다.

그런 점에서 30년 전쯤 전역한 카투사 선배와 나 사이에는 카투사들끼리만 이해할 수 있는 '무언가'가 통하고 있었다.

앞으로도 미군부대에는 많은 변화들이 있겠지만 기본 정신은 나와 50대 카투사 선배님의 경우처럼 선대로부터 후대까지 계속 이어져 나갈 것이다. 그런 의미에서 내 이야기뿐 아니라 모두의 군 생활은 시간에 관계없이 각자 나름의 의미를 가지는 동시에 들려줄 만한 가치가 있을 것이라고 생각한다. 따라서 나는 이 글 역시 이대로 끝나는 이야기가 아니라 앞으로도 독자들을 통해 계속 이어져 나갈 것이라고 믿는다.

나는 왜관의 자대를 다시 방문했을 때 여단본부 건물 내의 벽에 커다랗게 걸려 있는 전임 여단장, 여단 주임원사들의 사진을 볼 수 있었다. 그중에는 반가운 모튼 여단 주임원사와 윌렛 여단 주임원사의 사진도 액자에 담긴 채 걸려 있었다.

비록 이들처럼 부대에 공헌한 카투사들의 사진은 하나하나 본부에 걸려 있지 않지만, 나는 각자의 역할을 해낸 모든 카투사들의 사진 역시 모두 자신의 마음속에 액자로 걸 만한 가치가 있다고 생각한다. 부디 이 글이 독자들에게 되도록이면 미소를 가져다주는 사진으로 기억되었으면 좋겠다.

미군부대에서 글로벌 리더십을 배우다

카투사 슬기로운 군대생활

지은이 박찬준

발행일 2020년 1월 1일

펴낸이 양근모

발행처 도서출판 청년정신 ◆ **등록** 1997년 12월 26일 제 10—1531호

주 소 경기도 파주시 문발로 115 세종출판벤처타운 408호

전 화 031)955—4923 ◆ **팩스** 031)955—4928

이메일 pricker@empas.com